GARNKUNST

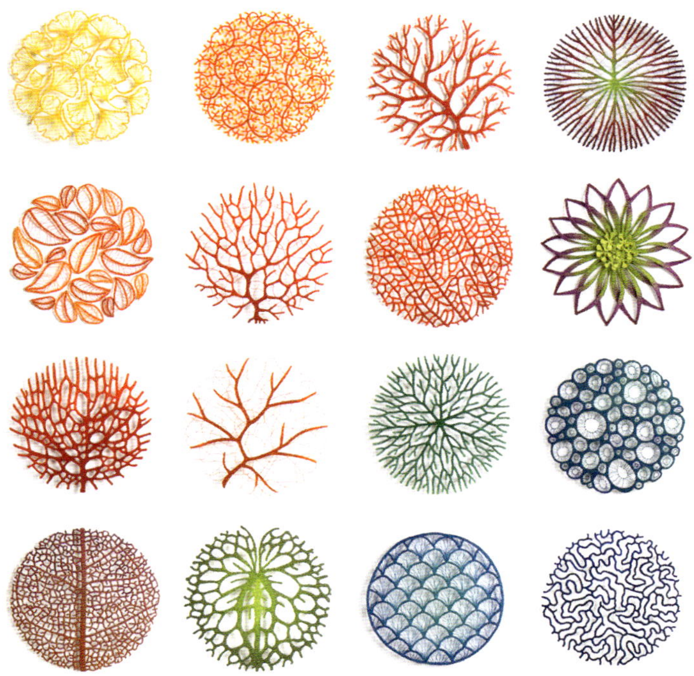

Meredith Woolnough

First published in 2018 by Schiffer Publishing, Ltd., Atglen, Pennsylvania (USA)

Titel der Originalausgabe: Organic Embroidery

Bibliografische Information der Deutschen Nationalbibliothek
Die Deutsche Nationalbibliothek verzeichnet diese Publikation in der Deutschen Nationalbibliografie; detaillierte bibliografische Daten sind im Internet über http://dnb.d-nb.de abrufbar.

Übersetzung aus dem Englischen: Christa Trautner-Suder
Satz und Redaktion der deutschen Ausgabe: Verlags- und Redaktionsbüro München, www.vrb-muenchen.de

Anmerkung
Wenn nicht anders angegeben, handelt es sich bei den Größenangaben um gerahmte Größen

Verlagshinweis: Wir produzieren unsere Bücher mit großer Sorgfalt und Genauigkeit. Trotzdem lässt es sich nicht ausschließen, dass uns in Einzelfällen Fehler passieren. Unter www.stiebner.com/errata/2059-1.html finden Sie eventuelle Hinweise und Korrekturen zu diesem Titel. Möglicherweise sind die Korrekturen in Ihrer Ausgabe bereits ausgeführt, da wir vor jeder neuen Auflage bekannte Fehler korrigieren. Sollten Sie in diesem Buch einen Fehler finden, so bitten wir um einen Hinweis an verlag@stiebner.com. Für solche Hinweise sind wir sehr dankbar, denn sie helfen uns, unsere Bücher zu verbessern.

ISBN: 978-3-8307-2059-1
Printed in China

www.stiebner.com

GARNKUNST

Naturmotive sticken mit der Nähmaschine

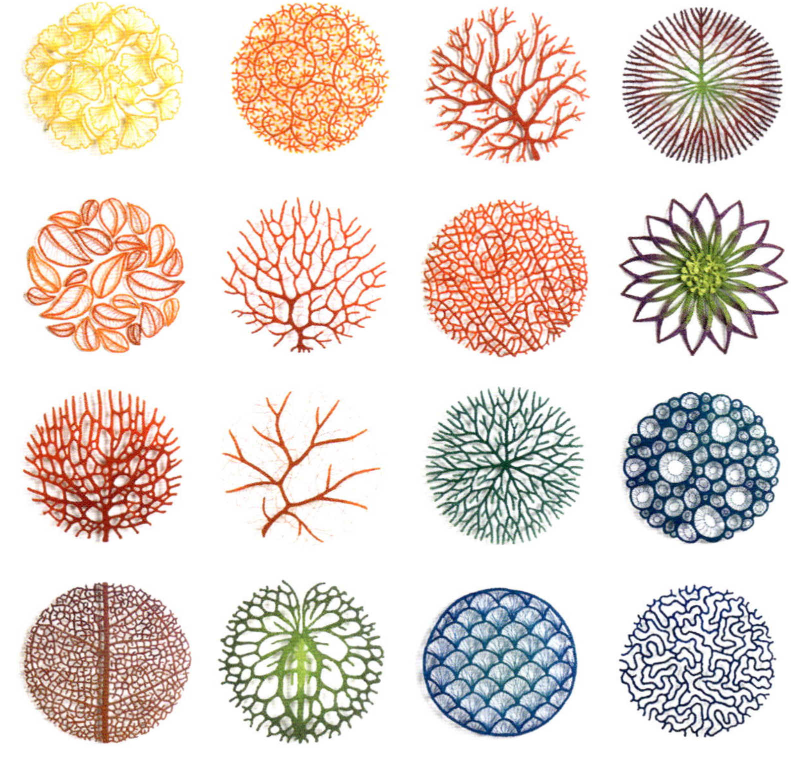

Meredith Woolnough

stiebner

Inhalt

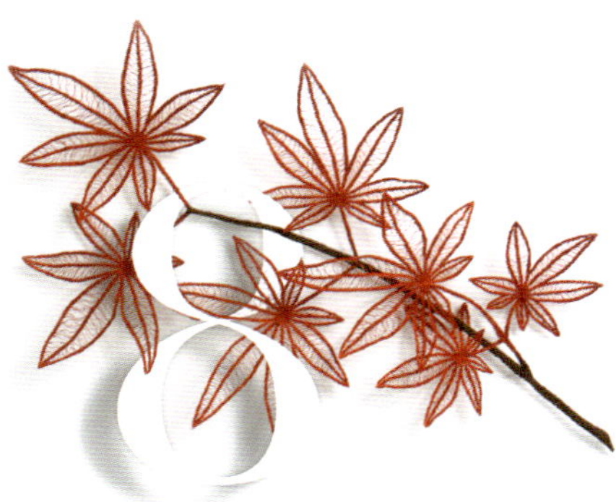

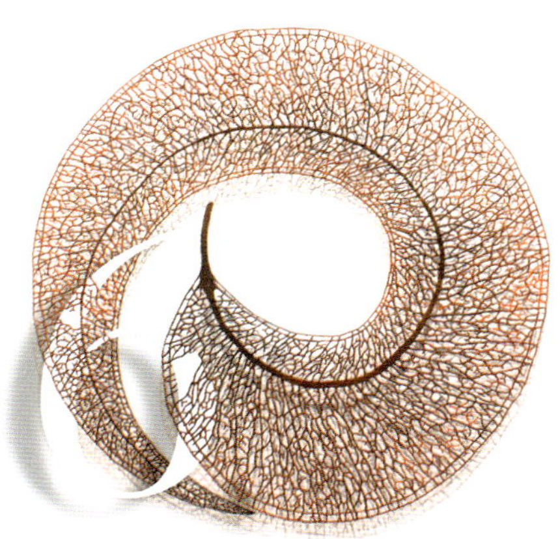

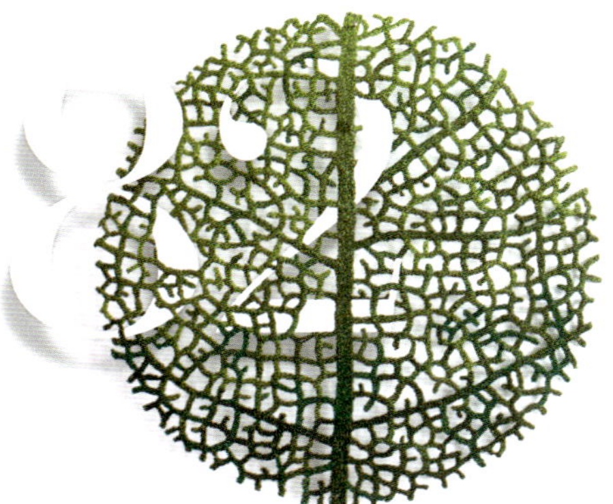

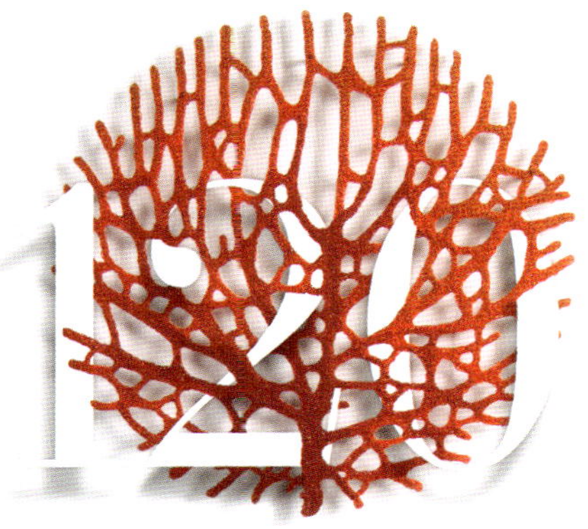

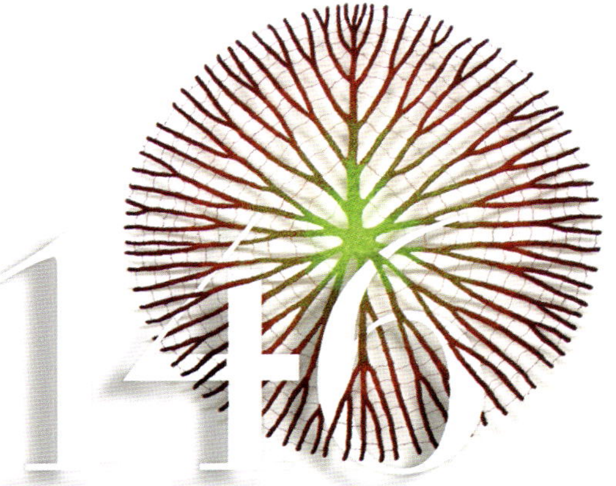

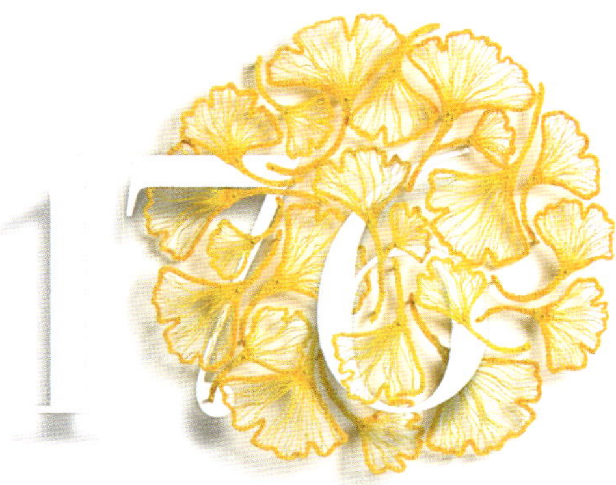

Einleitung

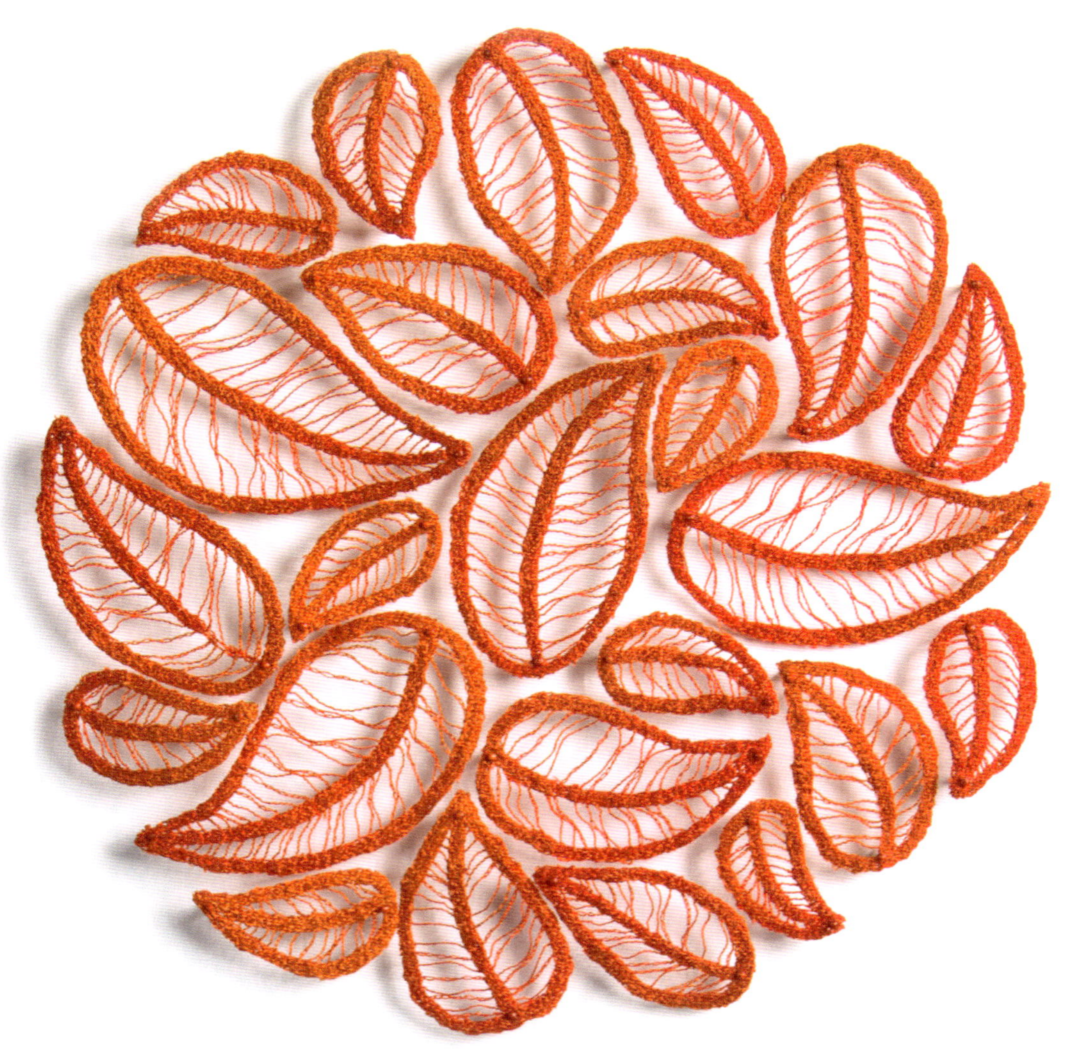

Unsere Umwelt hat so viel Wunderbares und Schönes zu bieten – wir müssen uns nur die Zeit nehmen, darauf zu achten. Mir geht es bei der künstlerischen Gestaltung um die Erkundung und das Nachempfinden der Natur, und ich hoffe, Sie zu Ähnlichem anregen zu können.

Seit über zehn Jahren fertige ich mit einer einzigartigen Sticktechnik Kunstwerke an. Diese einfache Art des Stickens ist überaus vielseitig und erlaubt es mir, eine Haushaltsnähmaschine in ein unkonventionelles Zeichenwerkzeug zu verwandeln. Durch die Nutzung eines Grundstoffs, der sich in Wasser auflöst – eines wasserlöslichen Stickvlieses –, kann ich gestickte Zeichnungen herstellen, die sich aus zweidimensionalen Stickereien in dreidimensionale Skulpturen verwandeln lassen.

Erstmals entdeckt habe ich diese Arbeitsweise während meines Universitätsstudiums der bildenden Kunst. Von den kreativen und plastischen Möglichkeiten dieser Technik war ich so fasziniert, dass ich ein ganzes Jahr damit zubrachte, mit den Möglichkeiten des Zeichnens und Modellierens mit Nadel und Faden spielerisch zu experimentieren. In diesem Jahr habe ich viele Fehler gemacht, aber auch sehr viel über dieses wunderbare Verfahren und sein Potenzial für das künstlerische Schaffen gelernt. Seither habe ich nie aufgehört, meine Fertigkeiten zu verfeinern und zu perfektionieren, sodass sich diese ersten Erfahrungen zu meinen aktuellen, von der Natur inspirierten Kunstwerken weiterentwickeln konnten.

Das vorliegende Buch nimmt Sie mit auf einen Rundgang durch mein Kunstschaffen, ist aber auch eine Anleitung für diejenigen, die diese Technik lernen möchten, um sie für eigene Kunstwerke zu nutzen. Beim Lesen dieses Buches können Sie meinen kreativen Prozess verfolgen, angefangen bei der ersten Motivsuche im Freien, die meine Entwürfe beeinflusst, bis zur technischen Herstellung meiner gestickten Kunstwerke.

Über das Buch verteilt finden Sie Beispiele meiner Garnkunst. Aus deren Merkmalen können Sie die Geschichten herauslesen, die dahinter stehen, und Sie erfahren etwas über die faszinierenden Themen der Natur, die mich dazu angeregt haben. Damit möchte ich eine so anschauliche wie inspirierende Quelle zur Verfügung stellen, die für jeden kreativ Tätigen geeignet ist. Ich hoffe, mein Buch wird Sie dazu motivieren, mehr hinaus in die Natur zu gehen, um diese zu erleben und ihre wunderbaren Elemente als Anregung für Ihre eigenen originalen Kunstwerke zu nutzen. Ich hoffe, dass Sie von meinen Erfahrungen lernen können und mit Ihren eigenen gestickten Werken viel Erfolg haben werden.

Fröhliches Sticken mit der Nähmaschine wünscht
Meredith

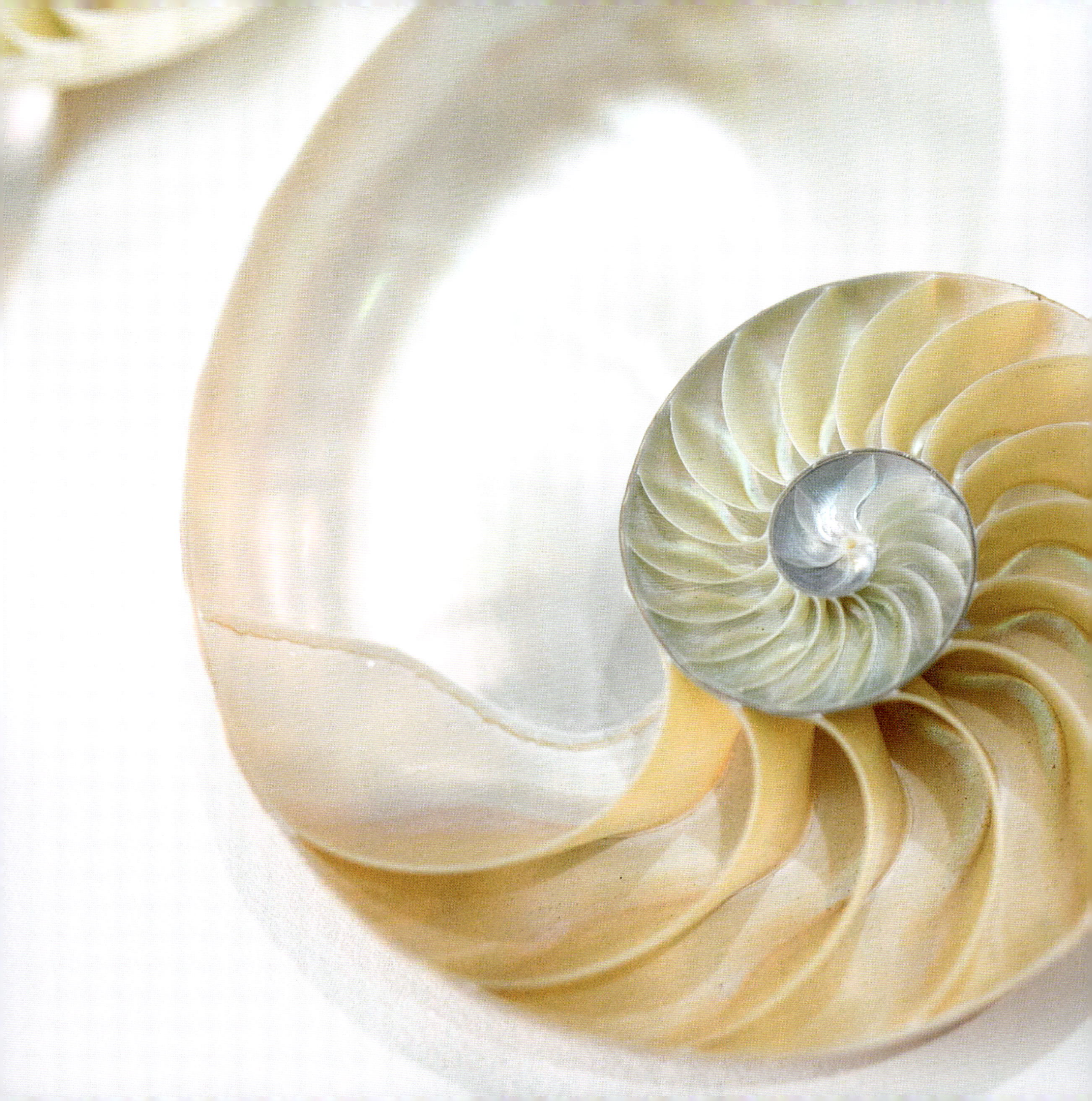

Erkundung & Entwicklung

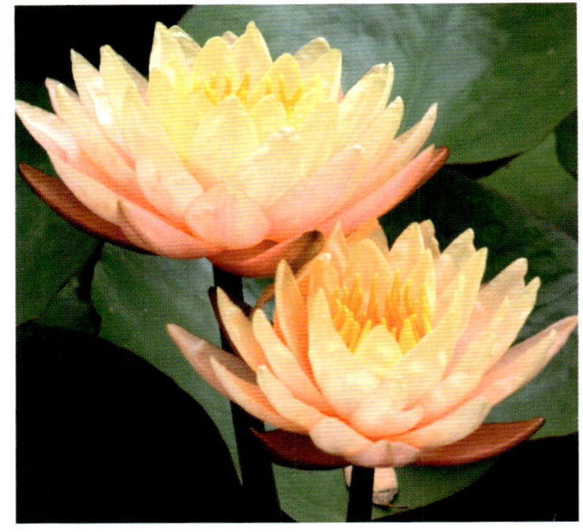

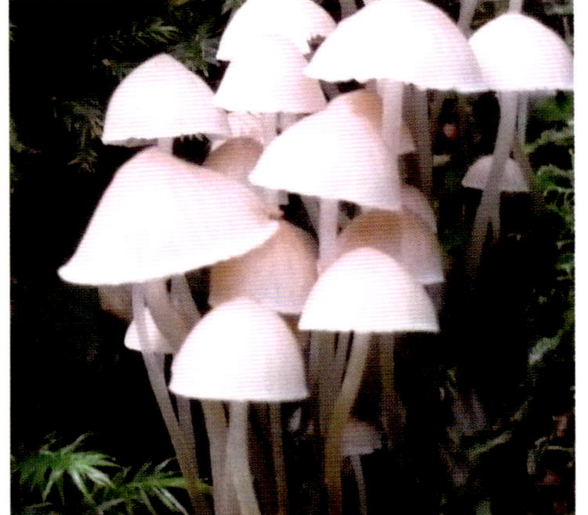

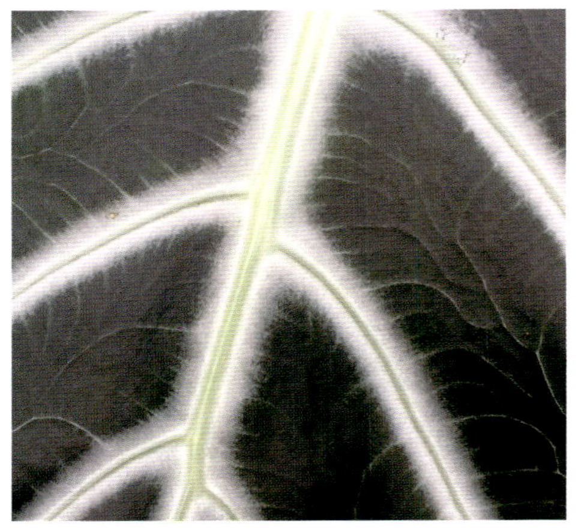

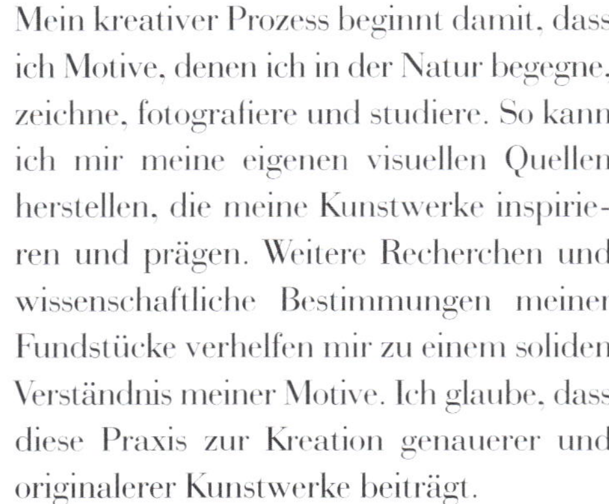

Mein kreativer Prozess beginnt damit, dass ich Motive, denen ich in der Natur begegne, zeichne, fotografiere und studiere. So kann ich mir meine eigenen visuellen Quellen herstellen, die meine Kunstwerke inspirieren und prägen. Weitere Recherchen und wissenschaftliche Bestimmungen meiner Fundstücke verhelfen mir zu einem soliden Verständnis meiner Motive. Ich glaube, dass diese Praxis zur Kreation genauerer und originalerer Kunstwerke beiträgt.

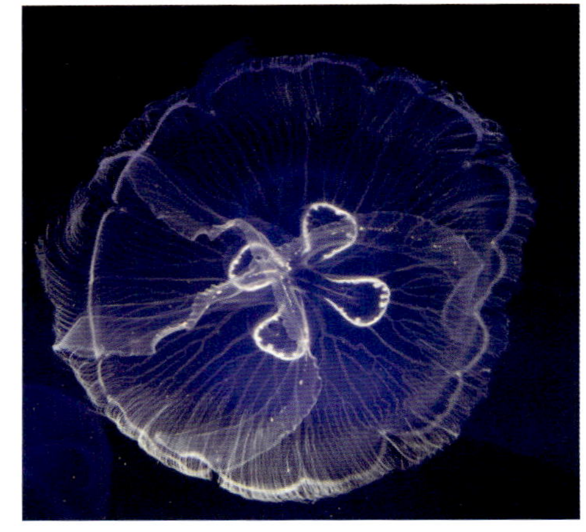

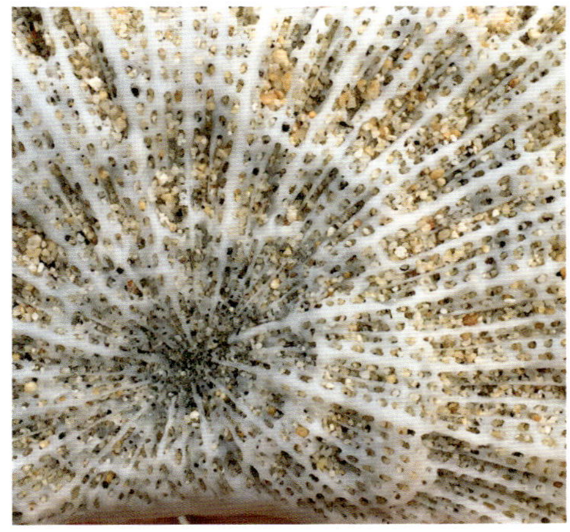

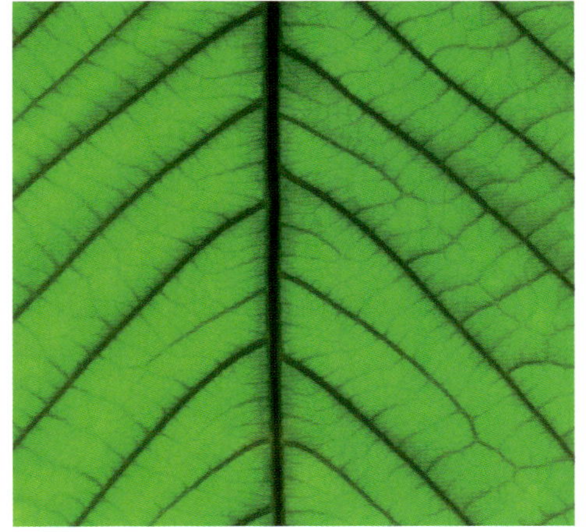

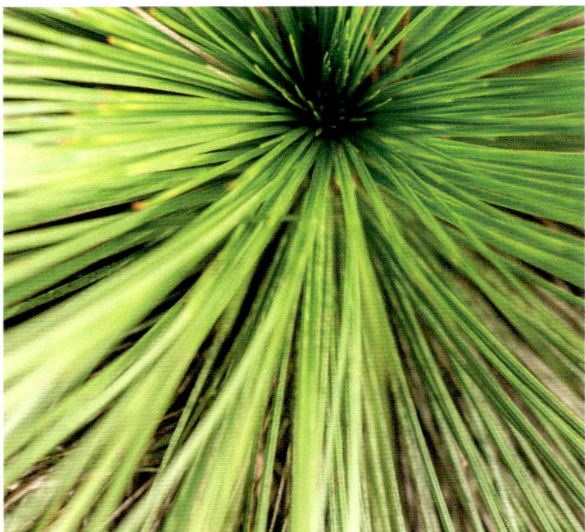

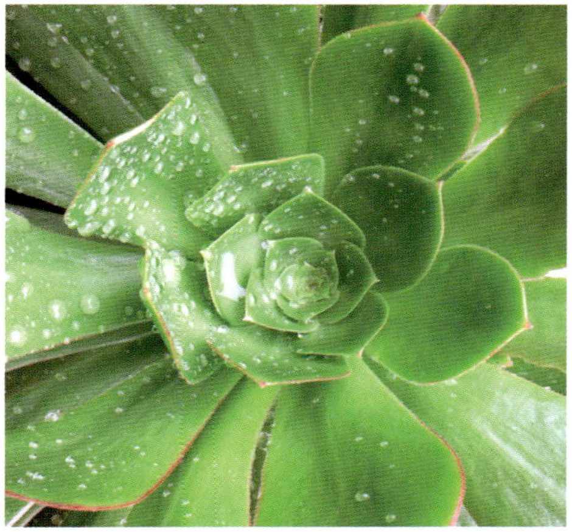

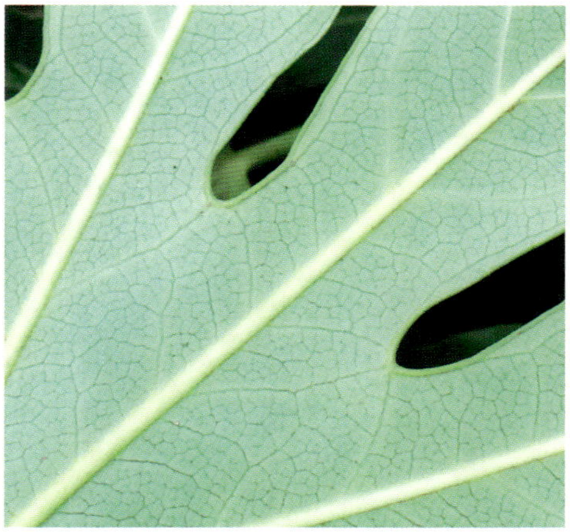

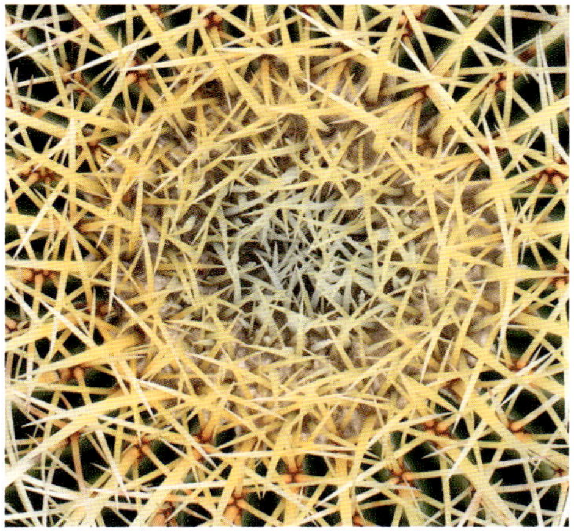

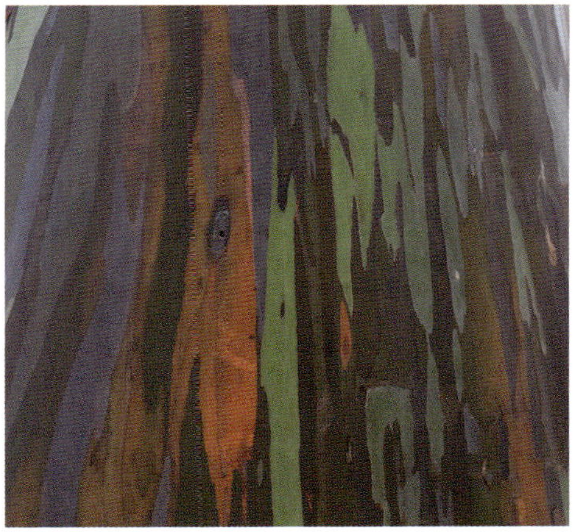

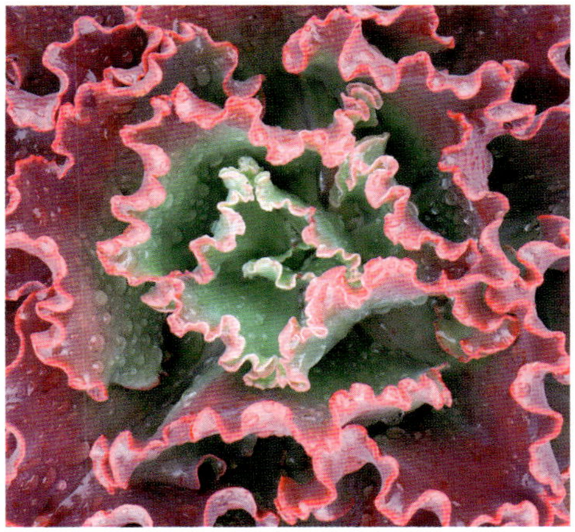

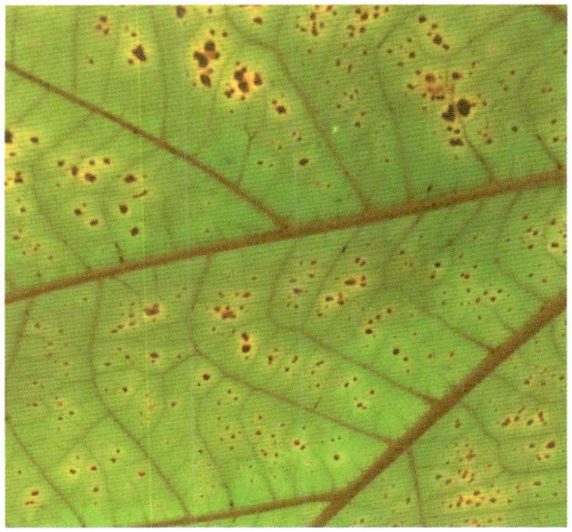

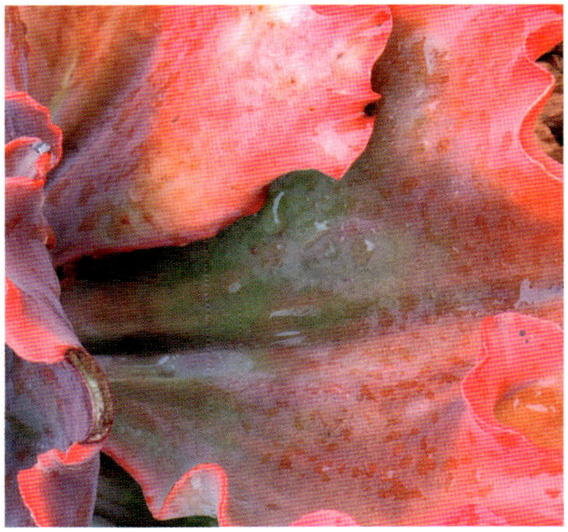

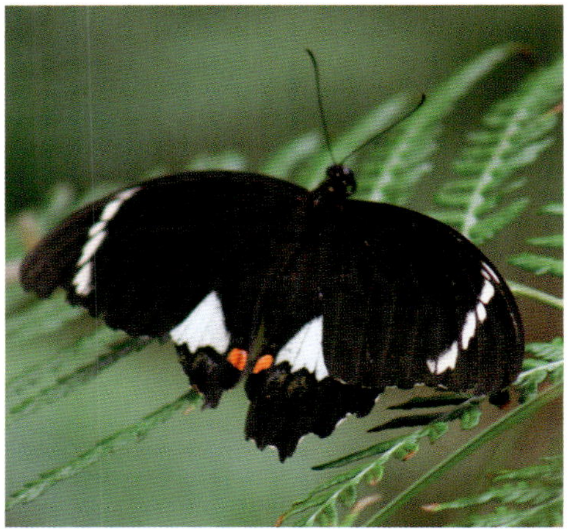

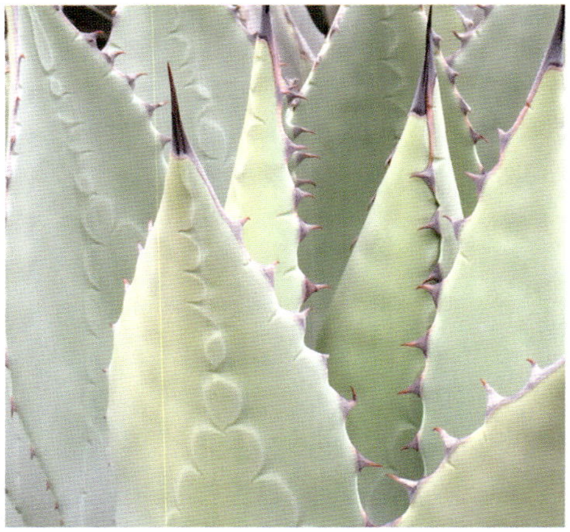

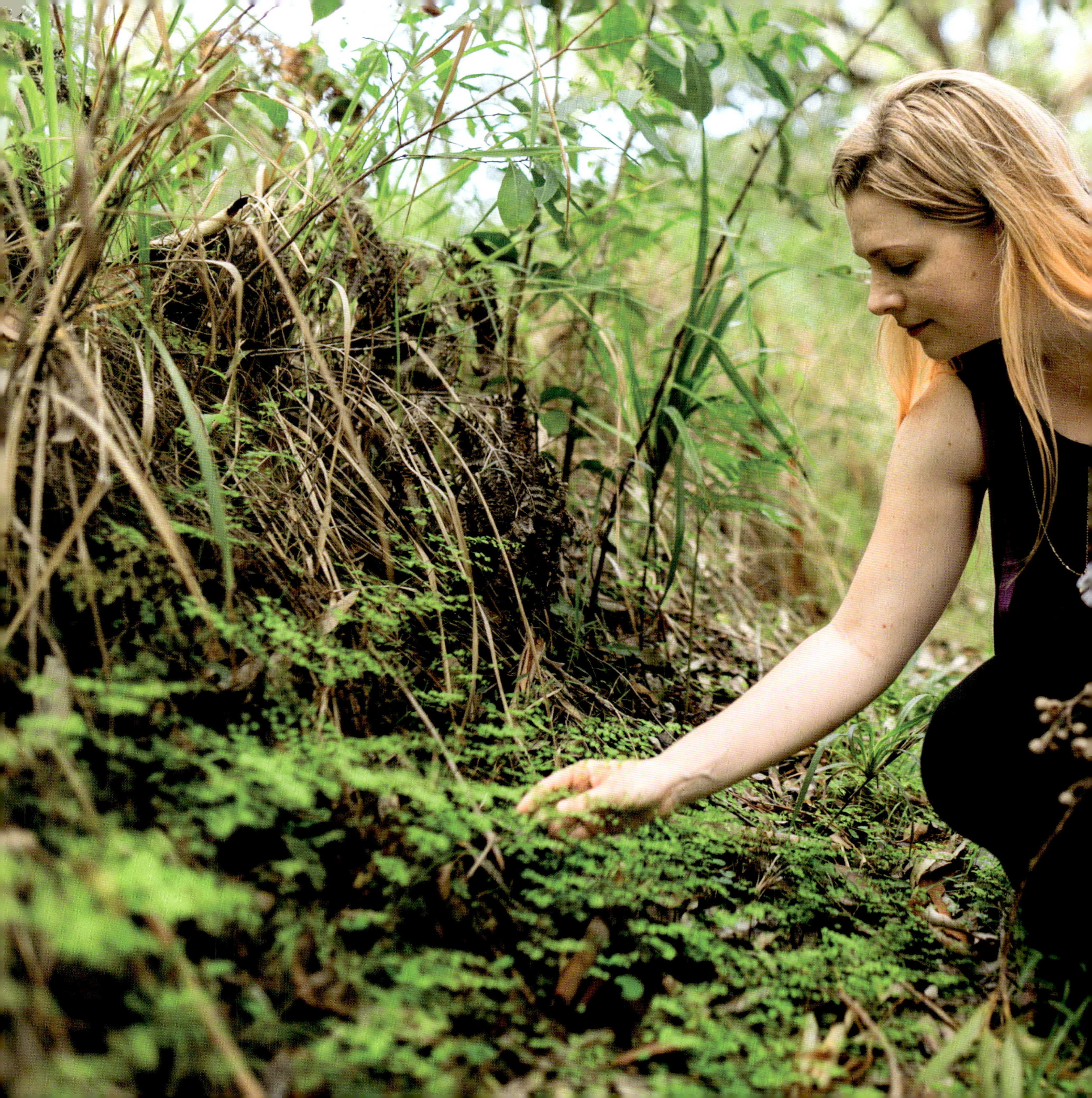

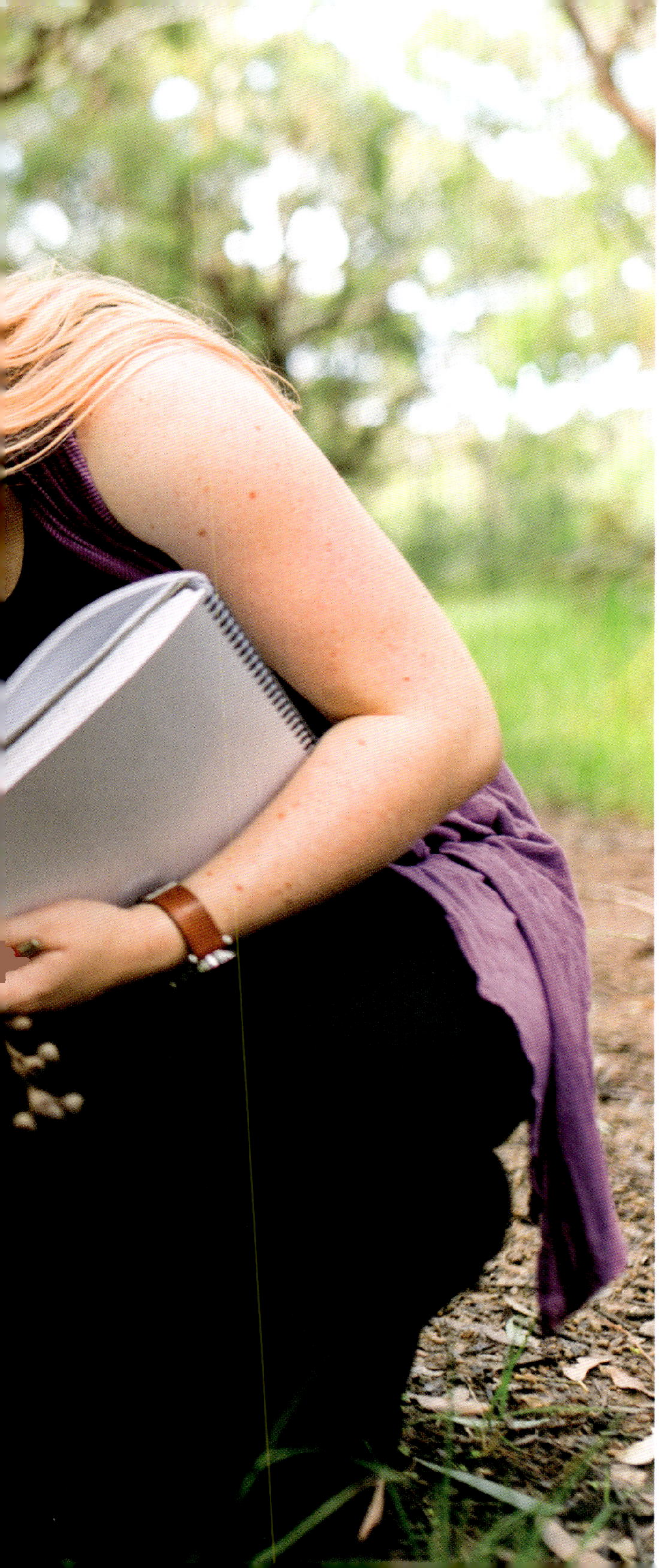

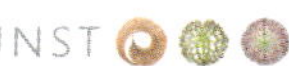

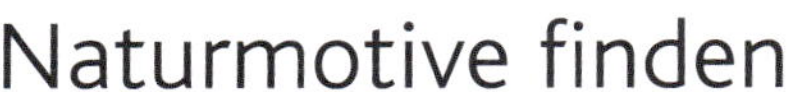

Naturmotive finden

Wenn ich Anregungen für ein neues Kunstwerk brauche, gehe ich hinaus in die Natur. Der Aufenthalt dort ist für mich immer ein spirituelles Erlebnis. Es macht mich demütig, die weite Welt und meinen Platz darin zu betrachten. Naturmotive zu finden ist nicht nur eine sehr vergnügliche Aktivität, sondern auch eine Art praxisbezogene Recherche. Sie gibt mir Gelegenheit, erste Quellen zu sammeln, die meine Kunstwerke inspirieren und prägen.

Eine solche Suche nach Naturmotiven muss nicht schwierig, ja nicht einmal zielgerichtet sein. Ein einfacher Spaziergang durch den Garten oder in der Umgebung kann alles bieten, was Sie brauchen, um die Kreativität in Gang zu bringen. Halten Sie immer nach interessanten Dingen Ausschau, wenn Sie in der Natur unterwegs sind. Sie wissen nie, was vielleicht genau vor Ihren Augen wartet. Das hübsche Blatt, das Sie auf dem Weg zum Briefkasten aufgehoben haben, könnte der Beginn eines wunderbaren Kunstwerks werden.

Sich einfach auf das einzulassen, was einem in der Natur begegnet, ist toll, gelegentlich ist aber auch ein gezielter Streifzug nötig. Vielleicht sind Sie auf der Suche nach einer spezifischen Pflanze oder einem bestimmten Tier, das Sie studieren möchten, oder Sie besuchen eine besondere Gegend, in der Sie Aufzeichnungen machen möchten. So oder so gehört es zur richtigen Praxis, gut vorbereitet zu sein und eine Vorstellung davon zu haben, was Sie vorfinden werden und wie Sie Ihre Aufzeichnungen am besten machen. Wenn ich mich auf den Weg in die Natur mache, versuche ich immer, nur leichtes Gepäck dabei zu haben. Alles muss in einen Rucksack passen, sonst bleibt es zu Hause.

Meine Ausrüstung für unterwegs

- Fotoapparat
- Skizzenbuch
- Zeichen- und Malausrüstung
- Wasserflasche (zum Trinken und für das Malen mit Wasserfarben)
- Bestimmungsbuch/Naturführer für die Gegend, die mich interessiert

Meine Zeichen- und Malausrüstung ist in einer kleinen Box für Angelzeug untergebracht. Diese Box hat viele kleine verstellbare Unterteilungen, sodass sich alles gut verstauen lässt. Darin findet eine Grundausrüstung zum Zeichnen (Bleistifte, Stifte und Radiergummi) ebenso Platz wie ein Aquarell-Reiseset, Pinsel und einige weitere Werkzeuge (Schere, Tücher und Beutel mit Reißverschluss für die Mustersammlung).

Für mich geht es bei meiner Recherche darum, die Natur zu beobachten, sie aufzuzeichnen und visuell zu interpretieren. Wenn unterwegs etwas meine Aufmerksamkeit fesselt, verbringe ich zuerst einige Zeit damit, es einfach zu betrachten und alle Einzelheiten in mich aufzunehmen. Dann halte ich meine Beobachtungen mit Zeichnungen und Anmerkungen in einem Skizzenbuch fest. Ich fotografiere den Gegenstand aus verschiedenen Blickwinkeln, und falls nichts dagegen spricht sammle ich ein paar Exemplare davon ein, um sie später umgeben von allen Annehmlichkeiten meines Ateliers weiter im Detail studieren zu könen.

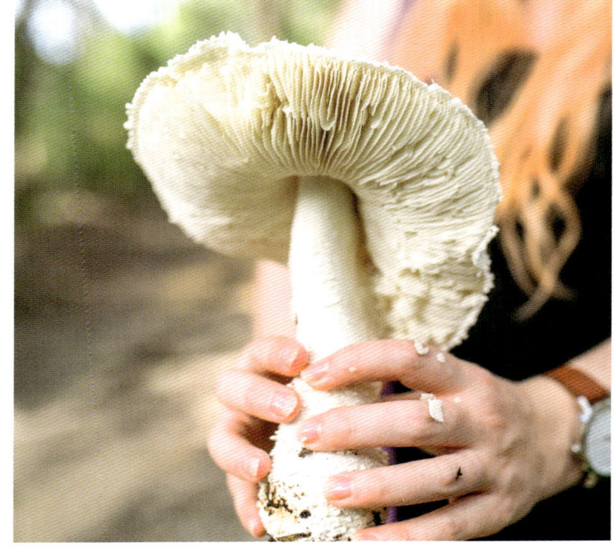

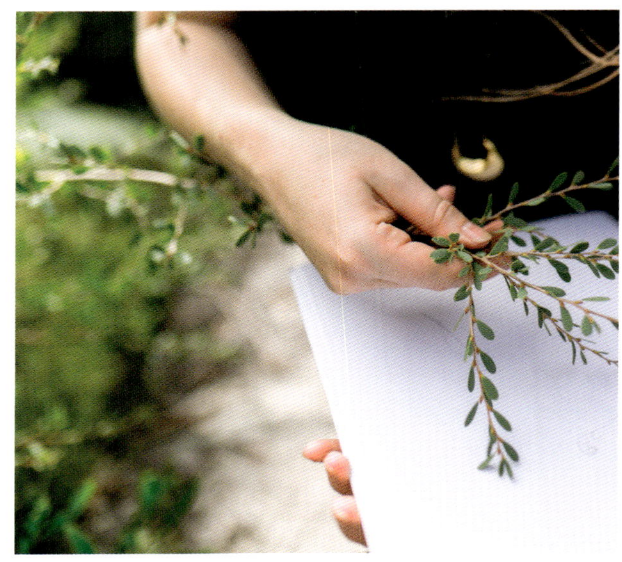

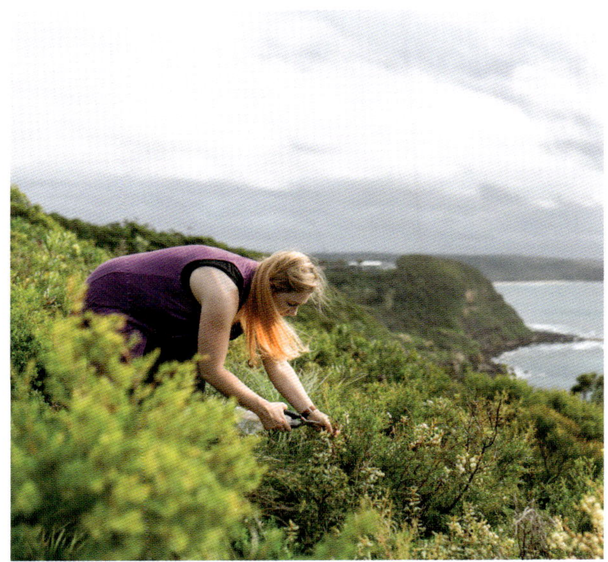

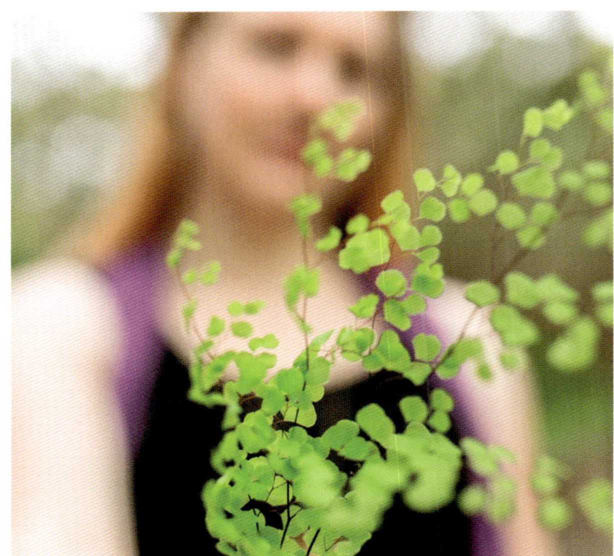

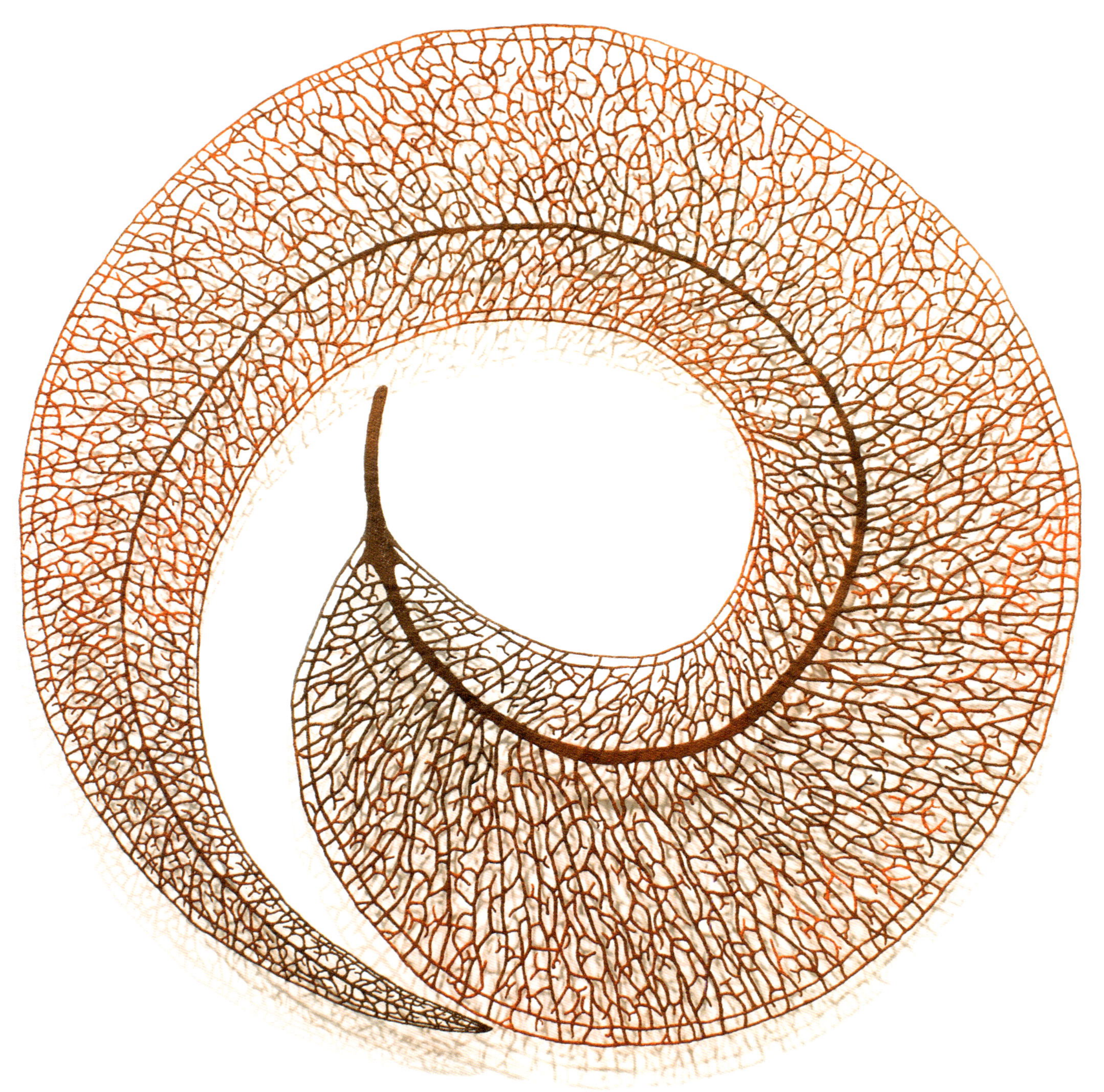

Gekritzeltes Eukalyptusblatt

An einem faszinierenden Blatt komme ich nicht vorbei. Immer, wenn ich ein Blatt mit einer interessanten Form oder in einer auffälligen Farbe sehe, sammle ich es auf. Mein Skizzenbuch und meine Taschen sind voll davon.

Eukalyptusblätter scheinen die Blätter zu sein, die ich am meisten sammle. Ich war schon immer davon begeistert, wie sich diese ansonsten sehr geraden, schmalen Blätter beim Trocknen zusammenrollen und eine Spiralform annehmen können. Einmal fand ich ein Blatt, das sich zu einem fast perfekten Kreis zusammengerollt hatte. Dieses ausgefallene Blatt regte mich zu dem großen, an einer Wand aufgehängten Kunstwerk mit dem Titel »Gekritzeltes Eukalyptusblatt« an.

Um dieses Kunstwerk zu entwickeln, fotografierte ich das Musterblatt, druckte das Foto aus und fuhr mit penibler Genauigkeit jede einzelne Blattader nach. Diese Zeichnung wurde anschließend auf einen Durchmesser von über einen Meter vergrößert, um als Vorlage für die Stickerei zu dienen.

Dies ist das größte gestickte Einzelkunstwerk, das ich bisher gestaltete, und ich habe für das Sticken mehrere Monate gebraucht.

Reich: *Plantae* (Pflanzen)
Familie: *Myrtaceae* (Myrtengewächse)
Gattung: *Eucalyptus*
Art: *E. haemastoma*

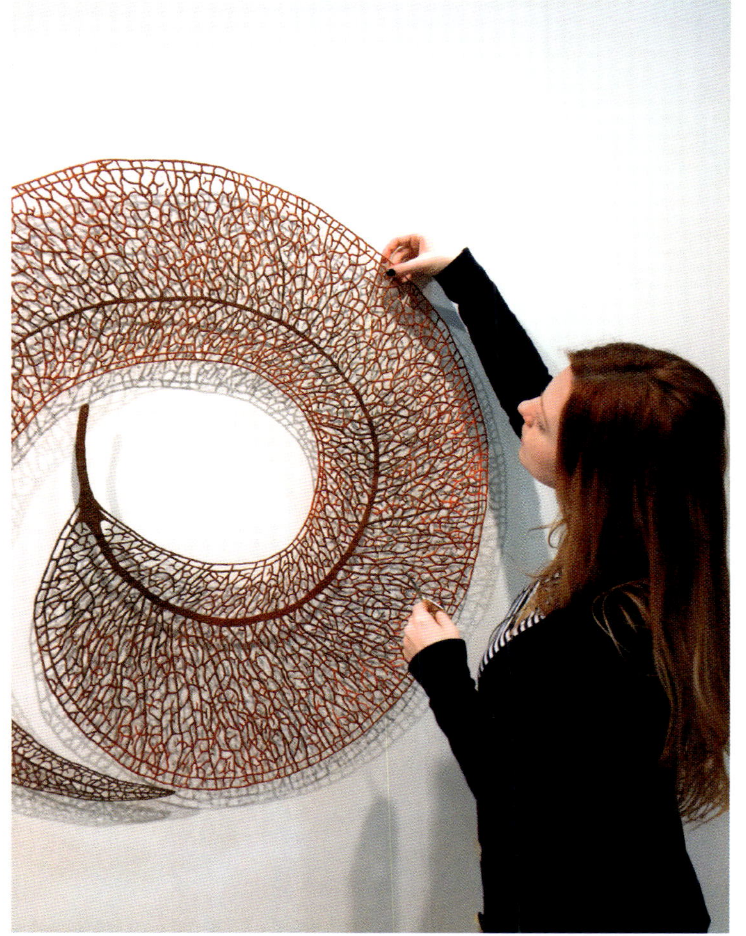

Gekritzeltes Eukalyptusblatt, *Eucalyptus haemastoma, 2014, Polyestergarn, 1 Meter Durchmesser*

Botanische Studien

Botanische Studien lassen sich naturgemäß überall dort durchführen, wo Pflanzen wachsen. Die örtliche Umgebung und Privatgärten eignen sich für den Anfang sehr gut, weil sie nicht nur gut zugänglich sind, sondern auch die Gelegenheit bieten, während aufeinanderfolgenden Besuchen jahreszeitliche Veränderungen zu beobachten und aufzuzeichnen. Nationalparks sind hervorragende Orte dafür. Dort finden sich Pflanzen in ihren natürlichen Habitaten, ohne menschliche Eingriffe und frei von Kultivierung.

Botanische Gärten zählen zu meinen Lieblingsorten für das Studium von Pflanzen. Sie sind wunderbare Quellen künstlerischer Inspiration und schöne Besichtigungsorte. Botanische Gärten präsentieren eine Vielzahl einheimischer und exotischer Pflanzen innerhalb eines überschaubaren Bereichs. Die Pflanzen sind in der Regel sehr gesund, sodass man beste Musterexemplare zu sehen bekommt. Zudem tragen die meisten Pflanzen praktische Namensschildchen, die bei der Bbestimmung helfen und somit die Recherchen vereinfachen.

Botanisches Zeichnen und Beschriften

Wenn Sie sich eine Pflanze aussuchen, die Sie studieren wollen, wählen Sie ein Exemplar, das viele Informationen preisgibt. Anstatt ein einzelnes Blatt aufzuheben, fokussieren Sie sich lieber auf die ganze Pflanze, sodass Sie alle ihre Elemente und Merkmale beschreiben können. Beginnen Sie damit, die allgemeine Form und Größe der Pflanze zu beschreiben. Fokussieren Sie sich anschließend auf die einzelnen Elemente, für die Sie sich interessieren – Blätter, Rinde, Samen, Früchte und Blüten. Dokumentieren Sie die Form, Beschaffenheit und Farbe jedes Pflanzenteils und achten Sie darauf, wie sich diese Elemente zusammenfügen. Arbeiten Sie darauf hin, das Musterexemplar im richtigen Größenverhältnis zu zeichnen. Falls das nicht möglich ist, können Sie die Größenordnung in Ihren Anmerkungen notieren oder das Exemplar neben einem Gegenstand bekannter Größe fotografieren.

Beim Zeichnen können Sie sich zu Ihrer Zeichnung kleine Notizen machen. Diese beschreiben Elemente, die vielleicht nicht klar ersichtlich sind oder die Sie in Ihrer Zeichnung nicht wiedergeben konnten. Dabei geht es nicht um hoch wissenschaftliche Notizen in der korrekten botanischen Fachterminologie, sondern nur darum, dass alles für Sie selbst verständlich ist.

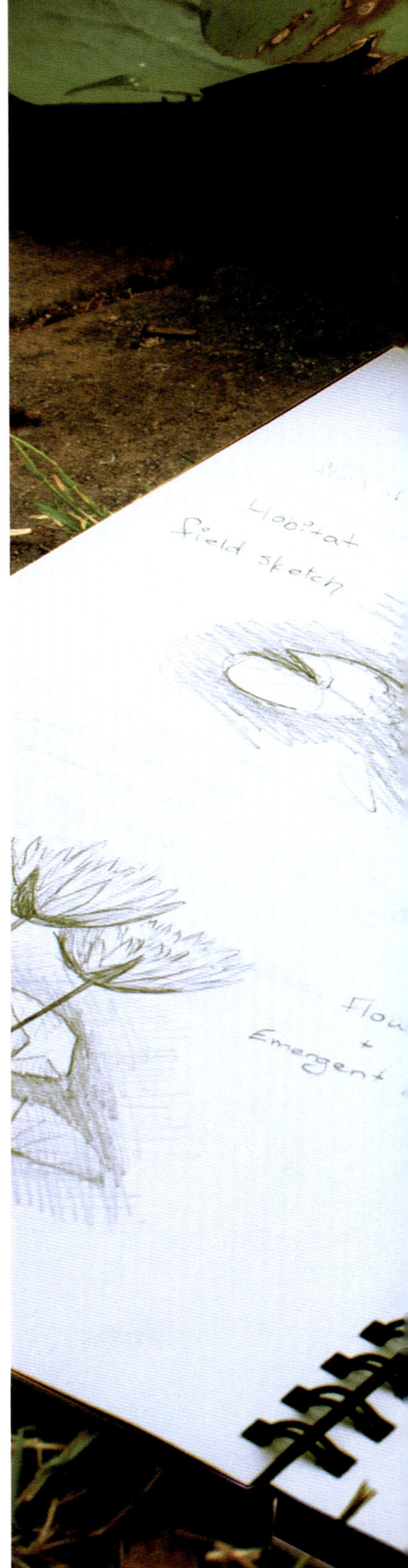

Auf der Suche nach Naturmotiven in den Hunter Region Botanic Gardens, Port Stephens, NSW, Australien

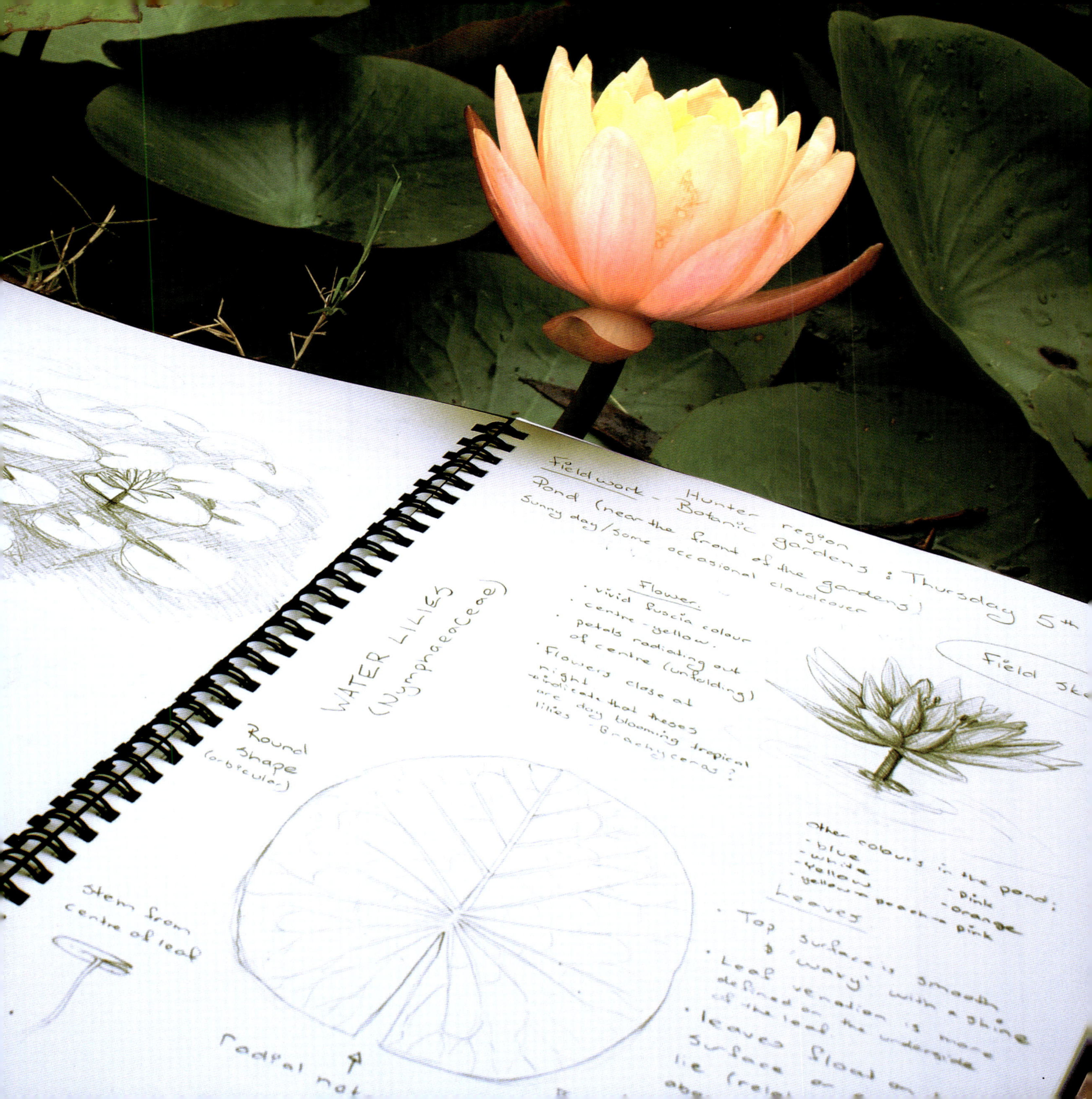
Fieldwork - Hunter region
Botanic gardens : Thursday 5th
Pond (near the front of the gardens)
Sunny day/some occasional cloudcover
Flower
· vivid fuscia colour
· centre - yellow
· petals radiating out of centre (unfolding)
· Flowers close at night
indicate that theses are day blooming tropical lilies - Brachyceras?
WATER LILIES
(Nymphaeaceae)
Round shape
(orbicular)
Other colours in the pond;
- blue
- white
- yellow
- yellow → peach → pink
- pink
- orange
Leaves
· Top surface is smooth & 'waxy' with a shine
· Leaf venation is more defined on the underside of the leaf
Stem from centre of leaf

Spickzettel für die botanische Recherche

Umgebung:
- Datum/Uhrzeit/Wetter
- Standort
- Habitattyp
- Wo haben Sie die Pflanze gefunden?

Bestimmung:
- Volkstümlicher Name
- Wissenschaftlicher Name

Blätter:
- Größe und Form
- Blattspitze und unteres Blattende
- Blattränder
- Muster der Blattadern
- Blätteranordnung
- Beschaffenheit
- Farbe

Blüten:
- Größe und Form
- Symmetrie der Blüte
- Form der Blütenblätter, ihre Anzahl und ihre Anordnung
- Beschaffenheit
- Blütenboden (männliche und weibliche Organe)
- Knospen/junge Blüten
- Verwelkte und verwelkende Blüten (was bleibt)
- Wie ist die Blüte mit der übrigen Pflanze verbunden
- Farbe

Früchte/Samen/Nüsse:
- Größe und Form
- Innere Struktur
- Anordnung
- Farbe
- Oberflächenbeschaffenheit
- Samenkapseln

Weitere bemerkenswerte Merkmale:
- Rinde
- Stängel
- Wurzeln
- Dornen, Stachel
- Ranken
- Duft
- Beschädigung
- Verhalten
- Pflanzen und Tiere in der Umgebung

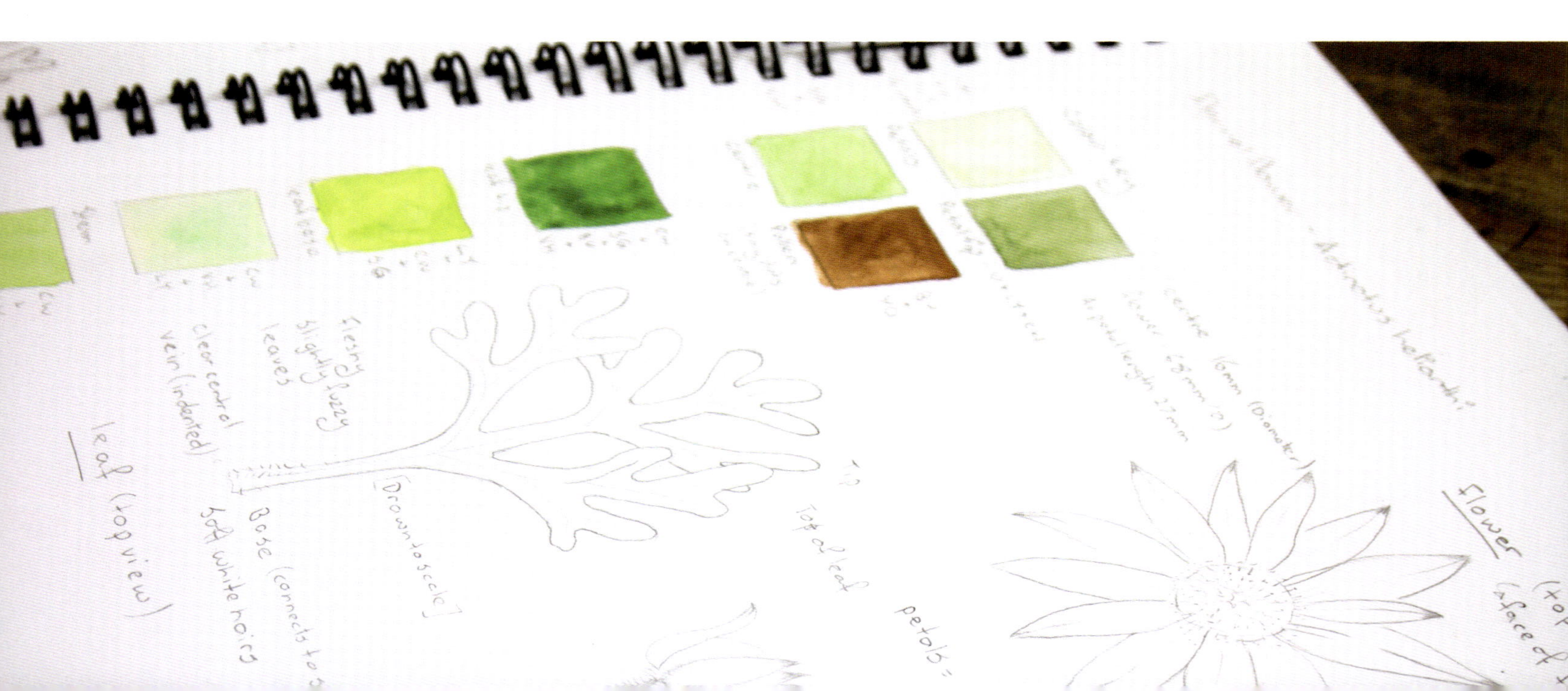

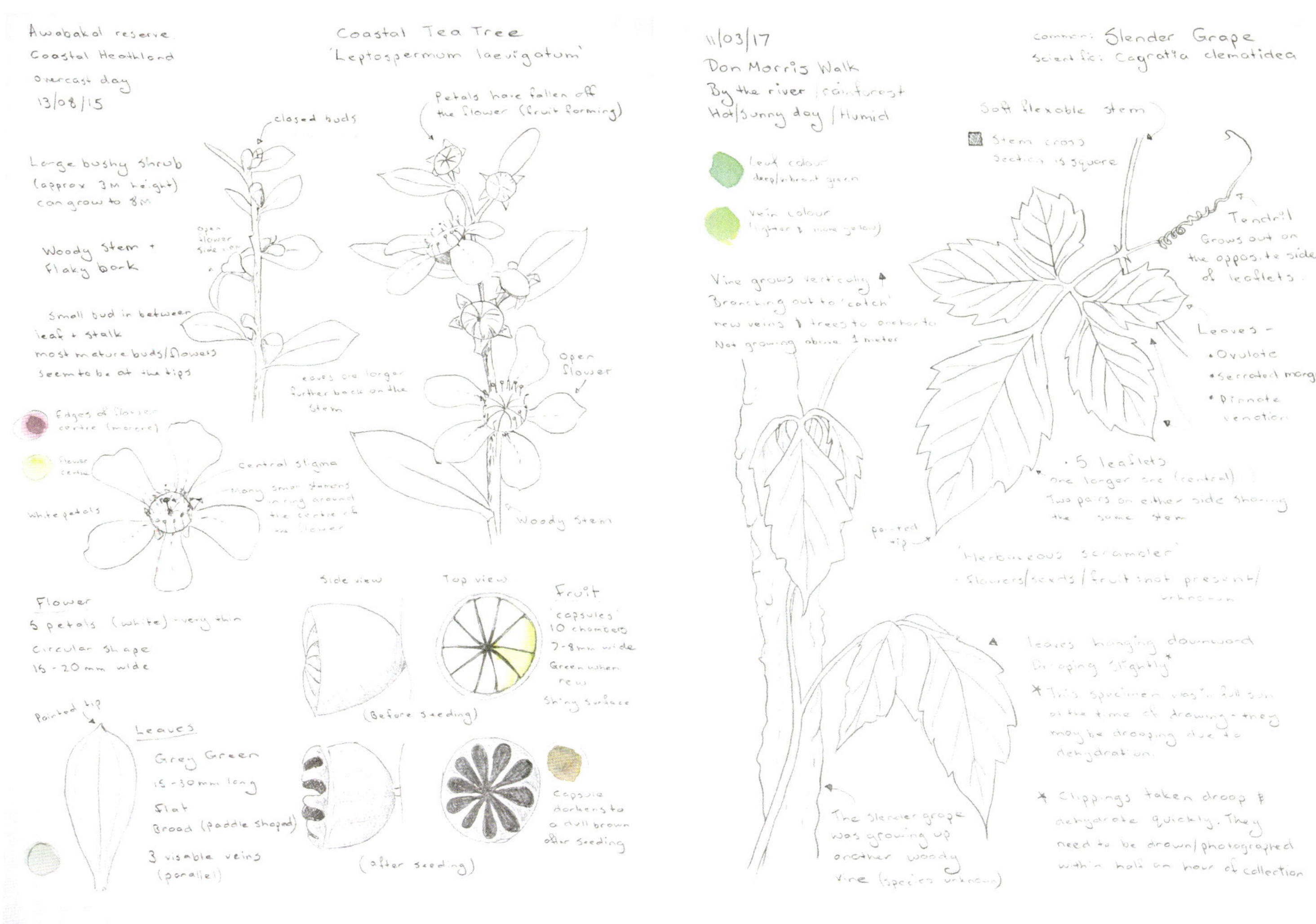

Seite aus einem Skizzenbuch: Küsten-Teebaum (Leptospermum laevigatum)

Seite aus einem Skizzenbuch, australisches Weinreben-gewächs (Cayratia clematidea)

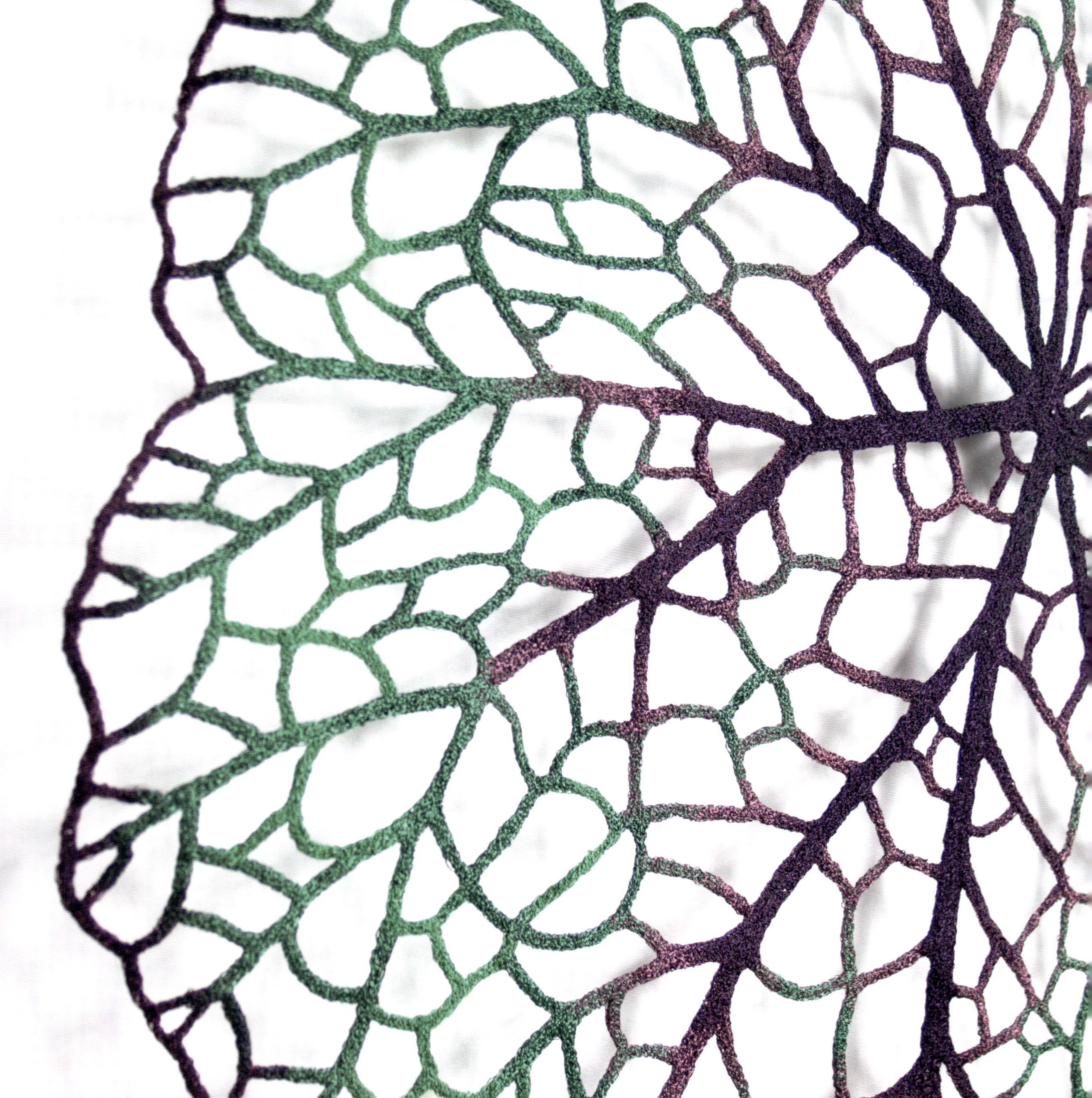

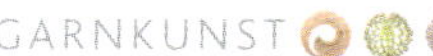

Begonienblätter

Zu den Arbeiten Begonienblätter #1 und #2 hat mich ein zufälliger Besuch in den Ballarat Botanical Gardens während des jährlichen Begonienfestes angeregt. Ich hielt in der Gegend einen Workshop ab und kam bei meiner Erkundung der Gärten an meinem freien Nachmittag zufällig dazu.

Bei diesem Fest wird im Hauptgewächshaus eine riesige Sammlung verschiedener Begonienarten gezeigt. Die vielen in kräftigen Farben leuchtenden Blüten sorgten für eine »Farbexplosion« der gesamten Ausstellungsfläche. Aber was mich am meisten begeisterte, waren die Blätter der Pflanzen. Begonienblätter weisen eine große Vielfalt an Formen, Mustern und Farben auf. Ich persönlich liebe besonders die asymmetrischen Blattvarianten mit violetten und grünen Streifen.

Reich: *Plantae* (Pflanzen)
Ordnung: *Cucurbitales* (Kürbisartige)
Familie: *Begoniaceae* (Schiefblattgewächse)
Gattung: *Begonia*

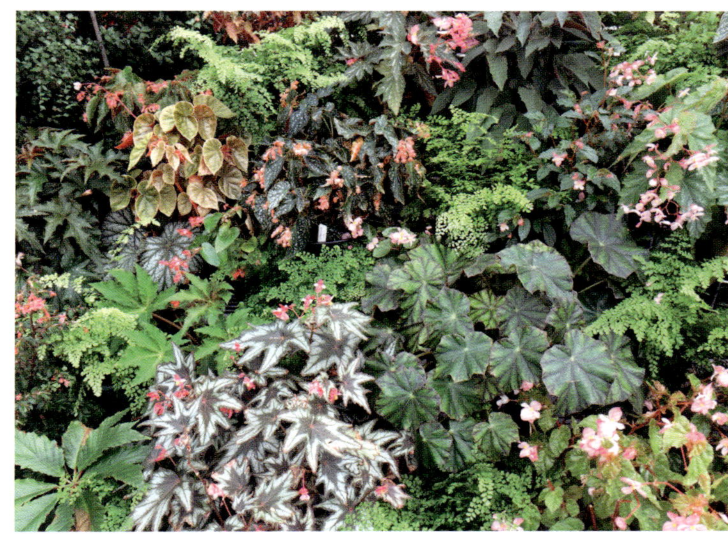

Begonien mit dekorativen Blattformen und -farben in den Ballarat Botanic Gardens.

Begonienblätter #1, *2016, Polyestergarn mit Nadeln auf Papier, 82 x 66 cm*

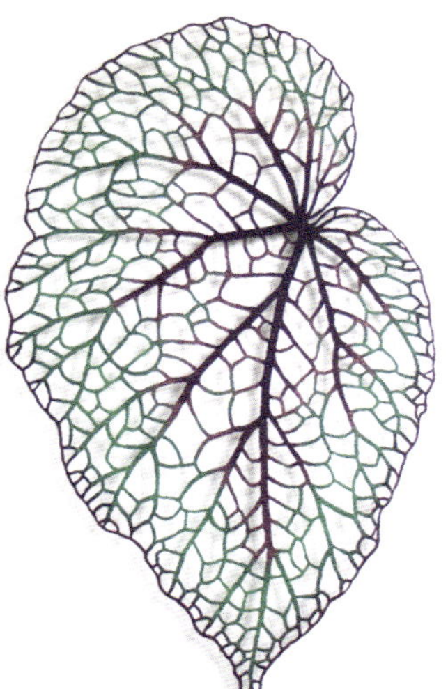

Begonienblätter #2, *2016, Polyestergarn mit Nadeln auf Papier, 82 x 66 cm*

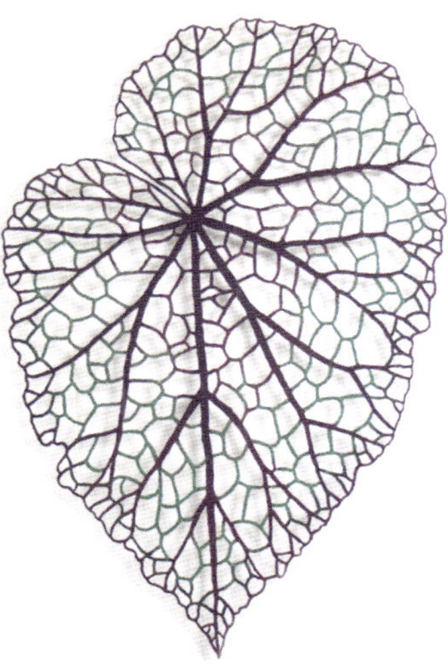

Marine Studien

Ich liebe das Meer. Es ist eine fremdartige Welt voller sonderbarer und wunderbarer Dinge. Bereits direkt unter der Wasseroberfläche sind sehr viele Anregungen zu finden. Ich erkunde das Meer und seine Umgebung so oft ich kann.

Motivsuche am Strand

Der Strand ist wegen der vielen interessanten Dinge, die dort angespült werden, ein großartiger Ort für die Motivsuche. Am Strand bei mir in der Nähe finde ich immer viele interessante Muscheln, Algen und Hydroiden, von denen ich Musterexemplare studiere.

Gezeitentümpel sind ebenfalls interessante Ökosysteme, in denen viele Pflanzen und Tiere auf kleinem Raum zusammenleben. Wenn Sie dort nach Motiven suchen wollen, wählen Sie einen sehr niedrigen Wasserstand, um sicheren Zugang zu bekommen.

Muscheln haben mehrere meiner Kunstwerke inspiriert – in meinem Atelier bewahre ich eine große Sammlung davon. Achten Sie beim Studieren von Muscheln auf ihre allgemeine Form, Farbe, Oberflächenbeschaffenheit, Muster und alle Kanten, Unebenheiten oder Rippen: Das sind alles Merkmale, die bei der Bestimmung helfen können. Ich zeichne Muscheln gerne aus verschiedenen Blickwinkeln, um zu einem genauen Verständnis ihrer Form zu gelangen.

Motivsuche unter Wasser

Ich schnorchle und tauche oft, um Ausgangsmaterial als Anregung für meine Arbeiten zum Meeresumfeld zu sammeln. Das macht sehr viel Freude, stellt aber auch einige besondere Herausforderungen an die Motivsuche.

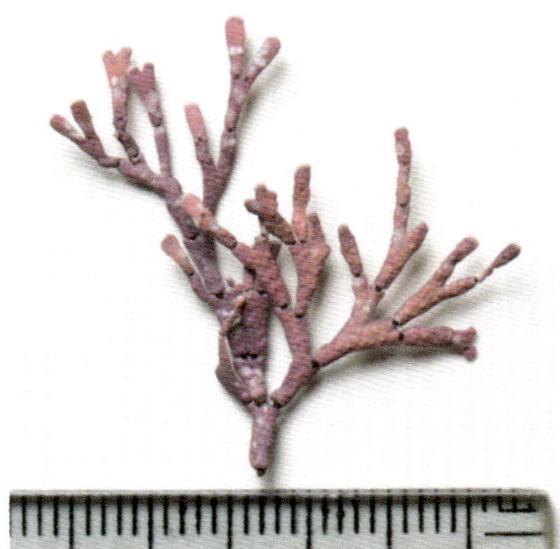

Kalkrotalge (Amphiroa beauvoisii), *am Strand angespült gefunden*

Skizzenbuch, Muschelstudien

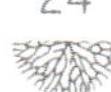

Selbst mit einer Unterwasser-Schreibtafel ist es eine große Herausforderung, beim Herumpaddeln im Wasser genau zu zeichnen. Deshalb schaue ich mir inzwischen lieber die wunderbare Unterwasserwelt an, in der ich mich bewege, statt mich aufs Zeichnen zu konzentrieren. Umso genauer beobachte ich nun und fotografiere dann, was mich am meisten fasziniert.

Schnorcheln ist eine vergnügliche und einfache Art, das Wasser zu erkunden.

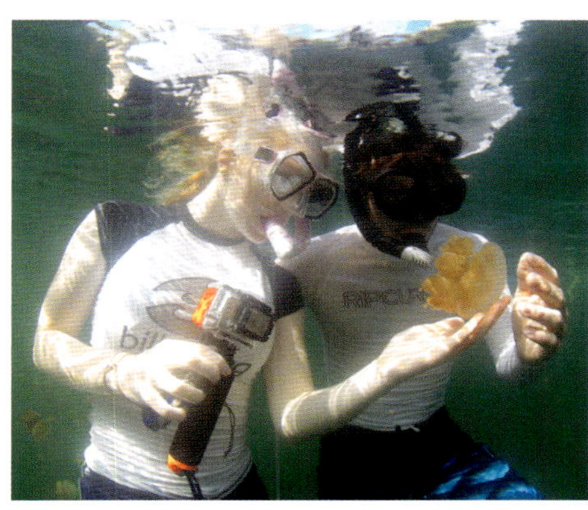

Je mehr – und je genauer – wir beobachten, desto mehr erfahren wir. Wenn wir uns genügend Zeit nehmen, etwas ganz sorgfältig zu beobachten, können wir ein tiefes Verständnis und eine gute Einschätzung entwickeln.

Ich habe sehr viel Zeit damit verbracht, beim Tauchen oder Schnorcheln einfach nur Korallen zu betrachten. Dabei entstand in meinem Kopf eine Art visuelle Bibliothek, auf die ich später zurückgreifen kann, wenn ich den Entwurf eines Korallenmotivs ausarbeite.

Gerätetauchen ist eine wunderbare Möglichkeit, vollständig in die Unterwasserwelt einzutauchen.

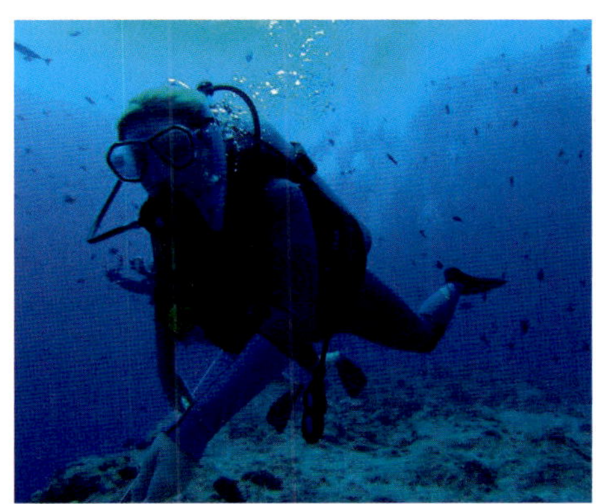

Die Fotos, die ich unter Wasser aufnehme, sind eine weitere wichtige Basis für meine Kunst. Ich habe nur eine ganz einfache Unterwasserkamera, deshalb sind meine Fotos trüb und dunkel. Trotzdem halten sie alle Informationen fest, die ich brauche.

Korallenriffe sind etwas ganz Besonderes – wunderschöne und äußerst lebendige Orte, an denen es sehr viel zu sehen gibt. Viele meiner Werke wurden von Korallen inspiriert, weil ich mich diese Tiere und die erstaunlichen Strukturen, die sie bilden, faszinieren.

Beim Freitauchen lassen sich seichte Meeresbereiche gut erkunden

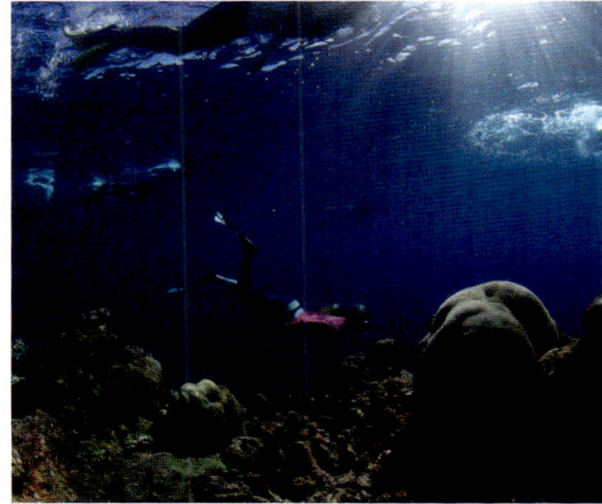

Sorgen Sie beim Studieren von Korallen dafür, nahe heranzukommen und die einzelnen Koralliten ganz genau zu beobachten. Es handelt sich dabei um die kleinen Skelettkelche, auf denen die Korallenpolypen sitzen. Die Bestimmung der Korallen hängt weitgehend von der Größe und Anordnung dieser Koralliten ab

Rote Koralle

Meine Liebe zu den Korallen entdeckte ich beim Gerätetauchen. Im Jahr 2004 lernte ich am Great Barrier Reef das Tauchen, und seither habe ich die weltbesten Korallenriffs aufgesucht.

Meine Serie »Rote Koralle« besteht aus einer Reihe sich verästelnder Korallenformen, die mit kräftigem rotem Garn ausgeführt sind. Begonnen habe ich diese Serie als ein künstlerisches Statement zum Problem des Korallenerntens für die Schmuckherstellung und die fragliche Nachhaltigkeit dieser Praxis. Dann baute ich die Serie weiter aus – ein Ergebnis des Studium vieler Korallenarten und ihrer brillanten Farbgebung.

Meine Korallenwerke werden wie empfindliche organische Exemplare präsentiert – sorgfältig an die Wand gepinnt, sodass sie genau inspiziert und studiert werden können. Auf diese Weise lassen sich die Schönheit und Feinheiten der Korallenkolonien darstellen, ohne dass dafür Korallen aus ihrem natürlichen Habitat gerissen werden müssen.

Riesen-Gorgonie, *2013, Polyestergarn mit Nadeln auf Papier, 110 x 93 cm. Dies ist eines der größten Werke der Serie* Rote Koralle, *das ich bisher angefertigt habe.*

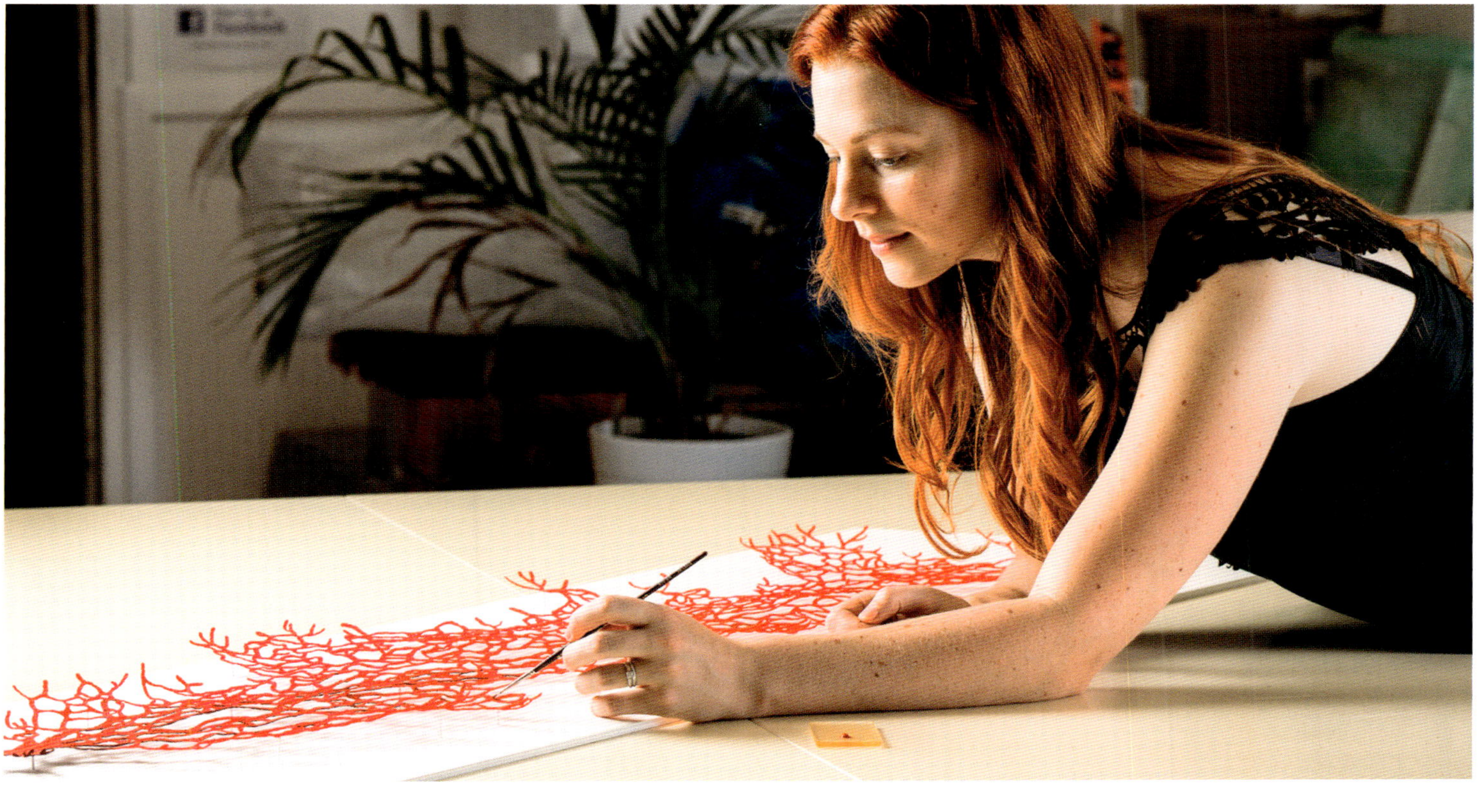

Gorgonien (oder Alcyonacea) gehören beim Tauchen zu meinen Lieblingen. Diese schönen, spitzenähnlichen Strukturen können gewaltige Größen erreichen und präsentieren sich in einer Vielzahl kräftiger, leuchtender Farben.

Reich: *Animalia* (Tiere)
Stamm: *Cnidaria* (Nesseltiere)
Klasse: *Anthozoa* (Blumentiere)
Unterklasse: *Octocorallia* (Oktokorallen)
Ordnung: *Alcyonacea* (Weichkorallen)

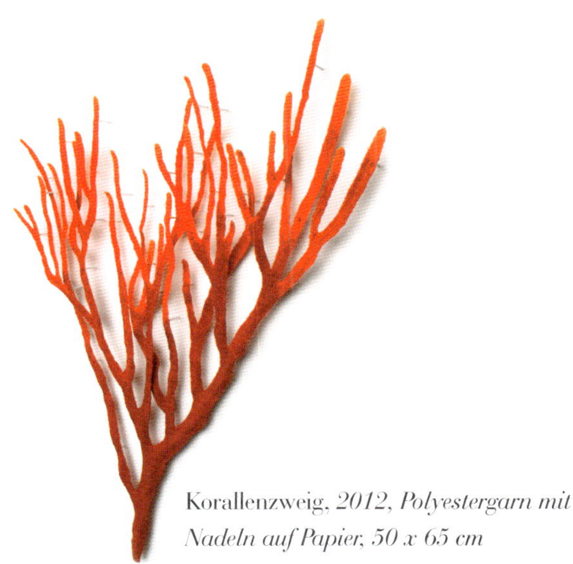

Korallenzweig, *2012, Polyestergarn mit Nadeln auf Papier, 50 x 65 cm*

1

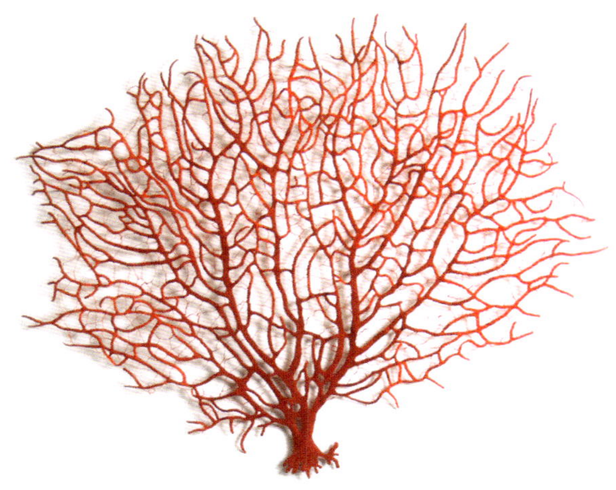

2

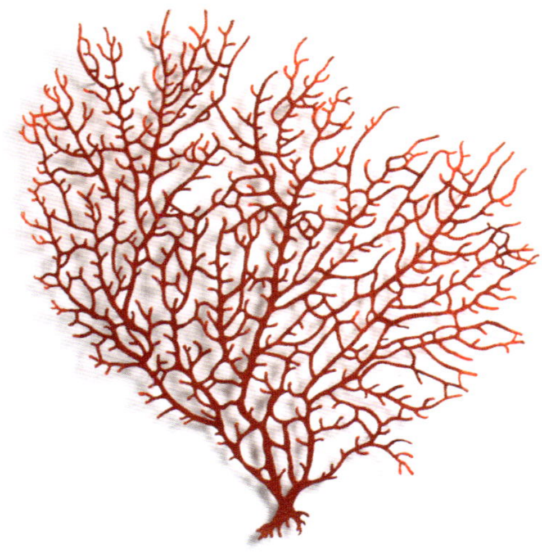

3

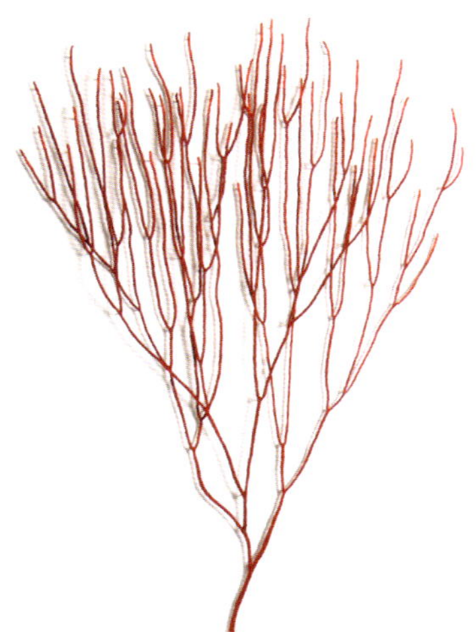

4

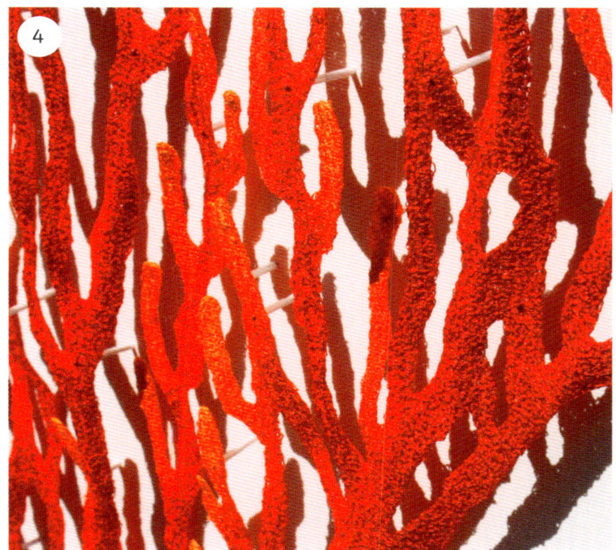

1. Rote Fächerkoralle, *2016, Polyestergarn mit Nadeln auf Papier 85 x 73 cm*
2. Rote Koralle *(Corallium rebrum), 2016, 73 x 73 cm*
3. Weichkoralle, 2017, Polyestergarn mit Nadeln auf Papier, 110 x 85 cm
4. Riesenkorallenzweig, *Detail*

Dieses Werk basiert auf dem Seefächer *(Ctenocella pectinata)*. Er hat die Form einer Harfe oder Leier und setzt sich aus zwei getrennten Zweigen mit vielen dünnen langen Zweiglein zusammen, die aus der Oberseite dieser beiden Zweige herauswachsen. Seefächer können sehr groß werden (bis zu 150 cm Breite), und sie haben in der Regel eine kräftige, leuchtende Farbe.

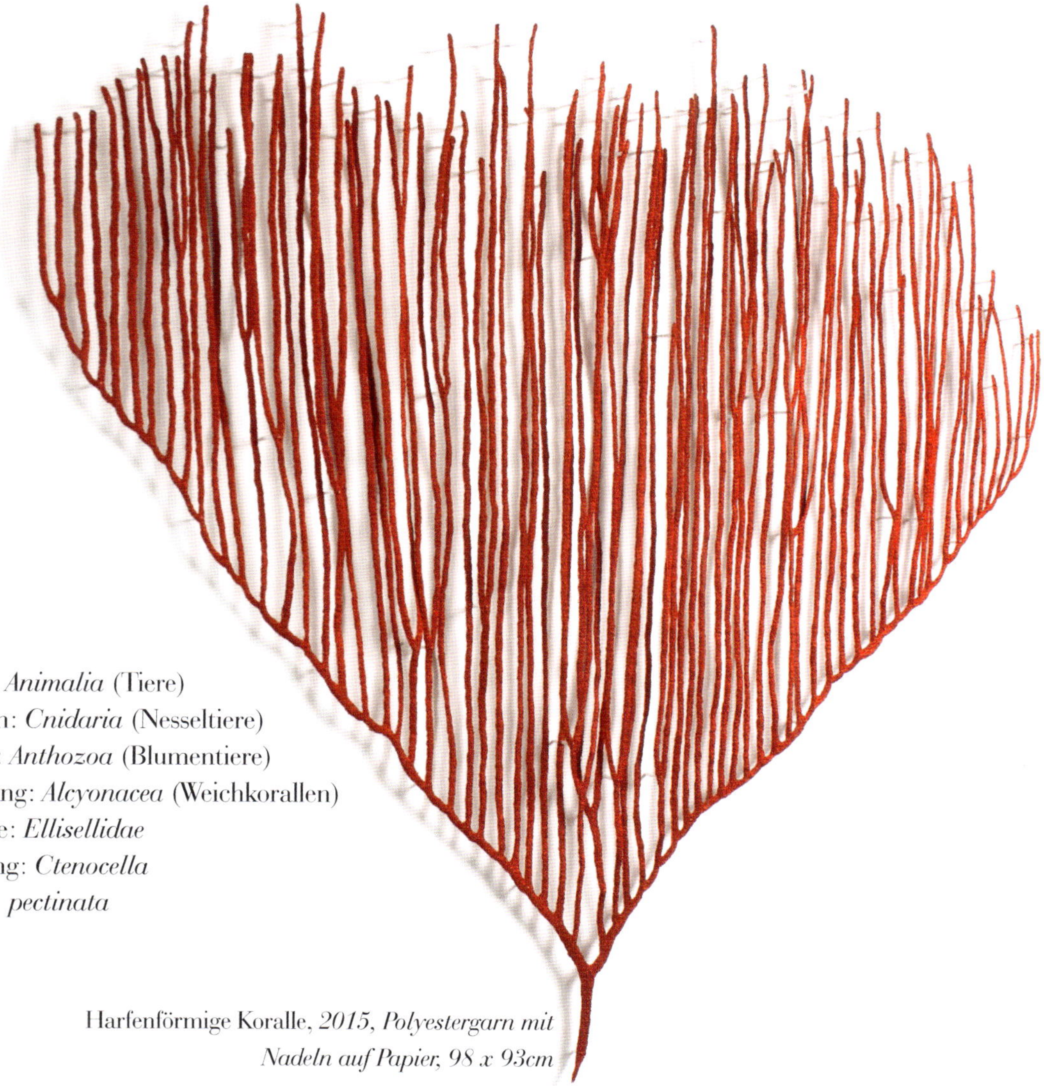

Reich: *Animalia* (Tiere)
Stamm: *Cnidaria* (Nesseltiere)
Klasse: *Anthozoa* (Blumentiere)
Ordnung: *Alcyonacea* (Weichkorallen)
Familie: *Ellisellidae*
Gattung: *Ctenocella*
Art: *C. pectinata*

Harfenförmige Koralle, *2015, Polyestergarn mit Nadeln auf Papier, 98 x 93cm*

Zu Besuch im Aquarium

Auch Aquarien eignen sich bestens für die Suche nach Motiven. Hier finden Sie eine Menge Wasserflora und Wasserfauna an einem Ort vereint. Sie wissen, dass eine besondere Spezies jeden Tag dort anzutreffen ist und dass Sie, falls nötig, zu einem erneuten Besuch kommen können.

Aquarien erlauben es Ihnen, dem Meeresleben wirklich nah zu kommen und es zu zeichnen und zu fotografieren, ohne mit den Herausforderungen der Motivsuche unter Wasser konfrontiert zu werden. Häufig gelingen mir viel bessere Fotos von außen in ein Aquarium als ich unter Wasser je aufnehmen könnte.

Das Beste am Studium in einem Aquarium ist, dass es dort ein Expertenteam gibt, das Ihnen bei der Bestimmung und allen anderen Fragen helfen kann, die Sie zu den gezeigten Pflanzen oder Tieren eventuell haben. Mit Experten zu sprechen ist eine fantastische Möglichkeit, zu recherchieren und Neues zu erfahren.

Das Fotografieren von Tieren in Gefangenschaft muss mit sehr viel Feingefühl und Geduld erfolgen. Vermeiden Sie immer den Einsatz des Blitzlichts, insbesondere bei Tieren, die unter eher dunklen Bedingungen leben, denn der Blitz würde sie erschrecken oder ihnen sogar schaden.

Unten: In der Natur sehe ich Scheibenanemonen (Discosoma) *nur selten, in Aquarien sind sie hingegen viel verbreitete Bewohner. Discosoma, insbesondere diese rote Varietät, haben viele meiner Kunstwerke und Installationen beeinflusst wie »Die neuen Nachbarn« (S. 108).*

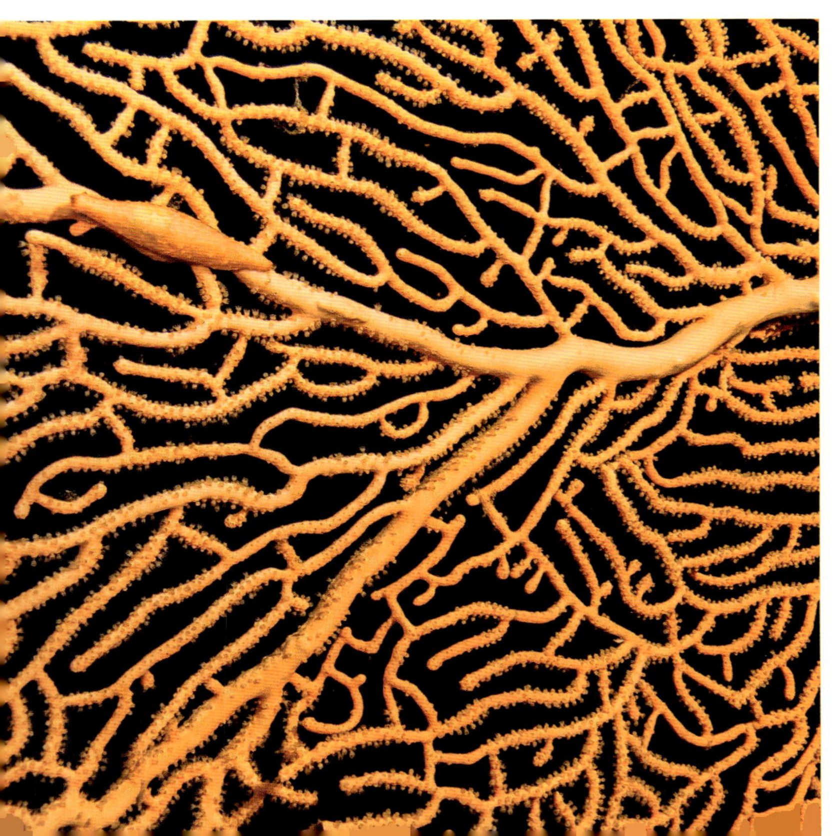

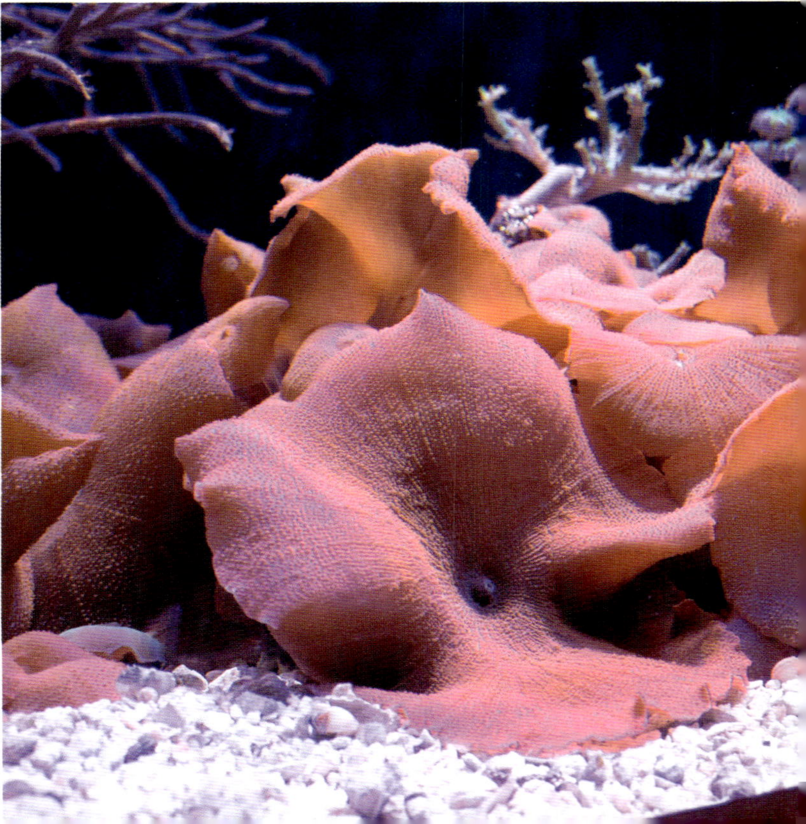

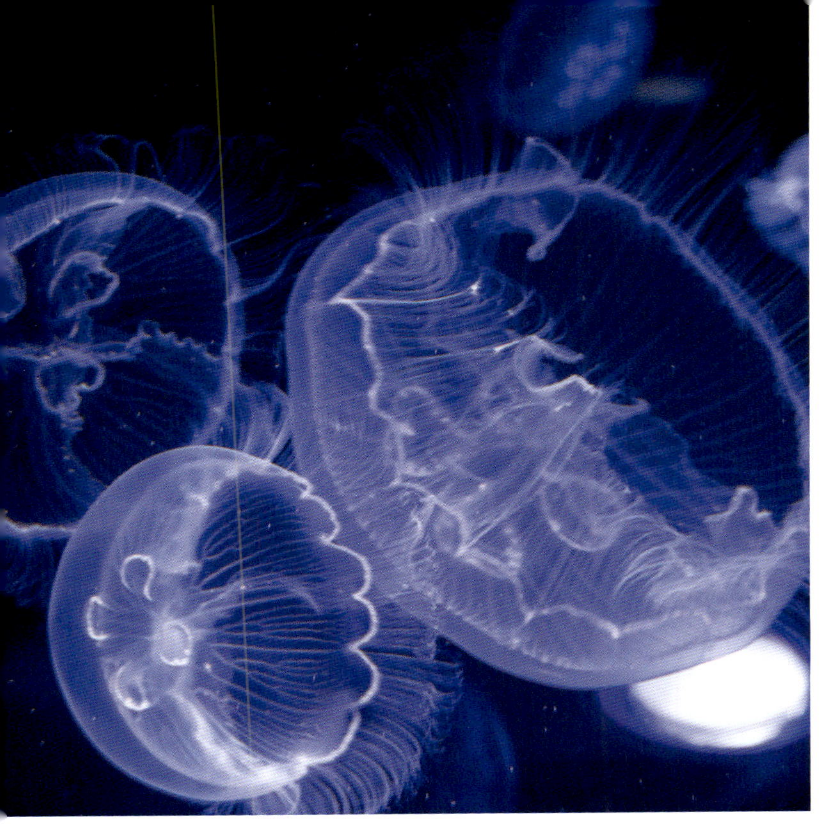

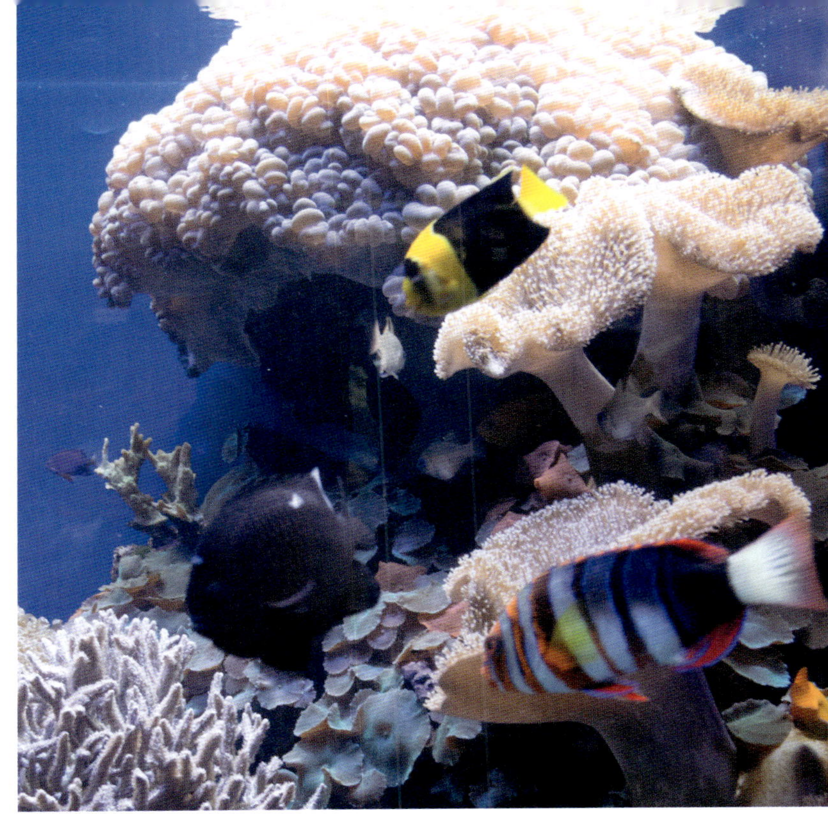

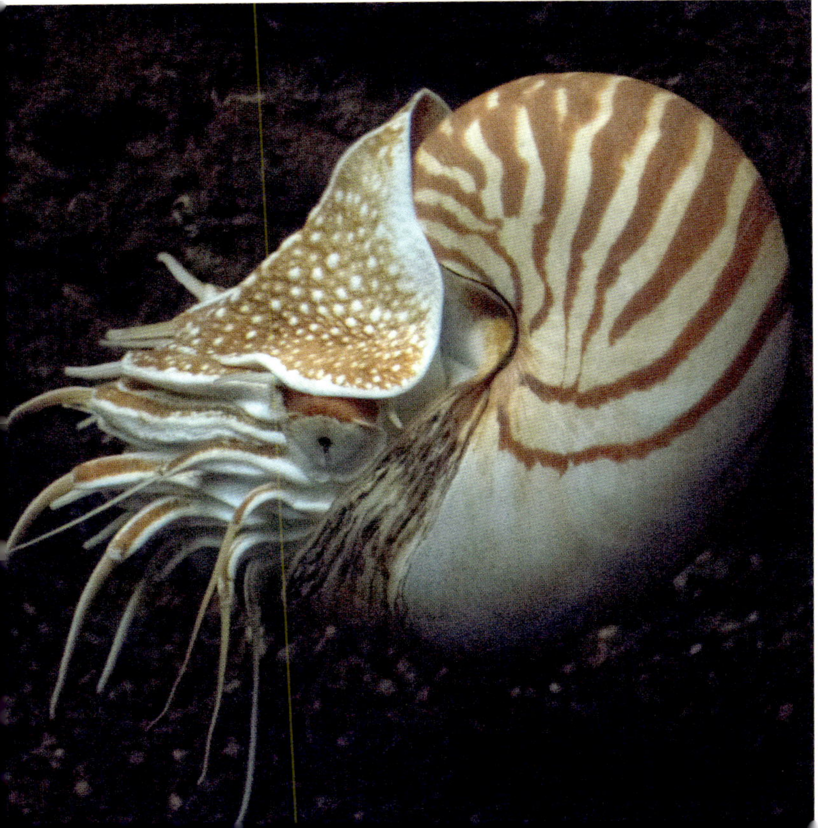

Links: Ich habe noch nie eine Meeresschnecke (Nautilus) *in der freien Natur gesehen, weil sie in großen Tiefen leben. Aber mich faszinieren diese prähistorischen Kopffüßer, und ich bin immer begeistert, wenn ich sie in einem Aquarium beobachten kann. Diese Tiere lassen sich sogar in einem Aquarium nur schwer fotografieren, weil sie in sehr dunklen Aquarien gehalten werden, die ihr natürliches Umfeld nachahmen. Bei diesem Schnappschuss hatte ich das Glück, dass die Meeresschnecke nach oben und nah an die Scheibe kam, sodass ich schnell einige Fotos aufnehmen konnte, bevor das Tier wieder in der Dunkelheit ihres Wasserbeckens verschwand.*

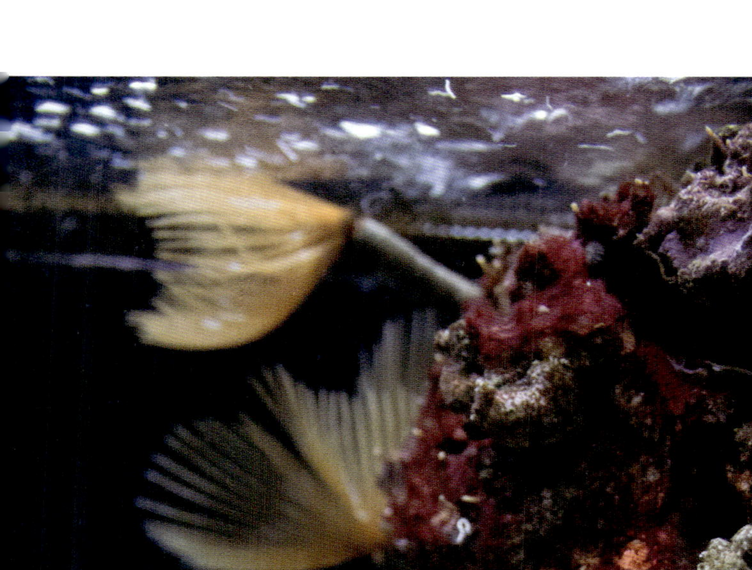

Krone einer Schraubensabelle

Ein Meeresgeschöpf, das mich bei Tauchgängen immer fasziniert hat, ist die Schraubensabelle, *Sabella spallanzanii*. Dieser kleine Ringelwurm ist auch als »Fächerwurm« bekannt, man findet ihn in seichten Subtidenzonen. Wenn Sie mit der Hand nah bei einer Schraubensabelle wedeln, zieht sie ihre federartigen Futterarmfange sofort zurück in ihre Röhre. Für ein Tier, das permanent im Riff eingeschlossen ist, bewegt es sich überraschend schnell. Es kann knifflig sein, Fächerwürmer im Meer zu fotografieren, aber in einem Aquarium sind mir einige annehmbare Fotos dieser Spezies gelungen.

Mein Kunstwerk konzentriert sich auf die Krone der Futtertentakeln, von denen es zwei eigenständige Ebenen gibt. Es ist jedoch schwierig, diesen mehrschichtigen Aufbau zu erkennen, wenn die Tentakeln im Wasser ausgestreckt sind und an eine weiche Schale oder eine zarte Feder erinnern, die sich in der Strömung bewegt. Würden Sie die Tentakeln aus dem Wasser nehmen und glatt streichen, sähen Sie die Struktur, die mich zu meinem Werk inspiriert hat. Ich hoffe, durch die betonte mathematische Perfektion und die zarten Farbstreifen die Schönheit und Komplexität der Krone in meinem Werk zeigen zu können.

Reich: *Animalia* (Tiere)
Stamm: *Annelida* (Ringelwürmer)
Klasse: *Polychaeta* (Vielborster)
Ordnung: *Sabellida* (Feder-/Fächerwürmer)
Familie: *Sabellidae* (Feder-/Fächerwürmer)
Gattung: *Sabella*
Art: *S. spallanzanii*

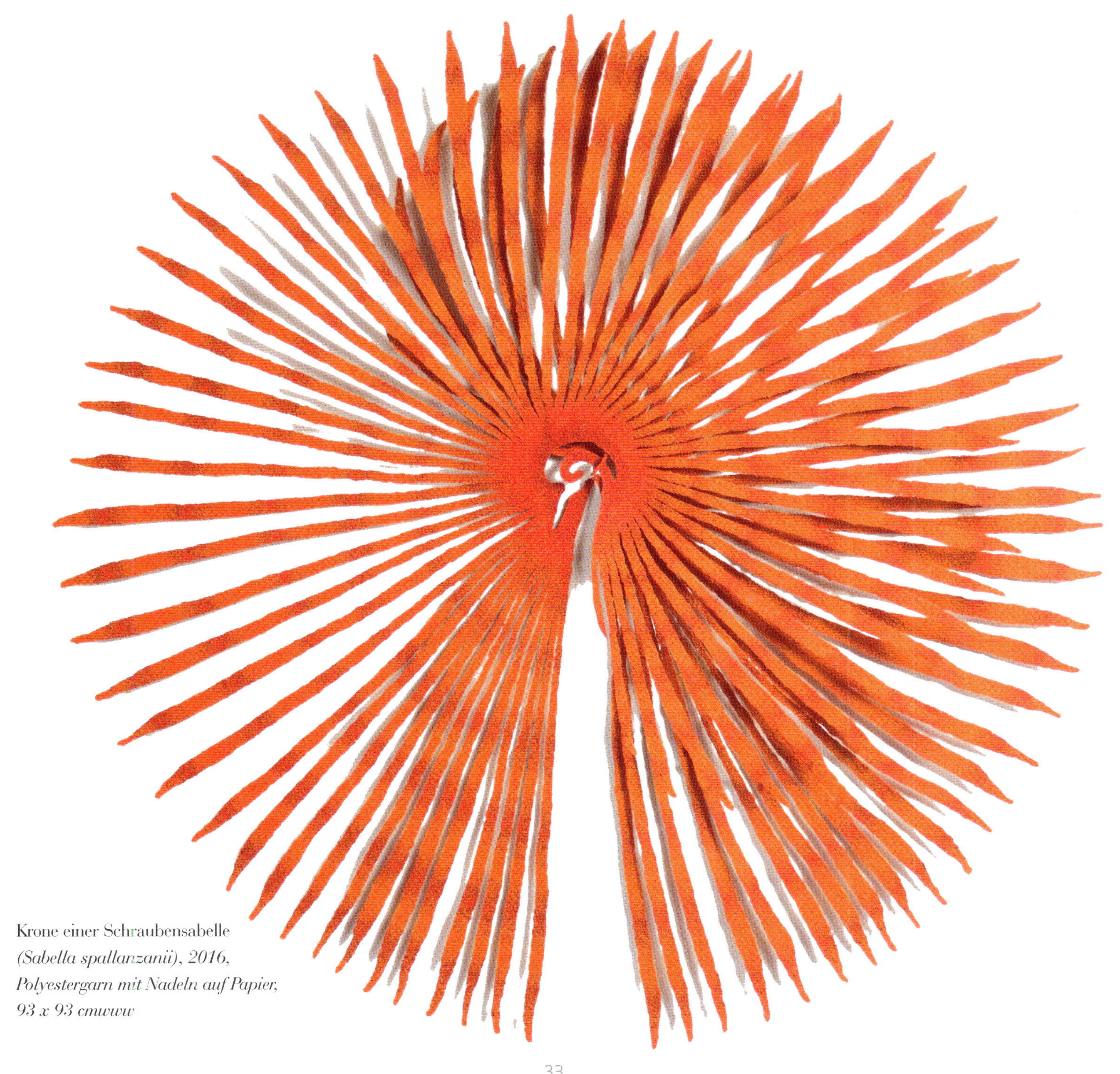

Krone einer Schraubensabelle
(Sabella spallanzanii), 2016,
Polyestergarn mit Nadeln auf Papier,
93 x 93 cmvww

Zeichnen

Es ist immer besser, etwas zu zeichnen, als nur ein Foto aufzunehmen. Das Zeichnen zwingt Sie, sich zu fokussieren, Tempo herauszunehmen und genau über das nachzudenken, was Sie betrachten. Diese intensive, direkte Beobachtung hilft, ein Motiv besser zu verstehen. Durch den Vorgang des Zeichnens werden Sie häufig wichtige Elemente erfassen, die Sie sonst übersehen hätten.

Das Zeichnen habe ich immer als entscheidend wichtigen Teil meiner Arbeit gesehen, insbesondere als ein Hilfsmittel, um meine Motive besser zu verstehen. Ich das Gefühl, auf diese Weise eine bessere Verbindung zu dem Motiv aufbauen zu können, was entscheidend ist, wenn es an den Entwurf einer Stickvorlage geht. Bei der Vorbereitung eines neuen Kunstwerks zeichne ich das Motiv viele Male. So wird es mir vertraut, und ich verstehe es besser.

Unterwegs zeichnen

Zeichnungen, die Sie unterwegs anfertigen, müssen kein genaues Abbild sein. Dabei geht es nur darum, Informationen schnell festzuhalten und zu beschreiben, was Sie gefunden haben. Ein paar Bleistiftlinien, mit denen die Grundform und Struktur Ihres Motivs festgehalten werden, reichen aus. Eine Skizze ist schneller angefertigt und beschreibt ein Motiv häufig auch genauer als eine schriftliche Notiz. Wenn Sie eine komplexe Form beschreiben müssen, sollten Sie versuchen, das Motiv aus verschiedenen Blickwinkeln zu zeichnen, um sich ein vollständiges Bild machen zu können.

Meine Skizzen von unterwegs werden schnell angefertigt und sind oft etwas chaotisch. Wenn es Elemente gibt, die ich mit meiner Zeichnung nicht gut darstellen kann – eine bestimmte Beschaffenheit etwa oder einen Duft –, mache ich mir ein paar Notizen neben der Zeichnung. Beides zusammen ergibt dann ein ziemlich genaues Bild dessen, was ich darstellen wollte.

Grundlagen des Zeichnens

Vielen mangelt es an Vertrauen, wenn es ums Zeichnen geht. Ich glaube, jeder Mensch kann gut zeichnen, wenn er sich darauf konzentriert und konsequent daran arbeitet, seine Fertigkeiten zu verbessern. Zeichnen ist weitgehend eine lernbare Fertigkeit – für das genaue Zeichnen braucht es vor allem Übung und Ausdauer. Haben Sie also keine Scheu vor dem Zeichnen, selbst wenn Sie meinen, kein zeichnerisches Talent zu haben. Probieren Sie es einfach aus. Sie werden vielleicht selbst überrascht sein, was dabei herauskommt und wie viel Freude Sie dabei haben.

Voraussetzung einer guten Zeichnung ist es, ein Motiv wirklich genau zu betrachten und zu studieren. Je genauer Sie es sich anschauen, desto mehr werden Sie sehen. Je mehr Sie sehen, desto genauer wird Ihre Zeichnung.

Es gibt viele verschiedene Herangehensmöglichkeiten an eine Zeichnung, und keine ist unbedingt besser als eine andere. Ich beginne ich damit, den groben Umriss mit wenigen Strichen darzustellen. Anschließend verbessere ich die Zeichnung, indem ich schlecht platzierte Linien korrigiere und Details einfüge, bis sich das Gefühl einstellt, dass ich mein Motiv gut erfasst habe.

Je mehr Sie zeichnen, desto einfacher wird es und desto schneller geht es nach einer Weile dann auch.

Skizzenbuch-Seite: Frauenhaarfarn

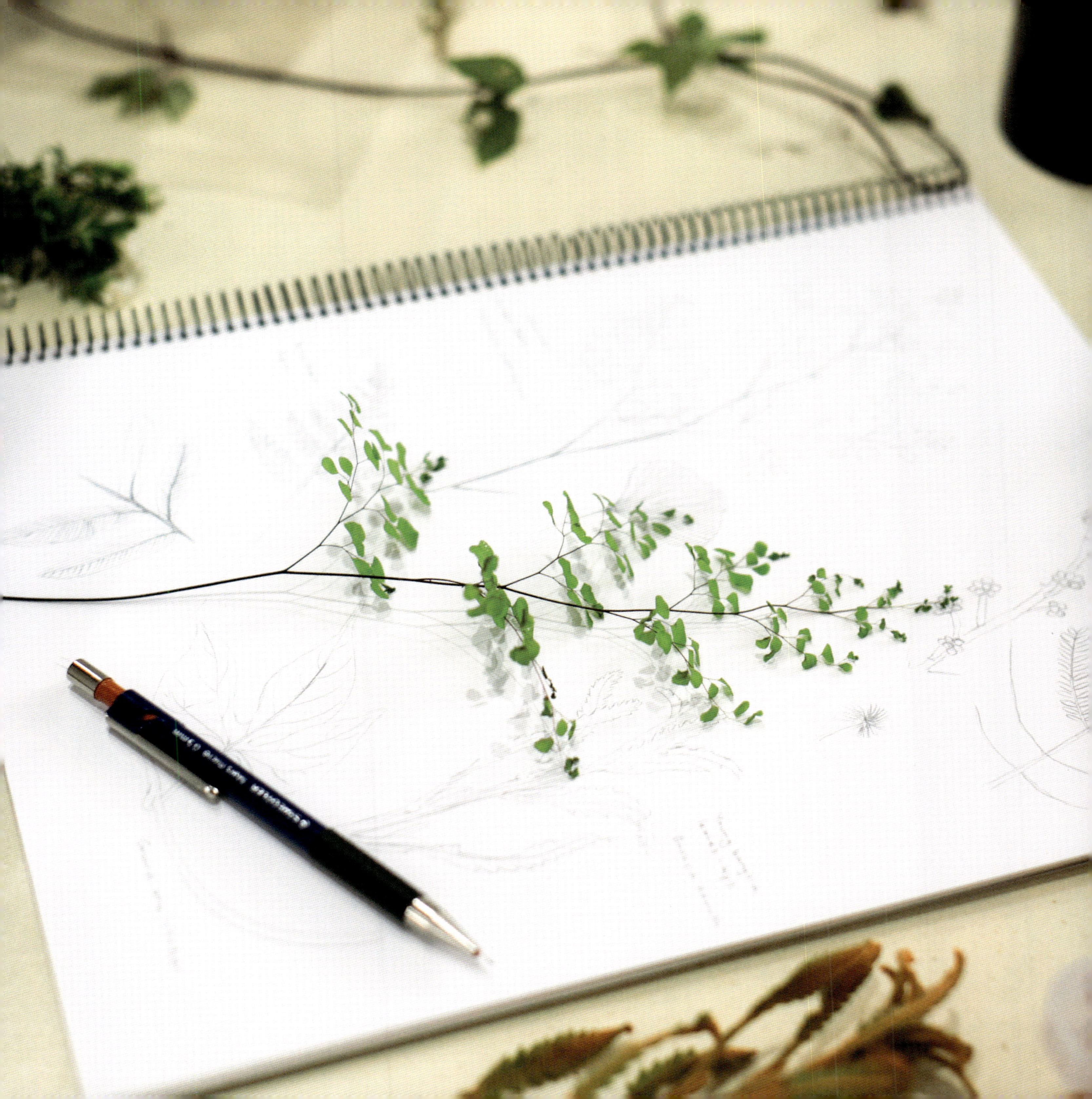

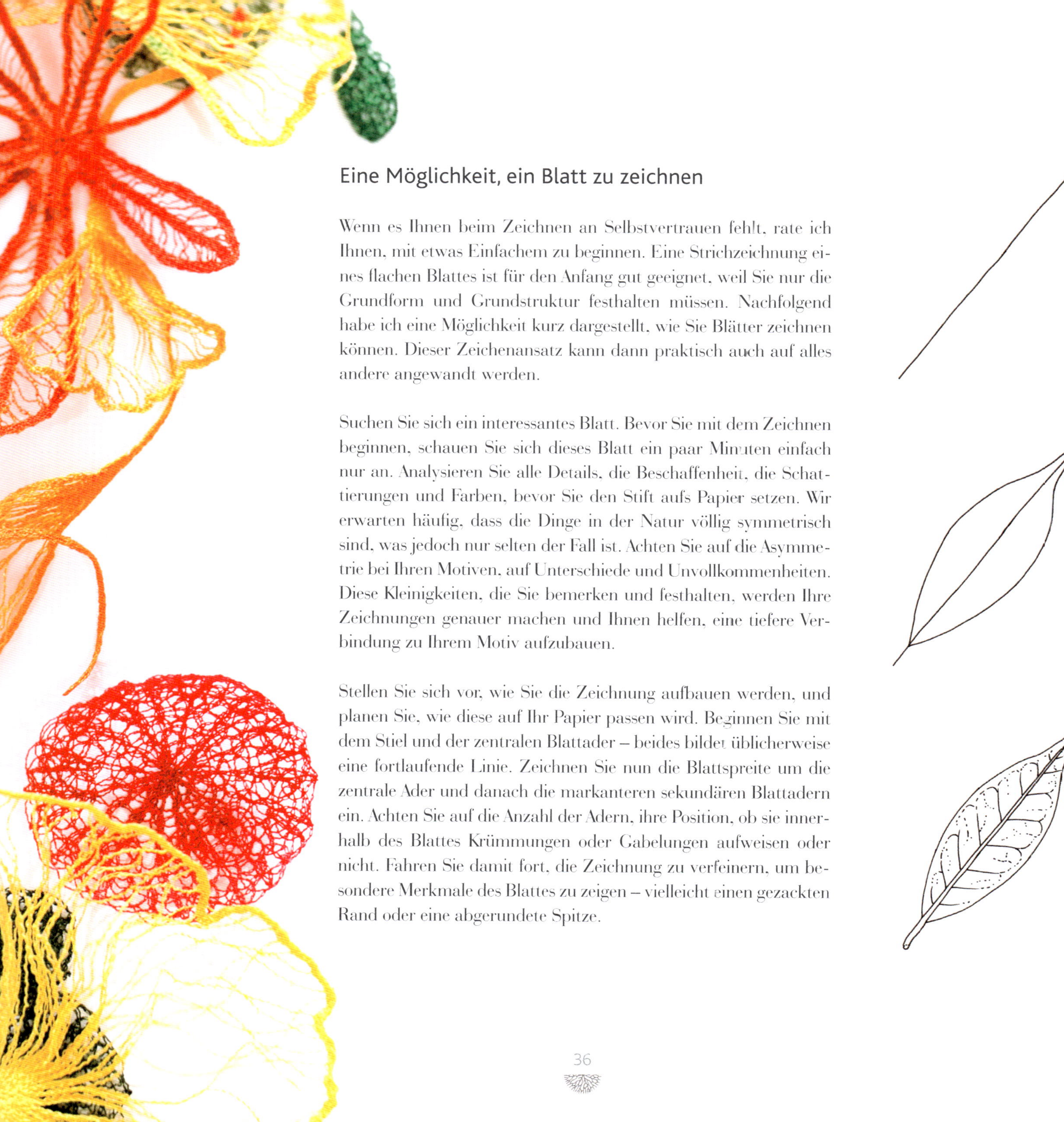

Eine Möglichkeit, ein Blatt zu zeichnen

Wenn es Ihnen beim Zeichnen an Selbstvertrauen fehlt, rate ich Ihnen, mit etwas Einfachem zu beginnen. Eine Strichzeichnung eines flachen Blattes ist für den Anfang gut geeignet, weil Sie nur die Grundform und Grundstruktur festhalten müssen. Nachfolgend habe ich eine Möglichkeit kurz dargestellt, wie Sie Blätter zeichnen können. Dieser Zeichenansatz kann dann praktisch auch auf alles andere angewandt werden.

Suchen Sie sich ein interessantes Blatt. Bevor Sie mit dem Zeichnen beginnen, schauen Sie sich dieses Blatt ein paar Minuten einfach nur an. Analysieren Sie alle Details, die Beschaffenheit, die Schattierungen und Farben, bevor Sie den Stift aufs Papier setzen. Wir erwarten häufig, dass die Dinge in der Natur völlig symmetrisch sind, was jedoch nur selten der Fall ist. Achten Sie auf die Asymmetrie bei Ihren Motiven, auf Unterschiede und Unvollkommenheiten. Diese Kleinigkeiten, die Sie bemerken und festhalten, werden Ihre Zeichnungen genauer machen und Ihnen helfen, eine tiefere Verbindung zu Ihrem Motiv aufzubauen.

Stellen Sie sich vor, wie Sie die Zeichnung aufbauen werden, und planen Sie, wie diese auf Ihr Papier passen wird. Beginnen Sie mit dem Stiel und der zentralen Blattader – beides bildet üblicherweise eine fortlaufende Linie. Zeichnen Sie nun die Blattspreite um die zentrale Ader und danach die markanteren sekundären Blattadern ein. Achten Sie auf die Anzahl der Adern, ihre Position, ob sie innerhalb des Blattes Krümmungen oder Gabelungen aufweisen oder nicht. Fahren Sie damit fort, die Zeichnung zu verfeinern, um besondere Merkmale des Blattes zu zeigen – vielleicht einen gezackten Rand oder eine abgerundete Spitze.

Dieses Japanische Ahornblatt ist nach dem geschilderten Verfahren gezeichnet worden. Der einzige Unterschied ist, dass die zentralen Blattadern jedes Blättchens beim ersten Schritt mitgezeichnet wurden.

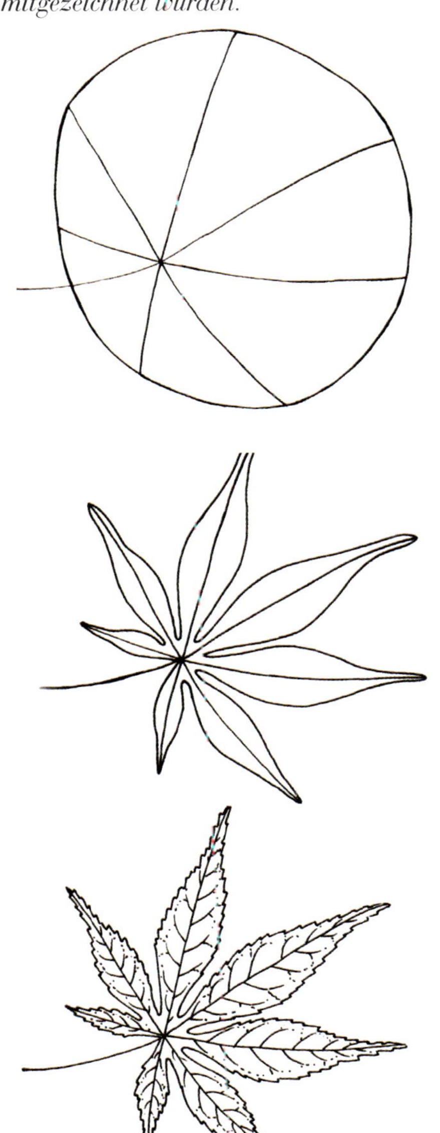

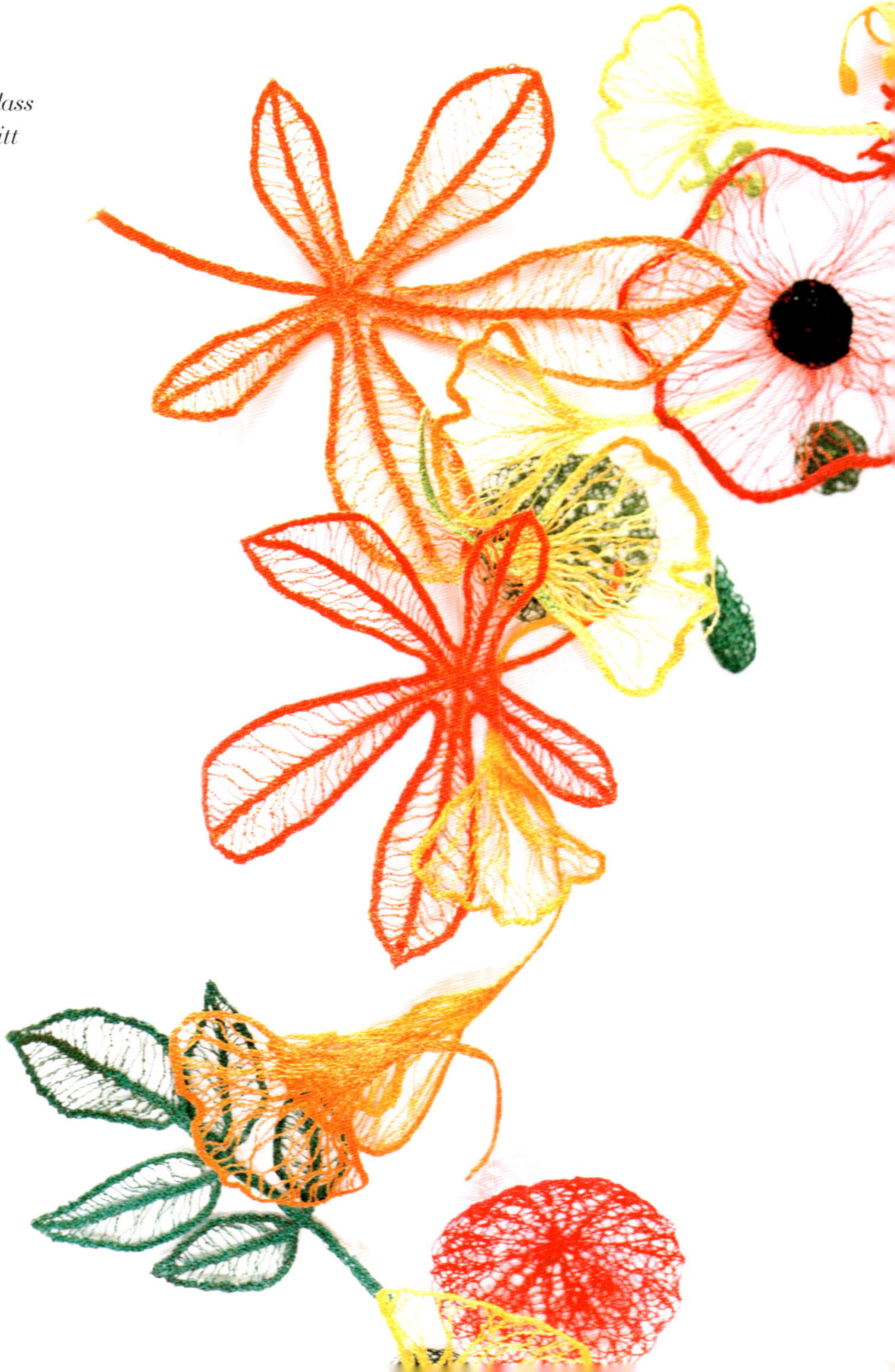

Farbabstimmung

Die Farbe ist bei jedem Kunstwerk äußerst wichtig und häufig das Element, von dem die Betrachter zuerst angezogen werden. Ich notiere die Originalfarben eines Musterexemplars, das ich studiere, und beziehe mich später darauf, wenn ich das Farbschema für ein Kunstwerk entwickle.

Viele Exemplare aus der Natur, insbesondere Pflanzen, verändern mit der Zeit ihre Farbe. Daher ist es wichtig, die ursprünglichen Farben und Nuancen von Fundstücken aus der Natur zu notieren, um sich später darauf beziehen zu können. Ich verwende gerne Wasserfarben, um bei der Motivsuche kleine Farbmuster anzufertigen.

Wasserfarben sind für das Malen im Skizzenbuch beim Unterwegssein in der Natur ein sehr gutes Hilfsmittel, weil damit in eine Zeichnung schnell und relativ sauber genaue Farben eingefügt werden können. Ich arbeite mit einem kleinen Wasserfarben-Reiseset, mit dem es sich unterwegs sehr einfach arbeiten lässt. Ich brauche lediglich einen Pinsel und etwas Wasser, um malen zu können. Mein Wasserfarben-Set ist eine Kombination aus warmen und kalten Grundfarben (Rot, Blau, Gelb). Mit diesen Farben kann ich jeden beliebigen Farbton zusammenmischen, um genaue Farbmuster anzufertigen.

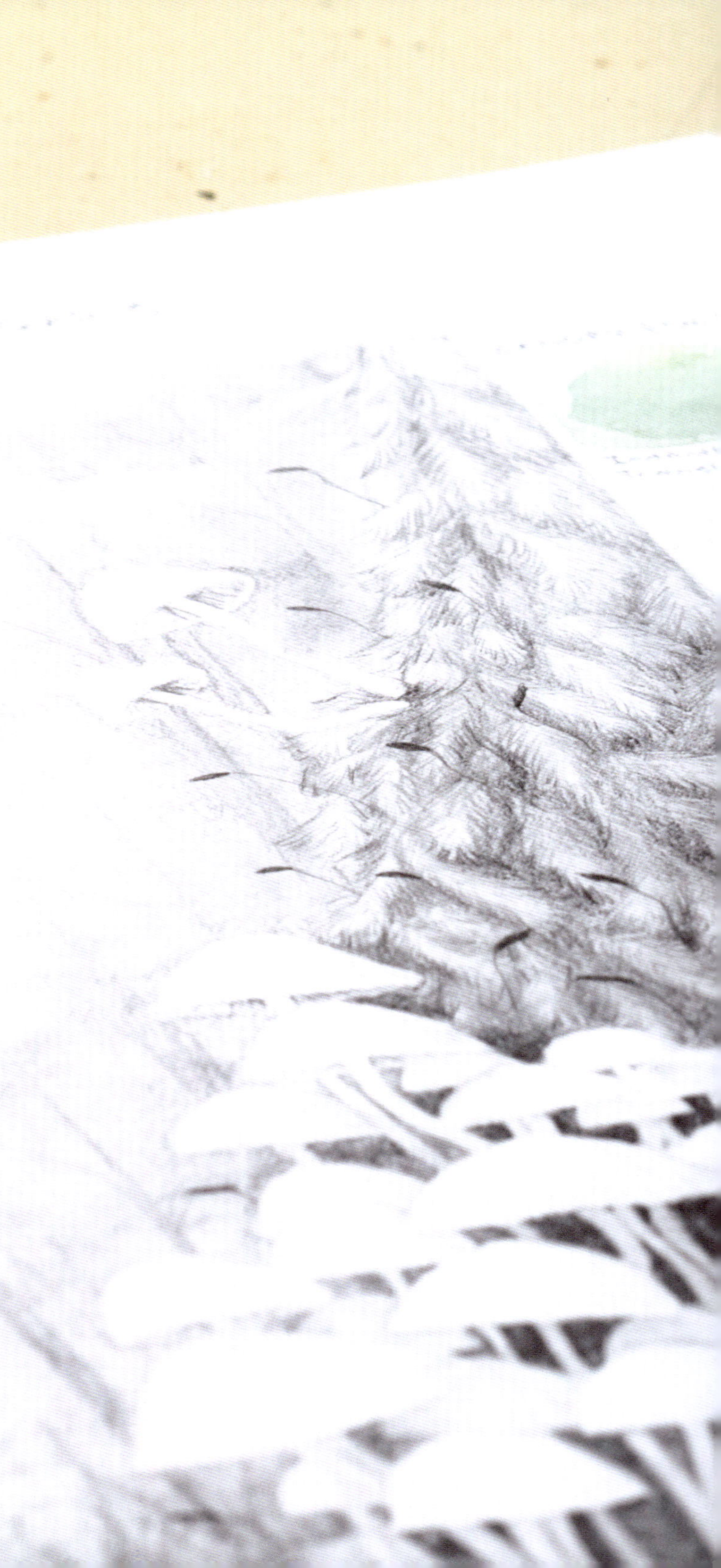

Diese Grafitzeichnung zeigt die Pilzspezies Mycena vulgaris *in ihrem Habitat im Regenwald. Die Zeichnung enthält am Rand einige Farbmuster in Wasserfarben, die die Braun- und Grüntöne in diesem Habitat angeben.*

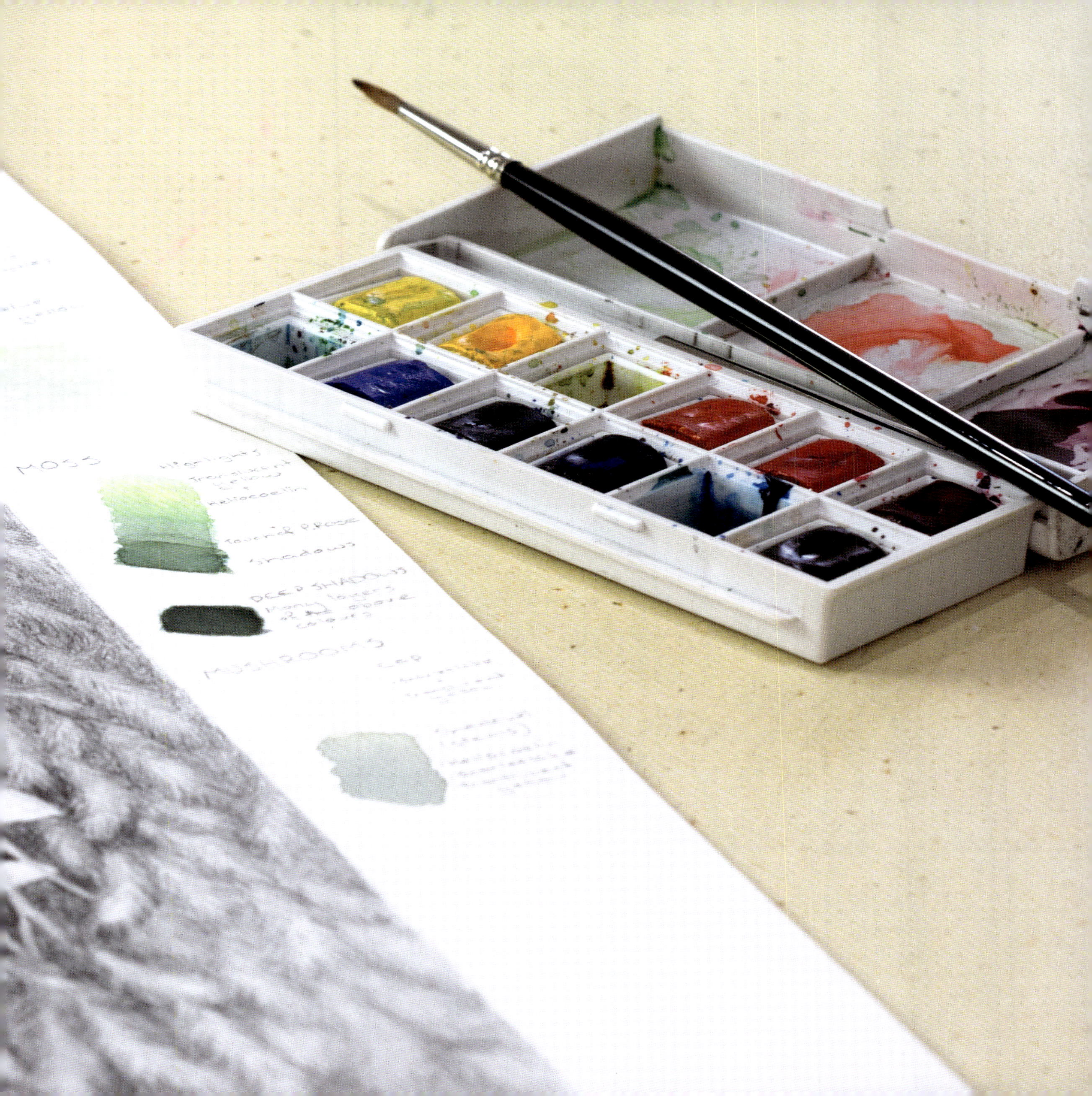
MOSS
Highlights
Shadows
DEEP SHADOWS
MUSHROOMS

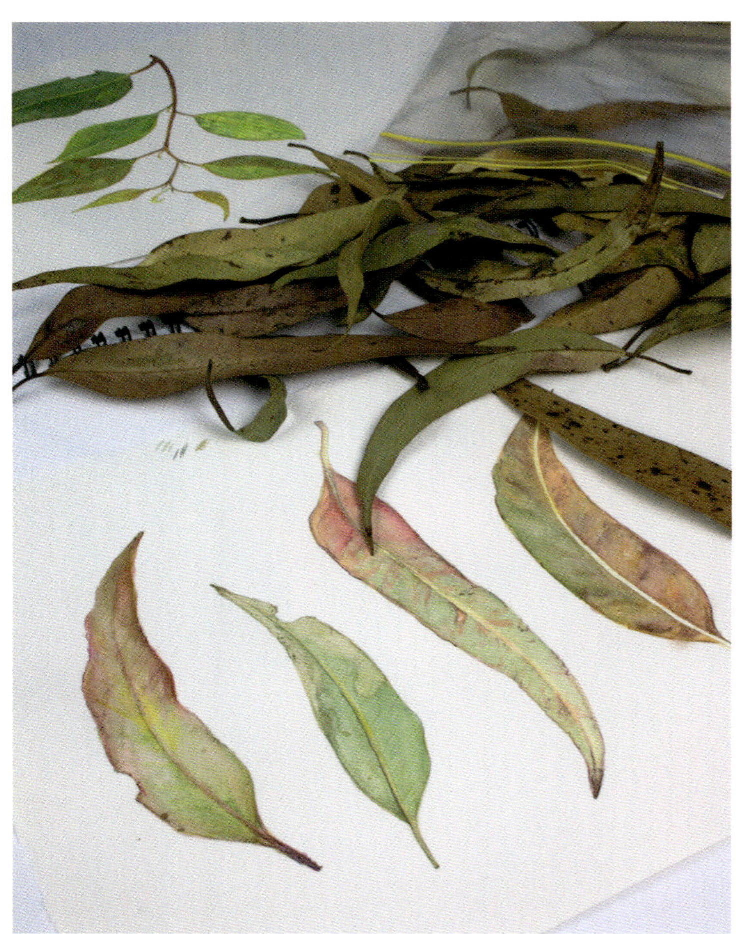

Wasserfarbenstudien von gesammelten Eukalyptusblättern

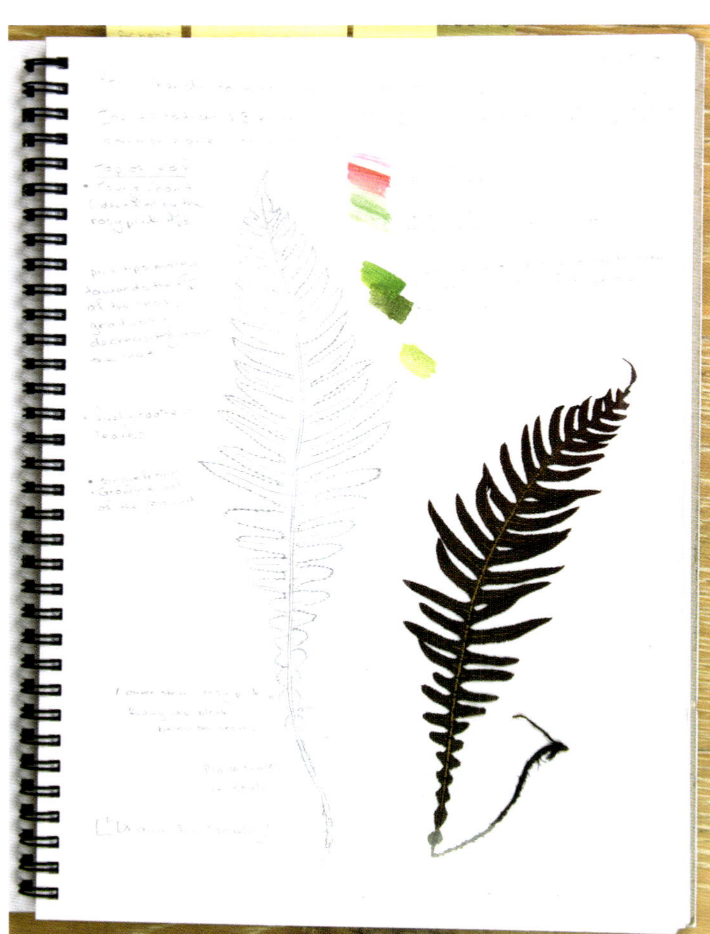

Dieses Skizzenbuch beschreibt ein Blatt vom Knorpelfarn (Blechnum cartilagineum). *Die Notizen enthalten erste Farbmuster zur Farbabstimmung und ein gepresstes Exemplar des Blattes, das später nachdunkelte und beim Trocknen seine Farbe verlor.*

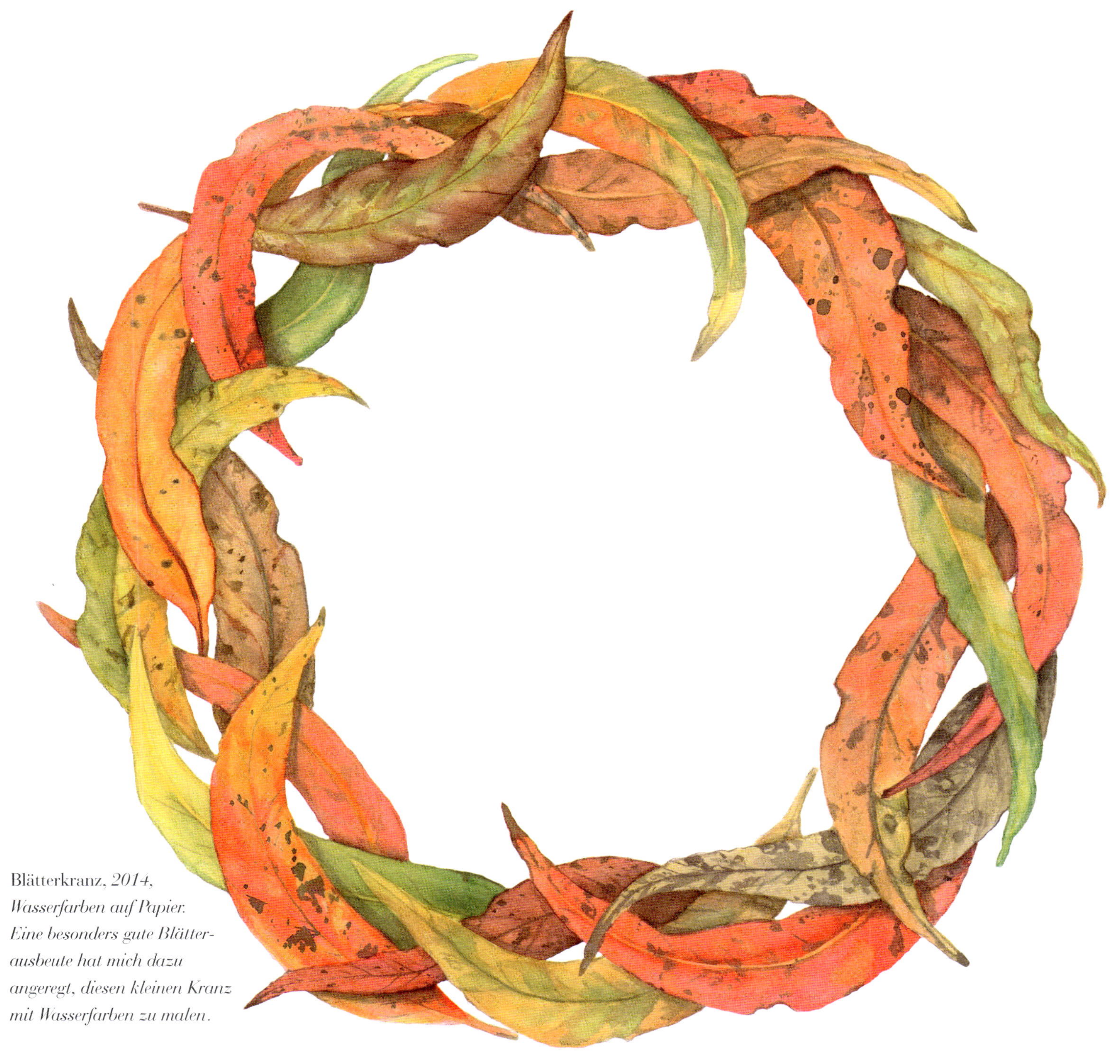

Blätterkranz, *2014, Wasserfarben auf Papier. Eine besonders gute Blätterausbeute hat mich dazu angeregt, diesen kleinen Kranz mit Wasserfarben zu malen.*

Ahornsamen

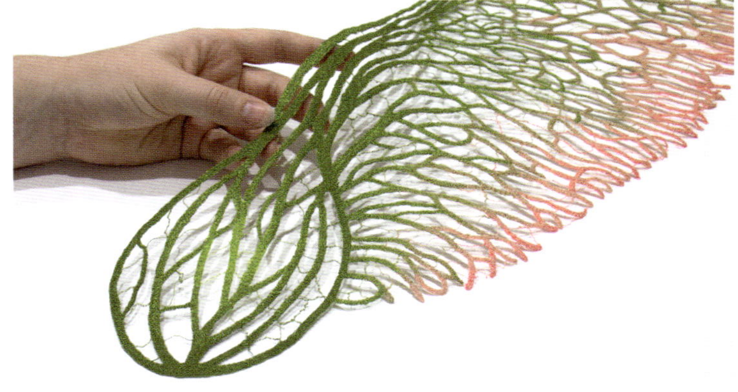

Schon immer habe ich die charakteristischen Samen des Ahorns geliebt. Korrekt heißen sie »Samaras«, sind volkstümlicher jedoch als »Propeller«, »Flügelnüsse« oder »Nasenzwicker« bekannt. Diese Samenkapseln haben wegen ihrer einmaligen Form und der Art, wie sie beim Herabfallen vom Baum kreiseln und trudeln, Kultcharakter. Die noch jungen Samen sind von einem kräftigen Grün, das zu den Flügelspitzen hin in ein helles Rosa ausläuft. Ich erinnere mich, als Kind oft mit Ahornsamen gespielt zu haben, von denen ich mir vorstellte, es seien Feenflügel.

Mein Werk wurde von der schönen Form und Farbe junger Samaras inspiriert. Als Ausgangsmaterial habe ich einen getrockneten Samen verwendet und das komplizierte Netzwerk der Blattadern auf der Außenfläche des Samens sorgfältig abgebildet. Anschließend stickte ich den Entwurf in den kräftigen Grün- und Rosatönen, an die ich mich aus meiner Jugend erinnere. Dabei verwendete ich eine Reihe von Fotos für die Farbabstimmung, da ich nur getrocknete braune Muster vorliegen hatte.

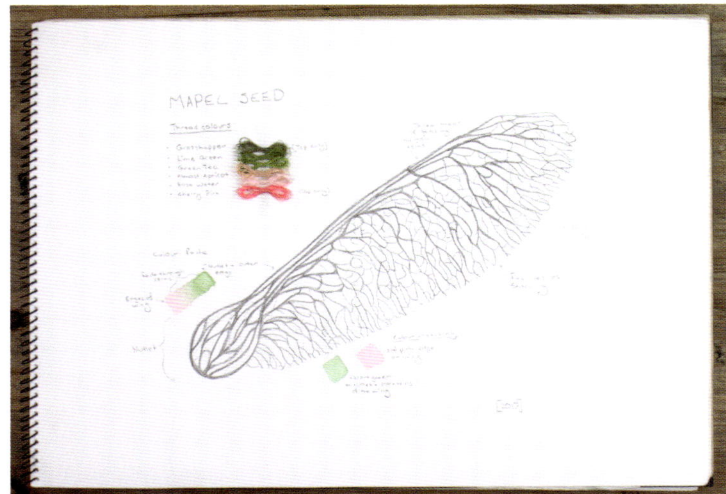

Reich: *Plantae* (Pflanzen)
Klasse: Angiospermen (auch: Bedecktsamer)
Ordnung: *Sapindales* (Seifenbaumartige)
Familie: *Sapindaceae* (Seifenbaumgewächse)
Gattung: *Acer*
Art: *A. palmatum*

Ahornsamen, 2017, Polyestergarn mit Nadeln auf Papier, 74 x 85 cm

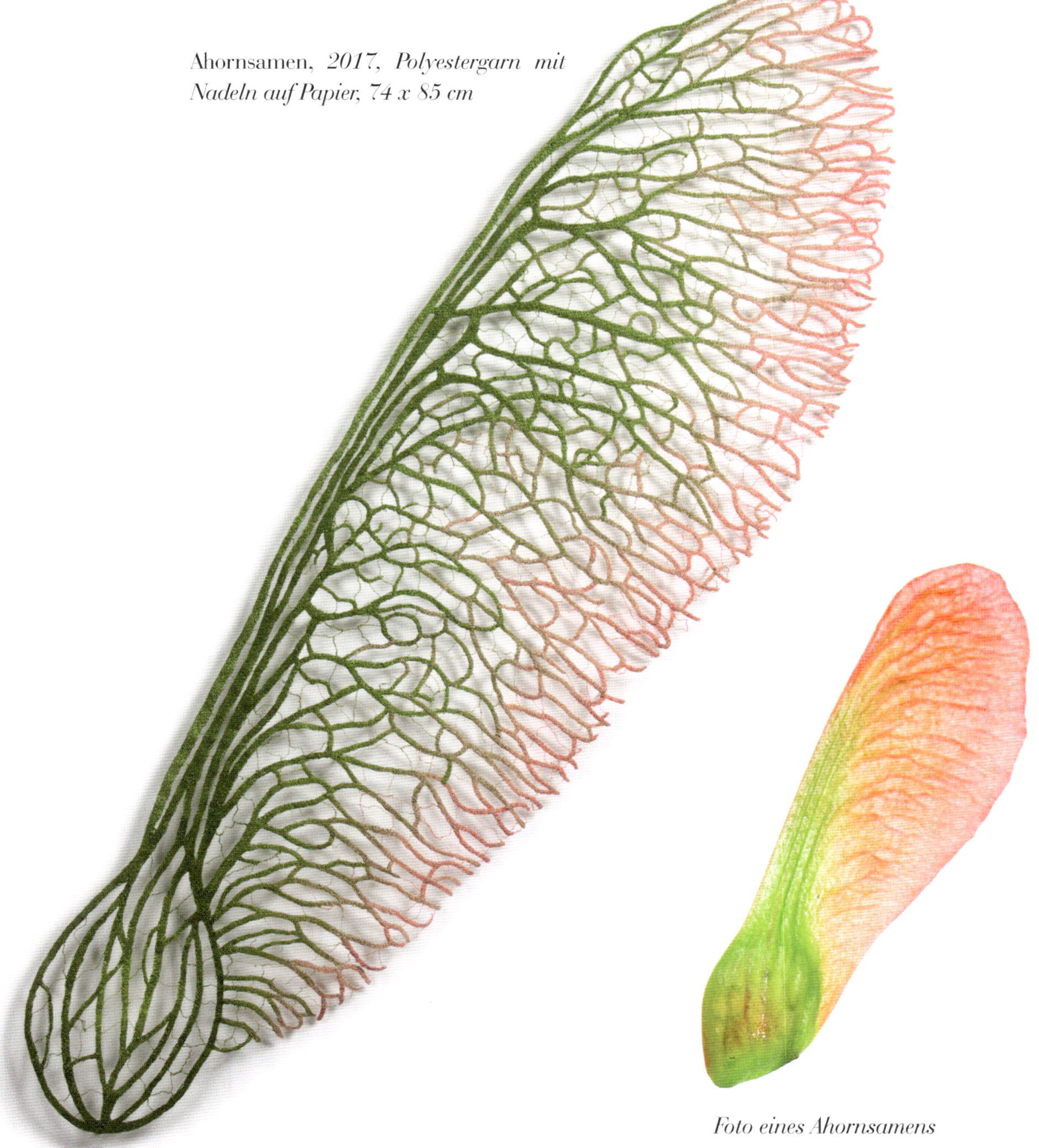

Foto eines Ahornsamens

Fotografieren in der Natur

Die Feldfotografie ist eine gute Möglichkeit, originale visuelle Bezugsquellen als Inspiration und Anregung für Kunstwerke zu sammeln. Bei dieser Art der Fotografie geht es nicht darum, ein schönes Foto aufzunehmen: Ziel ist es vielmehr, die Details und Merkmale eines Fundes in der Natur so zu dokumentieren, dass er bestimmt und studiert werden kann.

Für das Fotografieren in der Natur brauchen Sie keine raffinierte Ausrüstung. Eine einfache Kompakt- oder die Handykamera sind ausreichend. Eine digitale Spiegelreflexkamera mit verschiedenen Objektiven bietet zwar noch mehr Möglichkeiten, ist aber nicht nötig.

Zur Feldfotografie gehört es, mehrere Aufnahmen zu machen, um ein vollständiges Bild des Motivs zu gewinnen. Wenn Sie an die Feldfotografie systematisch herangehen und eine klare Vorstellung davon haben, was für Aufnahmen Sie für Ihre Sammlung brauchen, werden Sie nichts vergessen.

Nachfolgend finden Sie eine Vorschlagsliste für Aufnahmen, anhand derer Sie blühende Pflanzen in der Natur studieren können. Wenn Sie dieser Liste folgen, werden Sie eine gute Fotosammlung zusammentragen, die die verschiedenen Elemente der Pflanze beschreibt. Dies hilft bei der Bestimmung und dem späteren Studium. Nicht alle aufgeführten Elemente werden bei einer Pflanze gleichzeitig vorhanden sein: Früchte, Blüten und Samen zeigen sich zu unterschiedlichen Zeiten, sodass Sie vielleicht öfter wiederkommen müssen, um auch diese Elemente im Bild festzuhalten.

Aufnahmeliste für eine Blütenpflanze

- **Habitat** Ein Übersichtsfoto, das Form und Größe der Pflanze zeigt. Es kann auch zeigen, wie und wo die Pflanze wächst und in welchem Verhältnis sie zu benachbarten Elementen steht.
- **Einzelner Zweig**, der die Blätter und andere vorhandene Elemente zeigt (Blüten, Früchte, Samen etc.). Achten Sie dabei darauf, dass gut zu erkennen ist, wie diese Elemente an dem Zweig ansetzen.
- **Einzelnes Blatt** Fotografieren Sie dabei die Ober- und die Unterseite des Blatts.
- **Blüten** Ansichten von vorne, von oben und von der Seite.
- **Samen** und **Samenkapseln** einschließlich offener Samenkapseln, um nach Möglichkeit die einzelnen Samen zu zeigen.
- **Früchte**
- **Rinde**
- **Alle weiteren interessanten Merkmale**

Wenn Sie ein Exemplar sammeln, um es genau zu studieren, ist es eine gute Praxis, dieses einzeln vor einem leeren Hintergrund aufzunehmen und zwar neben einem Gegenstand, der die Größenordnung zeigt. Ich finde eine leere Seite meines Skizzenbuchs als Hintergrund sehr gut geeignet und habe in meinem Zeichenset immer ein kleines Lineal dabei.

Beispiel für die Feldfotografie einer Blütenpflanze: Seerosen

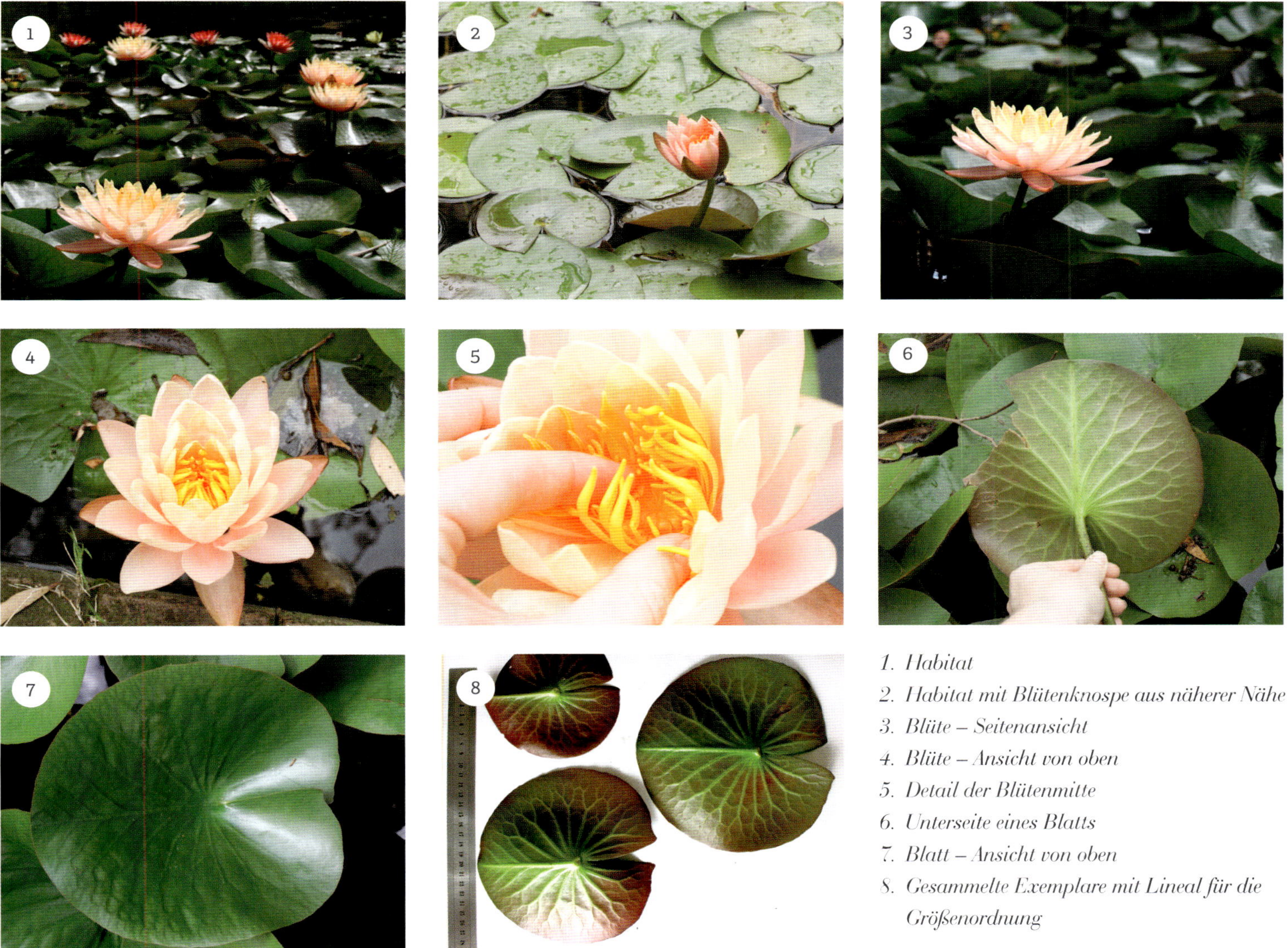

1. *Habitat*
2. *Habitat mit Blütenknospe aus näherer Nähe*
3. *Blüte – Seitenansicht*
4. *Blüte – Ansicht von oben*
5. *Detail der Blütenmitte*
6. *Unterseite eines Blatts*
7. *Blatt – Ansicht von oben*
8. *Gesammelte Exemplare mit Lineal für die Größenordnung*

Seerosenblätter haben mich zu mehreren Kunstwerken angeregt. Besonders anziehend finde ich das ausgeprägte Muster der Blattadern und die kräftigen Farben auf der Blattunterseite. Das erste, was ich mache, wenn ich auf einen Teich mit Seerosen stoße, ist, einige Blätter zu wenden. Seerosen-Exemplare verlieren beim Trocknen ihre kräftige Farbe und verformen sich. Daher ist es wichtig, die Exemplare zu fotografieren, solange sie frisch sind, um genaue Aufzeichnungen für die spätere Arbeit zu gewinnen.

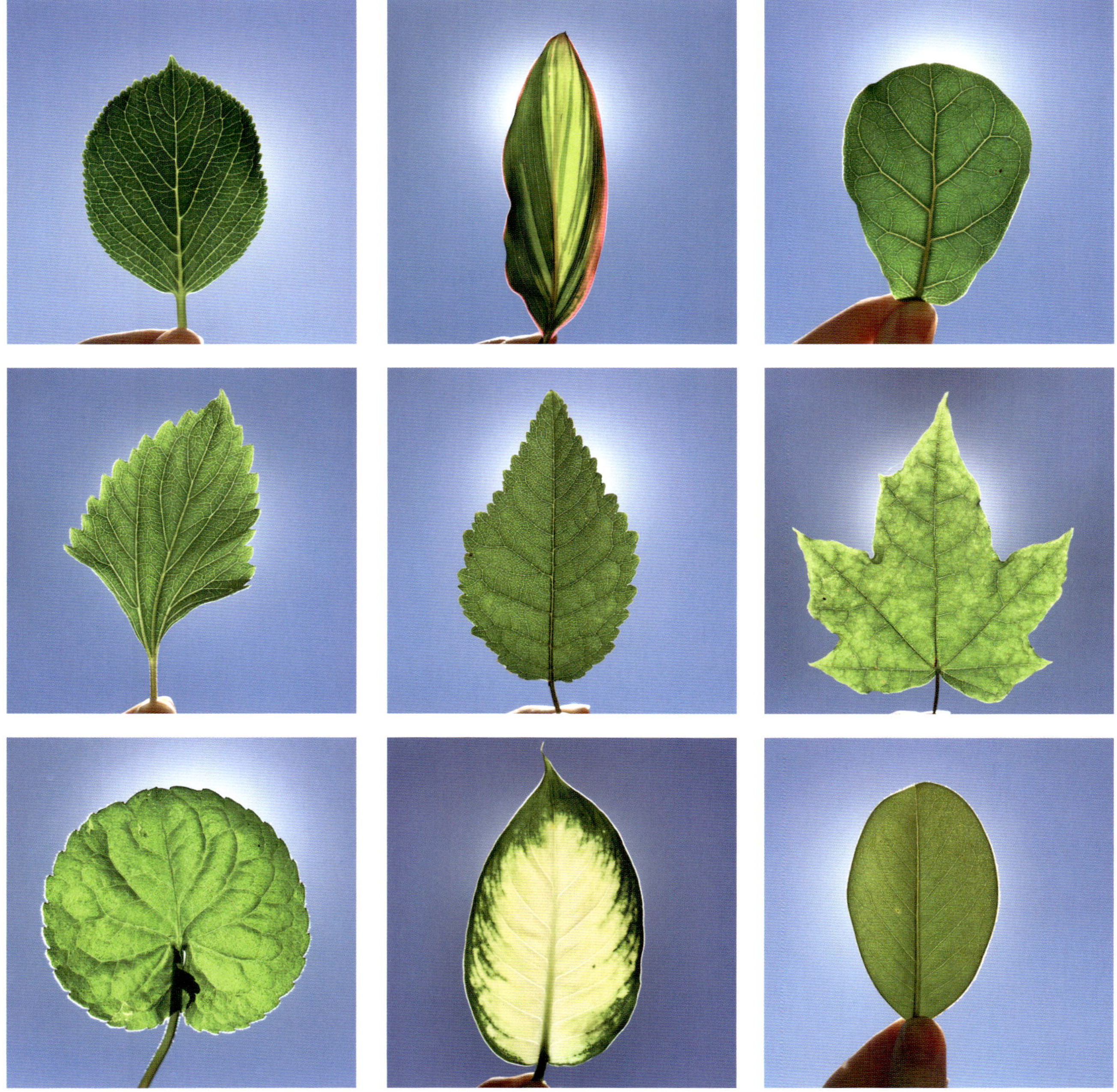

Zu meinen Lieblingsmotiven gehört ein beleuchtetes Blatt: einfach ein einzelnes Blatt gegen die Sonne halten, sodass es von hinten beleuchtet wird. Auf diese Weise wird die Struktur der Blattadern schön betont.

Ich mag die große Vielfalt dieser Blattaderstrukturen. Das ist auch einer der Gründe, warum ich mir meine Motive gern selbst in der Natur suche. So habe ich die Möglichkeit, mir Dinge bis ins kleinste Detail anzusehen, und ich entdecke dann dabei auch Elemente, die vielen anderen entgehen.

Blattadern geben dem Blatt Halt. Zudem transportieren sie Wasser und Nahrung für die Pflanze. Obgleich alle die gleiche Grundaufgabe erfüllen, weisen die Linien und Netzwerke innerhalb der Blätter große Unterschiede auf.

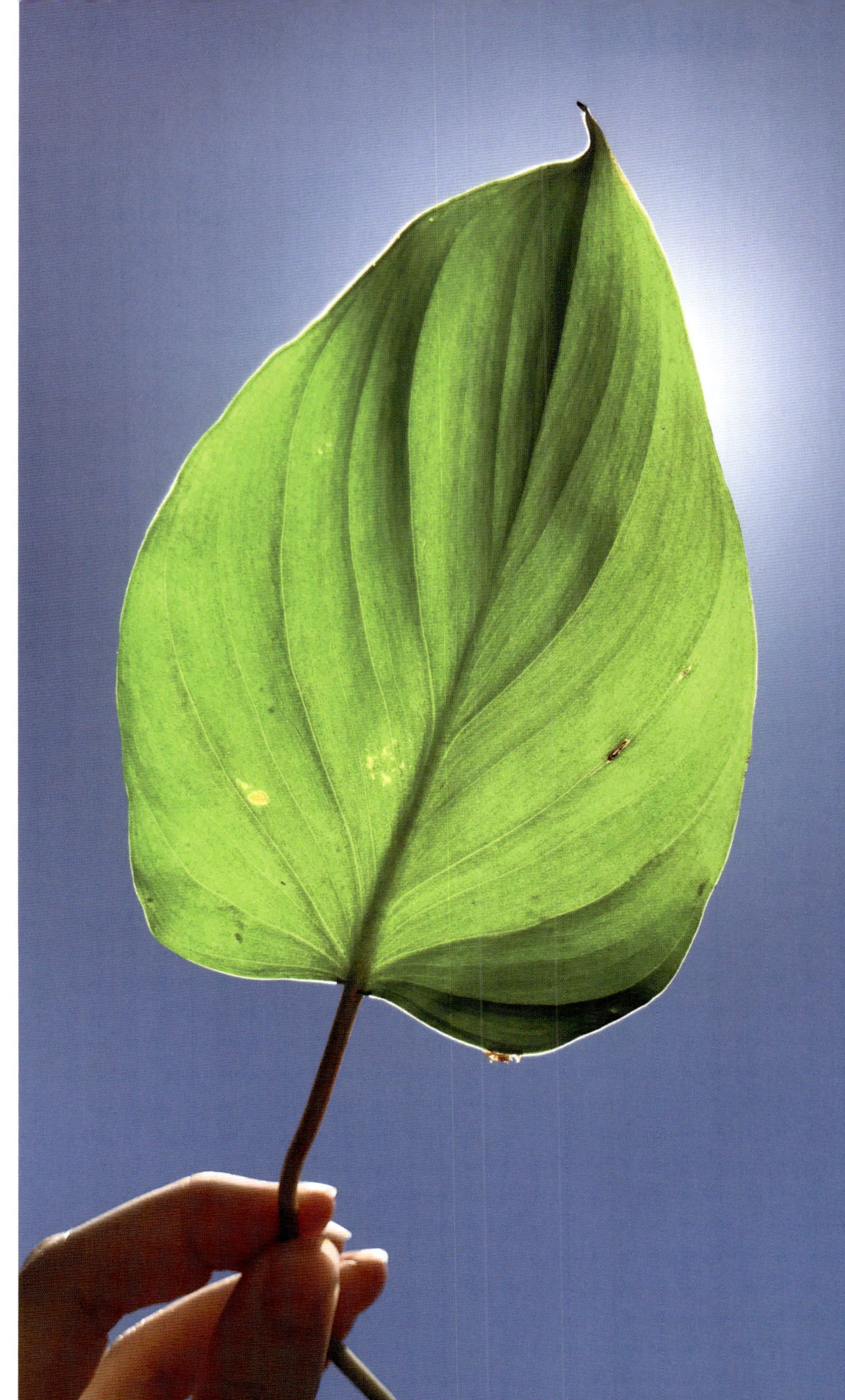

Unterwasserfotografie

Das Fotografieren unter Wasser kann sehr viel Freude bereiten, stellt jedoch auch einige Herausforderungen. Mehrere Dinge sollten dabei berücksichtigt werden:

- Mit zunehmender Wassertiefe verändern sich die Farben. Je tiefer Sie tauchen, desto weniger Farbe sehen Sie. Deshalb sind Unterwasserfotos nur selten genaue Quellen für die Farbanpassung, es sei denn, Sie verfügen über eine Zusatzbeleuchtung.
- Im Wasser bewegen sich die Tiere häufig sehr schnell und können daher schwierig zu fotografieren sein, insbesondere, weil wir selbst unter Wasser so langsam sind. Haben Sie Geduld, wenn Sie Tiere fotografieren. Vor allem: Jagen oder provozieren Sie sie nie. Fotografieren Sie nur das, was problemlos geht.
- »Sesshafte« Tierarten – wie Korallen und Algen – können systematischer fotografiert werden. Versuchen Sie, verschiedene Blickwinkel und Details zu fotografieren, um später viel Material zu haben, auf das Sie bei der Arbeit zurückgreifen können.

Ich arbeite unter Wasser mit einer GoPro-Kamera. Sie liefert keinerlei zusätzliche Beleuchtung, daher sind meine Unterwasserfotos häufig verschwommen und sehr blaustichig. Damit würde ich zwar niemals einen Preis bei einem Fotowettbewerb gewinnen, aber die Fotos liefern mir viele Informationen, die mir bei der Bestimmung helfen und meine Kreativität anregen.

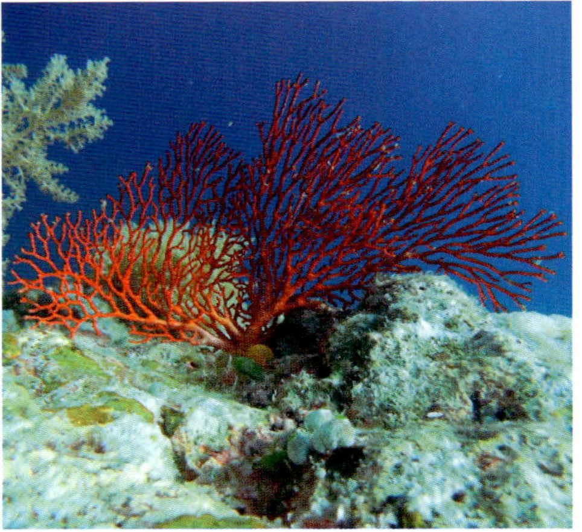

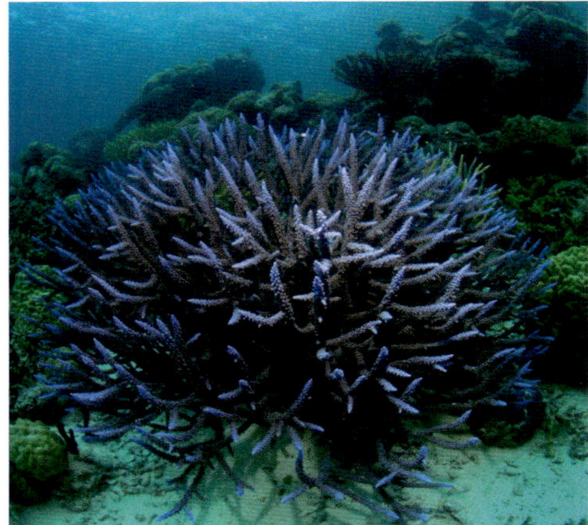

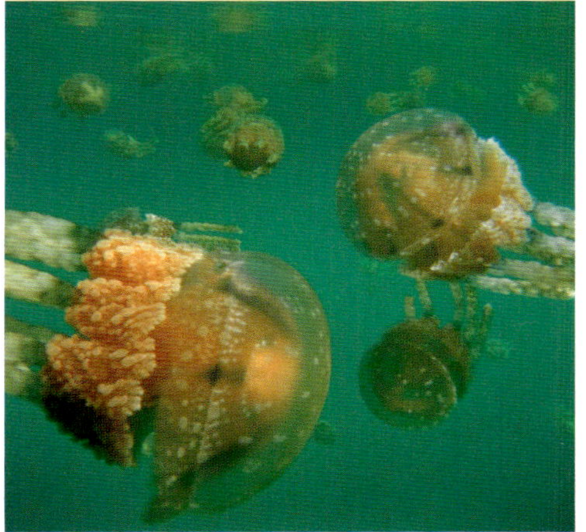

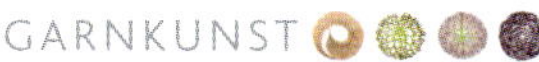

Aufnahmen dreidimensionaler Objekte

Beim Fotografieren oder Zeichnen dreidimensionaler Objekte ist es eine sinnvolle Praxis, vielfältige Ansichten des Motivs festzuhalten. So erhält man eine gute Vorstellung von seiner Form und allgemeinen Struktur. Versuchen Sie nach Möglichkeit, mindestens eine Ansicht von vorne, von der Seite und von oben aufzunehmen. Bei einer komplexen Form wie diesem Schneckengehäuse können auch mehrere Seitenansichten nötig sein.

Das Gehäuse einer Murex-Schnecke hat eine sehr komplexe Form, die sich mit einem einzigen Foto nur schwer darstellen lässt. Um die Form dieses Gehäuses vollständig zu erfassen, wurde es hier gleich mehrfach aus verschiedenen Blickwinkeln heraus aufgenommen.

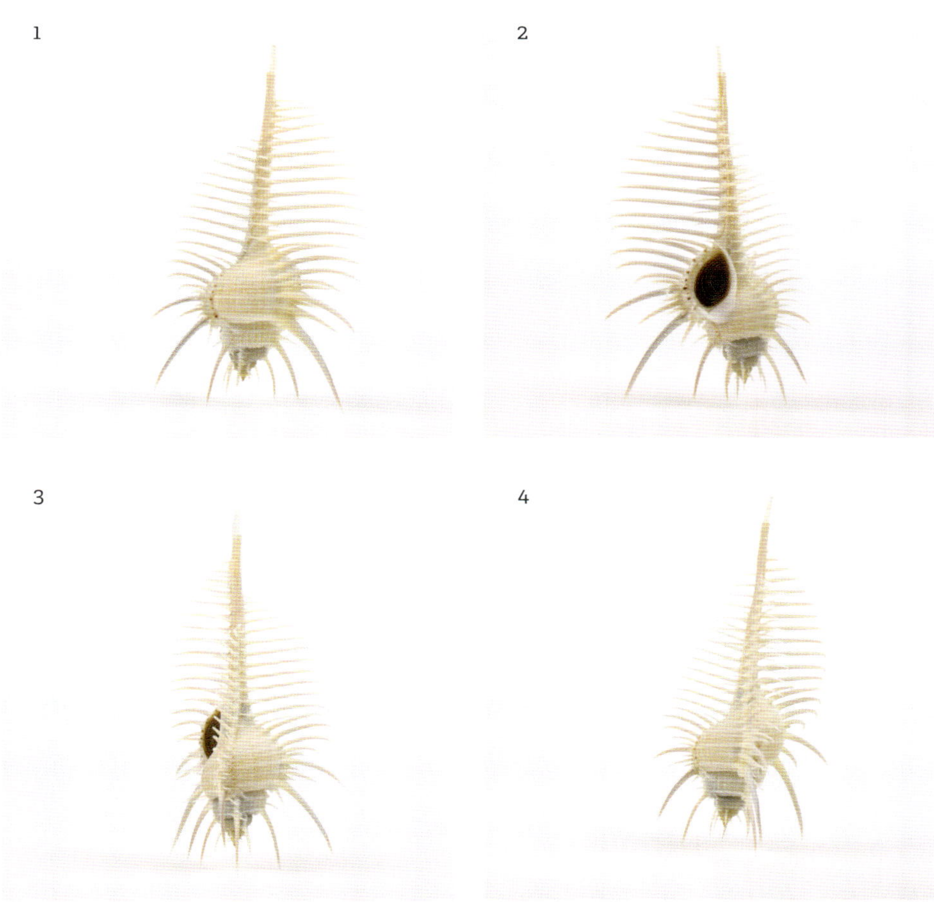

5

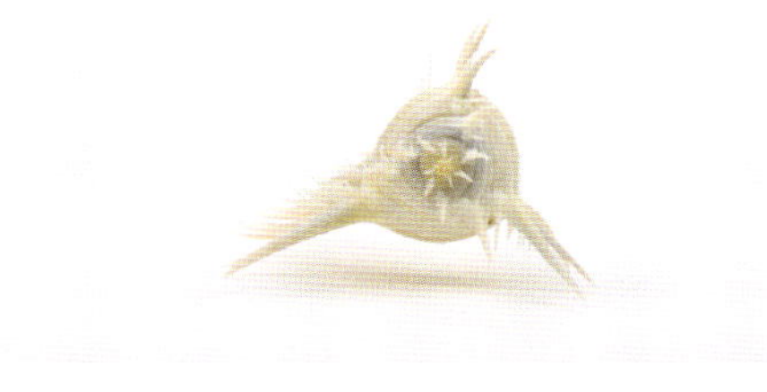

6

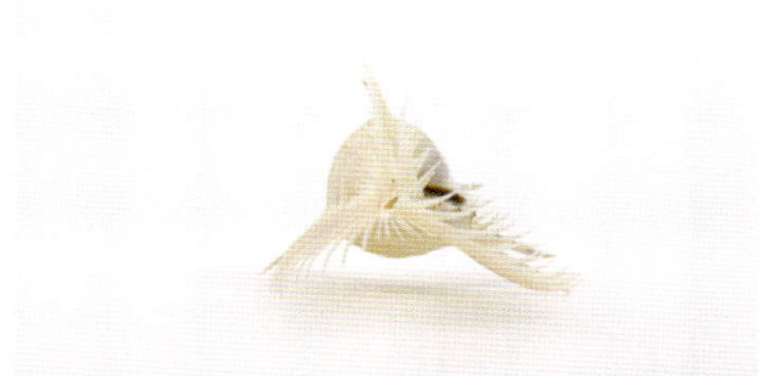

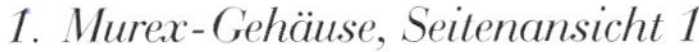

1. Murex-Gehäuse, Seitenansicht 1
2. Murex-Gehäuse, Seitenansicht 2
3. Murex-Gehäuse, Seitenansicht 3
4. Murex-Gehäuse, Seitenansicht 4
5. Murex-Gehäuse, Ansicht von oben
6. Murex-Gehäuse, Ansicht von unten

Spirula spirula (Posthörnchen)

Sehr gerne sammle und fotografiere ich Dinge, die bei mir am Strand angespült werden. Dieses Foto wurde bei Sonnenaufgang aufgenommen und zeigt ein winziges spiralförmiges Gehäuse, das ich dort fand. Diese Gehäuse interessierten mich schon immer. Sie werden zahlreich angespült, aber nur wenige Male im Jahr. Die etwa 2,5 cm großen, weißen Gehäuse sind für eine so leichte und zarte Struktur erstaunlich robust. Ich vermutete immer, es handele sich um Segmentstücke eines viel größeren Spiralgehäuses, und war stets auf der Jagd nach einem »vollständigen Exemplar«, um es zu studieren. Nach einigen Recherchen erkannte ich, dass es sich um das verkalkte Innengehäuse eines Tiefsee-Tintenfisches namens *Spirula spirula* handelt.

Spirula ist einer der wenigen existierenden Kopffüßer, der noch ein Gehäuse hat. Spiralförmig eingerollt, besteht dieses aus einer Reihe von Kammern, die dem Tintenfisch die Kontrolle über seinen Auftrieb geben. Eine kleine fadenähnliche Röhre, die als »Sipho« bezeichnet wird, verläuft durch diese Kammern. Die Spirula kann die Röhrendichte (und damit ihren Auftrieb) regulieren, indem sie durch diese Röhre zwischen den Kammern Gase und Flüssigkeiten transportiert. Nur Kopffüßer mit gekammertem Gehäuse haben Siphos, was eine recht einmalige Gehäuseanpassung darstellt.In meinem gestickten Kunstwerk »Spirula spirula« wollte ich das Gehäuse so darstellen, als sei es in der Mitte durchgeschnitten, wodurch die verschiedenen Kammern und der Sipho freigelegt wurden, der durch das Gehäuse verläuft.

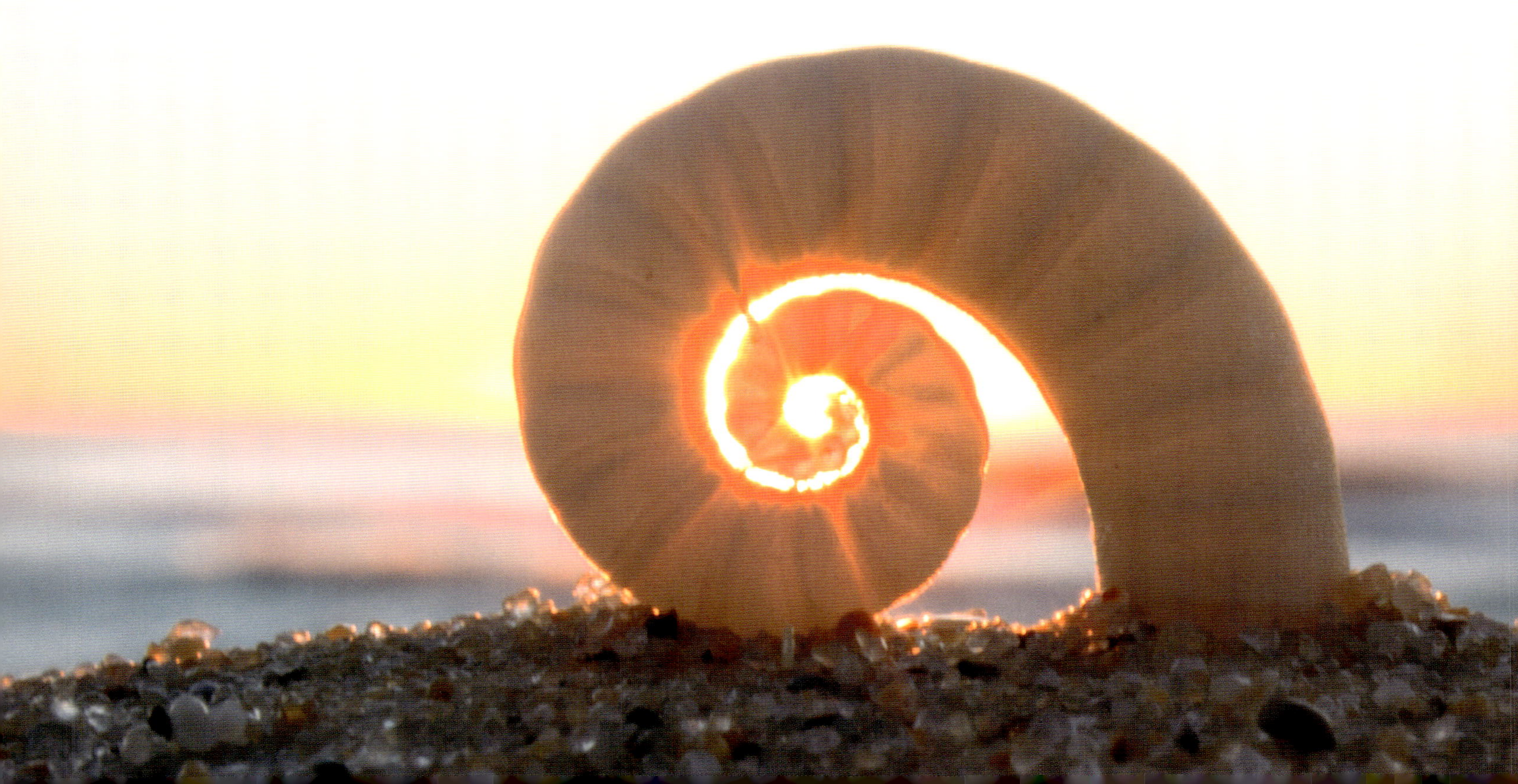

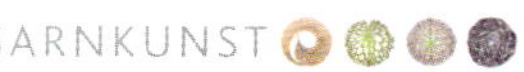

Reich: *Animalia* (Tiere)
Stamm: *Mollusca* (Weichtiere)
Klasse: *Cephalopoda* (Kopffüßer)
Ordnung: *Spirulida*
Familie: *Spirulidae*
Gattung: *Spirula*
Art: *S. spirula*

1. *Wissenschaftliche Illustration eines Tintenfisches* Spirula spirula *mit Gehäuse. Tinte auf Papier, 2016*
2. *Spirula-spirula-Gehäuse, 2017, Polyestergarn mit Nadeln auf Papier, 53 x 69 cm*
3. *Spirula spirula-Gehäuse – Schrägansicht*
4. *Spirula spirula-Gehäuse – Detail*

1

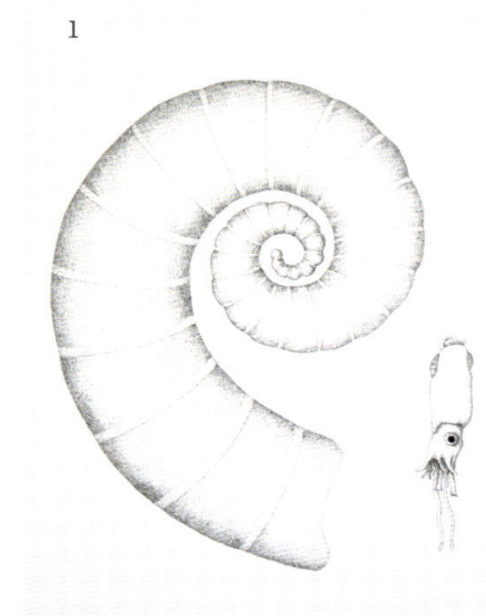

2

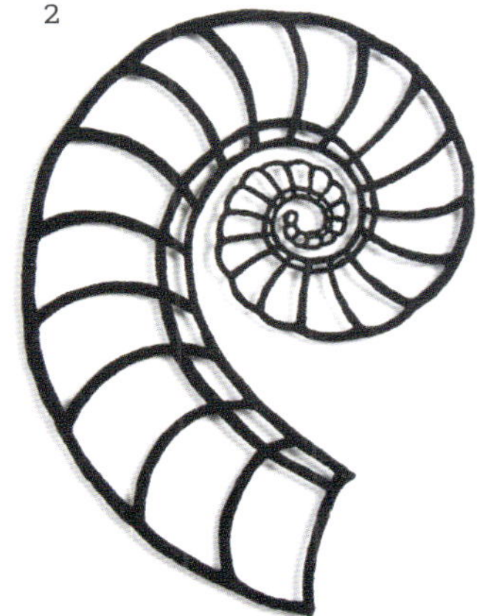

3

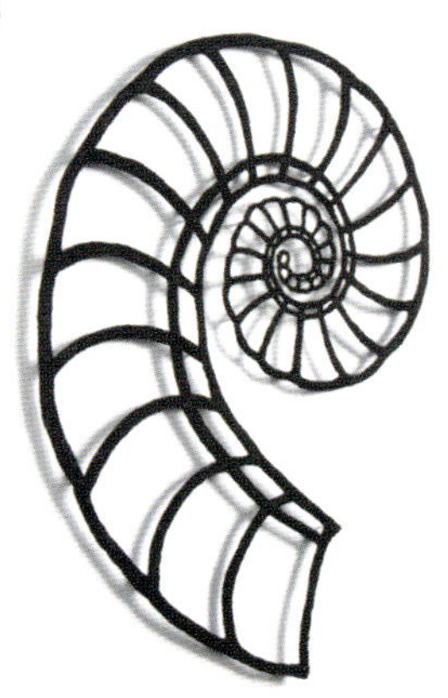

4

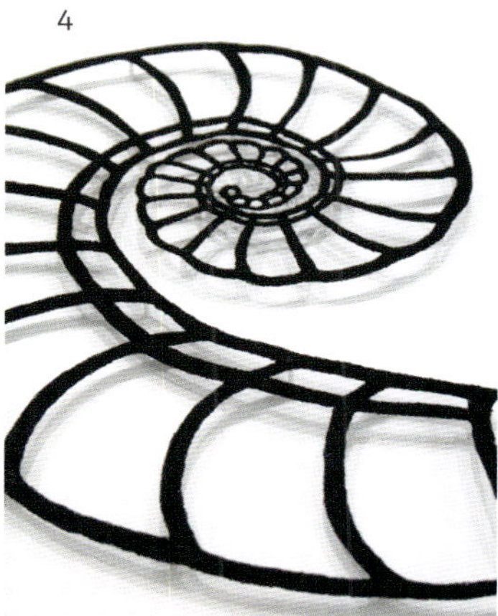

Sammeln von Musterexemplaren

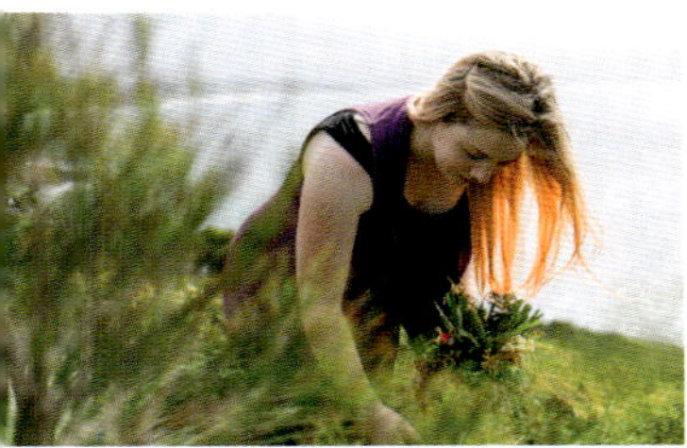

Will man ein Element aus der Natur studieren, gibt es nichts Besseres, als das Objekt vor sich zu sehen und in die Hand nehmen zu können. Beim Arbeiten mit einem echten Exemplar stelle ich immer wieder fest, dass meine Zeichnungen klarer und genauer werden, meine Farbbezeichnungen goldrichtig sind und ich eine viel tiefere Verbindung zu meinem Motiv spüre. Das macht das Sammeln von Exemplaren zu einem so wertvollen Werkzeug für die Inspiration von Kunstwerken und ist der Grund, warum ich mit echten Vorlagen arbeite, wann immer es geht.

Das Sammeln von Musterexemplaren muss nicht kompliziert sein. Die meisten Naturliebhaber werden bereits die Angewohnheit haben, interessante Dinge aufzuheben, die sie draußen in der Natur finden. Schon immer habe ich Objekte in der Natur gesammelt – meine Taschen sind ausnahmslos mit interessanten Muscheln, Steinen, Samenkapseln und abgefallenen Blättern gefüllt, die ich im Freien aufsammle. Während es jedoch schön ist, abgefallene Blätter und leere Muscheln zu sammeln, sollte man von einigen Exemplaren in der Natur unbedingt die Finger lassen.

Lebende Tiere sollten nie aus ihrer natürlichen Umgebung entfernt werden: bei bestimmten Pflanzen brauchen Sie vielleicht eine Erlaubnis, um sie zu sammeln. Sobald Sie planen, Exemplare zu sammeln, überprüfen Sie und erkundigen Sie sich, ob das Sammeln von Exemplaren dort erlaubt ist. In bestimmten Bereichen (Nationalparks, Landschaftsschutzgebieten, Meeresschutzgebieten etc.) dürfen ohne vorherige schriftliche Genehmigung der Verwaltung keine Exemplare gesammelt werden. In vielen Fällen ist es generell nicht erlaubt, irgendwelche Exemplare zu sammeln. Wenn Sie nicht sicher sind, ob Sie sich in einem Schutzgebiet befinden oder wo Sie eine Genehmigung zum Sammeln bekommen, sammeln Sie dort nichts, egal wie verlockend es auch sein mag. In solchen Fällen müssen Fotos und Zeichnungen genügen.

Diese Korallenfragmente stammen vom Strand von Hideaway Island, Vanuatu. Da es sich um ein Meeresschutzgebiet handelt, konnte ich diese Exemplare von Korallenskeletten nicht von der Insel, wo ich sie gefunden hatte, mitnehmen. Stattdessen machte ich mir für meine Unterlagen zahlreiche Fotos und fertigte Skizzen der verschiedenen Korallit-Muster an. Seither haben mich diese Skizzen zu mehreren Kunstwerken inspiriert.

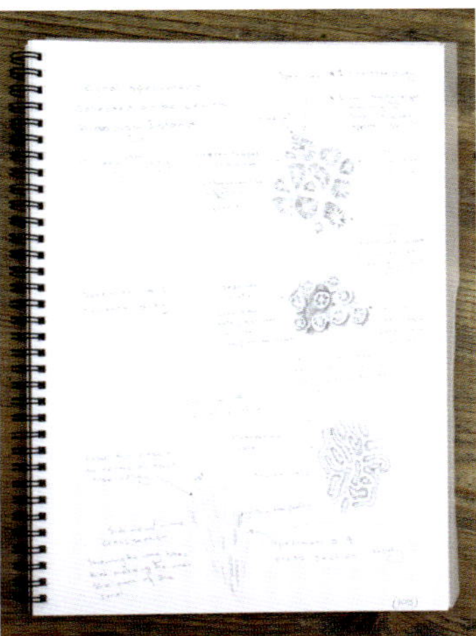

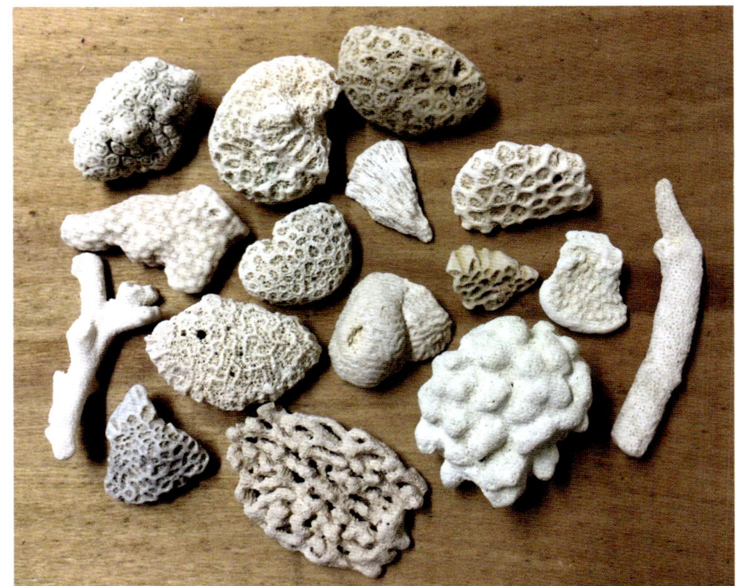

Sammeln von Pflanzenexemplaren

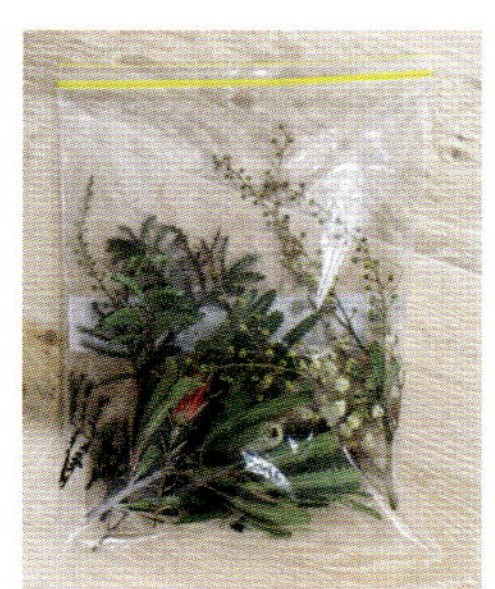

Werkzeug und Material:

- Reißverschlussbeutel
- Küchenpapier
- Gartenschere oder scharfe Schere
- Etiketten (Haftnotizen eignen sich gut)
- Stifte oder Kugelschreiber.

Anleitung:

1. Eine gesunde Pflanze wählen. Es kann eine einzelne Blüte, die Spitze eines Astes oder eine ganze Pflanze sein. Sicherstellen, dass das Muster alle Informationen enthält, die erfasst werden sollen. Das Exemplar fotografieren, bevor es von der Pflanze abgetrennt wird.
2. Für das Exemplar ein Etikett mit dem Namen des Sammelnden, dem Datum der Sammlung, dem Ort der Sammlung und dem Namen der Pflanze (falls bekannt) schreiben.
3. Das Exemplar mit einer scharfen Schere oder einer Gartenschere abschneiden. Das Exemplar nicht durch Brechen oder Biegen von der Pflanze trennen, dies verursacht nur unnötigen Schaden.
4. Das Schnittende des Exemplars in ein feuchtes Küchenpapier wickeln, um es feucht und frisch zu halten.
5. Das Exemplar mit dem dazugehörigen Etikett in einen durchsichtigen Beutel mit Reißverschluss packen. Vor dem Schließen des Reißverschlusses den Beutel mit Ihrem Atem aufblasen. Das Kohlendioxid aus dem Atem trägt dazu bei, das Muster zu nähren und länger frisch zu halten. Außerdem wirkt die Luft wie ein Polster und schützt das Exemplar vor Beschädigung.
6. Um die Lebensdauer frischer Exemplare zu verlängern, diese in den Reißverschlussbeuteln im Kühlschrank aufbewahren.

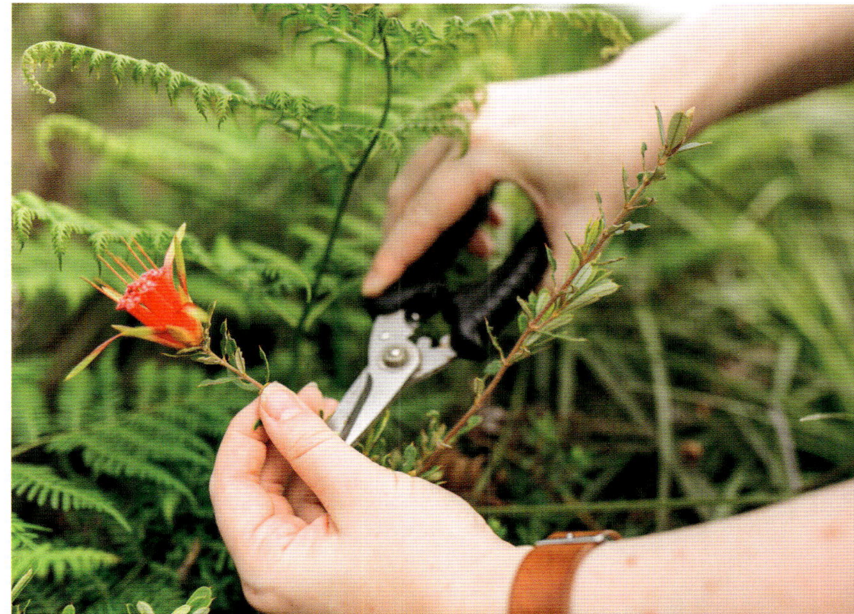

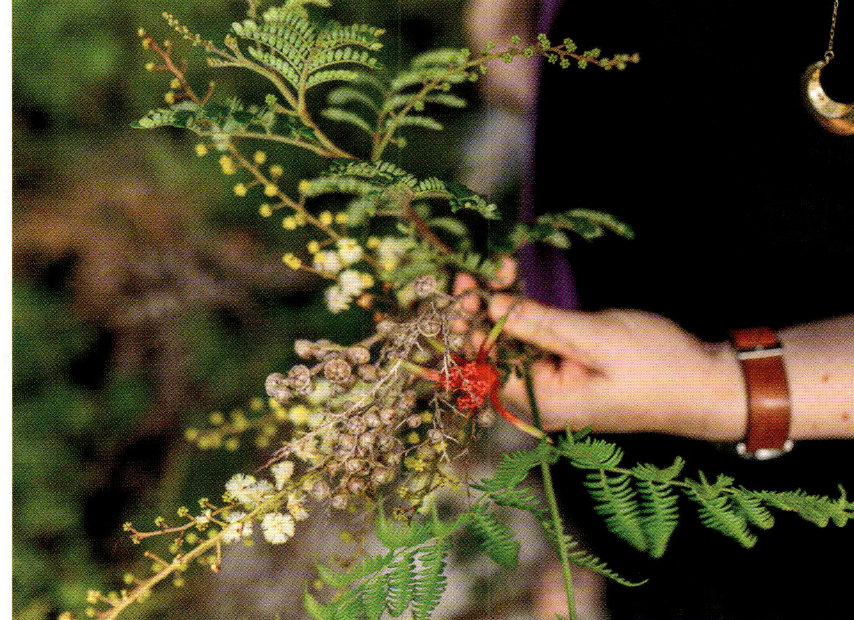

Argonauten

Von einem Freund, der weiß, dass ich solche Dinge sehr gerne sammle, bekam ich ein wunderschönes Gehäuse geschenkt. Es war dünn wie Papier, durchscheinend und von einem schönen Muster aus gratartigen Erhebungen und Vertiefungen bedeckt. Dieses eigenartige Exemplar faszinierte mich, und nach intensiven Recherchen fand ich heraus, dass es tatsächlich gar kein Gehäuse war: Das schöne Gebilde schützt wie eine Art Kapsel die Eier eines Argonauten *(Argonauta)* oder Papierbootes, wie es auch heißt.

Reich: *Animalia* (Tiere)
Stamm: *Mollusca* (Weichtiere)
Klasse: *Cephalopoda* (Kopffüßer)
Ordnung: *Octopoda* (Kraken)
Familie: *Argonautidae* (Papierboote)
Gattung: *Argonauta*
Art: *A. argo*

Über die Argonauten ist nicht viel bekannt. In freier Natur sieht man sie nur selten, in Gefangenschaft konnten sie nie erfolgreich gehalten werden. Was wir wissen, ist, dass Argonauten pelagische Kraken sind und die Weibchen diese empfindlichen Eikapseln mit ihren spezialisierten Tentakeln bilden. Diese Eikapsel wird als eine Brutkammer genutzt, um ihre mehrere hundert Eier zu beherbergen und zu schützen, bis die Jungen schlüpfen. Wie auch viele andere Oktopus-Arten haben Argonauten in ihrer Haut tausende von Chromatophoren. Diese ermöglichen es dem Tier, seine Hautfarbe augenblicklich zu ändern, um sich der Umgebung anzupassen oder Räuber abzuwehren. Es gibt Fotos von Argonauten in vielen verschiedenen Farben von leichtem Grau bis zu kräftigen Violett- und Orangetönen. Anders als der echte Nautilus ist ein weiblicher Argonaut nicht mit der Eikapsel verbunden und kann diese bei Gefahr vollständig verlassen.

Bei meiner Interpretation der Eikapsel eines Argonauten habe ich mich auf das schöne Rippenmuster auf dem Gehäuse konzentriert. Diese Eikapseln sind überwiegend weiß, aber ich entschied mich dafür, meine Version in satten Orangetönen auszuführen, wobei ich mich auf die kräftigen Farben bezog, die ein Krake annehmen kann, wenn er gestört wird. Gestickt wurde dieses Werk in einem Teil. Beim Trocknen habe ich es dann noch modelliert, um die natürlich geschwungene Form der Eikapsel nachzubilden.

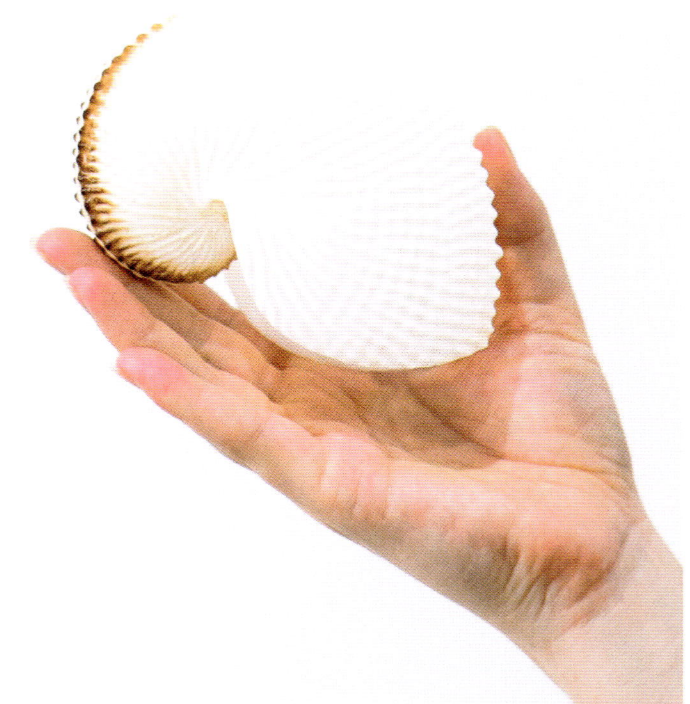

Die Eikapsel eines knorrigen Argonauten (Argonauta nodosa) *aus meiner persönlichen Sammlung*

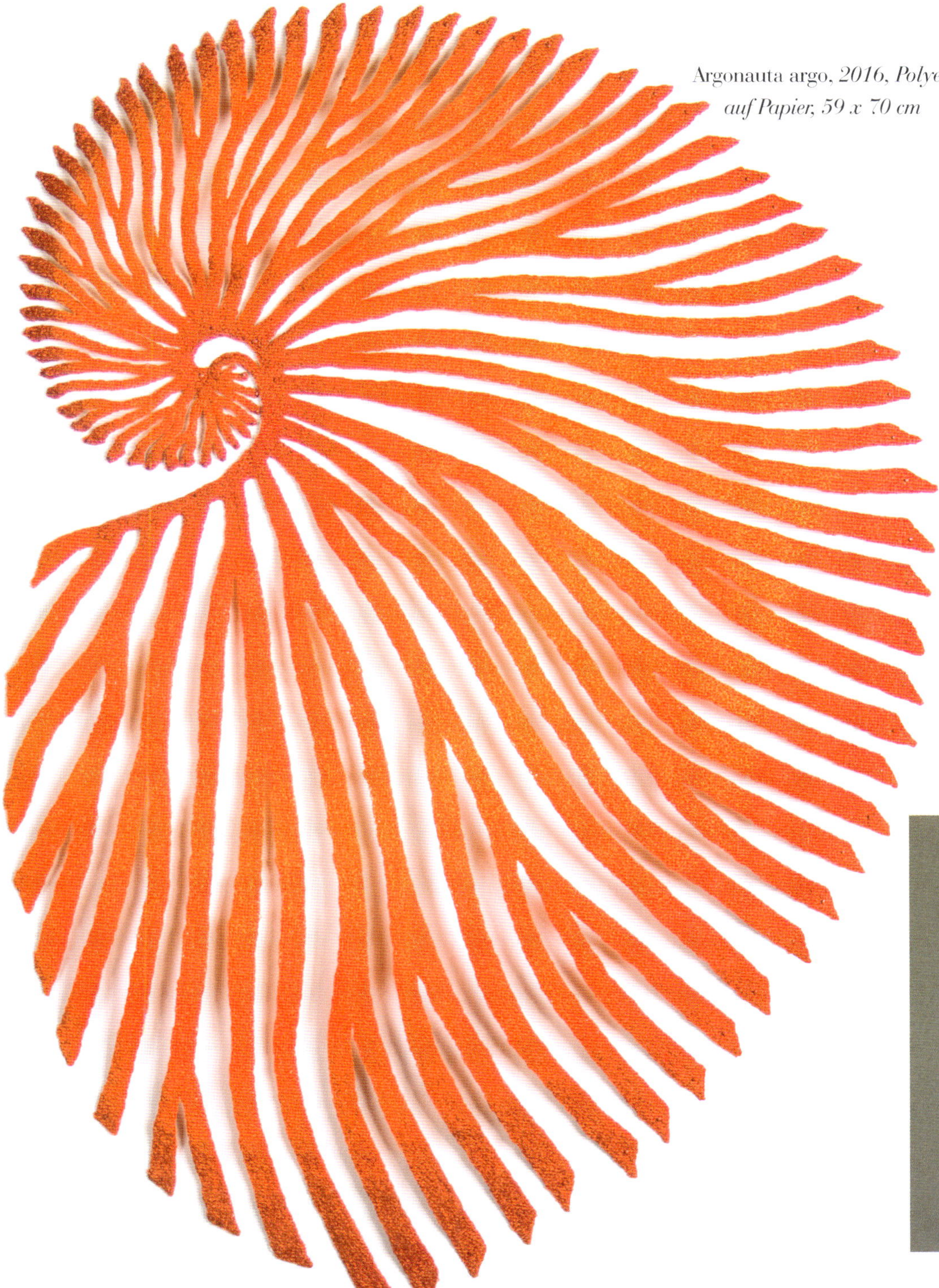

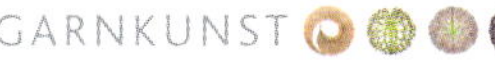

Argonauta argo, *2016, Polyestergarn mit Nadeln auf Papier, 59 x 70 cm*

Argonauta argo, *Studie, 2016, kolorierte Bleistiftzeichnung auf Papier*

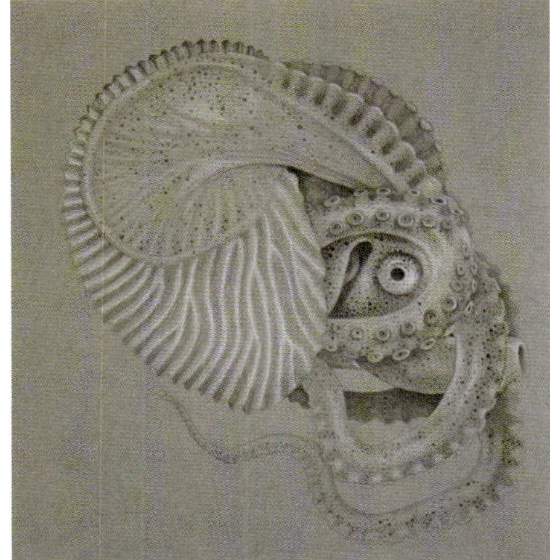

Aufbewahren und Ausstellen der Muster

Mein Atelier ist voll von unterschiedlichen Objekten aus der Natur, die ich im Lauf der Jahre gesammelt habe. Für mich ist es sehr angenehm und inspirierend, von diesen Naturschätzen umgeben zu sein. Sie erinnern mich an frühere Exkursionen in die Natur und sind eine ausgezeichnete Quelle für Zeichnungen.

Mit einer solchen Sammlung lässt sich natürlich auch eine inspirierende Ausstellung gestalten. Robuste Objekte wie Muscheln, Korallen, Knochen, Federn oder Samenkapseln brauchen keine besondere Form der Aufbewahrung oder Pflege. Solange sie sich an einem sicheren trockenen Platz befinden, wirken sie viele Jahre lang anregend. Empfindlichere Objekte wie Pflanzen verderben mit der Zeit, wenn sie nicht angemessen aufbewahrt und gepflegt werden.

Pflanzenexemplare verändern sich deutlich, wenn sie verwelken und vertrocknen, daher sollten Sie sie fotografieren, solange sie frisch sind, um ihren wahren Charakter im Bild festzuhalten. Eine Möglichkeit, Pflanzen zu bewahren, ist, sie zu pressen.

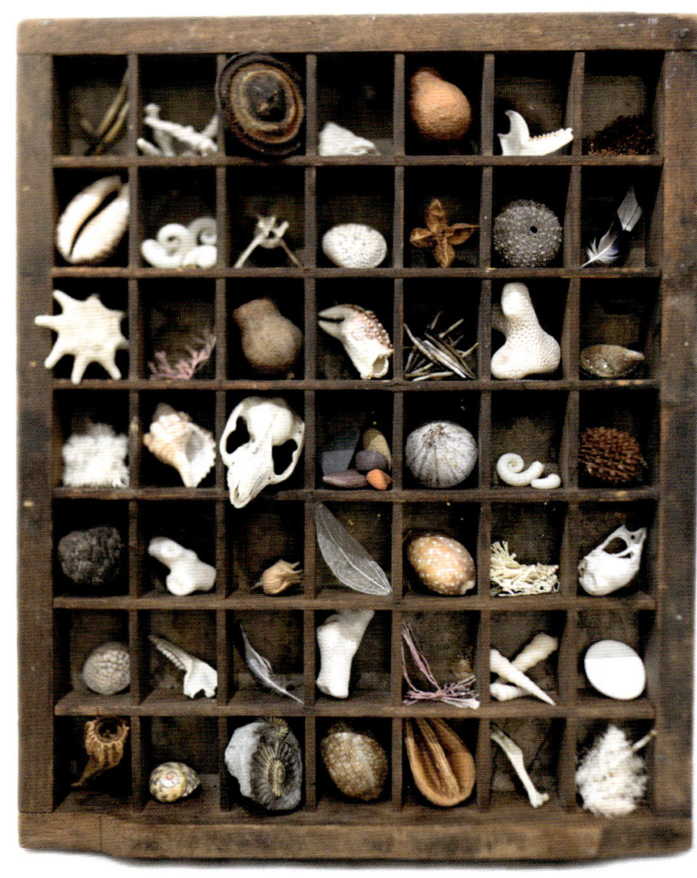

Eine Sammlung kleiner Fragmente aus der Natur stelle ich in einem alten Setzkasten aus. Ich habe beim Arbeiten gerne Teile meiner Sammlung um mich herum – der Setzkasten ist eine tolle Möglichkeit, kleinere Elemente aus meiner Sammlung zu zeigen, die sonst leicht übersehen würden. In diesem Setzkasten finden Sie Muscheln, Samenkapseln, Knochen, Seeigel, Federn, Korallenfragmente, getrocknete Algen und sogar den Stachel eines Australischen Ameisenigels.

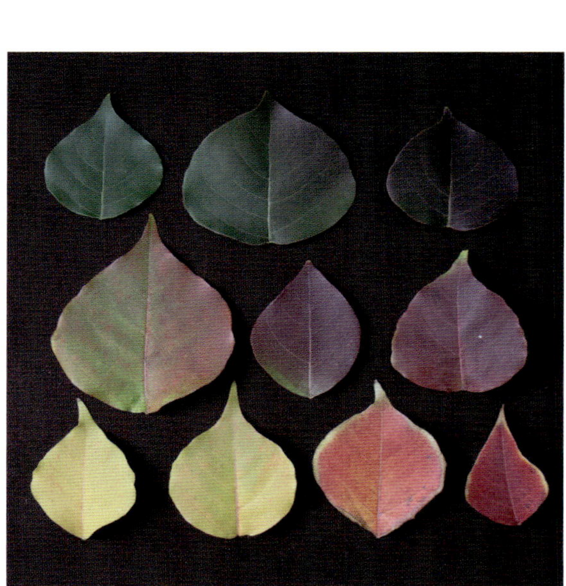

Diese Blätter in Regenbogenfarben habe ich mal auf einem Spaziergang gesammelt. Da sie sehr dünn sind, welkten sie nach dem Sammeln sehr schnell, und es war wichtig, sie sofort zu fotografieren, um ihre anfänglichen Formen und Farben zu dokumentieren.

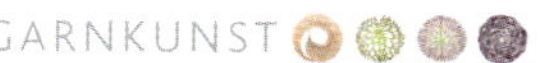

Pflanzenexemplare pressen

Werkzeug und Material:

- Zwei Holzbretter in der Größe des Presspapiers. Gut dafür geeignet sind Sperrholz oder eine Hartfaserplatte.
- Presspapier: Löschpapier und Zeitungspapier.
- Wellpappe.
- Riemen oder schwere Gegenstände (Ziegelsteine, Telefonbücher etc.).

Anleitung

1. Bauen Sie sich oder kaufen Sie eine Pflanzenpresse, die groß genug für Ihre Pflanzenexemplare ist. Eine Presse kann einfach aus zwei Holzbrettern bestehen, die in der Größe des Presspapiers zum Trocknen zugeschnitten sind.
2. Auf ein Holzbrett ein Stück Wellpappe legen, darüber ein Blatt Löschpapier und zum Schluss ein Blatt Zeitungspapier.
3. Das Pflanzenexemplar säubern, hierzu jegliche Erde oder Verschmutzung entfernen.
4. Die Pflanze auf dem Zeitungspapier schön anordnen. Dabei versuchen, den natürlichen Charakter der Pflanze beizubehalten.
5. Ein weiteres Blatt Zeitungspapier auf die Pflanze legen, gefolgt von einem Blatt Löschpapier und zum Schluss Wellpappe.
6. Es können mehrere Pflanzen gleichzeitig gepresst werden. Jede sollte zwischen den oben beschriebenen Schichten angeordnet werden.
7. Mit dem oberen Holzbrett abdecken. Schwere Gegenstände auf dieses Brett legen oder die gesamte Presse mit Riemen fest verschnüren. Darauf achten, dass der Druck gleichmäßig verteilt ist. Die Presse an einen warmen trockenen Ort stellen.
8. Die Presse alle paar Tage überprüfen und jegliches feuchte Papier durch neues trockenes Papier austauschen. Die Pflanzen werden zwei bis vier Wochen brauchen, bis sie komplett getrocknet sind.

Gepresste Pflanzen können zur flachen und sicheren Aufbewahrung auf säurefreiem Cardstock montiert werden. Am besten befestigt man sie mit kleinen Schlaufen aus Zahnseide, deren Enden durch den Karton gestochen und auf der Rückseite verknotet werden. Getrocknete Pflanzen sind sehr empfindlich, daher sollten sie möglichst wenig angefasst werden. Überprüfen Sie Ihre Sammlung gelegentlich auf Insektenbefall und Schimmel.

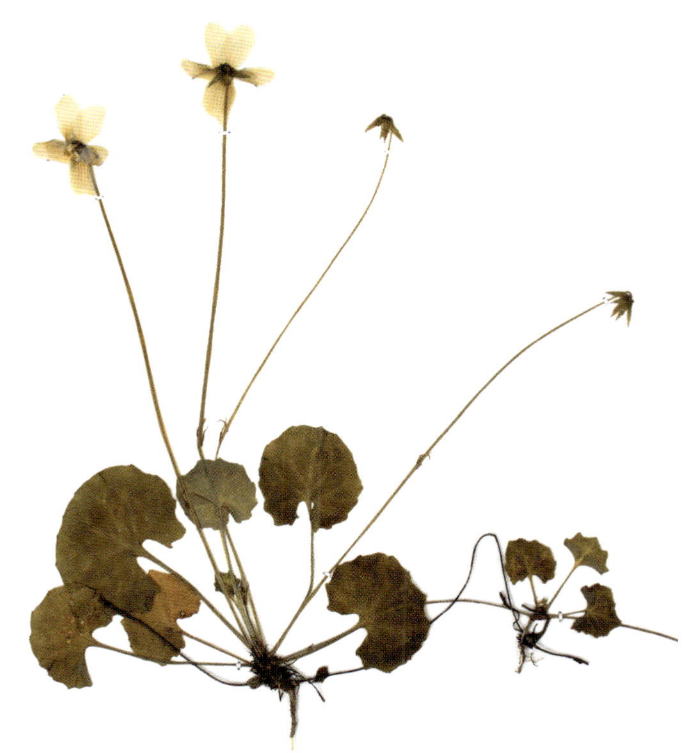

Herbarium-Beispiel mit einem Australischen Veilchen (Viola hederacea). *Dieses Exemplar wurde flach gepresst und mit einer Zahnseidenschlaufe auf einem säurefreien Karton befestigt. Die ursprüngliche Farbe der Pflanze hat sich beim Trocknungsprozess deutlich verändert, daher habe ich mir die Originalfarbe notiert, um das Muster für spätere Studien verwenden zu können.*

Typologien

Viele meiner Werke fokussieren sich im Detail auf eine einzige Struktur in der Natur. Bei dem Projekt »Typologien« war es anders, weil es mir die Möglichkeit gab, innerhalb eines Kunstwerks viele verschiedene Strukturen zu erkunden. Diese Installation an einer Wand besteht aus 25 kleinen Naturstudien, von denen jede einen völlig anderen Fokus hat. Angeregt von den Mustern, Strukturen und Formen, die in Pflanzen, Korallen, Zellen, Muscheln und Fossilien zu entdecken sind, bringt diese Installation Strukturen aus der Natur zusammen, die »eigentlich« nichts miteinander zu tun haben. Die Entscheidung, jedes Stück in Schwarzweiß auszuführen, erfolgte sehr bewusst. Durch das Weglassen der Farben ist die Herkunft vieler Strukturen nicht zu erkennen.

Wenn diese kleinen Studien gemeinsam gezeigt werden, fassen wir sie ganz natürlich in Mustern zusammen, sodass zwischen den Strukturen Verbindungen entstehen. Wir fangen an, Ähnlichkeiten und Unterschiede zwischen den verschiedenen Lebewesen zu beobachten, die unsere Welt ausmachen. Die Serie erkundet die Ausgewogenheit, die Harmonie und die Verknüpfungen des Lebens auf der Erde.

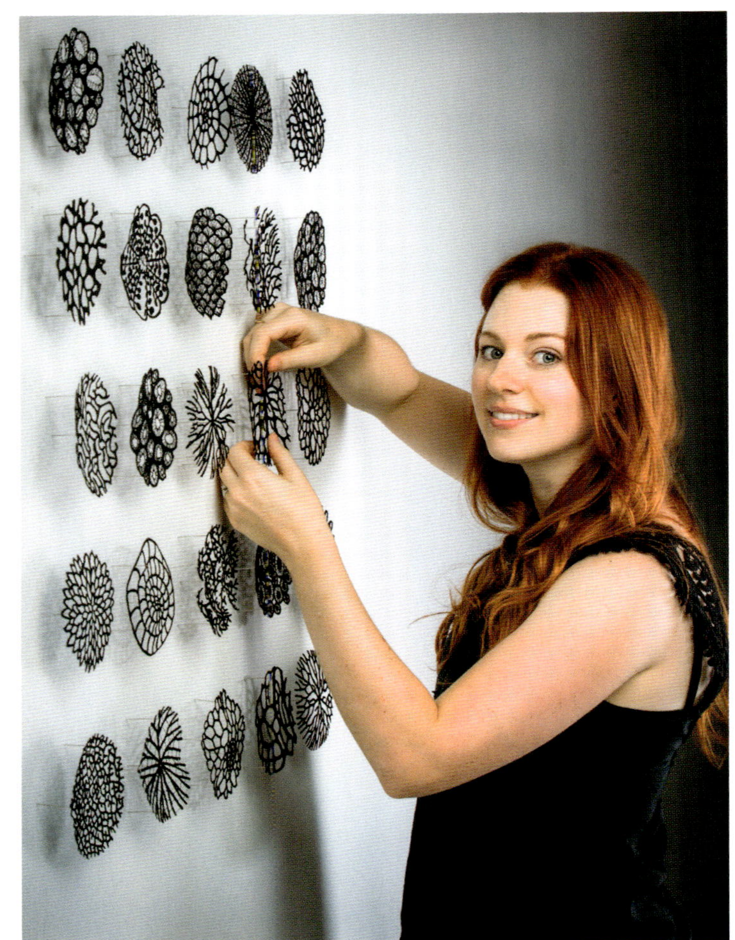

Meredith beim Montieren ihrer Typologien

Typologien*, 2015, Polyestergarn, unterschiedliche Maße*

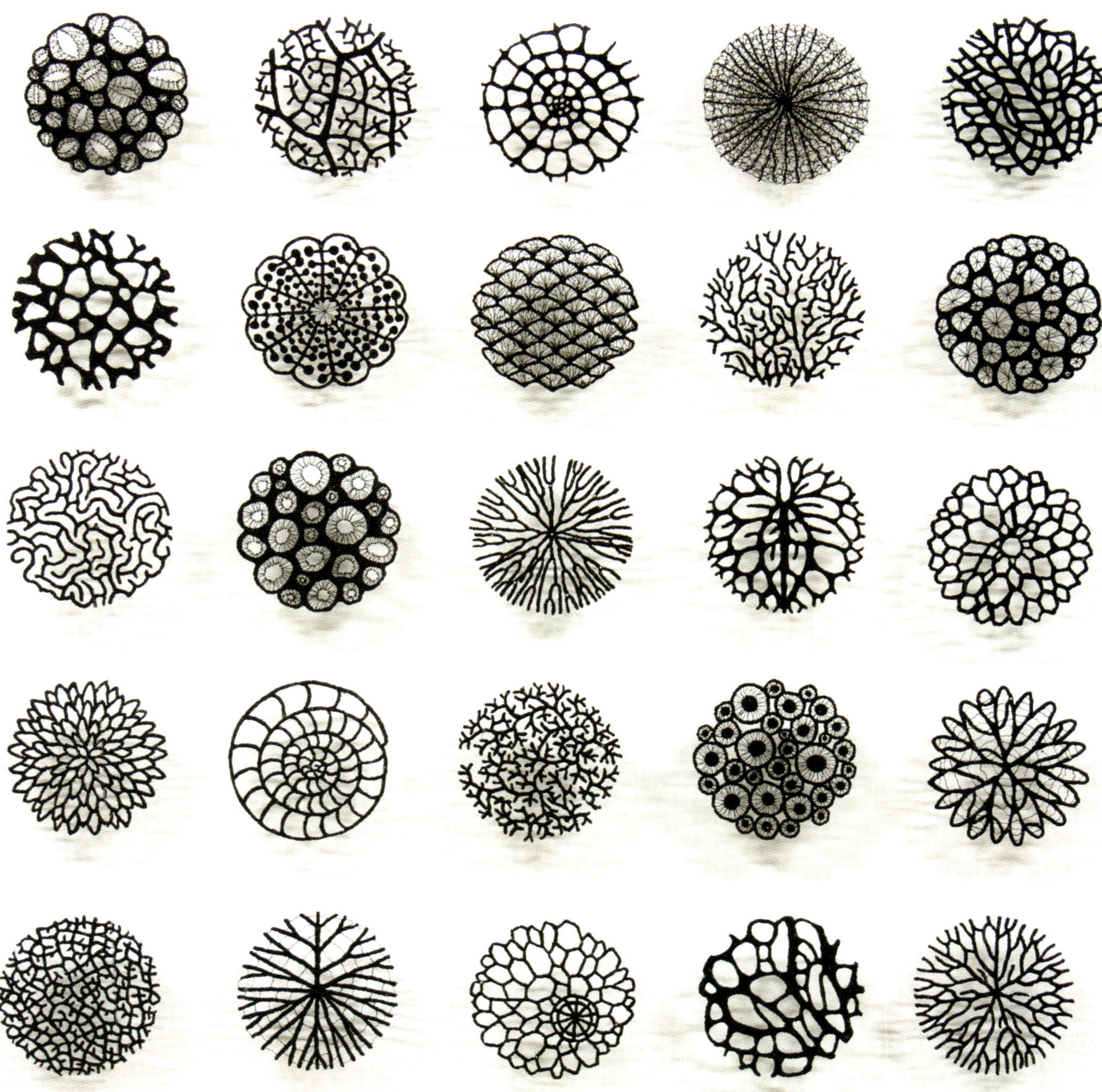

Weitere Recherchen

An die Recherchen »im Gelände« – also in der freien Natur beispielsweise – müssen sich weitere Recherchen im Atelier anschließen. Dazu gehört das Lesen geeigneter Bücher, um ein tieferes Verständnis für das jeweilige Lebewesen zu gewinnen. Außerdem kann es dazugehören, weiteres Bildmaterial zu beschaffen.

Wenn Sie möglichst viel über ein Motiv erfahren, entwickeln Sie einen detaillierteren Steckbrief, was wiederum dazu beiträgt, ein überzeugenderes Kunstwerk daraus zu entwickeln.

Das Internet ist eine gute Möglichkeit, eine allgemeine Recherche zu starten. Wissenschaftliche Arbeiten und Publikationen liefern die genauesten und umfassendsten Informationen. Dabei kommen immer auch Umweltprobleme zur Sprache, von denen Ihr Motiv – ein Lebewesen oder sein Habitat – beeinträchtigt werden. Das kann ein hilfreicher Ansatz für Sie sein, um die konzeptionelle Seite Ihres Kunstwerks zu entwickeln.

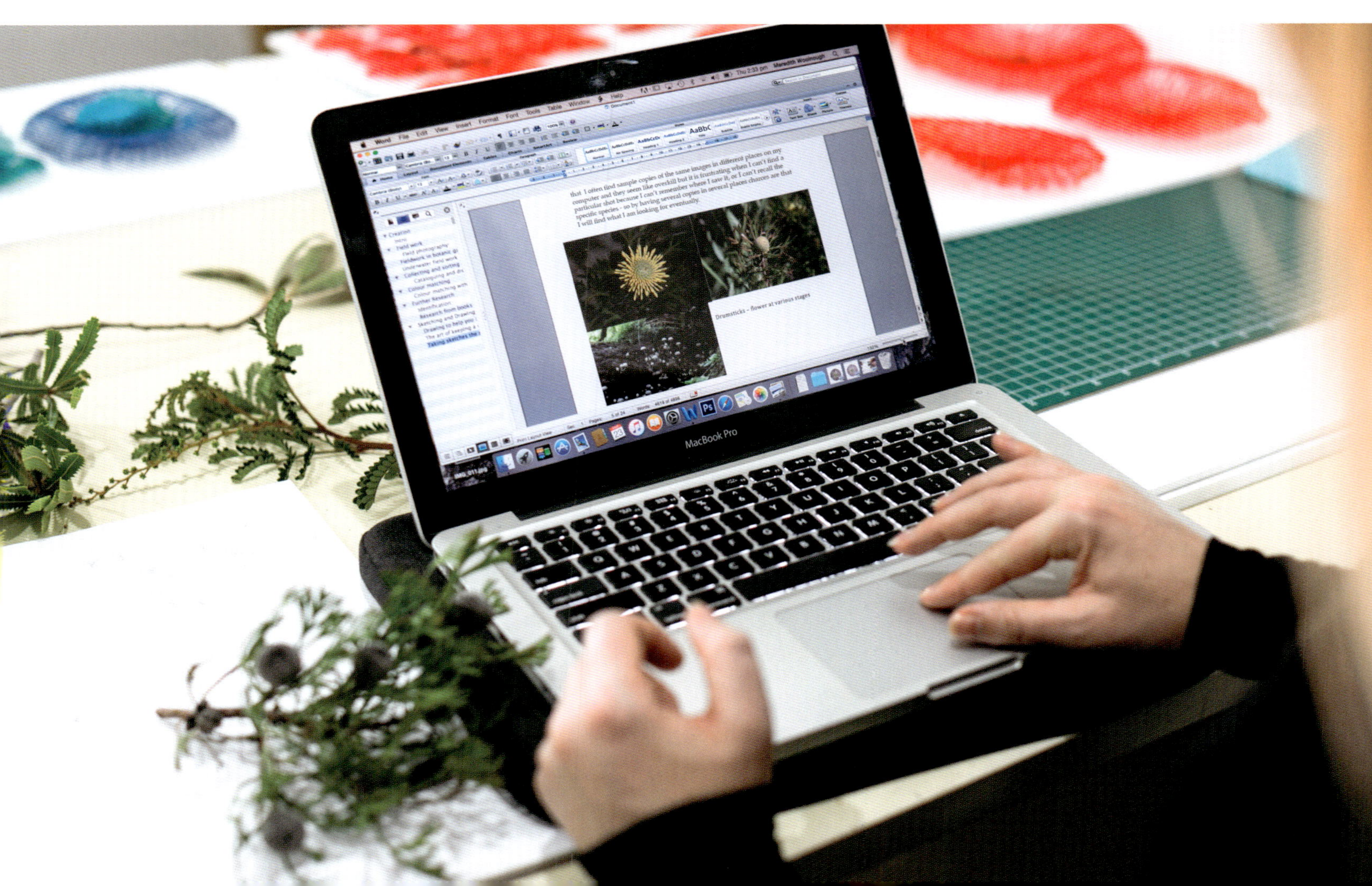

 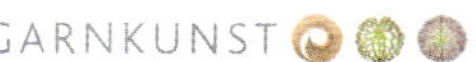

Bestimmung

Zur Bestimmung gehört das Herausfinden des wissenschaftlichen (in der Regel lateinischen) Namens der Dinge, die Sie in der Natur gefunden haben. Mich befriedigt es immer sehr, genau zu wissen, was ich da vor mir habe. Die Bestimmung der Funde kann das gesamte Erlebnis der Naturstudie bereichern und erleichtert die sekundären Recherchen. Mit den richtigen Bestimmungsbüchern und etwas Know-how lassen sich Fundstücke aus der Natur meist problemlos einordnen.

Bestimmungsbücher sind also ein guter Ausgangspunkt. Es gibt zahlreiche davon für alle Formen der Flora, Fauna und Pilze. Ihr vornehmlicher Zweck ist es, Ihnen unterwegs bei der Bestimmung zu helfen. Bestimmungsbücher können sich speziell auf einen spezifischen geografischen Bereich beziehen oder aber einen breiten allgemeinen Überblick bieten.

Neben den Bestimmungsbüchern in gedruckter Form (die mir immer noch am liebsten sind), gibt es auch hilfreiche Apps. Einige Führer sind mit Fotos illustriert, andere mit Zeichnungen. Ich bevorzuge Bestimmungsbücher mit Zeichnungen, weil diese die wichtigen oder einmaligen Elemente jeder Spezies sehr klar zeigen, außerdem sind die Illustrationen oft auch sehr schön. Gute Bestimmungsbücher enthalten in der Regel auch eine Kurzübersicht, die die Bestimmung zu optimieren hilft.

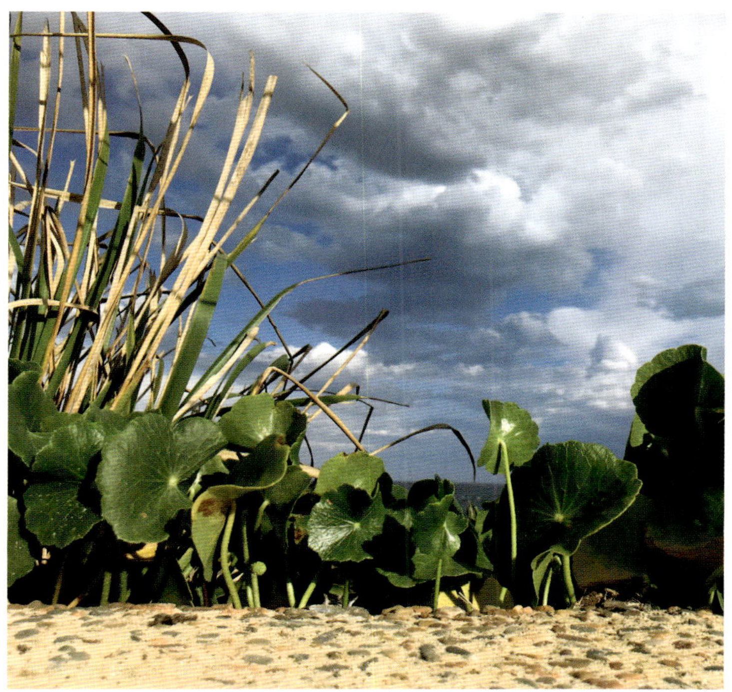

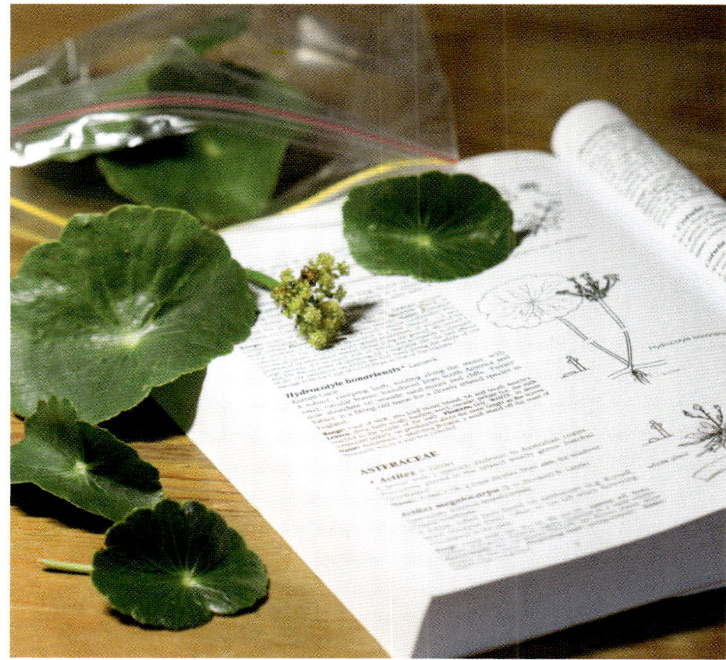

Buenos-Aires-Wassernabel

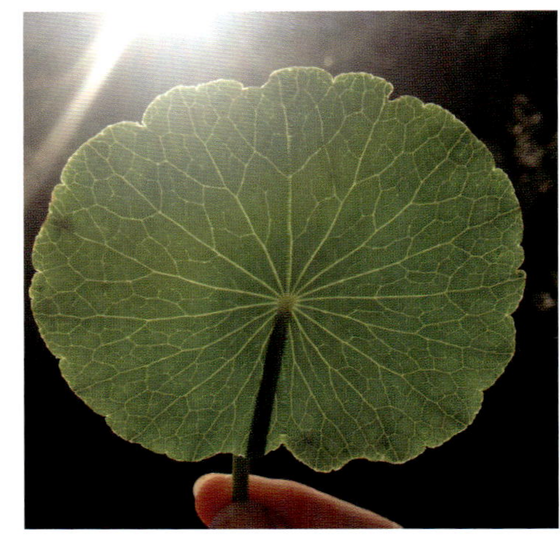

Dieses Werk wurde inspiriert vom Adersystem im Blatt eines *Hydrocotyle bonariensis*. Diese als »Buenos-Aires-Wassernabel« bekannte Pflanze ist ein mehrjähriges Kraut und an einigen Orten auch ein wucherndes Unkraut. Man findet sie an Sanddünen in Strandnähe; auf meinen Spaziergängen hebe ich immer wieder ein oder zwei Blätter davon auf, um sie zu studieren.

Die Form dieses fleischigen Blattes mit dem komplizierten Blattadermuster hat mir schon immer sehr gut gefallen. Wenn Sie das Blatt eines Buenos-Aires-Wassernabels gegen die Sonne halten, werden die Aderstrukturen beleuchtet und enthüllen die spektakuläre Schönheit dieser inneren Struktur.

Reich: *Plantae* (Pflanzen)
Ordnung: *Apiales* (Doldenblütlerartige)
Familie: *Araliaceae* (Araliengewächse)
Gattung: *Hydrocotyle* (Wassernabel)
Art: *H. bonariensis*

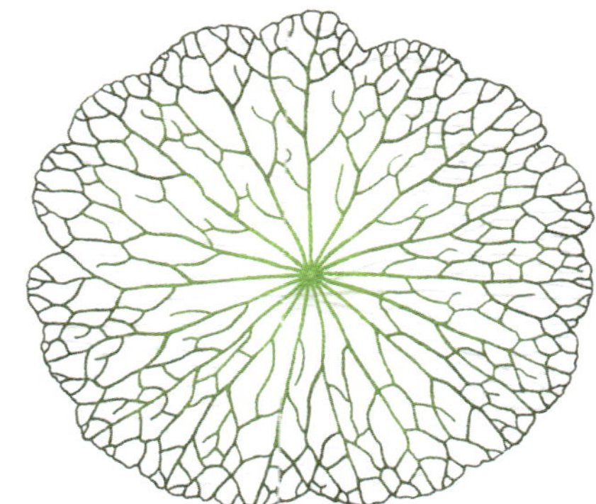

Buenos-Aires-Wassernabel
(Hydrocotyle bonariensis), 2015,
Polyestergarn mit Nadeln
auf Papier, 74 x 67 cm

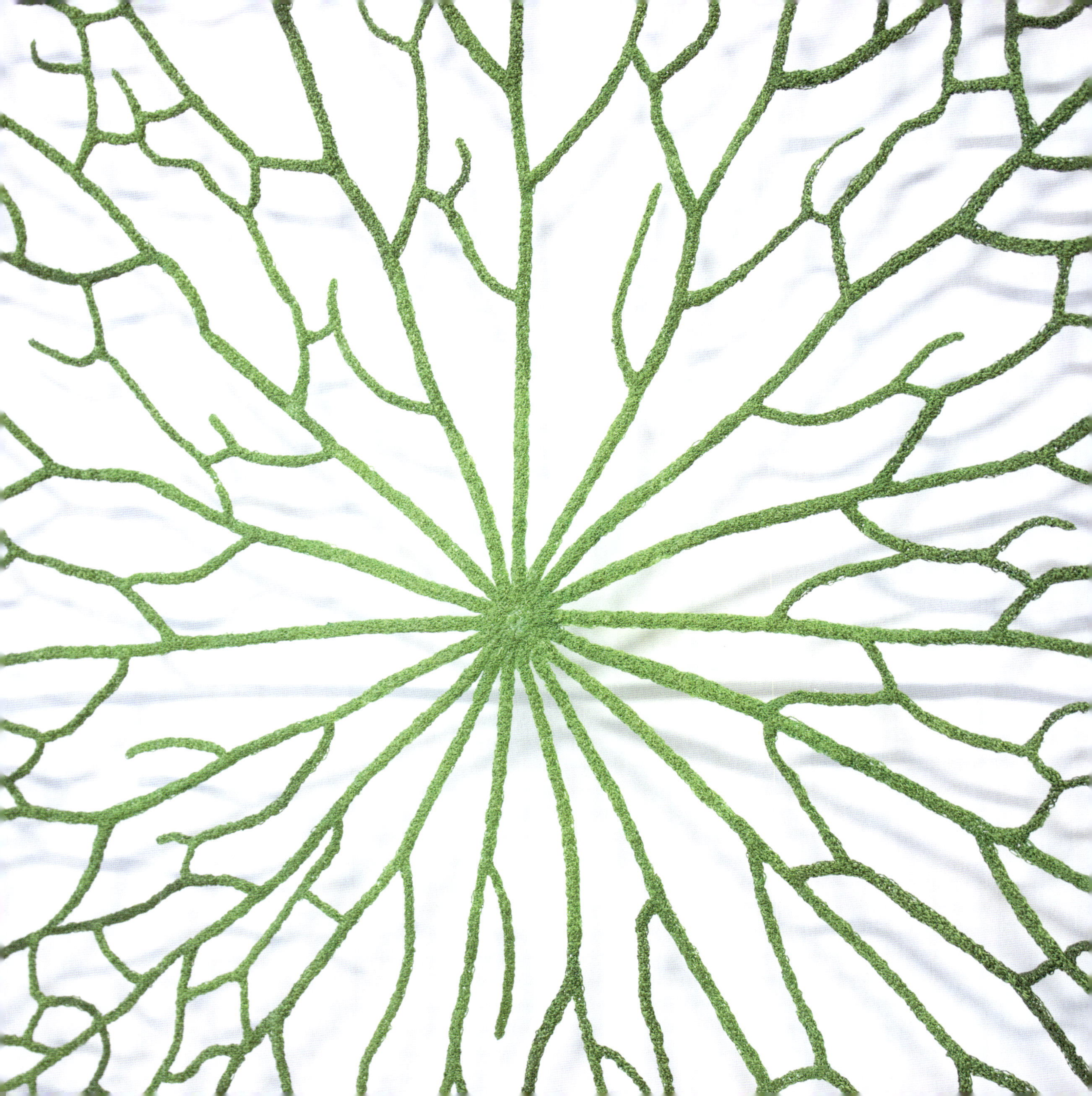

Bildersuche in Büchern und im Internet

Es wird Zeiten geben, wo Sie sich neben Ihren in der freien Natur gefundenen Motiven auch alternatives Bildmaterial beschaffen müssen oder wollen. Vielleicht können Sie selbst keine Recherchen vor Ort durchführen, oder Sie wollen zum Beispiel ein seltenes Lebewesen studieren, zu dem Sie selbst keinen Zugang haben. Dann sind Fotos, Illustrationen und Videos anderer Menschen eine wertvolle Ergänzung Ihrer Recherchen.

Bilder können aus Büchern, Zeitschriften und dem Internet beschafft werden. Wenn Sie mit fremdem Bildmaterial arbeiten, ist es wichtig, die Bildrechte zu beachten und sorgfältig darauf zu achten, diese nicht zu verletzen. Seien Sie immer bestrebt, Ihre eigenen Entwürfe für Ihre Kunstwerke zu kreieren und fremdes Bildmaterial nur als Anregung und Information zu nutzen. Werke und Bilder anderer Künstler sollten niemals kopiert werden – auch nicht in verfremdeter Form. Das ist nicht nur äußerst unethisch, sondern kann auch zu einer Anzeige führen.

Um sich keiner Copyrightverletzung schuldig zu machen, können Sie auch auf nicht geschütztes, also frei verfügbares Bildmaterial zurückgreifen. Die Urheberrechtsvorschriften sind von Land zu Land verschieden, als allgemeine Regel gilt jedoch, dass ein Kunstwerk oder Bild bis 70 Jahre nach dem Tod des Autors durch das Urheberrecht geschützt ist. Sobald das Copyright abgelaufen ist, geht das Werk in den öffentlichen Besitz über und kann von jedermann und jederfrau verwendet werden. Aber selbst, wenn Sie ein Bild verwenden, dessen Copyright erloschen ist, gehört es zur guten Praxis, den Urheber zu nennen.

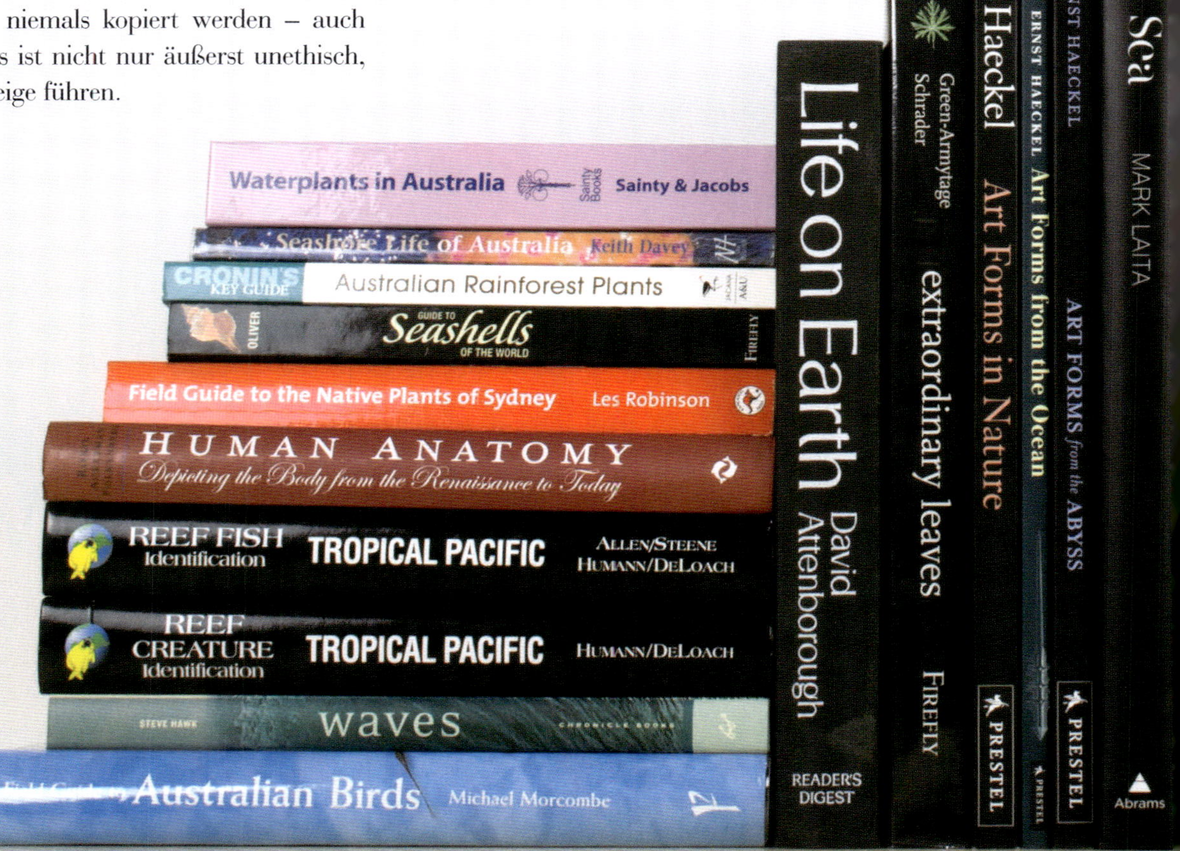

Eine gute Bildquelle sind Internetseiten mit Stockfotos. So nennt man Bilder, die im Gegensatz zu Auftragsarbeiten für einen bestimmten Zweck »auf Vorrat« (engl. *to have in stock*) produziert sowie in der Regel über Bildagenturen vertrieben und verkauft werden. Die Fotos auf solchen Seiten sind meist alle von hoher Qualität, und Sie können hochauflösende Versionen davon zur persönlichen Nutzung kaufen. Für Stockfotos sind verschiedene Lizenzen erhältlich, einige erweiterte Lizenzen können auch die Reproduktion von Bildmaterial in Kunstwerken erlauben. Dies müssen Sie jedoch von Fall zu Fall (vorher!) abklären.

Für Übungszwecke können Sie ein fremdes Kunstwerk oder Bild auch kopieren. Das ist eine gute Möglichkeit, neue Fertigkeiten und Techniken zu erlernen. Sorgen Sie nur dafür, dass jedes daraus entstehende Kunstwerk die Quelle klar angibt, und geben Sie auf gar keinen Fall der Versuchung nach, solche Kopien als Ihre eigenen Kunstwerke auszugeben.

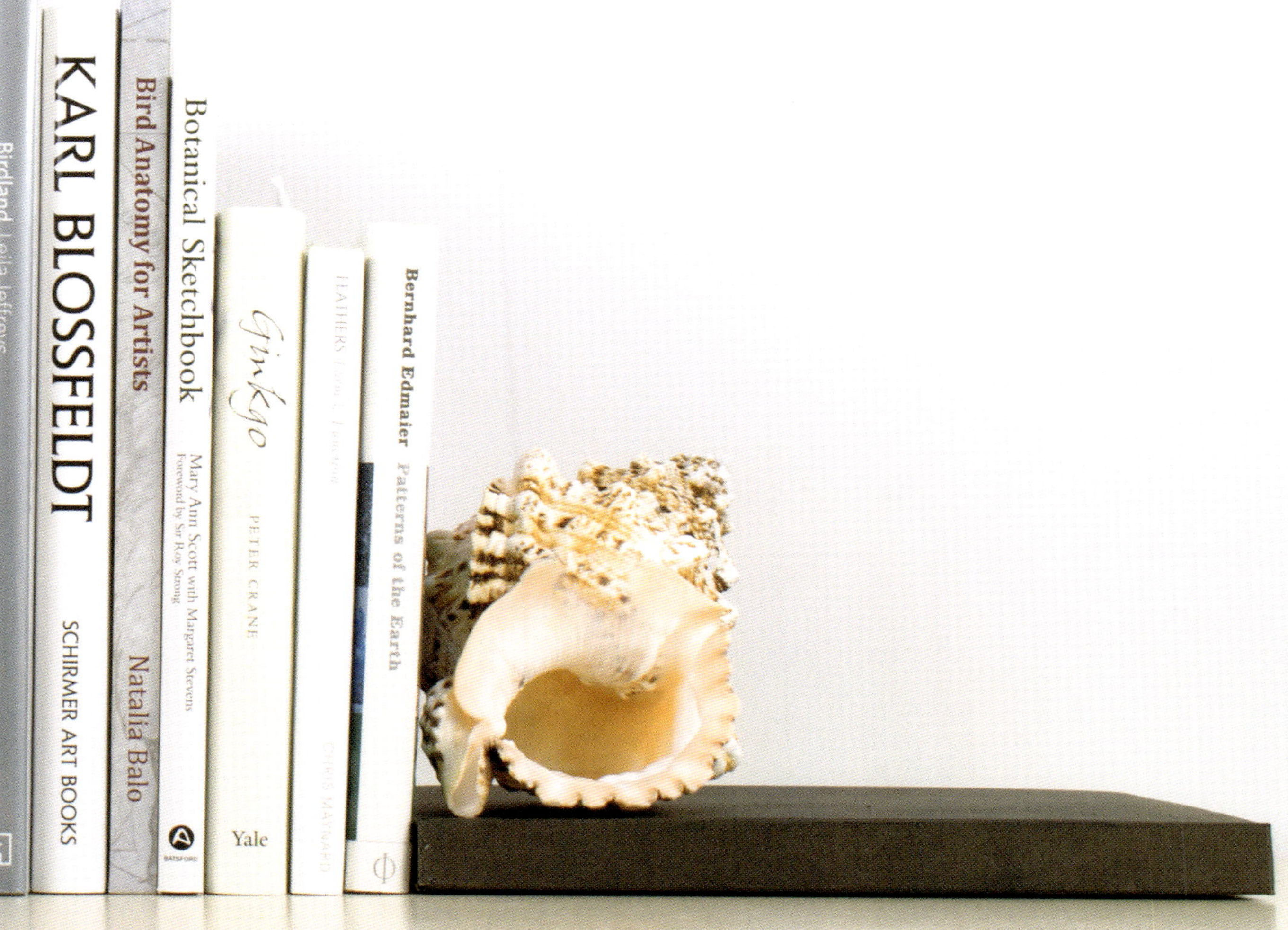

Ammoniten

Ammoniten sind eine ausgestorbene Teilgruppe der Kopffüßer, die durch ihre spiralförmige Schale gekennzeichnet werden können. Diese Geschöpfe sind Vorfahren der heutigen Kopffüßer (Kraken, Kalmare, Tintenfische), ihre Fossilien werden häufig gefunden. Ich habe in meiner Sammlung von Kuriositäten aus der Natur das Fossil eines kleinen, pyritisierten (»verkiesten«) Ammonits. Das weckte mein Interesse für diese faszinierenden Geschöpfe einer längst vergangenen Erdgeschichte.

Um mein Werk »Roter Ammonit« zu entwickeln, verwendete ich Bildmaterial fossiler Exemplare aus Museumssammlungen, übernahm die segmentierte Spiralform und zeichnete sie so, dass sie für meine Sticktechnik geeignet war. Da es nur noch fossile Über-

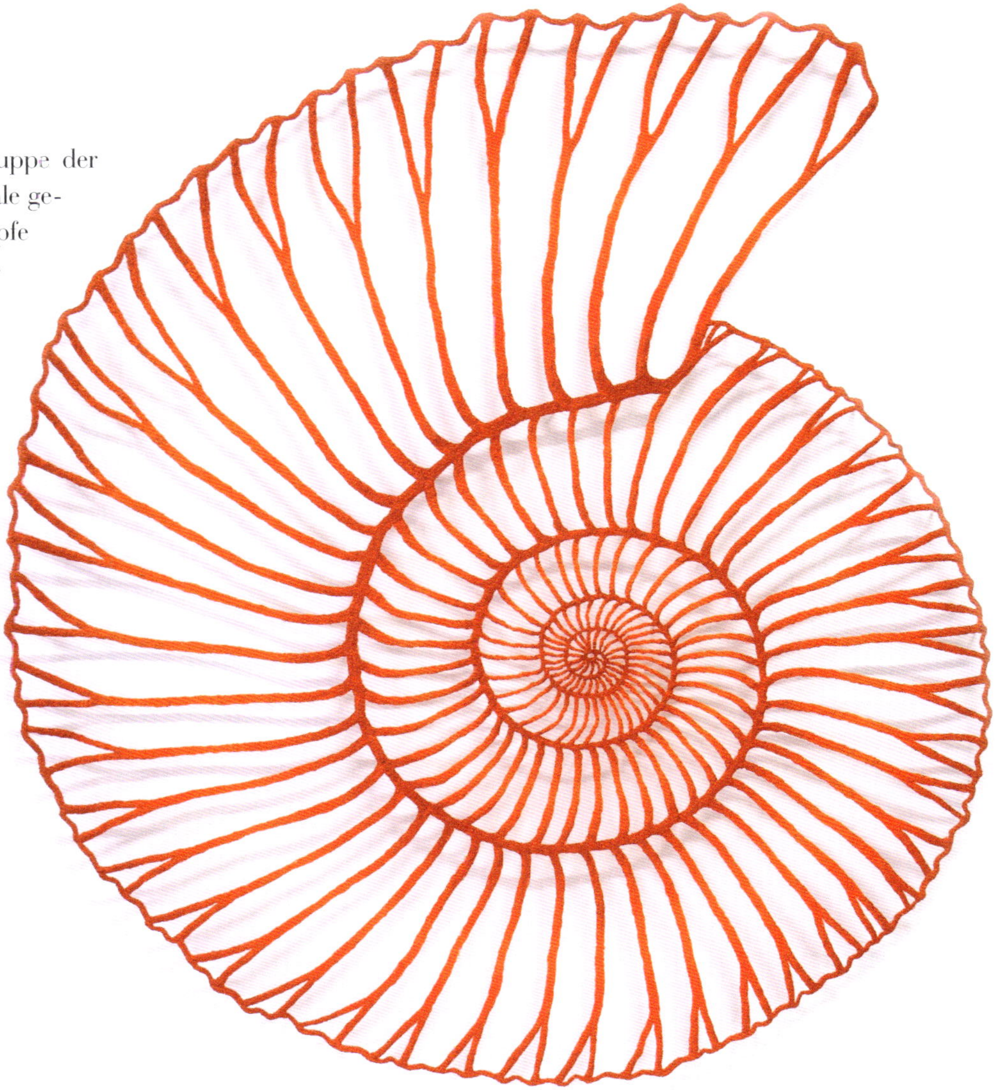

Roter Ammonit, *2015, Polyestergarn mit Nadeln auf Papier, 94 x 99 cm*

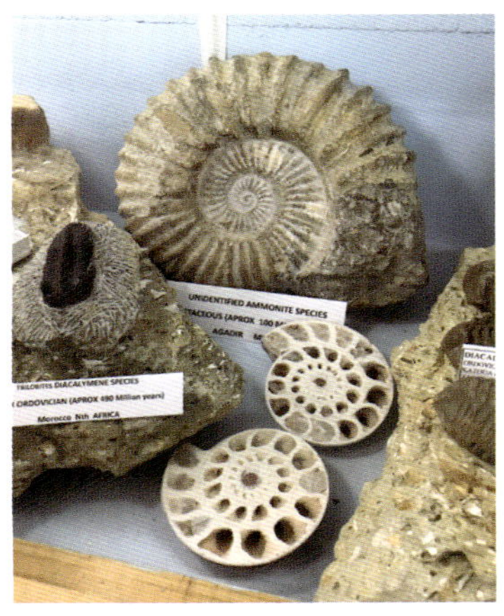

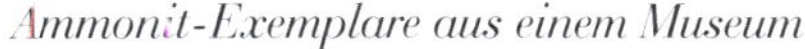
Ammonit-Exemplare aus einem Museum

reste von Ammoniten gibt, haben wir keine Ahnung, welche Farben diese außergewöhnlichen Geschöpfe ursprünglich hatten. Deshalb erlaubte ich mir bei der Interpretation meines Ammoniten eine gewisse künstlerische Freiheit und stickte die wunderschöne Form mit Garnen in kräftigem Rot und Orange.

Mein »Azurblauer Ammonit« wurde von einem meiner liebsten naturhistorischen Künstler inspiriert – dem deutschen Zoologen Ernst Haeckel. Den Entwurf dazu entwickelte ich auf der Grundlage einer Zeichnung in seiner bekanntesten Publikation, seinem zunächst in zehn Einzelbänden und schließlich im Jahr 1904 erstmals in einer Gesamtausgabe publiziertem Werk »Kunstformen der Natur«. Haeckel starb 1919, daher ist das Bildmaterial nicht mehr durch das Urheberrecht geschützt. Seine Drucke und Illustrationen sind also nun frei verfügbar und allgemein zugänglich. Damit ist die Nutzung seines Bildmaterials als Basis für mein Werk »Azurblauer Ammonit« ethisch einwandfrei.

Azurblauer Ammonit, *2015, Polyestergarn mit Nadeln auf Papier, 93 x 103 cm*

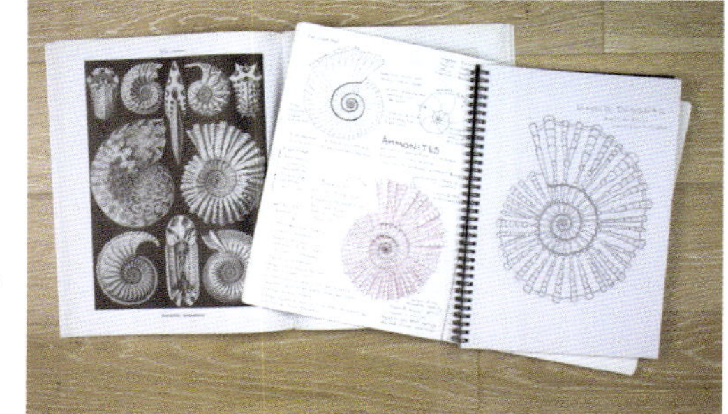

Entwicklung des Entwurfs für Azurblauer Ammonit *anhand von Ernst Haeckels Illustrationen*

Die Kunst, ein Skizzenbuch zu führen

Skizzenbücher sind wunderbar dafür geeignet, Gedanken und Ideen zu erforschen sowie zu organisieren. Dort dürfen auch Fehler gemacht werden, und man darf herumspielen. Durch die Sammlung aller Nachforschungen und kreativen Überlegungen an einem Ort können Sie mit der Zeit eine wertvolle Bezugsquelle für Ihr Kunstschaffen aufbauen und gleichzeitig eine schöne Sammlung visueller Ideen und Sondierungen zusammentragen.

Skizzenbücher für die Erkundung vor Ort

Beim Skizzieren vor Ort verwende ich ein Skizzenbuch im A4-Format. Dieses ist groß genug, um bequem, mit genügend Platz auf der Seite, zeichnen zu können, und klein genug, um in einen Rucksack zu passen. Skizzenbücher mit Spiralbindung sind für die Arbeit vor Ort besonders praktisch, weil Sie das Deckblatt nach hinten klappen und sich beim Zeichnen darauf abstützen können. Ich verwende sie als reine Hilfsmittel – keines meiner Skizzenbücher bekäme einen Schönheitspreis. Sie werden schmutzig, weil sie schon mal auf den Boden fallen, die Seiten sind ungeordnet. Das macht aber nichts – Hauptsache, ich kann Beobachtungen, Ideen und Grübeleien sammeln und festhalten …

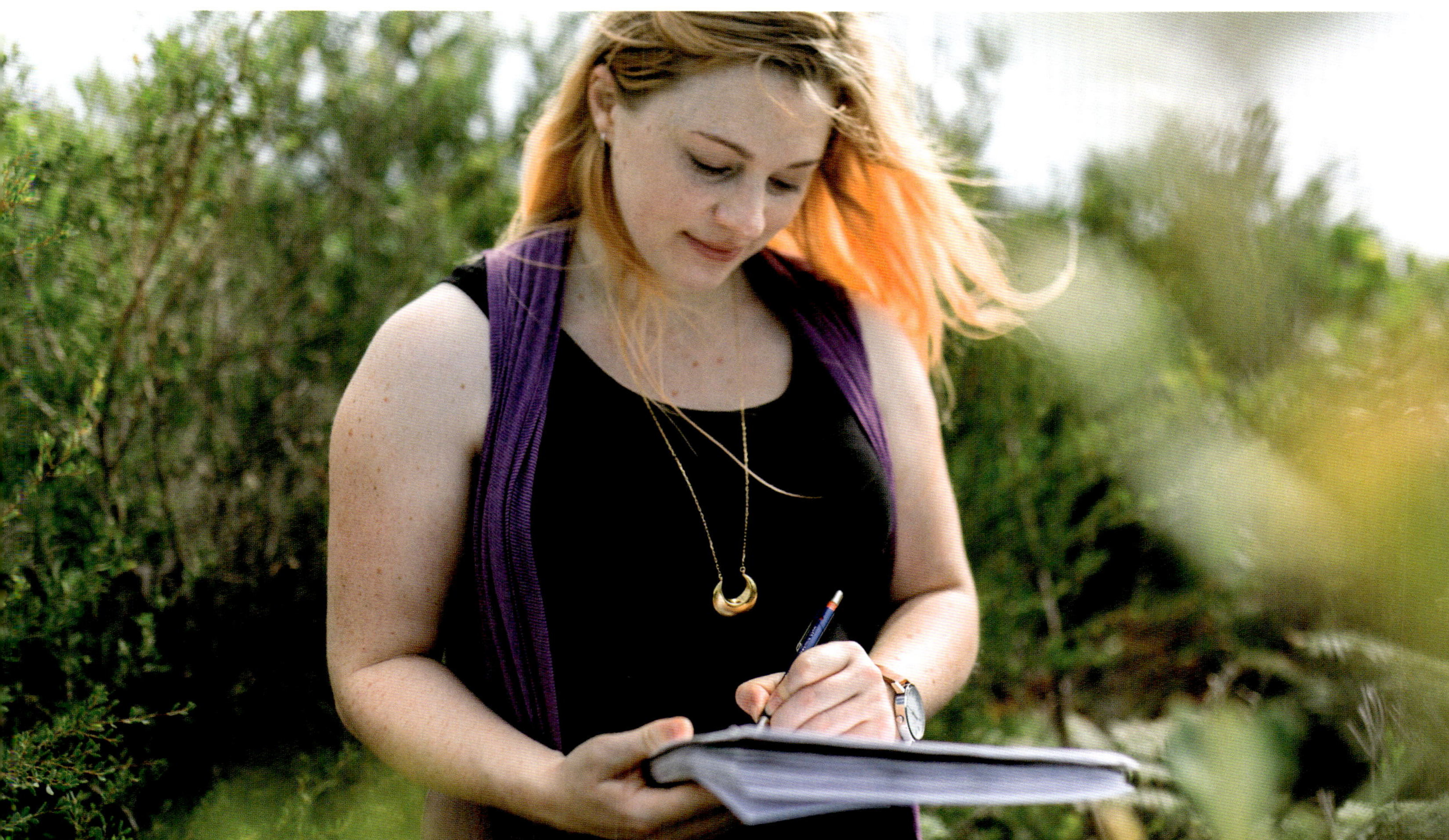

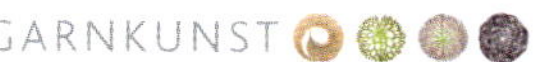

Natur-Tagebuch

Die Ergebnisse meiner »Feldforschungen« und meiner Recherchen trage ich in einem Skizzenbuch mit Aquarellpapier zusammen, das ich mein »Natur-Tagebuch« nenne. Hier lasse ich große Sorgfalt walten und plane die Anordnung jeder Seite sehr genau. Mit einer Kombination aus Bleistift, Tinte und Wasserfarben habe ich eine visuelle Bezugsquelle geschaffen, die die wichtigsten Bilder und schriftlichen Informationen meiner Studien in der Natur vereint. Dieses Buch ist die Krönung meiner Recherchen und versammelt alles so an einem Ort, dass ich bei der Entwicklung von Entwürfen für meine Kunstwerke ständig darauf zurückgreifen kann. Deshalb ist dieses Natur-Tagebuch für mich sehr wertvoll.

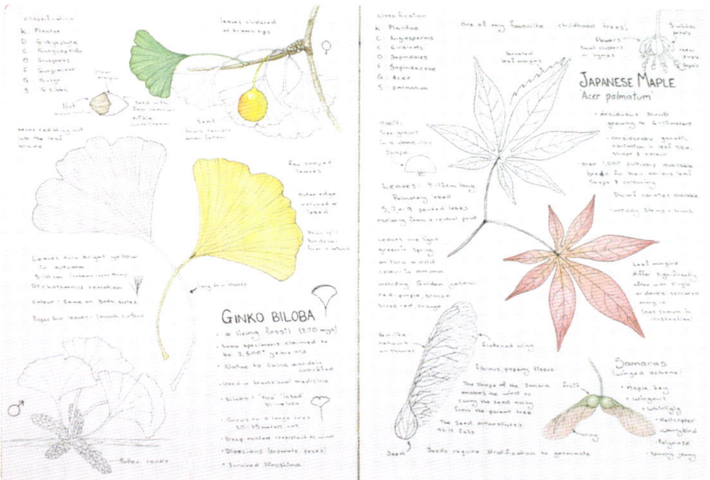

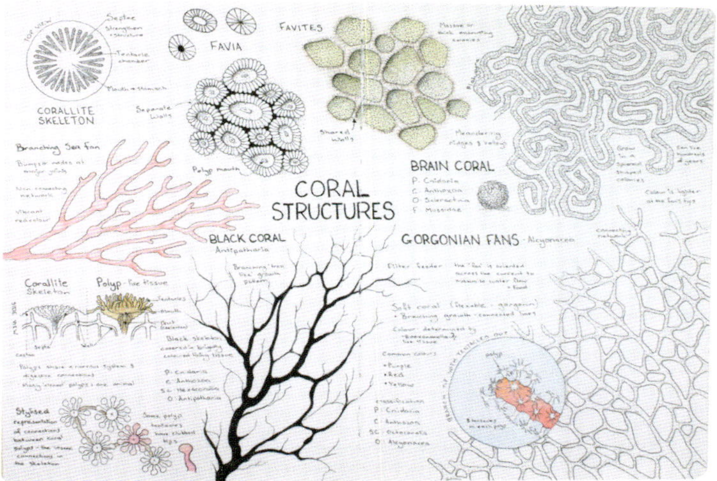

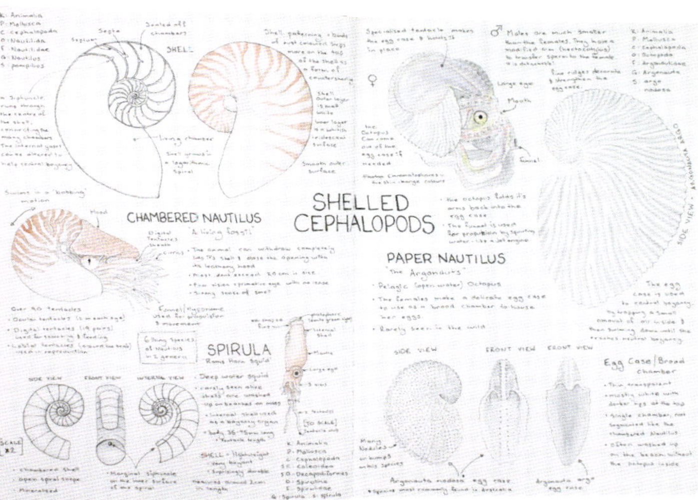

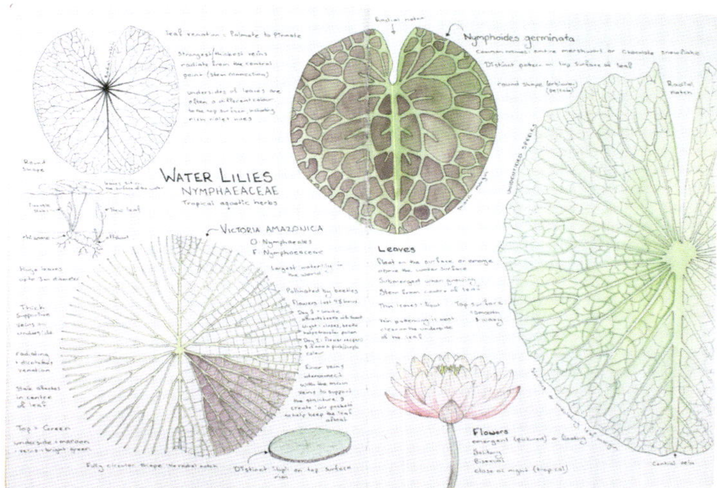

Amazonas-Riesenseerose

Die Amazonas- (oder Victoria-) Riesenseerose *(Victoria amazonica)* ist wirklich imposant. Typisch für die heute in aller Welt dekorativ genutzte Pflanze sind ihre großen runden Blätter, die einen Durchmesser von mehr als zwei Metern erreichen können und so stabil sind, dass sie einiges Gewicht tragen. (Gern werden zum Beispiel kleine Kinder wie Feen darauf sitzend fotografiert.) Diese Seerose hat auch einen sehr interessanten Blühvorgang: Dabei verändert die Blüte innerhalb von 48 Stunden ihre Farbe und ihr Geschlecht.

So eindrucksvoll diese Blätter schon in der oberflächlichen Betrachtung auch sind – der schönste und faszinierendste Teil dieser Pflanze verbirgt sich für mich an der Unterseite ihrer Blätter. Wenn Sie eines der riesigen Seerosenblätter anheben würden, könnten Sie das kräftig lilafarbene und grüne Netzwerk aus Blattrippen sehen. Diese erinnern an dicke Röhren, die von einem zentralen Stamm ausgeheen. Bei meiner gestickten Interpretation der Amazonas-Riesenseerose habe ich mich auf diese erstaunliche Rippenstruktur konzentriert.

Als Quelle nutzte ich historische Fotos und zeichnete das Netzwerk der Blattrippen so, dass es in einen perfekten Kreis passte. Die wichtigsten Stützrippen sind mit dichten Stickstichen dargestellt, sodass ich einen stufenlosen Farbübergang von kräftigem Lila am Außenrand des Blattes bis hin zu Limettengrün in der Mitte erreichte. Die kleinen Blattrippen, die in regelmäßigen Abständen die Hauptrippen verbinden, sind mit einzelnen Stichlinien dargestellt, was dem Ganzen eine leichte, luftige Anmutung verleiht.

Diese Seerose ist ein großartiges Beispiel für eine natürliche Struktur, die eines ihrer schönsten Merkmale vor den Blicken verborgen hält. Ich hoffe, dass meine Stickarbeiten die Menschen dazu anregen, in der Natur genauer hinzusehen und die Schönheit zu entdecken, die sich oft unter der Oberfläche verbirgt.

Reich: *Plantae* (Pflanzen)
Klade: *Angiospermen* (Bedecktsamer)
Ordnung: *Nymphaeales* (Seerosenartige)
Familie: *Nymphaeaceae* (Seerosengewächse)
Gattung: *Victoria*
Art: *V. amazonica*

Amazonas-Riesenseerose (Victoria amazonica), 2015, Polyestergarn mit Nadeln auf Papier, 69 x 69 cm

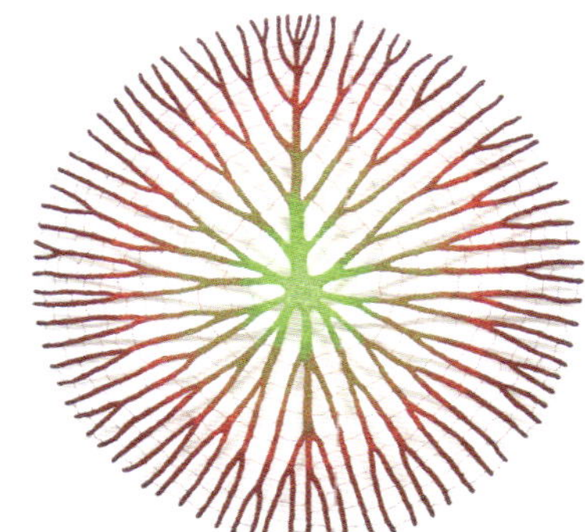

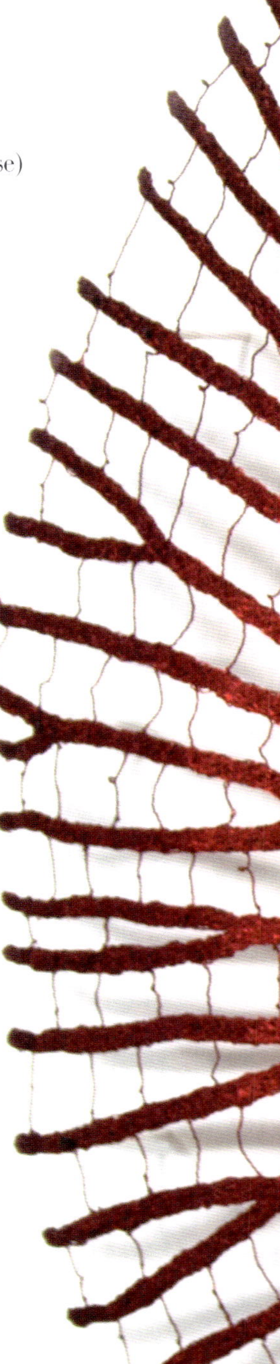

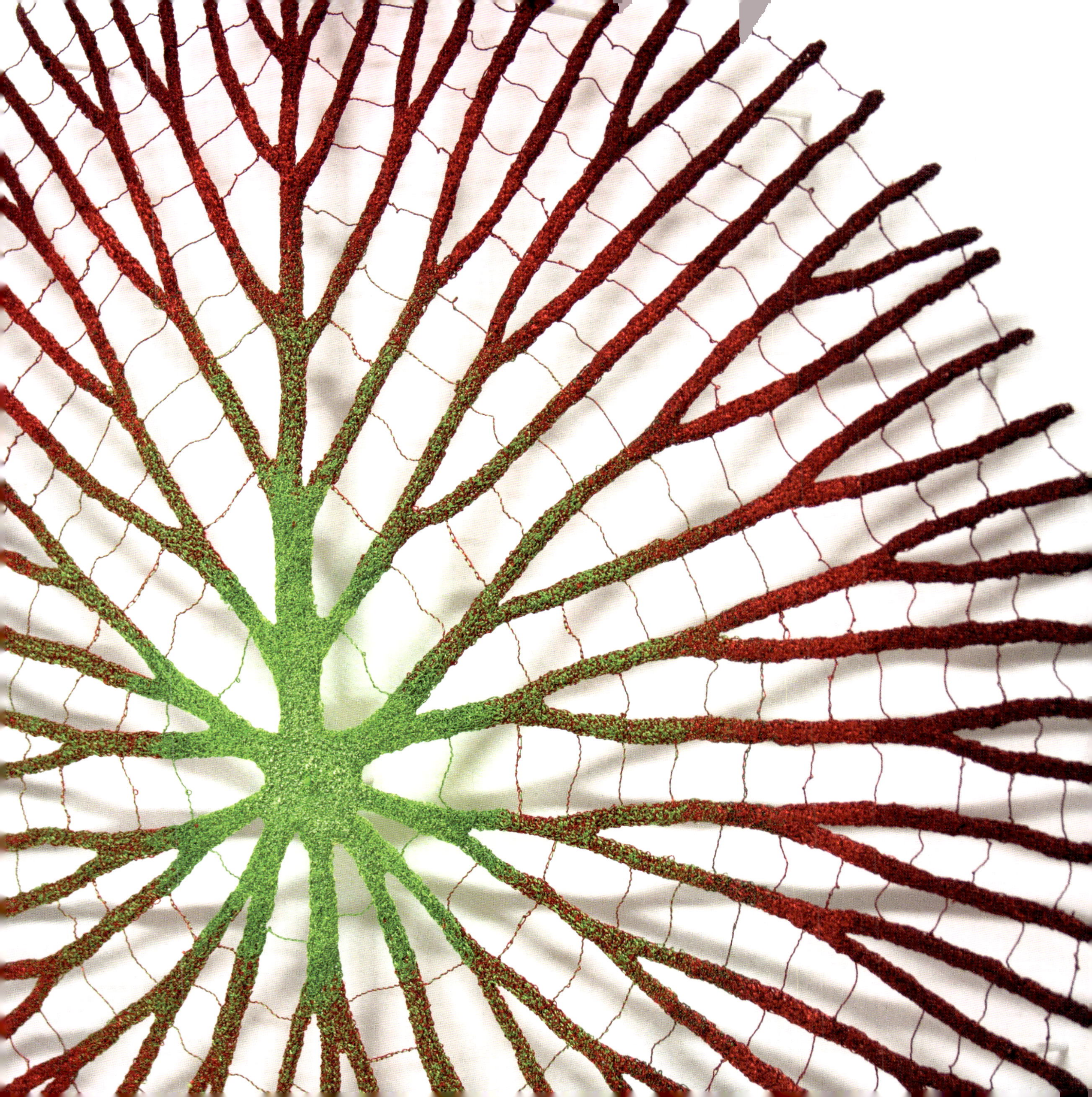

Die Entwicklung künstlerischer Motive für Stickarbeiten

Wenn Sie ein Kunstwerk entwickeln, müssen Sie die Möglichkeiten und auch die Grenzen Ihres Mediums verstehen, um diese beim Entwurf berücksichtigen zu können. Das ist besonders wichtig bei der Sticktechnik, die wir in diesem Buch erkunden. Das Wichtigste, was bei dieser Technik zu bedenken ist, ist die Tatsache, dass die Basis – wasserlösliches Stickvlies – nur eine vorübergehende Arbeitsfläche ist. Sobald dieses Material entfernt wird, kann sich die Stickerei verschieben und verändern, weil ihre tragende Grundlage nicht mehr vorhanden ist. Genau das macht diese Technik so faszinierend – es bedeutet aber auch, dass Sie diese entscheidende strukturelle Veränderung bei Ihren Entwürfen immer berücksichtigen müssen, soll Ihr Kunstwerk werfolgreich sein.

Versuchen Sie bei der Entwicklung eines Stickmotivs vorherzusehen, wie sich die Stickstiche verhalten werden, sobald die Basis aufgelöst wurde. Bögen, Ecken, Spiralen und zarte Formen können sich bei der Auflösung des Stickvlieses verdrehen – ziehen Sie alle sich daraus möglicherweise ergebenden Probleme in Ihre Überlegungen mit ein. Bei dünnen gestickten Linien ist die Wahrscheinlichkeit am größten, dass sie sich verdrehen, sobald der Grundstoff fehlt. Diese Verdrehung kann als großartiger kreativer Effekt genutzt werden – ebenso gut kann er jedoch auch frustrierend sein,

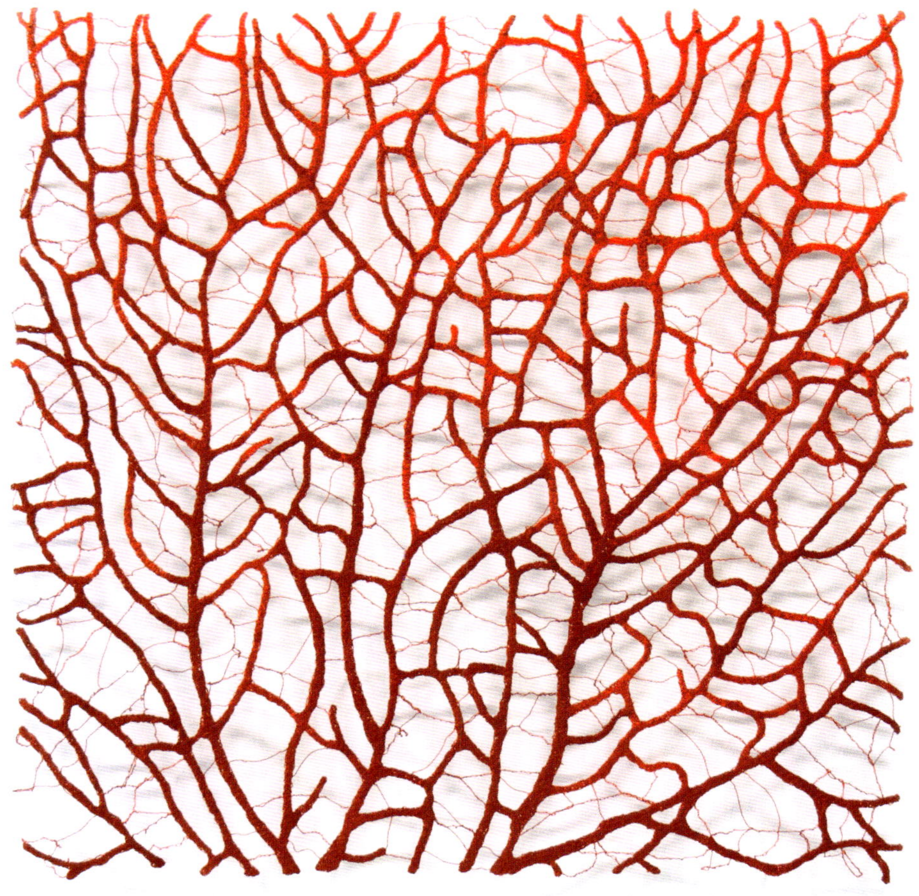

Dicht gestickte Bereiche können genutzt werden, um empfindlichere Bereiche zu stützen. Rotes Korallenquadrat, *2015, Polyestergarn mit Nadeln auf Papier, 70 x 70 cm*

 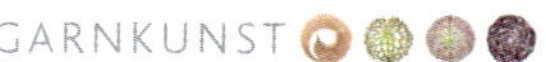

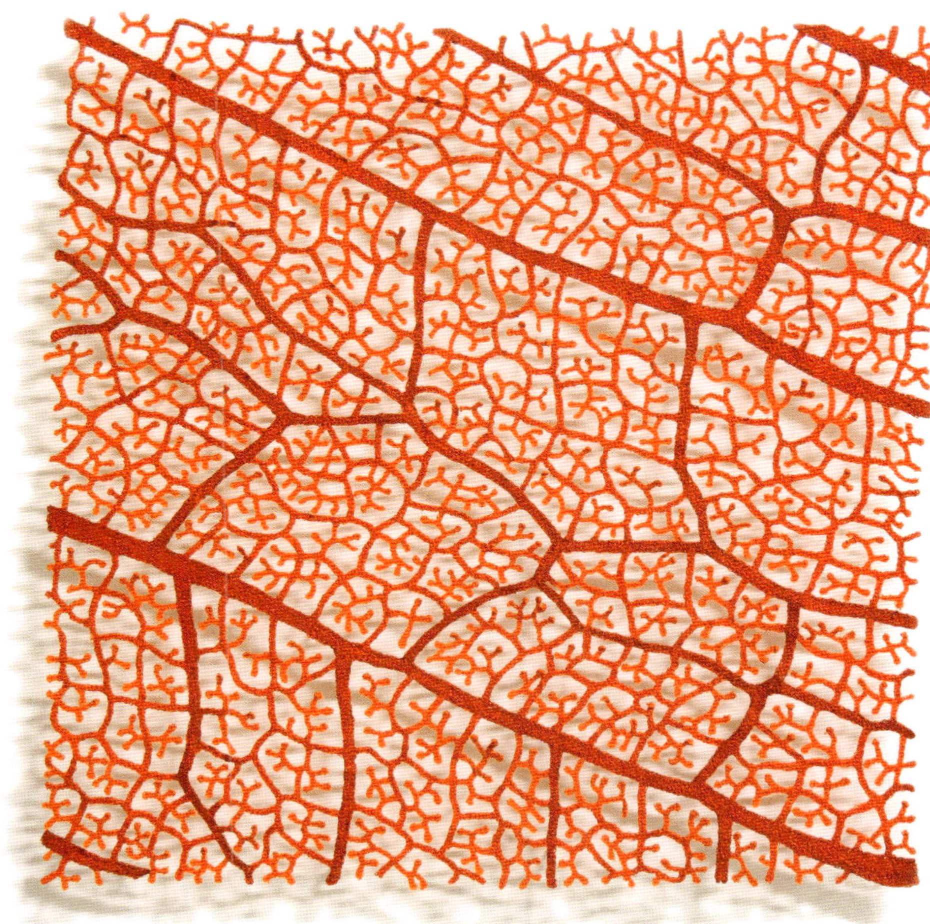

Entwürfe mit vielen Verbindungspunkten sind bei dieser Art des Stickens immer sehr erfolgreich, weil sie ein stabiles Gerüst bilden. Strukturquadrat eines Orangenblattes, *2015, Polyestergarn mit Nadeln auf Papier, 70 x 70 cm*

wenn Sie wollen, dass etwas seine spezifische Form behält. Überlegen Sie, dünne gestickte Linien mit einigen dicker gestickten Bereichen zu kombinieren. Diese dichten Stickbereiche geben dem Entwurf mehr Festigkeit und tragen dazu bei, dünne Linien an Ort und Stelle zu halten.

Wenn die Elemente des Motivs nicht miteinander verbunden sind, fällt alles auseinander, sobald sich das Stickvlies aufgelöst hat. Um dies zu vermeiden, sorgen Sie dafür, dass sich alle gestickten Linien an irgendeinem Punkt überschneiden. Viele meiner Kunstwerke wurden von solchen Strukturen in der Natur inspiriert, die miteinander verknüpfte Wachstumssysteme besitzen wie Korallenäste oder Blattadern. Diese Strukturen eignen sich sehr gut für Stickarbeiten, weil sie so eng miteinander verbunden sind, dass wenig Platz für Verdrehungen bleibt, wenn sich das Stickvlies aufgelöst hat und schließlich nur noch die Stickerei als solche übrig bleibt.

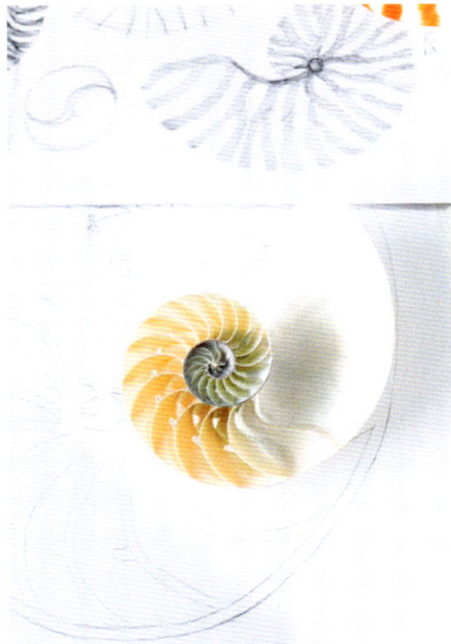

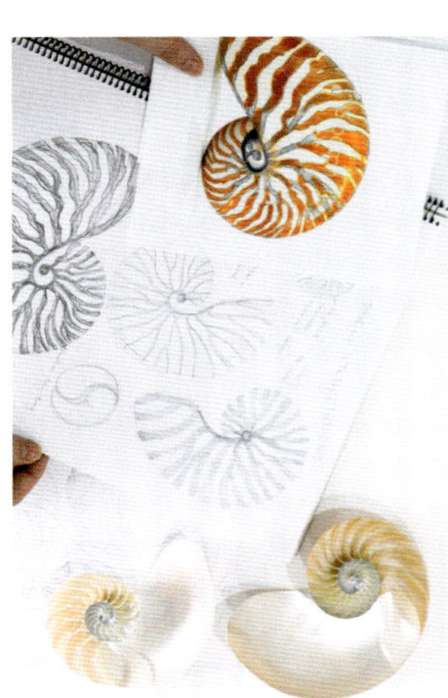

Bilder von der Entwurfsentwicklung von Perlbootschalen

Nautilus

Reich: *Animalia* (Tiere)
Stamm: *Mollusca* (Mollusken)
Klasse: *Cephalopoda* (Kopffüßer)
Ordnung: *Nautilida* (Nautiliden)
Familie: *Nautilidae* (Perlboote)
Gattung: *Nautilus*
Art: *N. pompilius*

Das gekammerte Perlboot *(Nautilus pompilius)* ist wahrscheinlich der bekannteste Kopffüßer mit Schale. Diese Lebewesen haben mich fasziniert, seit ich erstmals eine ihrer schönen Schalen in einem Museum sah. Inzwischen habe ich über diese Schalen und ihre ungewöhnlichen Bewohner ausgiebig recherchiert und bereits mehrere Kunstwerke geschaffen, zu denen sie mich inspirierten.

Ich habe mehrere Exemplare von Perlbootschalen in meiner Sammlung, sie sind meine wertvollsten Schalen. Auf der Grundlage dieser Exemplare und zusätzlichen Bildmaterials erarbeitete ich mehrere Motive, aus denen ich Garnknst entwickelte.

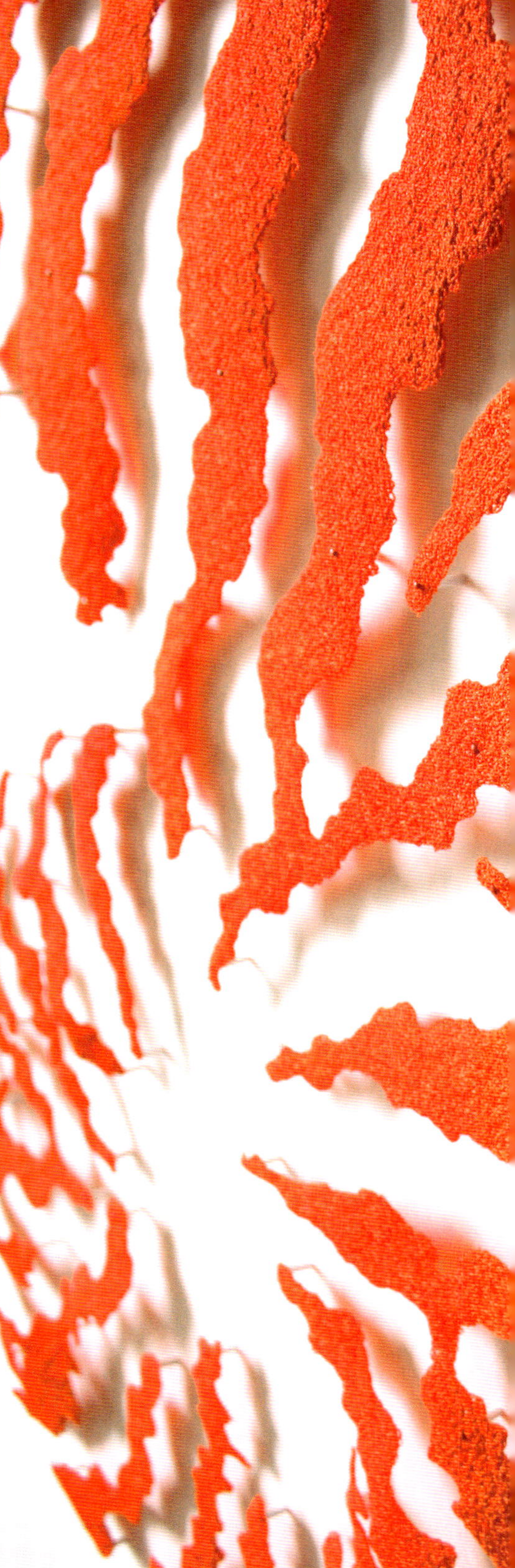

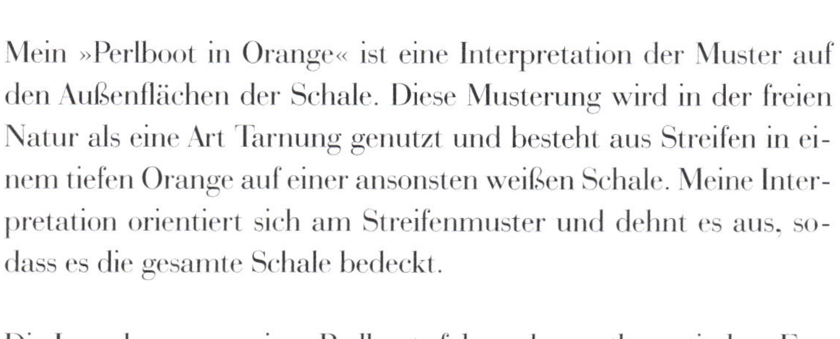

Mein »Perlboot in Orange« ist eine Interpretation der Muster auf den Außenflächen der Schale. Diese Musterung wird in der freien Natur als eine Art Tarnung genutzt und besteht aus Streifen in einem tiefen Orange auf einer ansonsten weißen Schale. Meine Interpretation orientiert sich am Streifenmuster und dehnt es aus, sodass es die gesamte Schale bedeckt.

Die Innenkammern eines Perlboots folgen der mathematischen Formel der logarithmischen Spirale. Diese Wachstumsspirale taucht in der Natur häufig auf – die Schale eines Perlbootes ist häufig das erste Beispiel, an dem man diese faszinierende Form studieren kann. Würden Sie eine Perlbootschale in der Mitte aufschneiden, kämen die vielen Kammern in der Schale zum Vorschein: Diese Kammern werden allmählich größer, wenn sie sich von der Mitte der Schale in einer Spirale nach außen bewegen. In meinem Werk »Perlboot Einheit« zeige ich die Perfektion dieses gekammerten Wachstumsmusters, indem ich die inneren Kammern von zwei Perlbootschalen abbilde, die sich wie in der zeitlosen Balance von Yin und Yang ineinanderschmiegen.

.

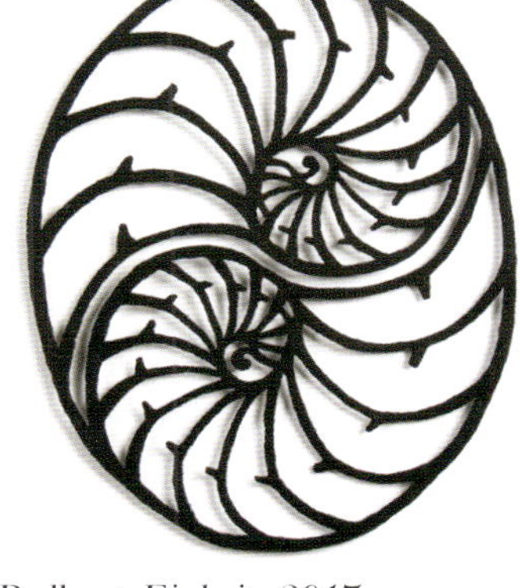

Perlboot-Einheit, *2017, Polyestergarn mit Nadeln auf Papier, 53 x 69 cm*

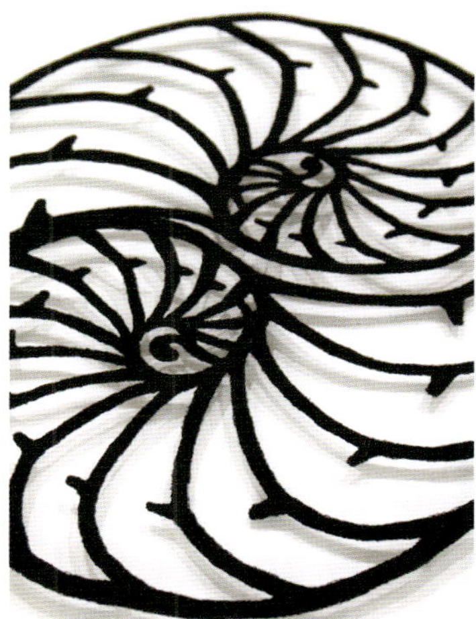

Perlboot-Einheit, *Detail*

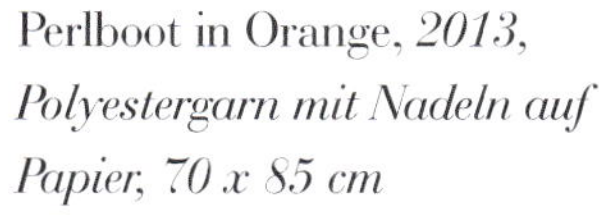

Perlboot in Orange, *2013, Polyestergarn mit Nadeln auf Papier, 70 x 85 cm*

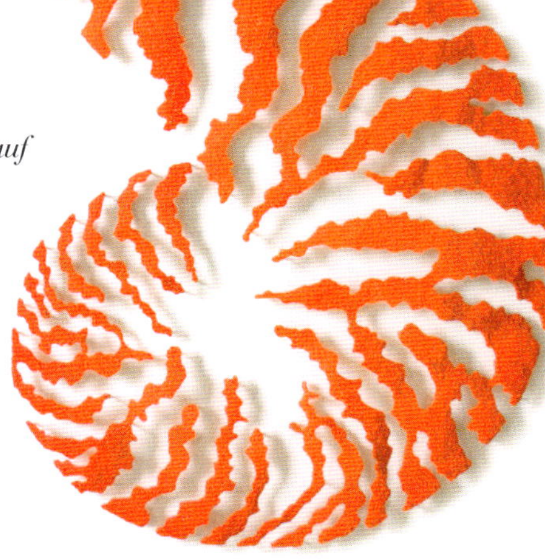

Naturstudien

Meine Naturstudien-Serie begann als Erforschung verschiedener verzweigter Korallenstrukturen. Seither hat sie sich auf alle natürlichen Strukturen ausgeweitet, die mich interessieren. Jeder dieser Entwürfe ist ein einzelnes gerahmtes Werk Garnkunst.

Um diese Kunst anzufertigen, beginne ich damit, den inneren Ring meines Stickrahmens auf ein leeres Stück Papier zu zeichnen. Anschließend zeichne ich den Entwurf so, dass er in diesen Kreis passt. Da ich für jedes Werk denselben Stickrahmen verwende, ist die Größe jedes Kunstwerks und damit auch der Serie einheitlich. Bei der Entwicklung dieser Entwürfe beziehe ich mich oft auf mein Natur-Tagebuch.

Keiner dieser Entwürfe wurde nach einer Fotografie gefertigt – es sind alles Freihandzeichnungen. Es ist ungeheuer befriedigend, einen Entwurf organisch wachsen zu sehen, statt ein Vorlagenbild genau kopieren zu müssen. Sobald Sie verstehen, wie sich eine natürliche Struktur bildet, welche Zusammenhänge bestehen und wie sie wächst, sollten Sie in der Lage sein, sie zu zeichnen, ohne das Bezugsmaterial zu brauchen. Dann werden Sie kein Foto nachzeichnen müssen, sondern Ihr Entwurf kann sich beim Zeichnen entwickeln – auf diese Weise erschaffen Sie schließlich Ihre ganz individuelle Interpretation der Natur.

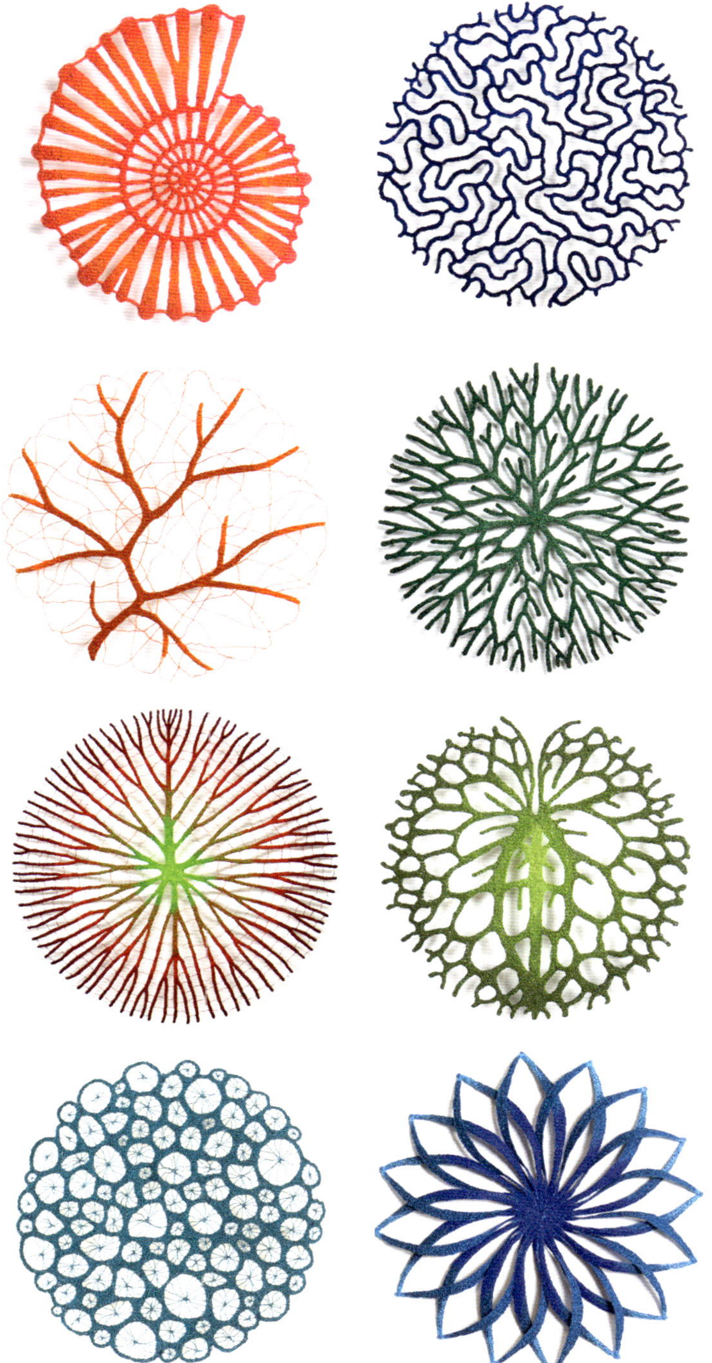

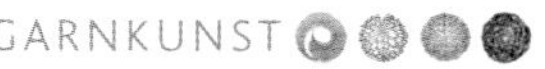

Entwickeln eines Stickplans, einer Stickvorlage

Beim Entwickeln eines Stickentwurfs ist es eine gute Praxis, zu planen, wie Sie die gestickte Zeichnung aufbauen werden, sobald Sie dann an der Nähmaschine sitzen. Hierfür können Sie eine Stickvorlage zeichnen. Diese Vorlage wird dazu beitragen, alle möglichen Probleme, die beim Sticken auftauchen könnten, zu erkennen und hoffentlich auch zu lösen.

Beim Entwickeln einer Stickvorlage zeichnen Sie Ihren Entwurf genau so auf Papier, wie Sie ihn an der Nähmaschine sticken wollen. Das mag umständlich und unnötig erscheinen, aber ich stelle immer wieder fest, dass es mir an der Nähmaschine viel Zeit erspart und dazu beiträgt, technische Probleme mit einem Kunstwerk zu vermeiden. Wenn es Ihnen gelingt, den Entwurf zuerst auf Papier zu bringen, wird auch die Wiederholung beim Sticken erfolgreich sein. Allerdings brauchen Sie nicht für jedes Projekt eine Stickvorlage, sondern nur für solche Entwürfe, die kompliziert bzw. bei denen Sie nicht sicher sind, wo oder wie Sie am besten beginnen sollen.

Überlegen Sie zunächst, wie Sie Ihre Stickvorlage am sinnvollsten zeichnen können. Wenn Ihr Entwurf mehrere Abschnitte enthält oder mehrere Farben umfasst, bedenken Sie, welche Stickebenen zuerst gestickt werden müssen, damit das fertige Motiv ohne Brüche gestickt werden kann und gut konstruiert ist. Stellen Sie die Zeichnung nach Möglichkeit so fertig, dass sie aus einer einzigen fortlaufenden Linie besteht. Wenn Sie die Stickvorlage richtig hinbekommen, werden Sie einen ganzen Abschnitt des Motivs sticken können, ohne absetzen und den Faden abschneiden zu müssen.

Ich folge beim Aufbau meiner Stickarbeiten immer demselben Verfahren. Zuerst lege ich alle einfachen Sticklinien fest: Diese bilden eine Art Skelett des Entwurfs. Ich stelle sicher, dass dieses Grundgerüst der Stiche gut miteinander verbunden ist, damit keine Gefahr besteht, dass die Stickarbeit am Ende auseinanderfällt. Anschließend füge ich in dieses Grundgerüst alle dicht an dicht gestickten Bereiche ein, um den Entwurf zu verdichten und zu festigen. Bei Farbwechseln oder Farbmischungen tüftle ich aus, wo die beste Stelle ist, um mit dem Sticken zu beginnen, damit ich über keinen Bereich komme, den ich bereits mit einer anderen Farbe gestickt habe. Alle diese Überlegungen sorgen dann zusammen für eine ordentlicher gestickte Zeichnung.

Jedes Kunstwerk ist anders und verlangt auch einen anderen Ansatz, um einen sinnvollen Stickplan zu entwickeln. Meine Art des Zeichnens und Stickens ist nur eine von vielen möglichen Herangehensweisen an ein Motiv. Vertrauen Sie bei der Planung Ihres Entwurfs auf Ihr Gefühl. Mit zunehmender Praxis werden Sie vernünftige Zeichen- und Stickmethoden entwickeln, die zu erfolgreichen Stickarbeiten führen.

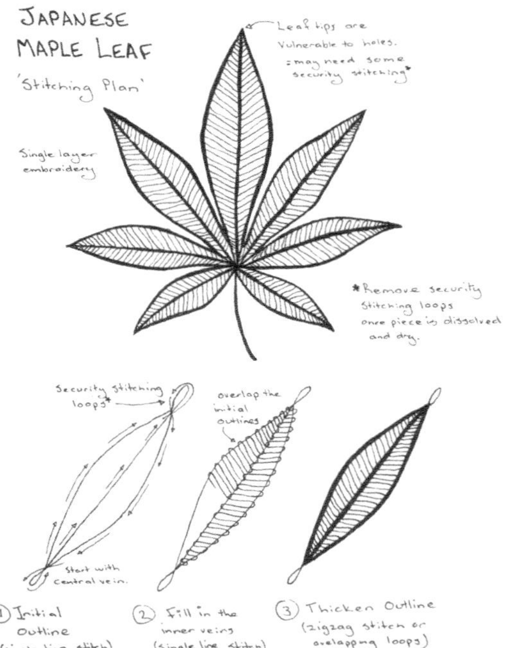

Fächer-Ahorn

Im Vorgarten des Hauses, in dem ich aufgewachsen bin, stand ein schöner Fächer-Ahorn. Im Herbst durchliefen die Blätter dieses Baumes eine überwältigende Farbverwandlung von ihrem üblichen Grün über kräftige Gelb- und Orangetöne bis zu einem abschließenden Blutrot. Ich erinnere mich, als Kind sehr viele dieser Blätter gesammelt zu haben – noch heute finde ich gelegentlich einige davon zwischen den Seiten meiner alten Kinderbücher.

Dieser Ahorn hat mich zu mehreren Garnkunstwerken angeregt. Ich begann mit Studien einzelner Blätter, wobei ich versucht habe, die sich ändernden Farben und das zarte Netzwerk der Blattadern einzufangen. Später ging ich zu ganzen belaubten Ästen über. Dennoch habe ich das Gefühl, bislang erst an der Oberfläche dieses Motivs gekratzt zu haben. Ich gehe davon aus, dass es von mir in Zukunft noch viele weitere Versuche zum Thema geben wird …

Reich: *Plantae* (Pflanzen)
Klade: *Angiospermen* (Bedecktsamer)
Ordnung: *Sapindales* (Seifenbaumartige)
Familie: *Sapindaceae* (Seifenbaumgewächse)
Gattung: *Acer* (Ahorne)
Art: *A. palmatum*

3

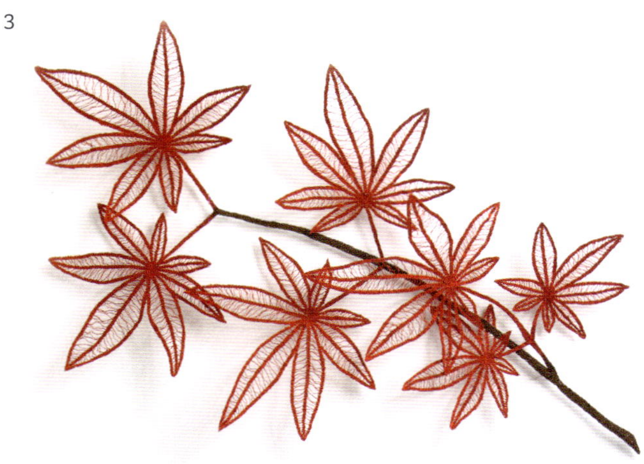

1. Ahornblätter, *2015, Polyestergarn mit Nadeln auf Papier*
2. Ahornblattstudie, *2015, Polyestergarn mit Nadeln auf Papier, 40 x 40 cm*
3. Ahornzweig, *2015, Polyestergarn mit Nadeln auf Papier, 75 x 62 cm*
4. Ahornzweig, *Detail*

1

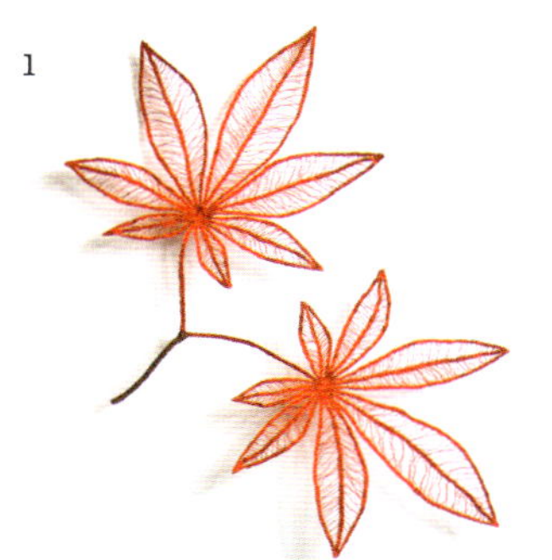

2

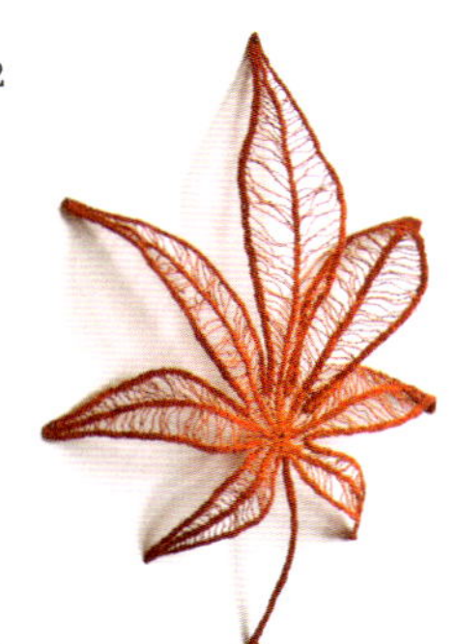

2

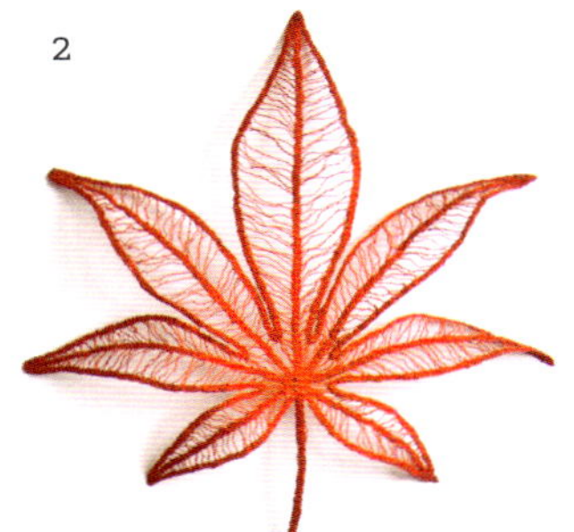

2

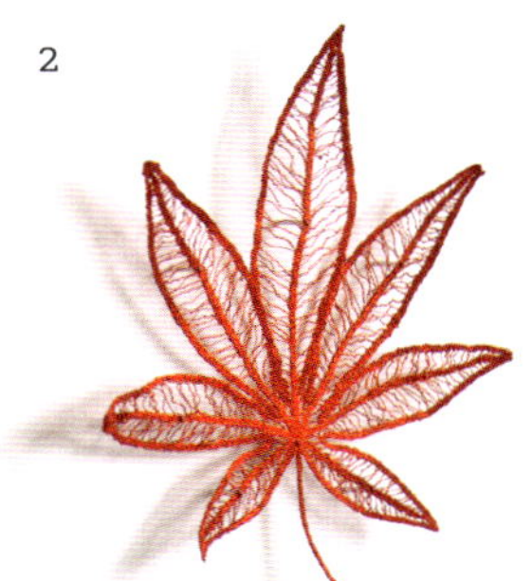

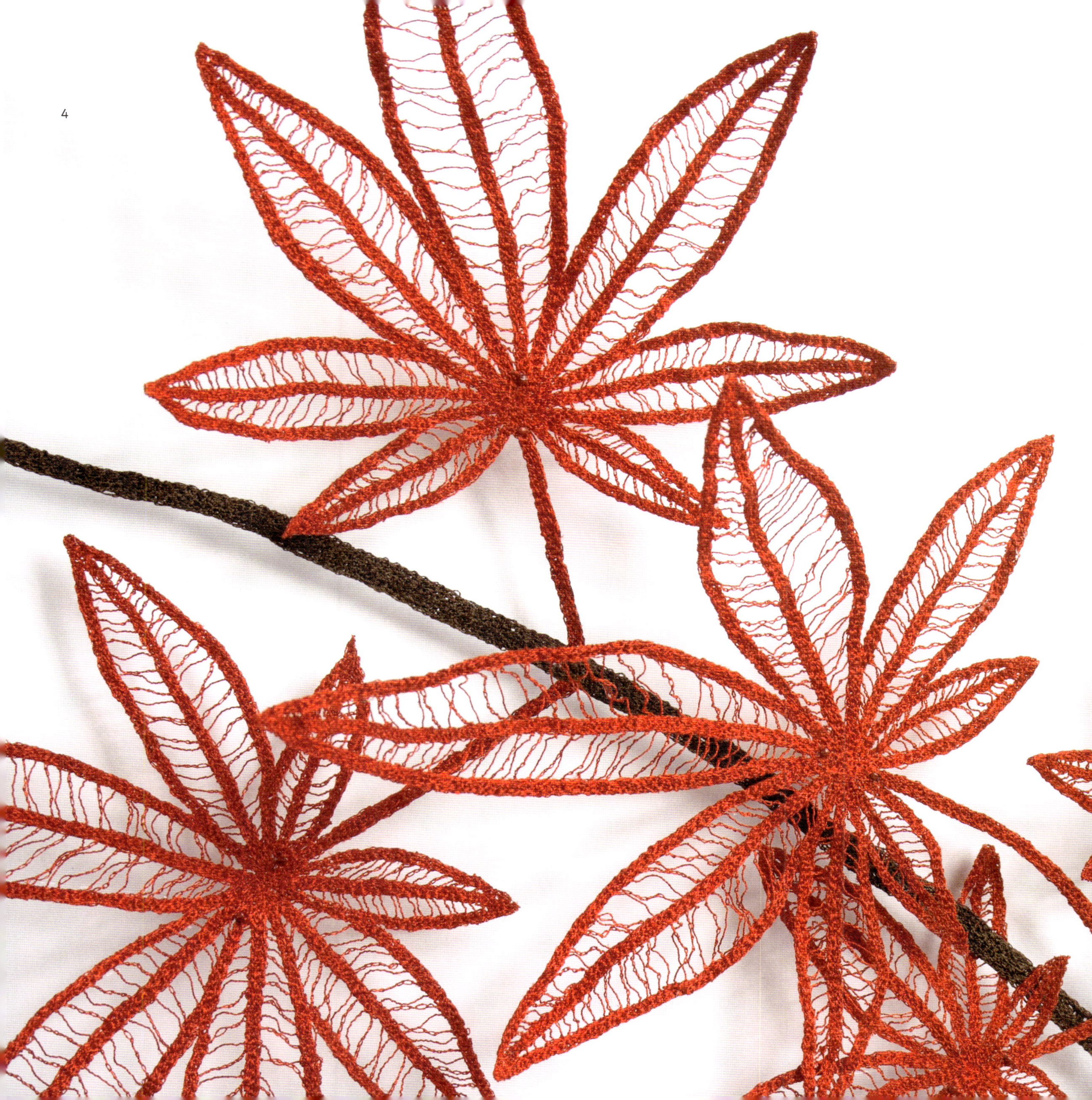

Größere Formate

Ihre Stickmotive müssen sich nicht auf die Größe beschränken, die in einen Stickrahmen passt. Planen Sie so groß, wie Sie sich trauen. Große Stickarbeiten sind eine tolle Möglichkeit, komplexe Motive darzustellen – etwa solche mit vielen dünnen Linien. Viele meiner gestickten Blätter werden große Werke, sodass ich jede kleine Blattader berücksichtigen kann.

Wenn ich ein großes Werk plane, finde ich es einfacher, zuerst eine kleinere Version davon in mein Skizzenbuch zu zeichnen und diese anschließend auf einem großen Blatt Papier zu vergrößern. Dadurch, dass ich das Motiv zuerst in meinem Skizzenbuch richtig hinbekomme, spare ich mir viel Zeit mit Tüfteleien bei einer großen Zeichnung. Beim Vergrößern eines Motivs kann es schwierig sein, die richtigen Proportionen beizubehalten, wenn Sie das Motiv freihändig größer zeichnen. Es ist hilfreich, einen digitalen oder einen Overhead-Projektor zu nutzen, um das Motiv zuerst auf eine Wand zu projizieren. Dann können Sie das Motiv auf einem Blatt Papier nachfahren, und diese maßstabgerechte Zeichnung wird dann zur Vorlage für Ihr Kunstwerk.

Sobald das Motiv endgültig auf Papier gezeichnet wurde, kann es mit Permanent-Markern auf das wasserlösliche Stickvlies übertragen werden. Anschließend ist das Motiv bereit, mit der Maschine gestickt zu werden.

Ich verwende einen Overhead-Projektor, um meine Motive zu vergrößern. Wahrscheinlich bin ich einer der wenigen Menschen, die diese alte Technologie noch nutzen. Ein digitaler Projektor würde diese Aufgabe vermutlich ebenso einfach erfüllen, aber ich mag meinen treuen alten Overhead-Projektor, der mir immer gute Dienste geleistet hat. Es wird mir das Herz brechen, wenn die Glühlampe irgendwann durchbrennt und ich keinen Ersatz mehr dafür bekomme. Hier einige Beispiele für große Kunstmotive auf Papier (rechts außen).

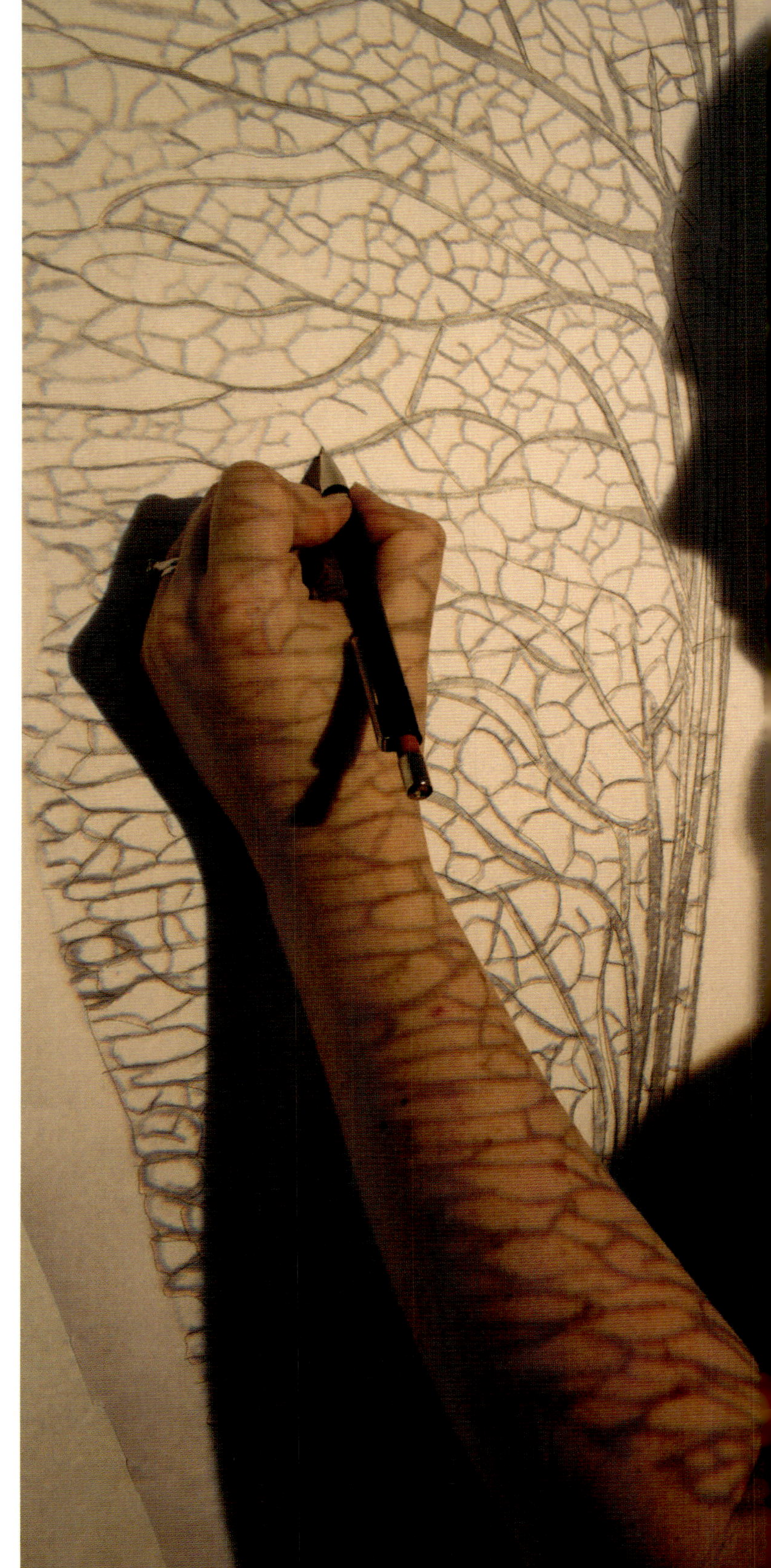

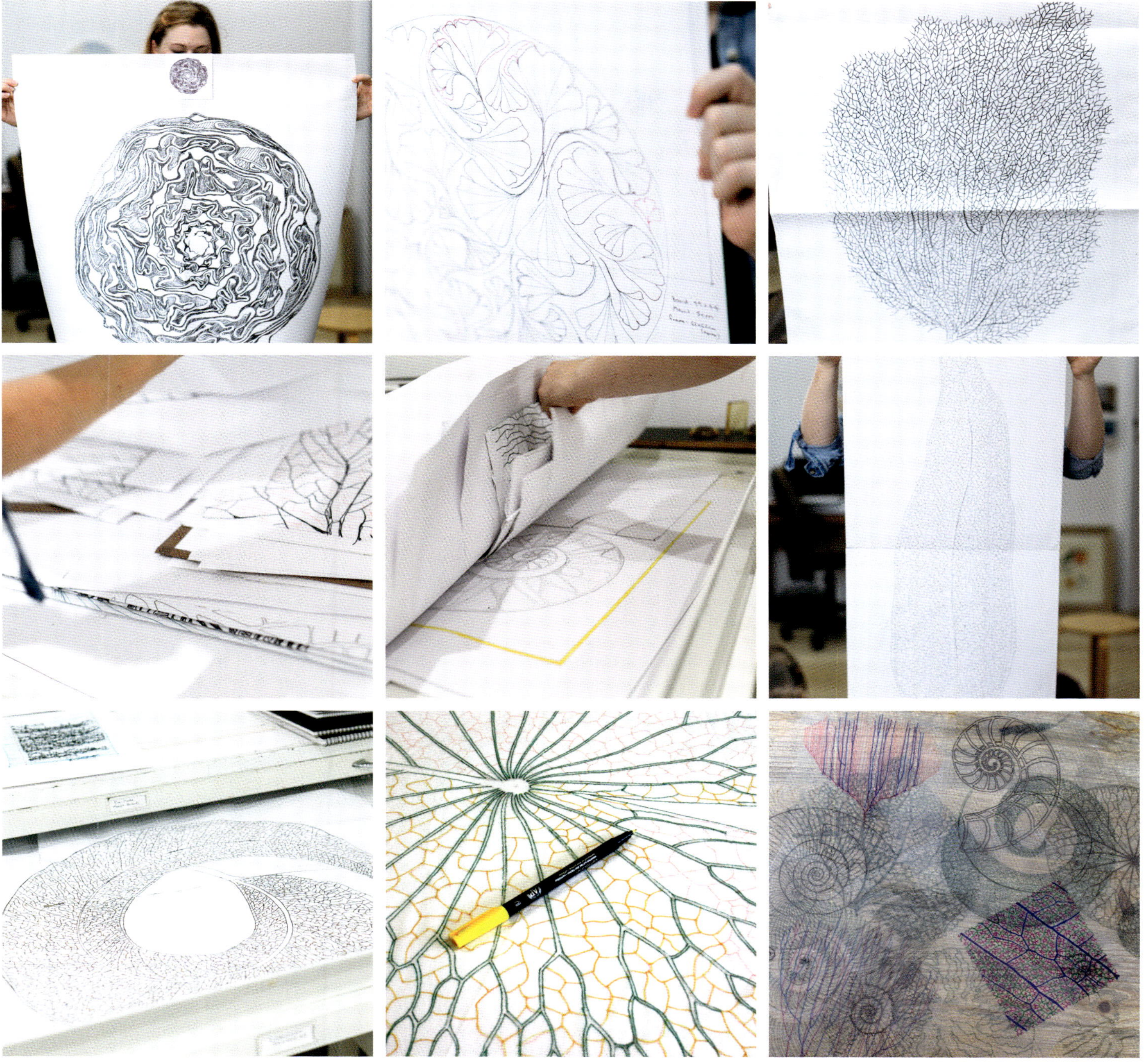

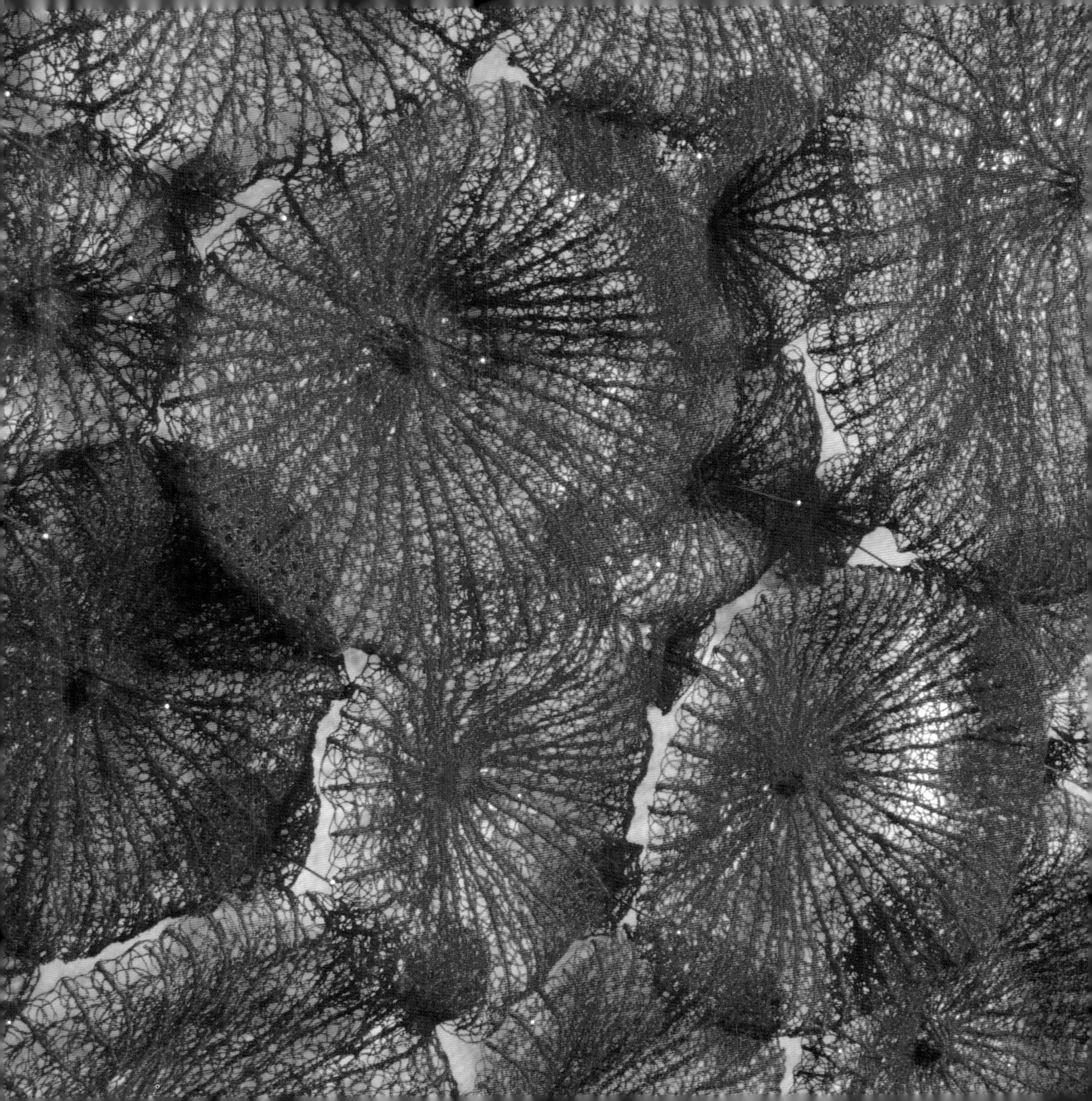

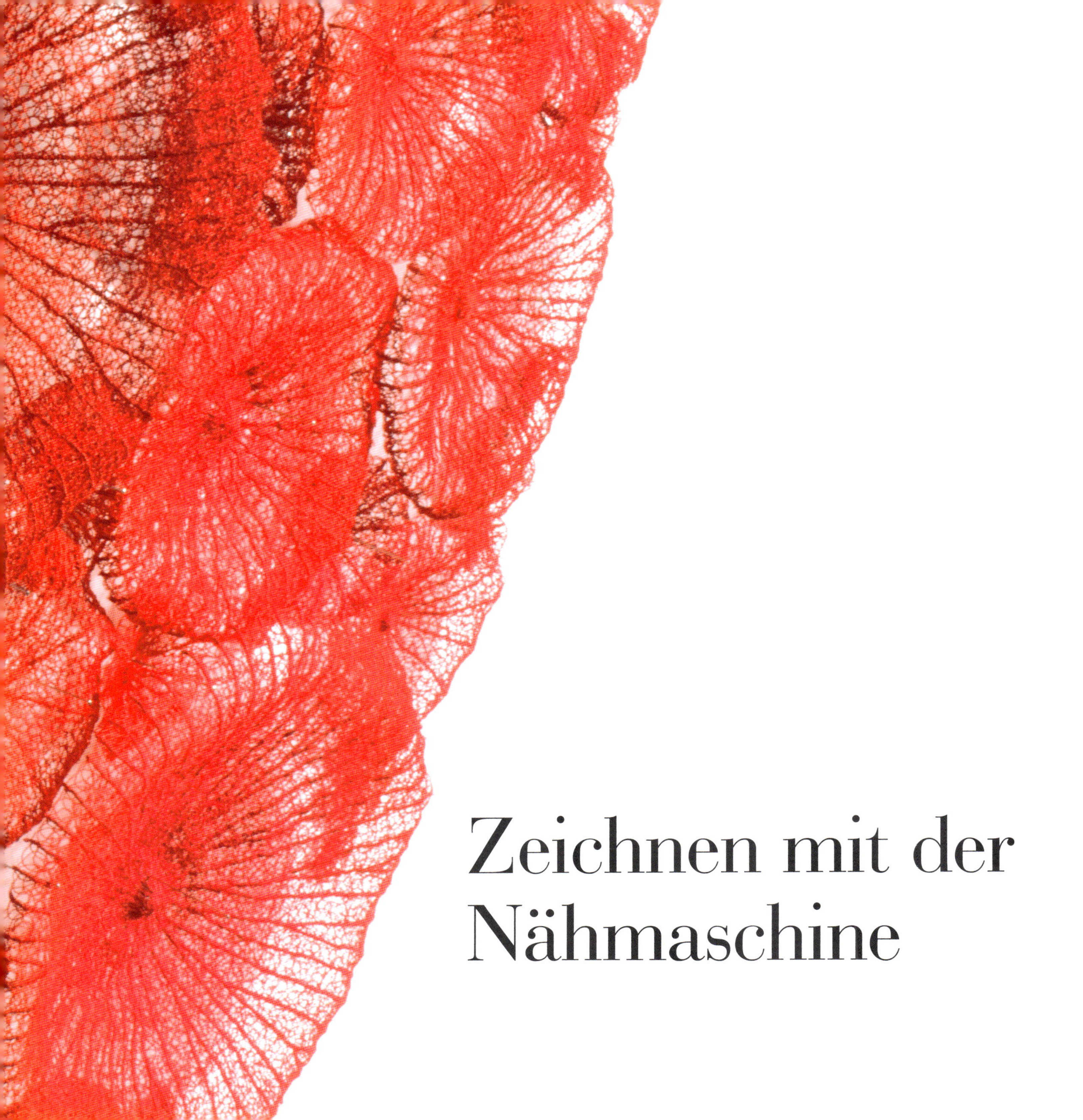

Zeichnen mit der Nähmaschine

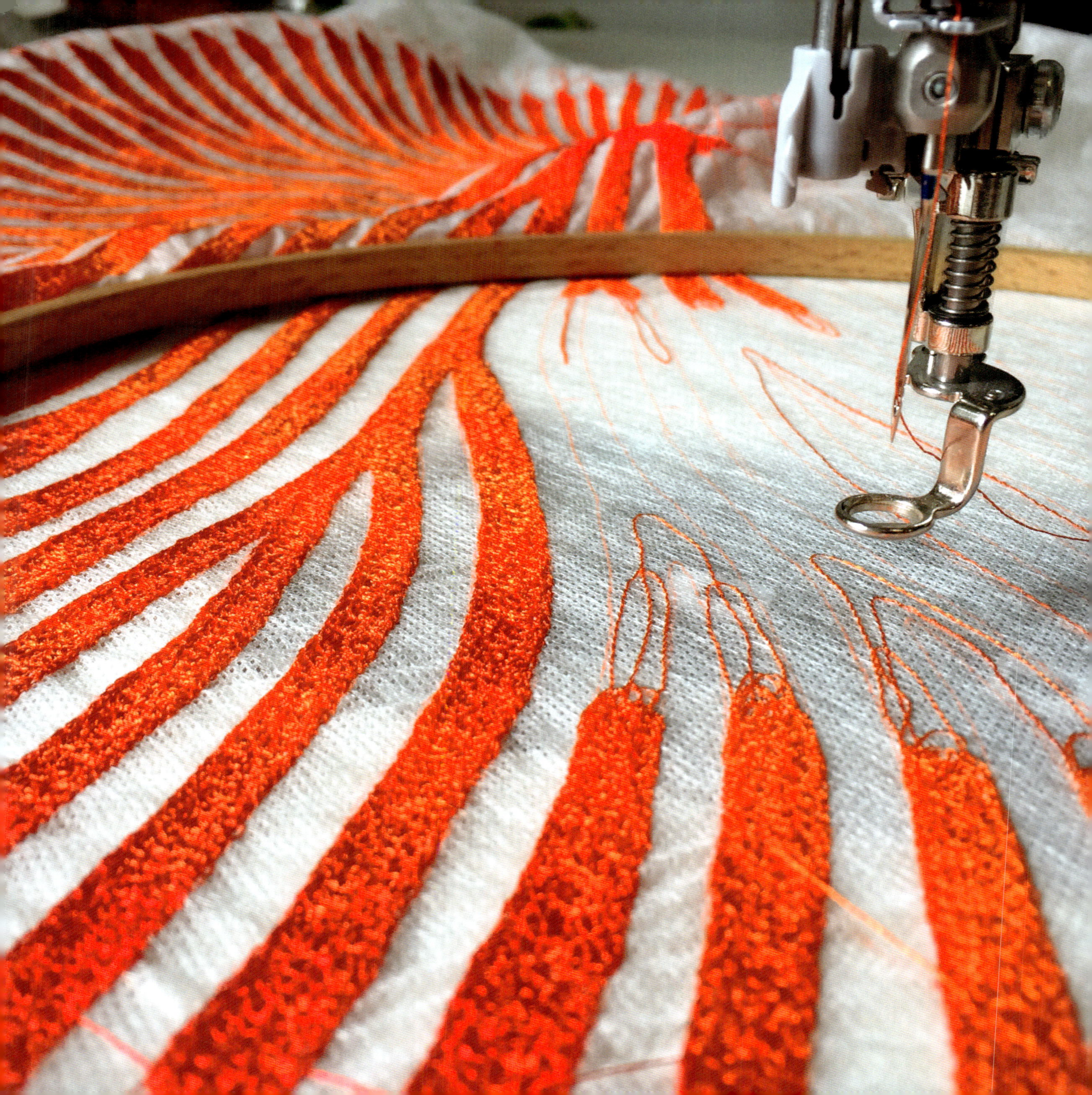

Das Stickverfahren, das ich anwende, ist keine ausgefallene, neue oder schwierige Technik. Es ist einfach eine kreativere Nutzung des Stopfens, ein übliches Verfahren des Ausbesserns. Für diese Art des Stickens wird die Nähmaschine auf ihre Grundeinstellungen zurückgeführt. Die Transporteure (Untertransporteur) werden abgedeckt oder versenkt, so lässt sich der Stoff unter der Nadel frei bewegen, und Sie können ihn in jede beliebige Richtung ziehen. Diese kreative Nutzung des Stopfens wird auch als »Freihandsticken mit der Nähmaschine« bezeichnet.

Ein weiteres Element, das meine Garnkunst ermöglicht, ist der revolutionäre Grundstoff, auf dem ich sticke. Es ist ein wasserlösliches Stickvlies und dient als vorübergehende Grundlage für die gestickte Zeichnung. Sobald die Zeichnung fertig ist, wird dieses Material in Wasser aufgelöst – zurück bleibt nur das Gestickte. Das Ergebnis ist eine Stickerei, die frei von den Grenzen eines Grundstoffs ist und sich in ein plastischeres Objekt verwandeln lässt.

Das folgende Kapitel erläutert die Technik des Freihandstickens mit der Nähmaschine und beschreibt verschiedene Wege, auf denen Sie diese Art des Zeichnens mit Ihrer Nähmaschine angehen können. Mag sein, dass sich das zunächst etwas merkwürdig anfühlt: Es ist in etwa so, als würde man beim Zeichnen das Papier und nicht den Stift bewegen. Gehen Sie spielerisch und ganz frei an diese Technik heran. Akzeptieren Sie das Gekritzel und die Schnörkel. Machen Sie sich nicht damit verrückt, innerhalb der Linien bleiben zu müssen, haben Sie vor allem Spaß dabei. Unsere eigene kreative Stimme können wir nur durch das spielerische Ausprobieren unseres kreativen Potenzials entdecken.

Werkzeug und Material

Nähmaschine

Das Freihandsticken mit der Nähmaschine lässt sich mit praktisch jeder Haushaltsnähmaschine durchführen. Sofern sich der Transporteur versenken oder abdecken lässt, können Sie mit der Maschine diese kreative Technik praktizieren.

Hinzu kommen noch einige weitere Ausstattungsmerkmale, die das Freihandsticken verbessern, aber nicht entscheidend wichtig sind:

- Ein langer Arm für größere Projekte und bessere Bewegungsfreiheit
- Schnelle Stickgeschwindigkeit
- Helle, in die Maschine integrierte Beleuchtung
- Anschiebetisch für den Freiarm

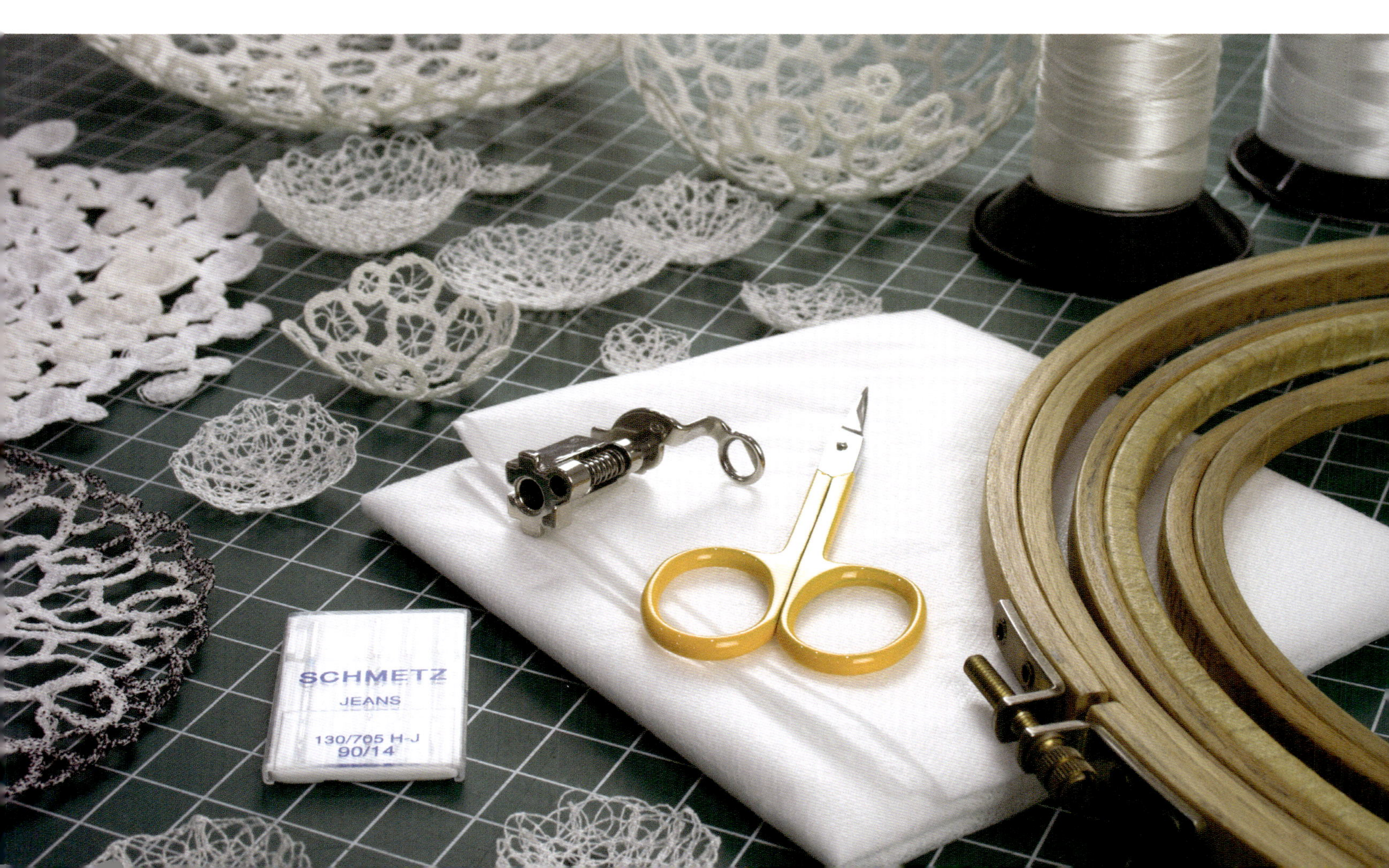

Wenn Sie vorhaben, sich eine Nähmaschine zu kaufen, rate ich Ihnen dazu, die beste Maschine zu kaufen, die Sie sich leisten können. Qualitätsmaschinen sind teuer, aber eine Investition in die Zukunft: Eine gute – und gut gepflegte – Nähmaschine sollte ein Leben lang halten.

Stopf- und Stickfuß

Die meisten Marken-Haushaltsnähmaschinen haben ihren eigenen Typ von Stopf- und Stickfuß. Diese Nähfüße haben meist einen kleinen, runden, ovalen oder hufeisenförmigen Fuß und sitzen nicht flach auf der Nähfläche, wenn der Drückerfuß unten ist. Diese Nähfüße erlauben es, den Stoff unter dem Fuß frei zu bewegen.

Stopf- und Stickfüße gehören nicht zum Standard, sie müssen daher möglicherweise separat dazugekauft werden. Wenn Sie keinen solchen Nähfuß passend für Ihre Maschine beschaffen können, können Sie dennoch mit der Maschine freihandsticken. Entfernen Sie den Nähfuß einfach komplett und halten Sie Ihre Finger beim Sticken von der Nadel fern. Achten Sie darauf, den Fußhebel dennoch herunterzulassen, um beim Arbeiten Spannung im Oberfaden zu haben

Stickrahmen für die Nähmaschine

Ich arbeite immer mit einem Stickrahmen, damit die Arbeit schön flach und gespannt bleibt und sich beim Sticken nichts verzieht. Wichtig ist ein Stickrahmen guter Qualität, der für eine feste Spannung sorgt. Ich persönlich bevorzuge die Maschinenstickrahmen aus Holz, weil sie weniger nachgeben als die Handstickrahmen. Maschinenstickrahmen haben auch ein dünneres Profil, sodass sie besser unter den Nähfuß passen.

Stickschere

Zum Zurückschneiden des Fadens beim Arbeiten. Eine gute Schere hat man zeitlebens.

Nähmaschinennadeln

Achten Sie darauf, dass Ihre Nadel spitz und gerade ist und häufig ausgetauscht wird. Ich persönlich verwende spitze (oder Jeans-) Nadeln, Größe 80–90.

Wasserlöslicher Stabilisator

Es gibt im Handel eine breite Palette an wasserlöslichen Stoffen, aber nicht alle sind für diese Art des Freihandstickens geeignet. Ich arbeite gerne mit einem wasserlöslichen Faservlies aus Polyvinylalkohol (PVAL). Es ist weiß und sieht wie eine dünne Bügeleinlage aus. Es gibt für dieses Material viele verschiedene Markennamen, was etwas verwirrend sein kann, aber im Grunde handelt es sich jeweils mehr oder weniger um das gleiche Produkt. Bekannte Markennamen sind Soluvlies (Freudenberg), Avalon Plus (Madeira), Vilene 541, Solusheet, Soluweb, Legacy-Pellon: Wash-N-Gone, Floriani: Wet-N-Gone, MacRinse.

Es gibt im Handel auch eine durchsichtige, filmähnliche, wasserlösliche Folie, die häufig als »Romeo« oder »Solvi« bezeichnet wird. Ich persönlich war mit diesem Material nicht erfolgreich, weil es beim Sticken im Stickrahmen leicht reißt.

Maschinengarne

Garne gibt es in einer riesigen Auswahl an Stärken, Materialien und Farben – sie führen alle zu unterschiedlichen optischen und taktilen Ergebnissen. Ihre individuelle Garnwahl hängt allein von Ihrem Projekt und Ihren Präferenzen ab. Worauf Sie aber in jedem Fall achten sollten, ist, dass das Garn, mit dem Sie arbeiten, wirklich reißfest ist: Ein altes oder minderwertiges Garn wird wiederholt reißen und die Arbeit dann frustrierend-unerfreulich sein.

Ich verwende überwiegend Polyester-Maschinenstickgarn, weil dieses Garn fest ist und einen reizvollen leichten Glanz hat. Polyester ist auch beständiger als Naturfaser, die organisch ist und daher abgebaut werden kann und deren Farben mit der Zeit verblassen.

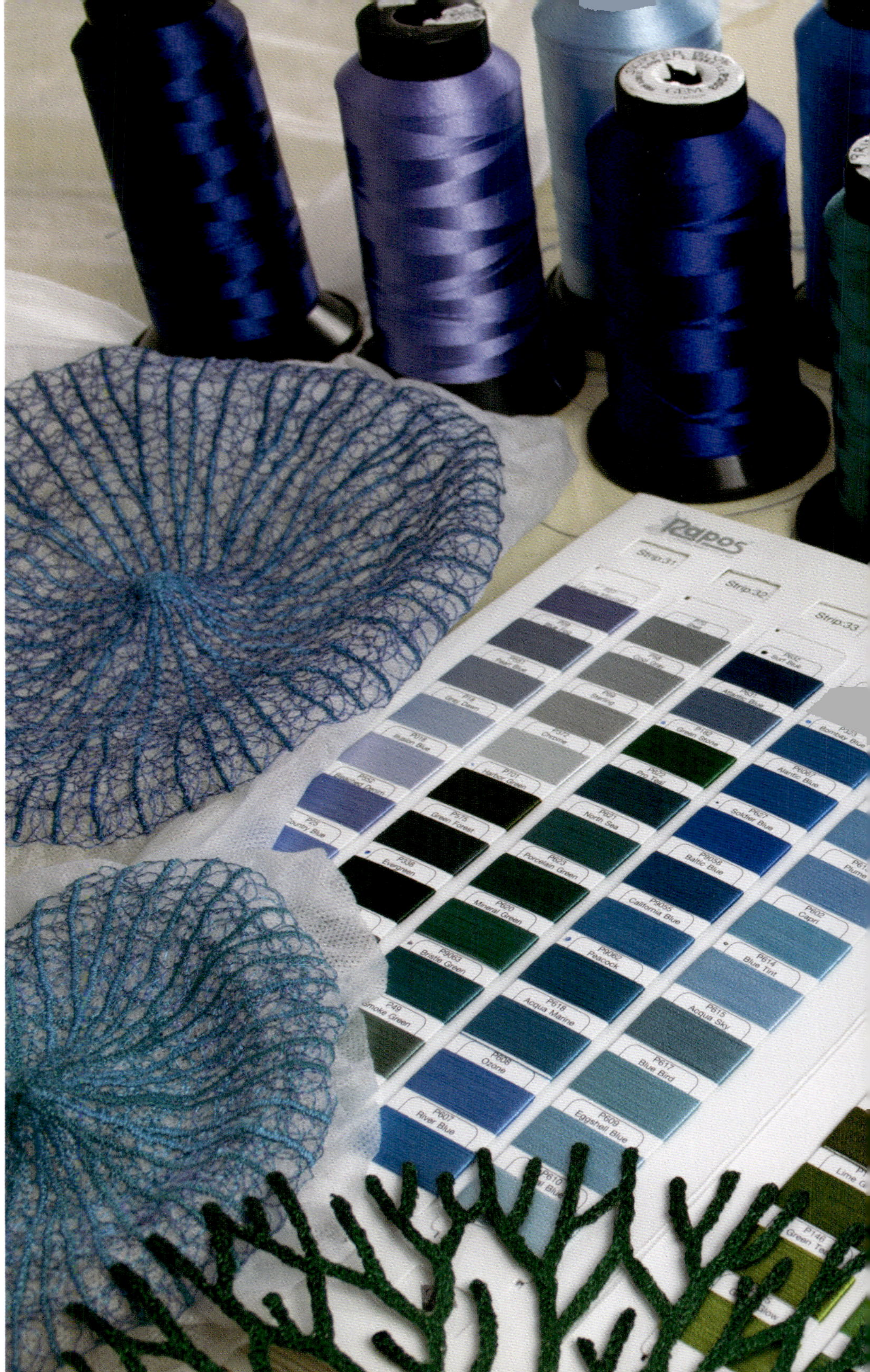

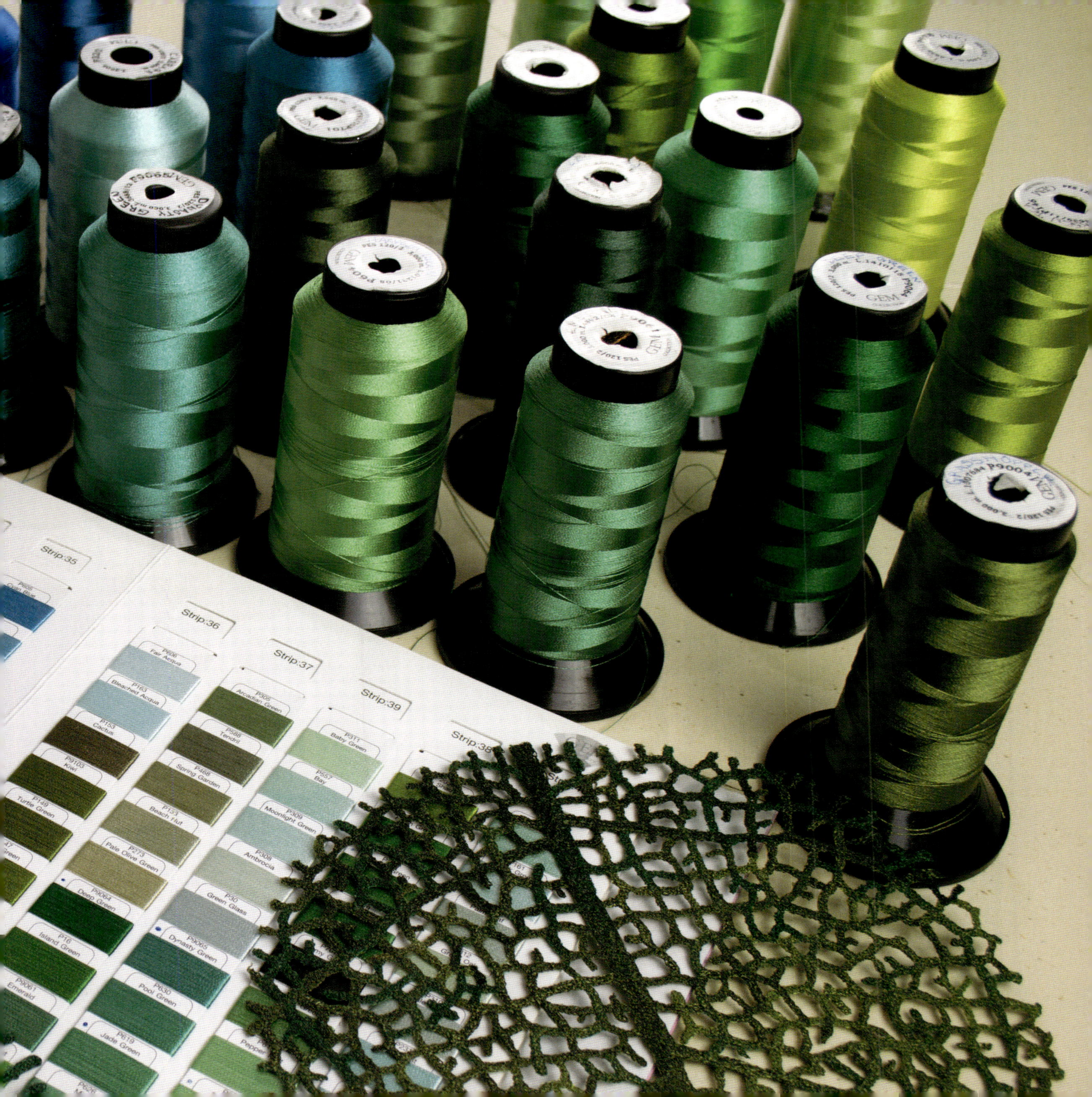
Strip:35
Strip:36
Strip:37
Strip:39
Bleached Acqua
Cactus
Kiwi
Turtle Green
Spring Garden
Beach Hut
Pale Olive Green
Deep Green
Island Green
Emerald
Dynasty Green
Pool Green
Jade Green
Green Glass
Ambrocia
Moonlight Green
Baby Green

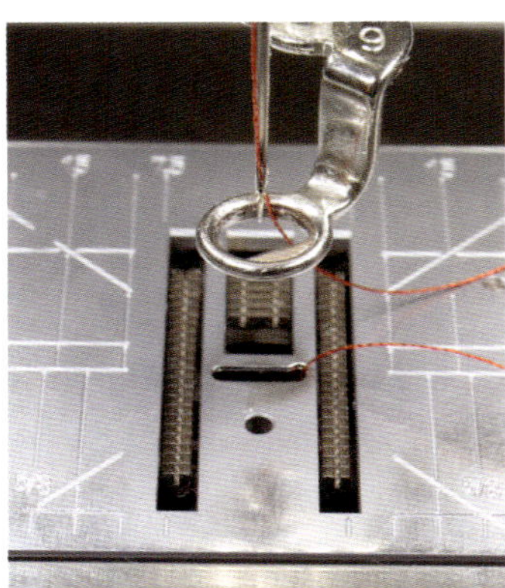

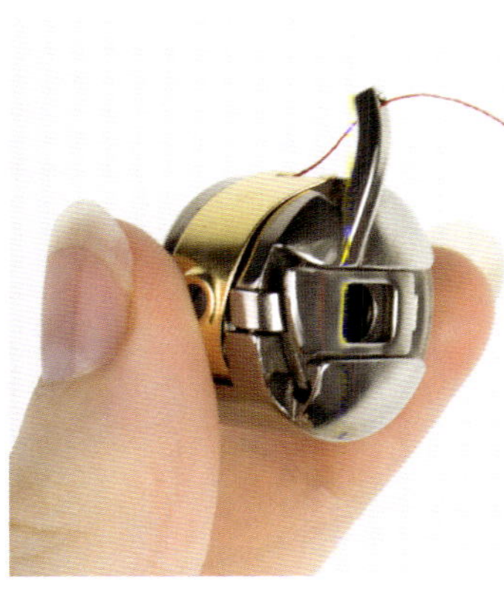

Erste Schritte

Maschineneinstellung

1. Den Transporteur versenken oder abdecken.
2. Den Stopf- und Freihandstickfuß einsetzen.
3. An der Maschine den Geradstich einstellen (Stichlänge auf 0).
4. Den Oberfaden wie immer einfädeln.
5. Den Unterfaden einfädeln.

Anmerkung: Wenn die Spulenkapsel einen Finger mit Loch hat, den Faden für eine zusätzliche Spannungskontrolle durch dieses Loch fädeln.

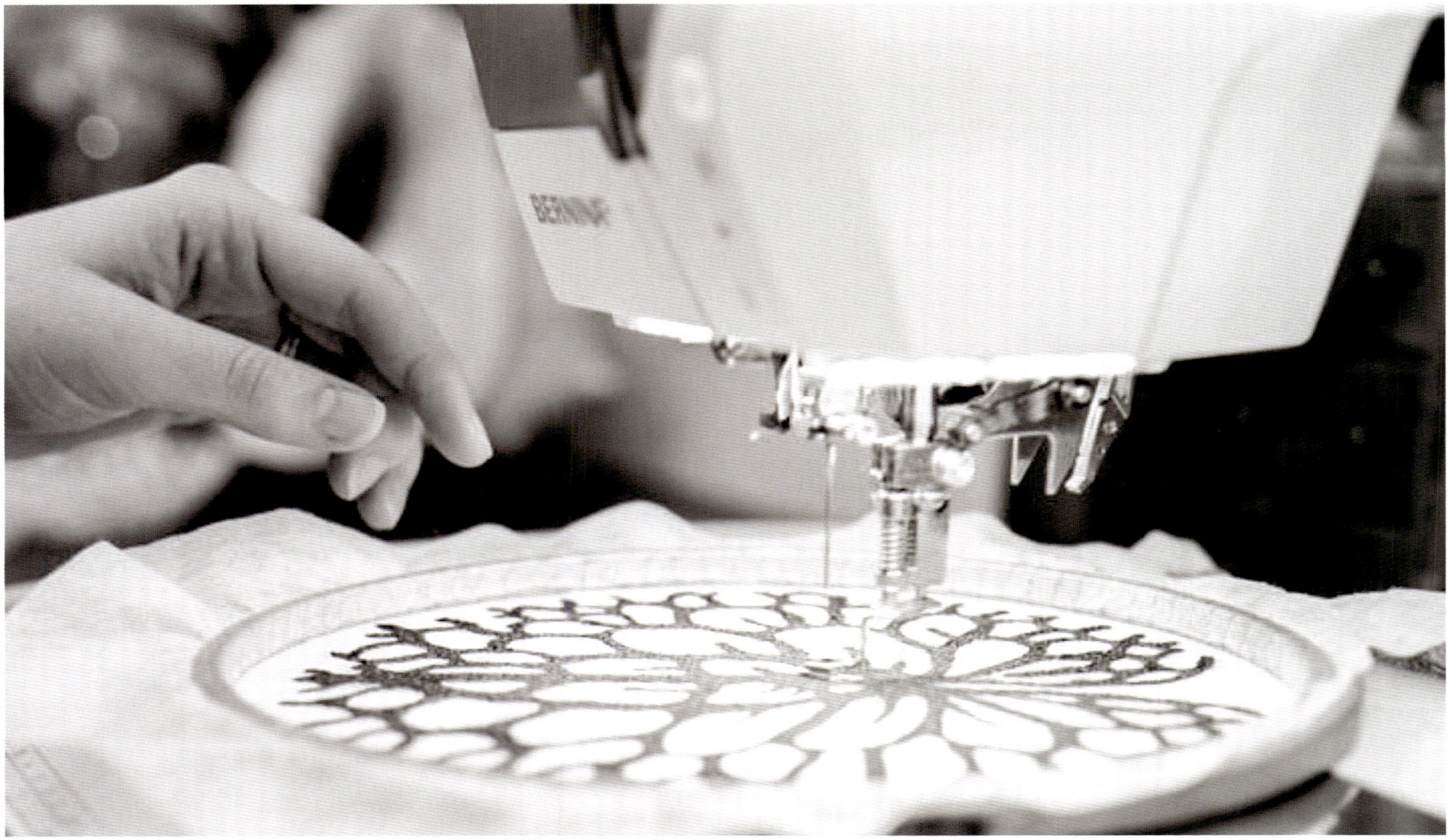

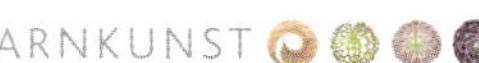

Stickbeginn/Verriegeln der ersten Stiche

1. Eine Lage wasserlösliches Vlies in den Stickrahmen einspannen. Es soll glatt und straff sein wie ein Trommelfell.
2. Den Stickrahmen mit der Vliesseite nach unten auf die Nähfläche legen. Den Unterfaden mit dem Handrad der Maschine durch den Stoff nach oben holen.
3. Einige Stiche nähen, um den Nahtanfang zu verriegeln und die oberen und unteren Fadenenden abschneiden

Nun sind Sie dazu bereit, mit Ihrer Garnkunst zu beginnen: Jetzt brauchen Sie nur noch die Maschine laufen zu lassen und den Stickrahmen um die Nadel zu bewegen, um verschiedene Formen und Linien zu zeichnen. So einfach ist das.

Das Freihandarbeiten mag sich anfangs etwas merkwürdig anfühlen. Doch mit etwas Übung und Hingabe werden Sie Ihre neuen Zeichenfertigkeiten bald verbessern und Selbstvertrauen bekommen. Es gibt für diese Art des Zeichnens keine festen Regeln. Gehen Sie also spielerisch damit um und haben Sie Freude dabei.

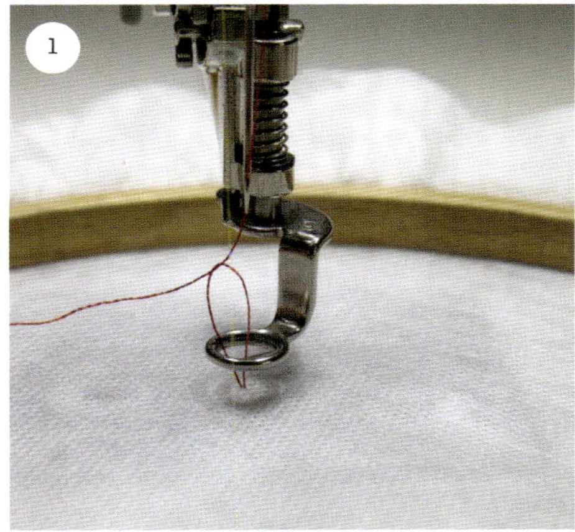

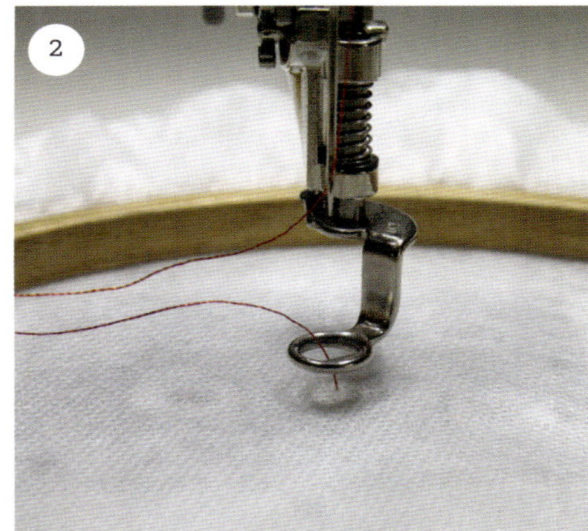

Erste Schritte
1. Den Unterfaden nach oben holen
2. Beide Fäden sind oben
3. Die Stiche auf der Stelle verriegeln
4. Fadenenden abschneiden
5. Startklar!

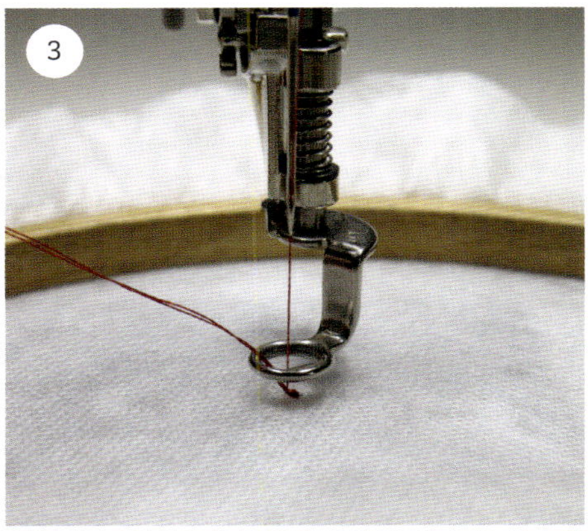

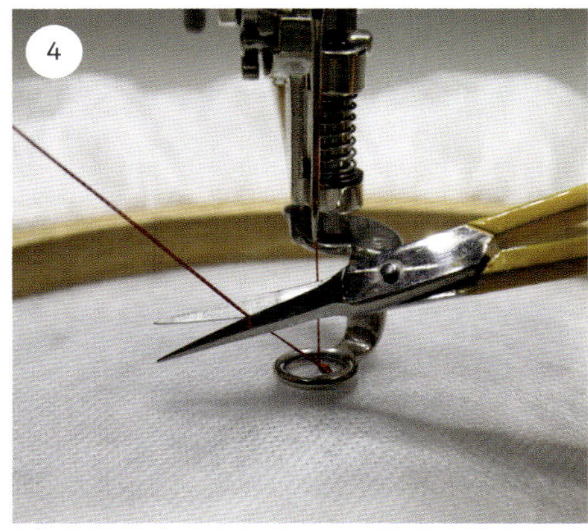

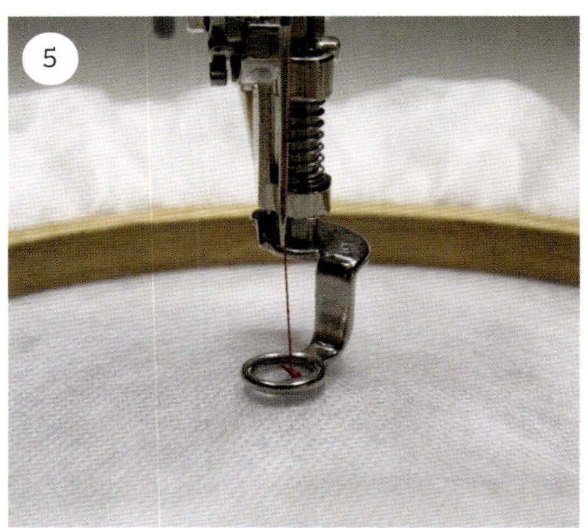

Sticken einfacher Linien

Eine der schnellsten Möglichkeiten, beim Freihandsticken mit der Maschine eine Zeichnung auszuführen, ist, ein Motiv als Strichzeichnung zu sticken. Diese Herangehensweise eignet sich gut für gestickte zarte Zeichnungen, die wie Spitze wirken, sowie für Kritzelskizzen mit Nadel und Faden.

Beim Linienzeichnen ist es besonders wichtig, zu planen, wie die Stickarbeit aufgebaut werden soll, damit sie gelingt. Sie wollen einen Entwurf entwickeln, der auf vorhersehbare Weise zusammenhält und nicht auseinanderfällt, sobald das Stickvlies entfernt wird? – Als Faustregel gilt, einen Entwurf vorzusehen, der viele Verbindungspunkte oder einander überschneidende Linien enthält. Je mehr Verbindungspunkte es bei der gestickten Zeichnung gibt, desto stabiler wird die Struktur sein. Am besten lässt sich eine Strichzeichnung planen, indem das Motiv zuerst auf Papier gezeichnet wird. Durch das Entwickeln einer soliden Stickvorlage können Sie Probleme beim Nähen vermeiden.

Beim Sticken von Linien achten Sie besonders auf die Platzierung Ihrer Linien und wo diese sich überschneiden und miteinander verbunden sind.

Arbeiten Sie langsam und stetig, um sicherzustellen, dass die Linien genau dort ankommen, wo sie ankommen sollen. Um zu überprüfen, wo Verbindungsstellen sind, halten Sie die Stickarbeit gegen eine Lichtquelle. Dadurch wird das Gestickte beleuchtet, und es zeigen sich Problembereiche mit dünnen oder fehlenden Linien.

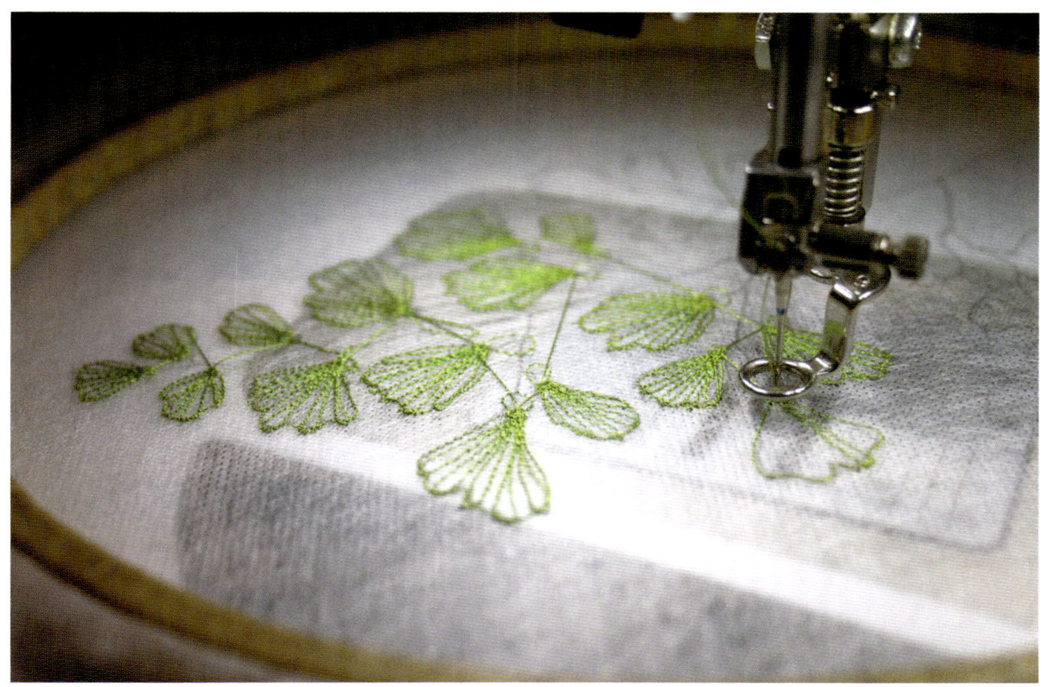

Sticken der Frauenhaar-Studie. *Bei diesem Werk habe ich zuerst die einzelnen Blätter gestickt, wobei ich von einem Blatt zum nächsten weiterstickte. Anschließend bin ich zurückgegangen, um den dunkleren Stiel auszufüllen.*

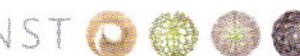

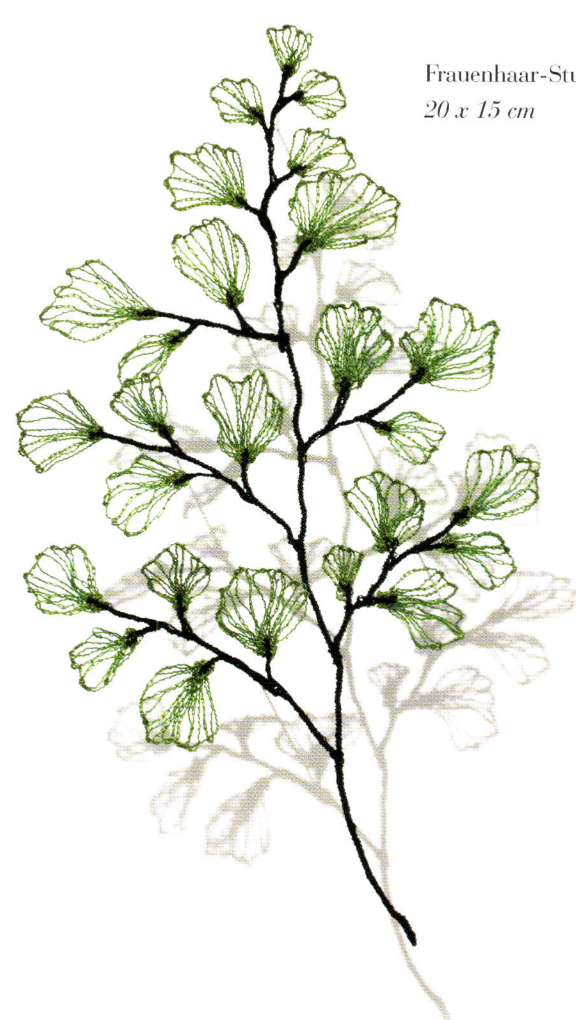

Frauenhaar-Studie, *2017, Polyestergarn, 20 x 15 cm*

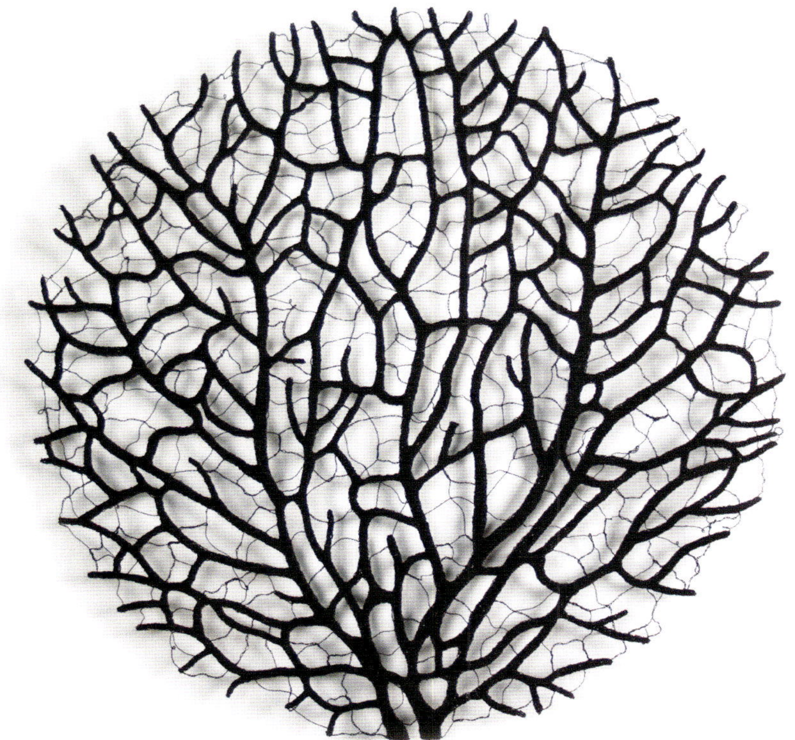

Das Sticken von Linien kann eine sehr schöne Ergänzung für Motive sein, die dichter gestickte Bereiche umfassen. Die Linien fügen dem Werk Leichtigkeit und feine Details hinzu. Bei dieser Arbeit (Schwarzer Korallenkreis) *habe ich einzelne Sticklinien verwendet, um die sehr zarten Abschnitte der Koralle aufzuzeigen.*

Kritzelblatt

Unter einem »Kritzelblatt« verstehe ich eine Menge gestickter Linien, die sich zu einer vernetzten Struktur verbinden. Durch das Verschlingen und Überschneiden einzelner Stichlinien können Sie schnell Blätter mit spitzenähnlichem Stoff kreieren. Das Sticken eines Kritzelblatts ist eine gute Möglichkeit, mit dem Freihandsticken vertraut zu werden – und es hilft, die feinmotorischen Fertigkeiten zu entwickeln, die nötig sind, damit Sie sicher mit Ihrer Nähmaschine zeichnen lernen.

Wenn das Stickvlies aufgelöst wird, saugt das Stickgarn den Kleber des wasserlöslichen Stabilisators auf, verfestigt sich, und die Fasern verkleben miteinander. Anschließend können aus dem Stoff, den Sie hergestellt haben, verschiedene Formen geschnitten werden, ohne dass die Kanten ausfransen oder sich auftrennen. Kritzelblätter können auch in verschiedene Formen modelliert und gedehnt werden. Die Möglichkeiten sind schier endlos.

Anleitung:

1. Die Maschine auf Freihandsticken einstellen. Zum Verriegeln einige Stiche sticken, dann die Fadenenden abschneiden. Den Stickrahmen in kleinen Kreisen bewegen, sodass Schlingen aus gestickten Linien entstehen. Dafür sorgen, dass sich die Schlingen überschneiden und untereinander Verbindung haben, um auf diese Weise eine gleichmäßige Struktur zu bilden. Es ist unwichtig, ob die Schlingen die gleiche Form und Größe haben oder ungleichmäßig sind – solange sie gut miteinander verbunden sind, wird das Gefüge zusammenhalten.
2. Das Grundvlies in Wasser auflösen und die Stickarbeit komplett trocknen lassen (nicht abgebildet).

3–8. Mit einer spitzen und scharfen Schere beliebige Formen ausschneiden.

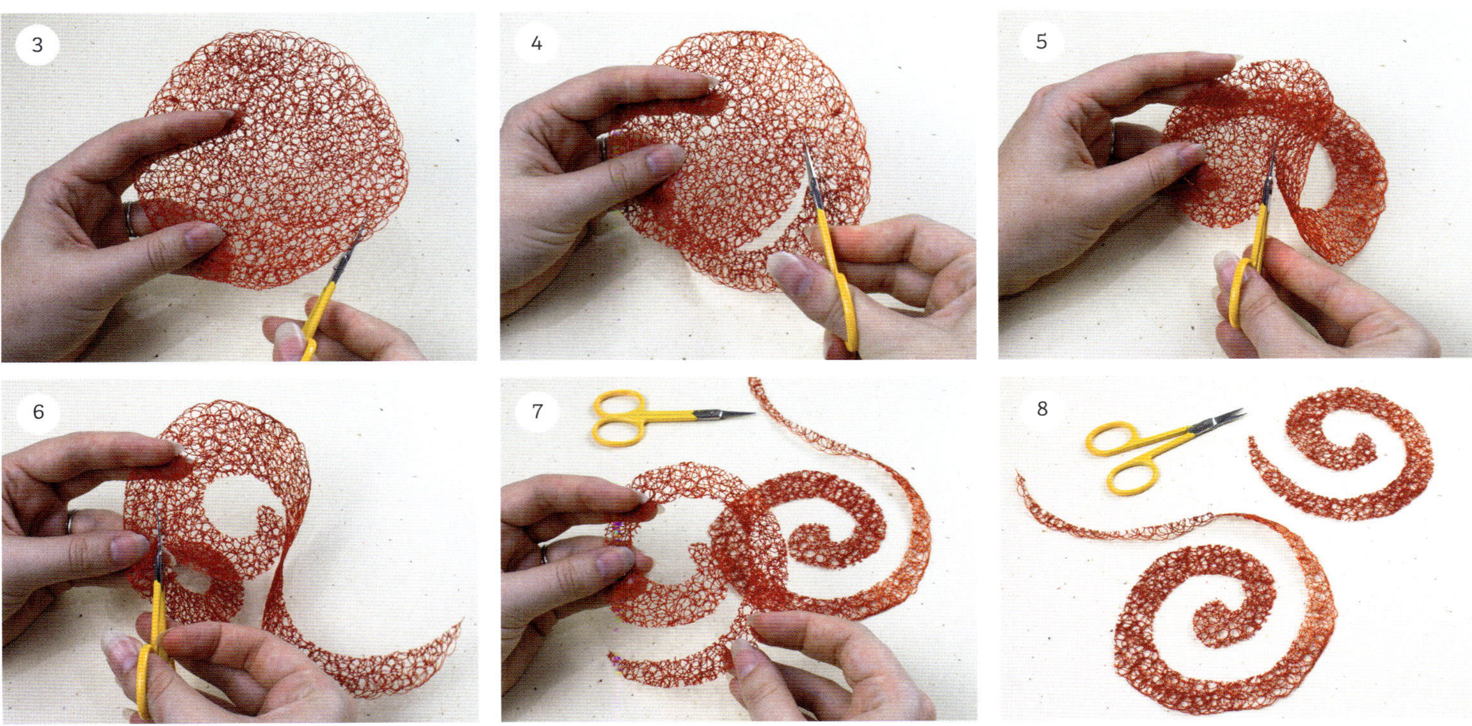

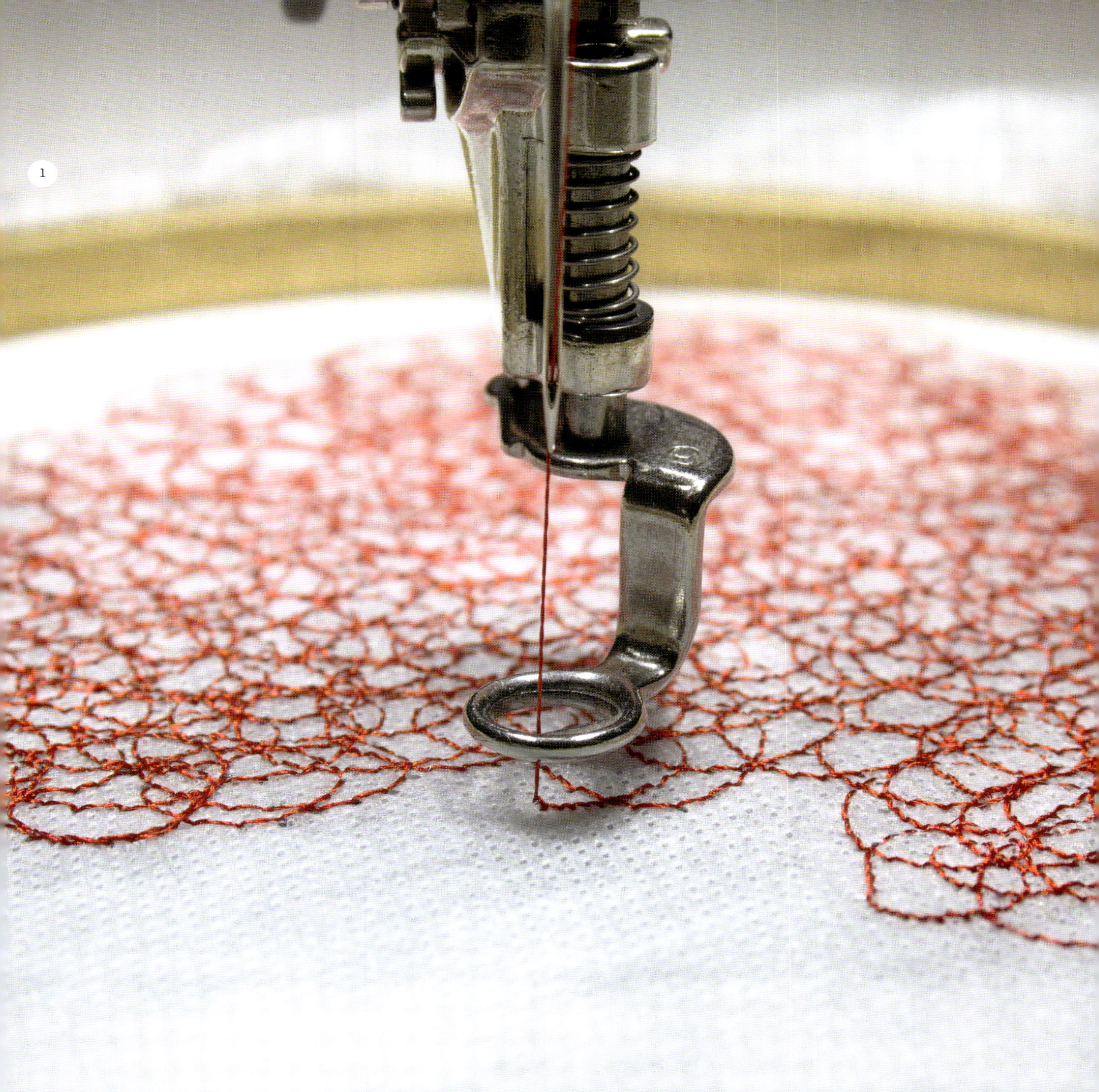
1

Gestickte Buchstaben

Eine weitere großartige Möglichkeit, die feinmotorischen Fertigkeiten zu entwickeln, die für ein genaues Freihandsticken gebraucht werden, ist das Schreiben mit Stickstichen: Als experimentelles Nebenprojekt stellte ich mir einmal selbst die Aufgabe, einen Monat lang täglich etwas Text zu sticken. Ich begann jeden Tag im Atelier damit, die Zeilen für die »Notiz« dieses Tages zu sticken, und verbrachte dann zwischen zehn Minuten und einer Stunde damit, meine Gedanken niederzusticken. An manchen Tagen schrieb ich mir selbst lange Briefe. An anderen Tagen wurde es ein kurzes Gedicht. Manchmal schrieb ich mir auch einfach eine To-do-Liste für den Tag. Alles in allem empfand ich bei dem Vorgang eine geradezu therapeutische Wirkung. Es war eine tolle Möglichkeit, locker zu werden vor einem Tag mit vielen langsamen und dichten Stickaufgaben.

Für die eigenartige Schönheit dieser Serien sorgte die Tatsache, dass sich der Text verzerrte und unleserlich wurde, sobald das Stickvlies ausgewaschen war. Auf diese Weise blieben meine Gedanken und persönlichen Briefe (m)ein Geheimnis!

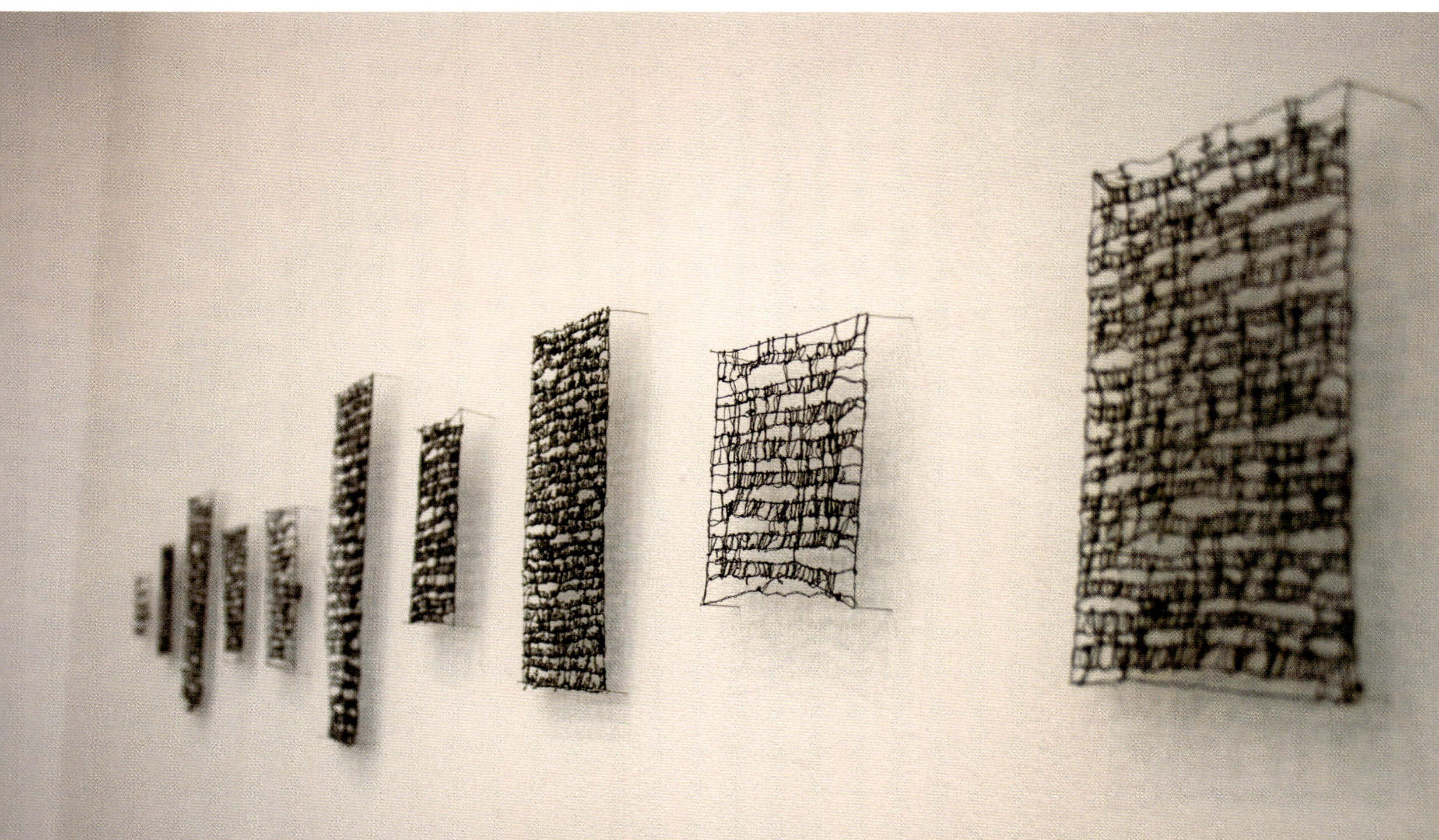

Gestickte Buchstaben, *2013,*
Polyestergarn, verschiedene Maße

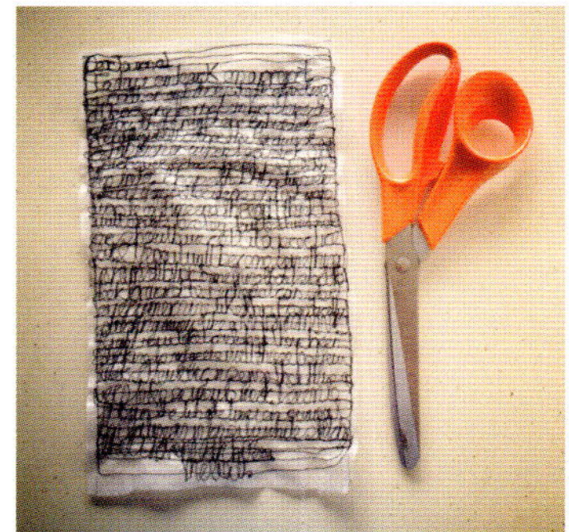

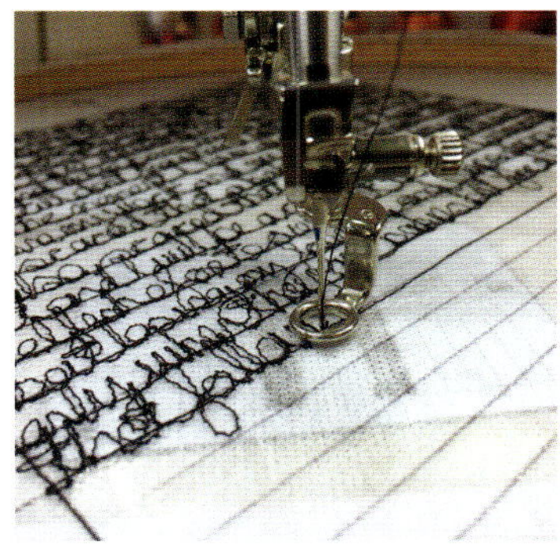

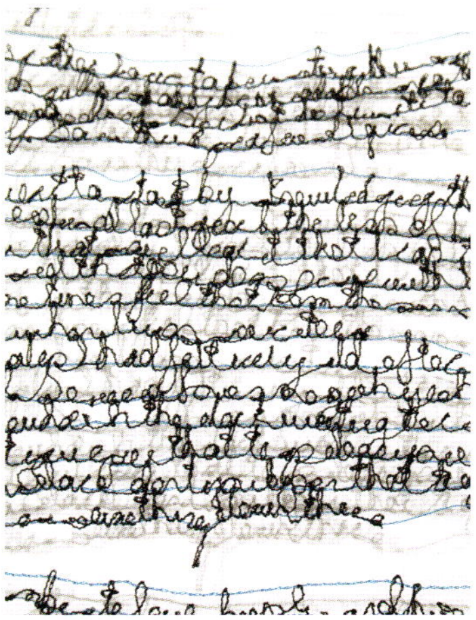

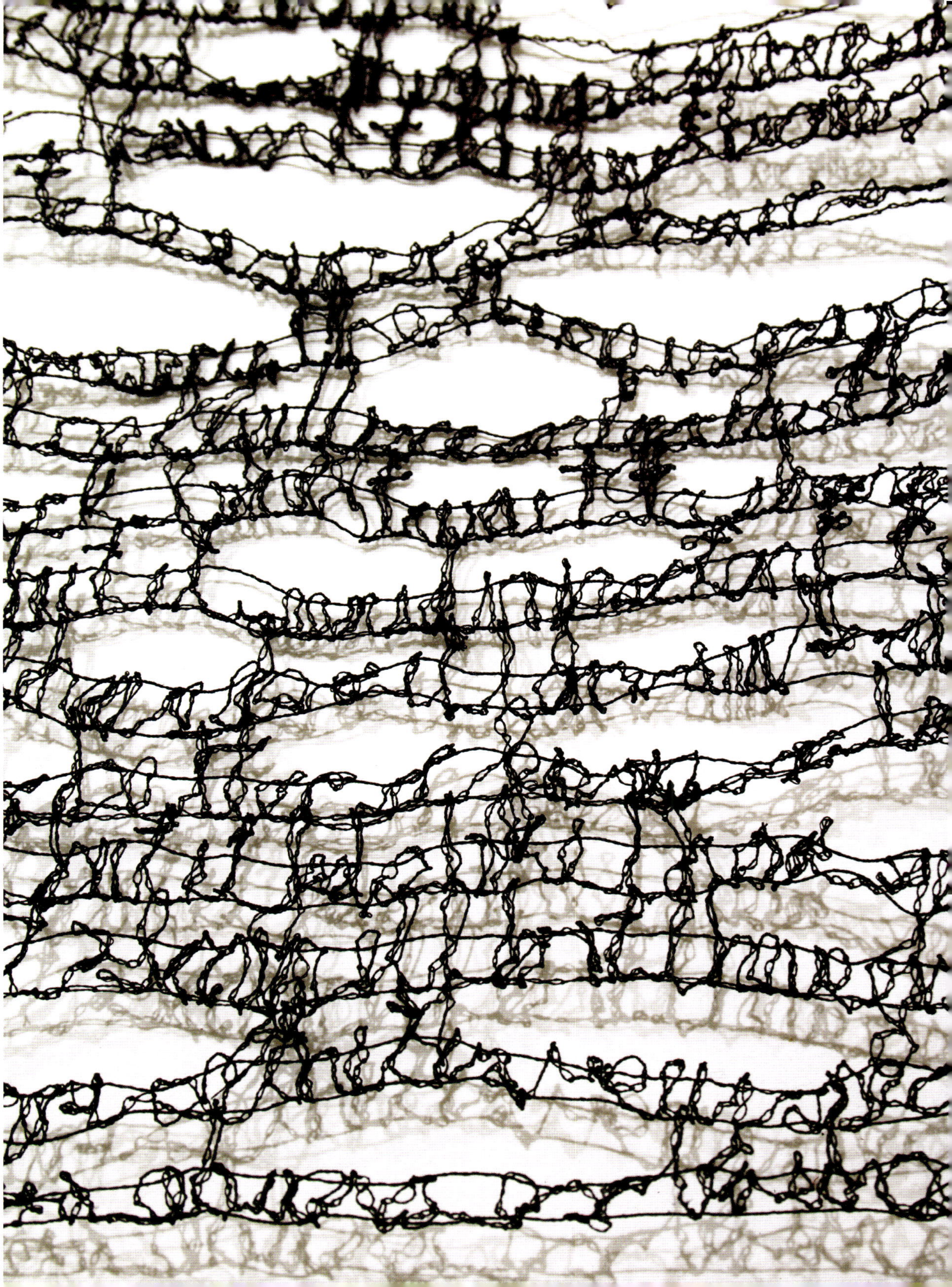

Sticken dicht an dicht

Die meisten meiner Garnkunstwerke werden durch Bereiche gekennzeichnet, die sehr dicht gestickt sind und wo die einzelnen Stiche praktisch verborgen bleiben, weil ich sie so eng miteinander verknüpft habe. Diese Dichte trägt dazu bei, dass die Werke ihre Form behalten, sobald das Stickvlies herausgewaschen wurde. Zudem sorgt sie für eine herrlich raffinierte Oberflächenbeschaffenheit. Das dichte Sticken kann genutzt werden, um Stichreihen anzufertigen, größere Flächen auszufüllen oder einen gestickten Teppich zu bilden. Es liefert auch Gelegenheiten, Farben nahtlos ineinander übergehen zu lassen. Es ist eine sehr vielseitige Arbeitsweise.

Es gibt mehrere Möglichkeiten, in einer gestickten Zeichnung dichte Bereiche aufzubauen, genau wie es mehrere Möglichkeiten für Schattierungen in einer Stiftzeichnung gibt. Ich rate, solange zu experimentieren und zu spielen, bis Sie eine Art des Stickens entwickelt haben, die sich für Sie persönlich richtig anfühlt. Solange Ihre Stiche gut miteinander verbunden sind und ein festes und sicheres Gefüge bilden, wird Ihre Stickerei zusammenhalten, wenn sich das Stickvlies aufgelöst hat.

Wenn ich bei meinen Kunstwerken dichte Bereiche sticke, sticke ich diese in einer Reihe von Schlaufen, die sich überschneiden. Diese Schlaufen werden so eng zusammengestickt, dass Sie kaum Lücken darin sehen. Ich finde, das ist eine gute Möglichkeit, zugleich dünne Linien zu sticken und größere Bereiche auszufüllen.

Dichtes Sticken mit der Technik von einander überschneidenden Schlaufen

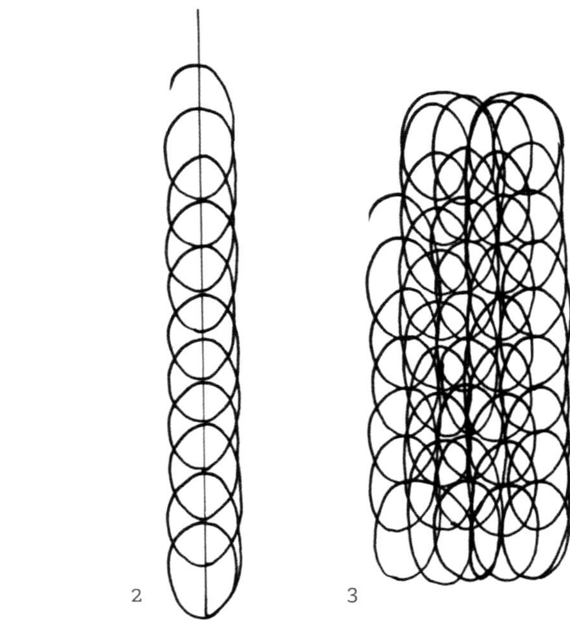

Anleitung:

1. Eine gerade Linie zeichnen, die als Richtlinie dient.
2. Über diese Richtlinie in kleinen, einander überschneidenden Schlaufen sticken, um eine solide Linie dichter Stiche zu erhalten.
3. Diese Technik kann verwendet werden, um größere, dicht gestickte Bereich aufzubauen. Achten Sie darauf, dass die Schlaufen des Gefüges miteinander verbunden sind.

Anmerkung: Diese Illustrationen sind vergrößerte Ansichten der Sticktechnik mit einander überschneidenden Schlaufen, damit Sie deutlich sehen können, wie die Stiche ausgeführt werden sollen. Beim Sticken mit dieser Technik geht es um sehr kleine Schlaufen, die nur wenige Millimeter groß sind. Diese Schlaufen sollen sich eng überschneiden, um ein dichtes Gefüge zu bilden.

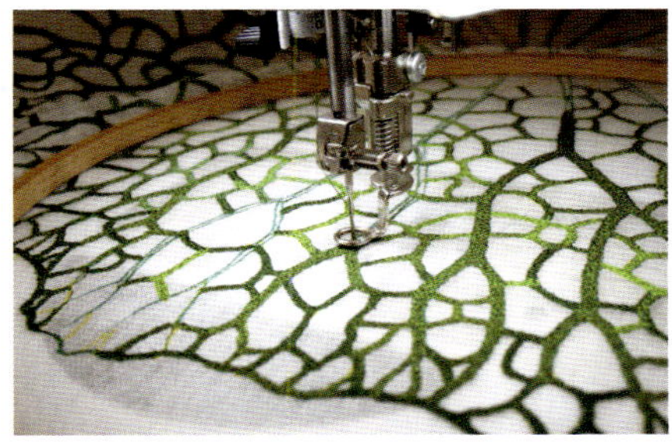

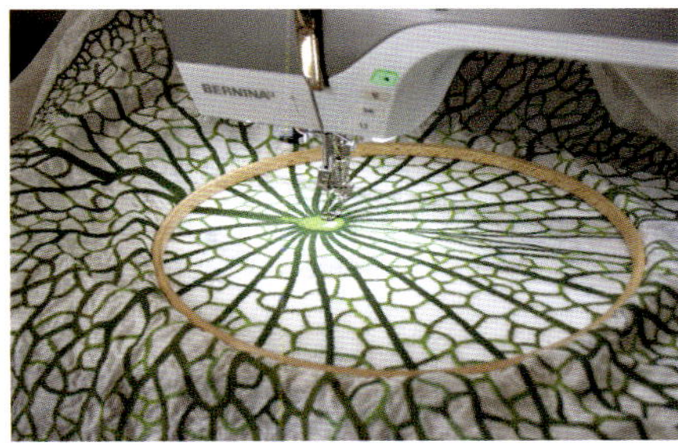

Dichtes Sticken mit der Technik der einander überschneidenden Schlaufen

Blatt einer Riesenlilie, *Detail. Dies ist ein Beispiel für dichtes Sticken mit der Technik der einander überschneidenden Schlaufen.*

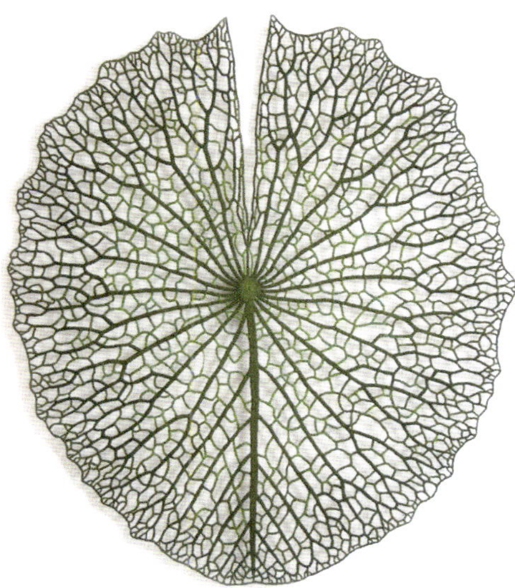

Blatt einer Riesenlilie, *2015, Polyestergarn mit Nadeln auf Papier, 93 x 103 cm*

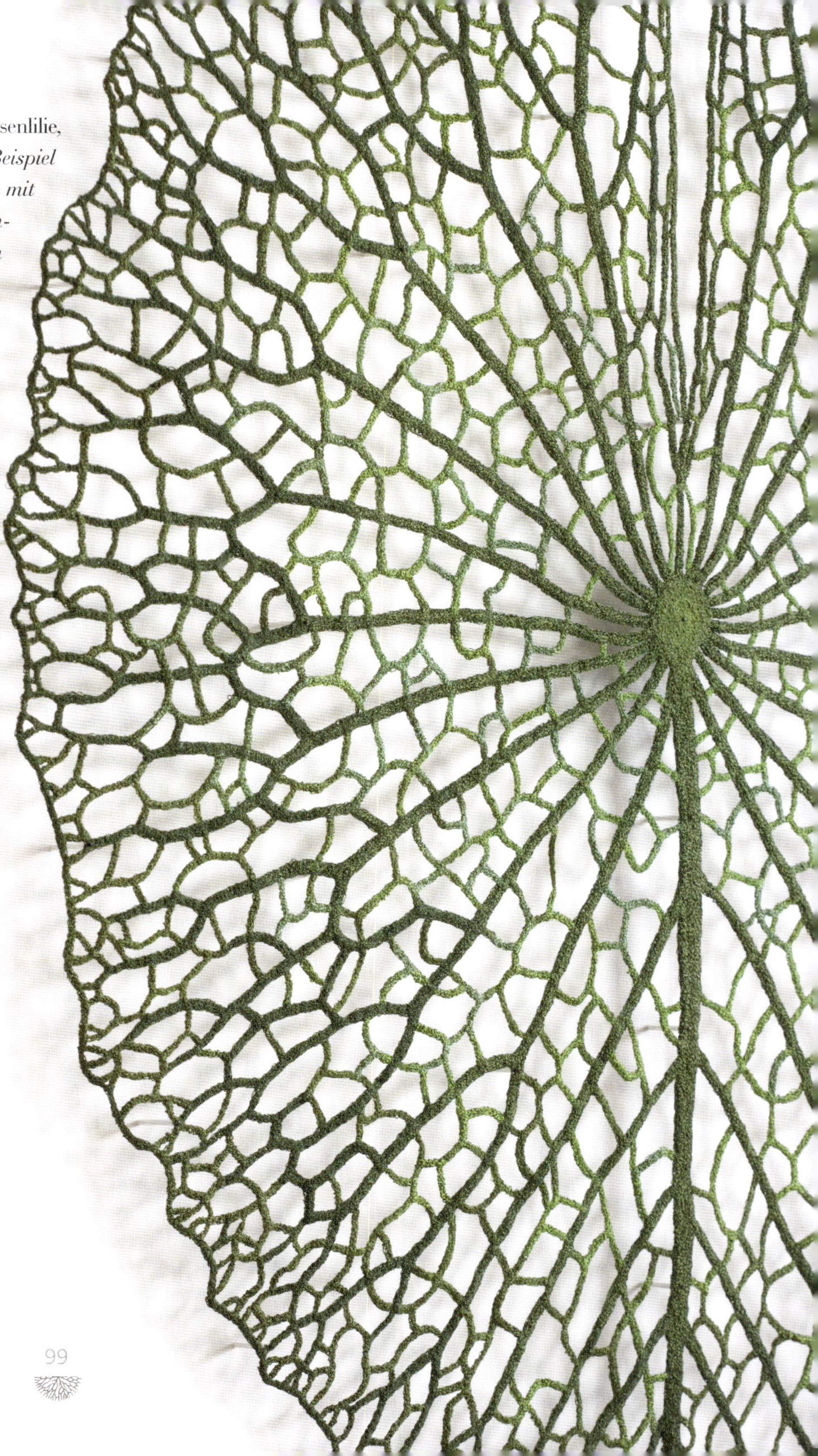

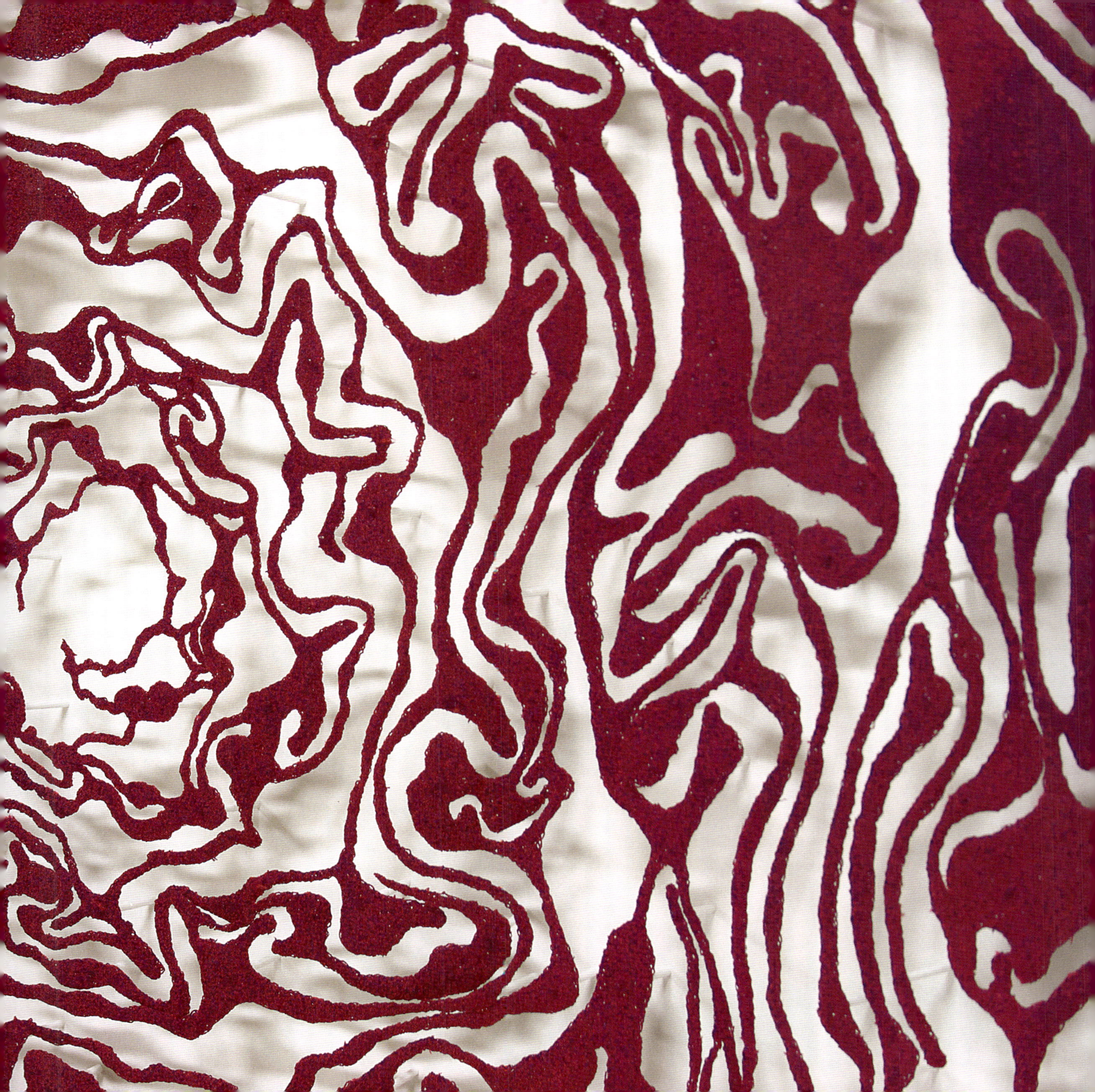

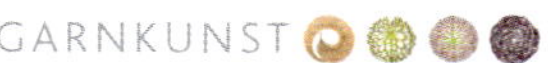

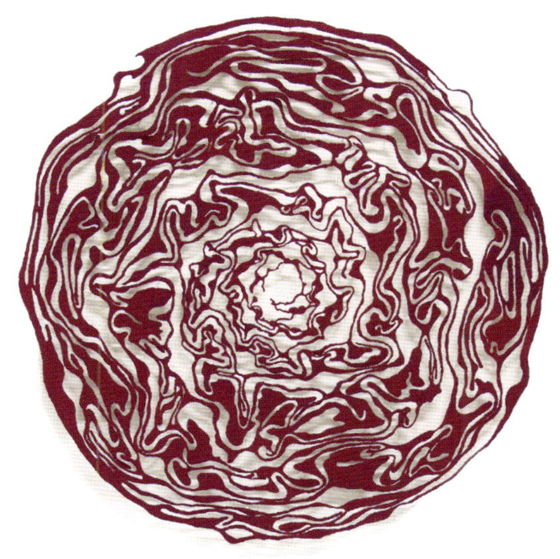

Rotkohl, *2014, Polyestergarn, 90 x 90 cm*

Rotkohl

Reich: *Plantae* (Pflanzen)
Ordnung: *Brassicales* (Kreuzblütlerartige)
Familie: *Brassicaceae* (Kreuzblütler)
Gattung: *Brassica* (Kohl)
Art: *B. oleracea*

Ich bin zwar kein großer Fan von Kohl auf meinem Teller, aber ich habe ihn immer gerne aufgeschnitten. Die an ein Gehirn erinnernden Linien in waberndem Lila sehen aus wie kleine natürliche Labyrinthe, und ich finde sie unglaublich schön.

Vor mehreren Jahren wurde ich gebeten, bei einer Gruppenausstellung mitzumachen, die Essen und Kunst auf schöne Weise kombinierte. Zwanzig Künstler aus aller Welt sollten jeweils ein Kunstwerk schaffen, das von einem frischen Obst oder Gemüse inspiriert war. Ich wählte den Rotkohl wegen seiner schönen fraktalen Struktur. Das gab mir einen guten Grund, während der Entwicklung meines Entwurfs einen Berg dieses einfachen Gemüses aufzuschneiden.

Mein Werk wurde mit der Technik der sich überschneidenden Schlaufen gestickt, um einen gleichmäßigen Teppich dichter Stickstiche zu kreieren. So konnte ich sowohl dicke als auch dünne Linien zu einem zusammenhängenden Motiv sticken.

Rotkohl, *Details vor dem Auswaschen des Stickvlieses*

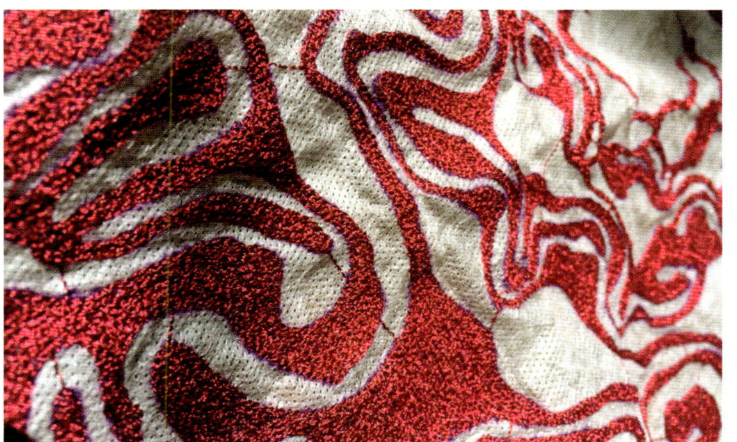

Malen mit Nadel und Faden

Die ersten Arbeiten, die ich je mit der Technik des Freihandstickens mit der Maschine kreiert habe, waren Gemälde mit Nadel und Faden. Dabei handelte es sich um dicht gestickte Motive, die nichts von dem typischen Negativraum enthielten, den Sie in meinen heutigen Werken sehen. Ich erschuf mir im Wesentlichen meine eigenen einmaligen Stoffe, die nur aus Stickerei bestanden.

Mein anfängliches Ziel dabei war, gestickte Versionen einiger kleiner Aquarelle anzufertigen, die ich gemalt hatte. Da das Freihandsticken völlig neu für mich war, fing ich an, mit den Garnen zu spielen und zu zeichnen. Ich stickte, ohne wirklich eine Ahnung zu haben, was daraus werden würde. Dabei ging ich genau so vor wie beim traditionellen Malen: Ich brachte also Farbschichten auf, wobei ich lediglich Garne anstelle von Malfarben verwendete. Zuerst füllte ich das »Papier« meiner Gemälde mit einem hellen, cremefarbenen Garn. Danach begann ich, Lagen dunklerer Garne hinzuzufügen, bis ich mein gesticktes Gemälde fertiggestellt und einen soliden gestickten Teppich angefertigt hatte. Ich stickte, indem ich viele enge Schnörkel und Strudel mit Nadel und Faden zeichnete. Dieses Sticken in Schlaufen empfand ich damals für mich als sehr natürlich, und auch heute arbeite ich noch ähnlich.

Allerdings fertigte ich nur ein paar dieser gestickten Gemälde an, ehe ich meine Vorgehensweise veränderte. Auf diesen Seiten sehen Sie einige meiner frühen Lieblingswerke. Während ich sie anfertigte, habe ich sehr viel gelernt.

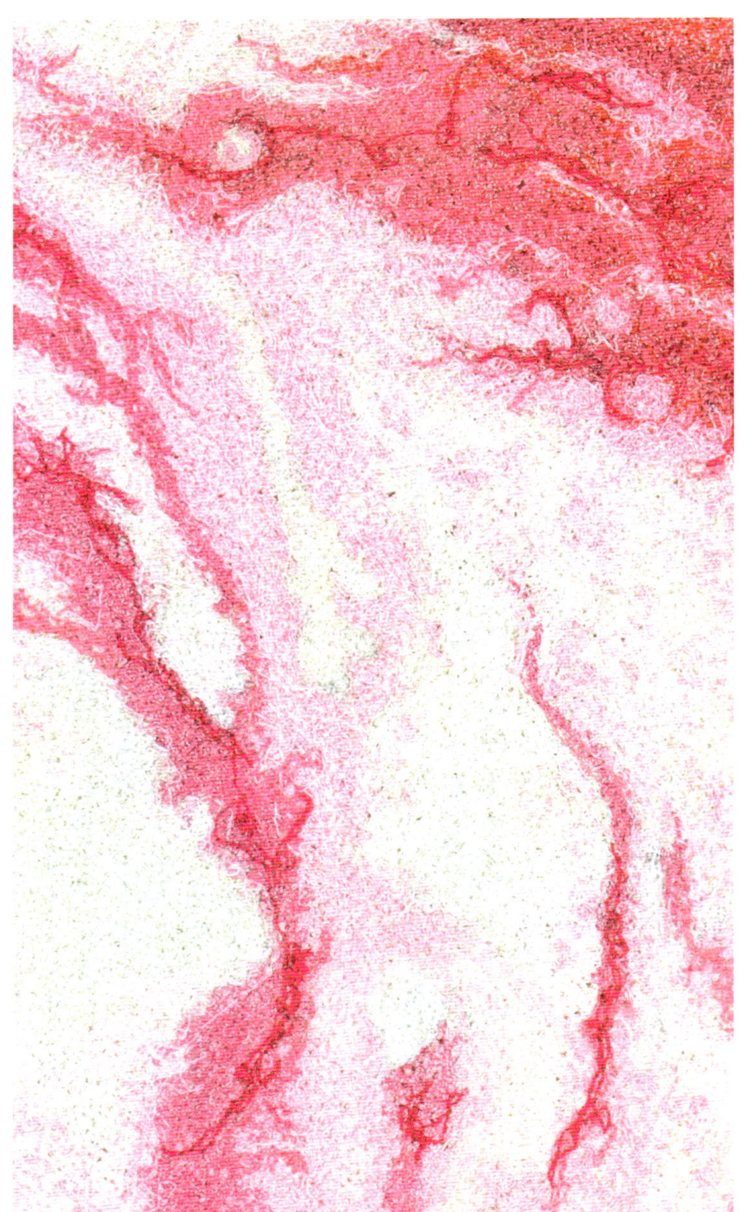

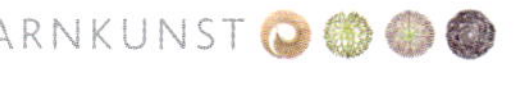

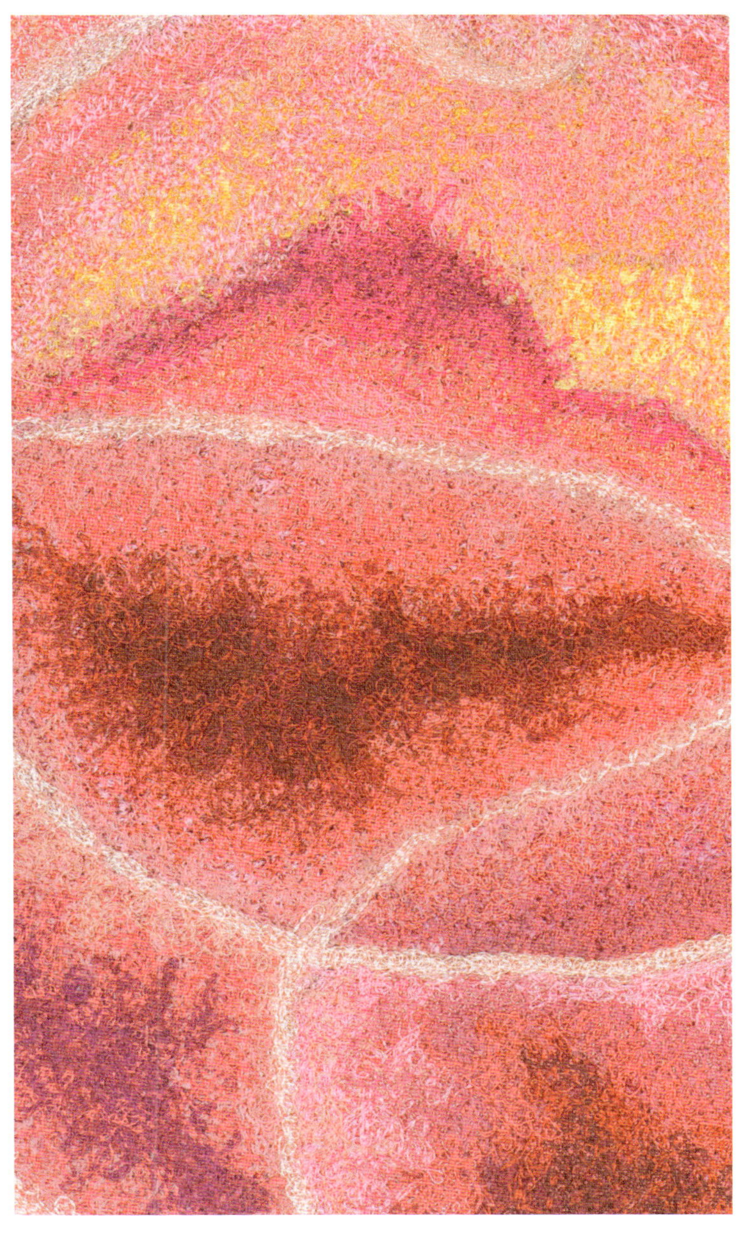

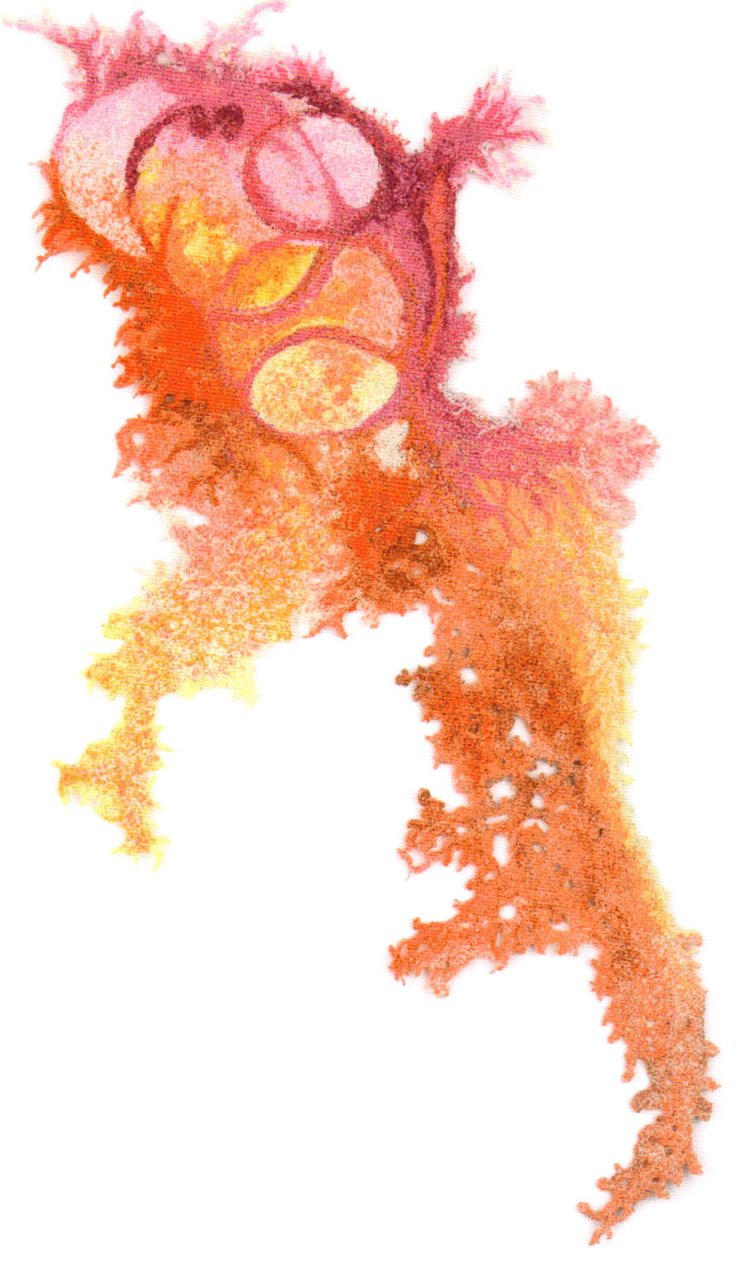

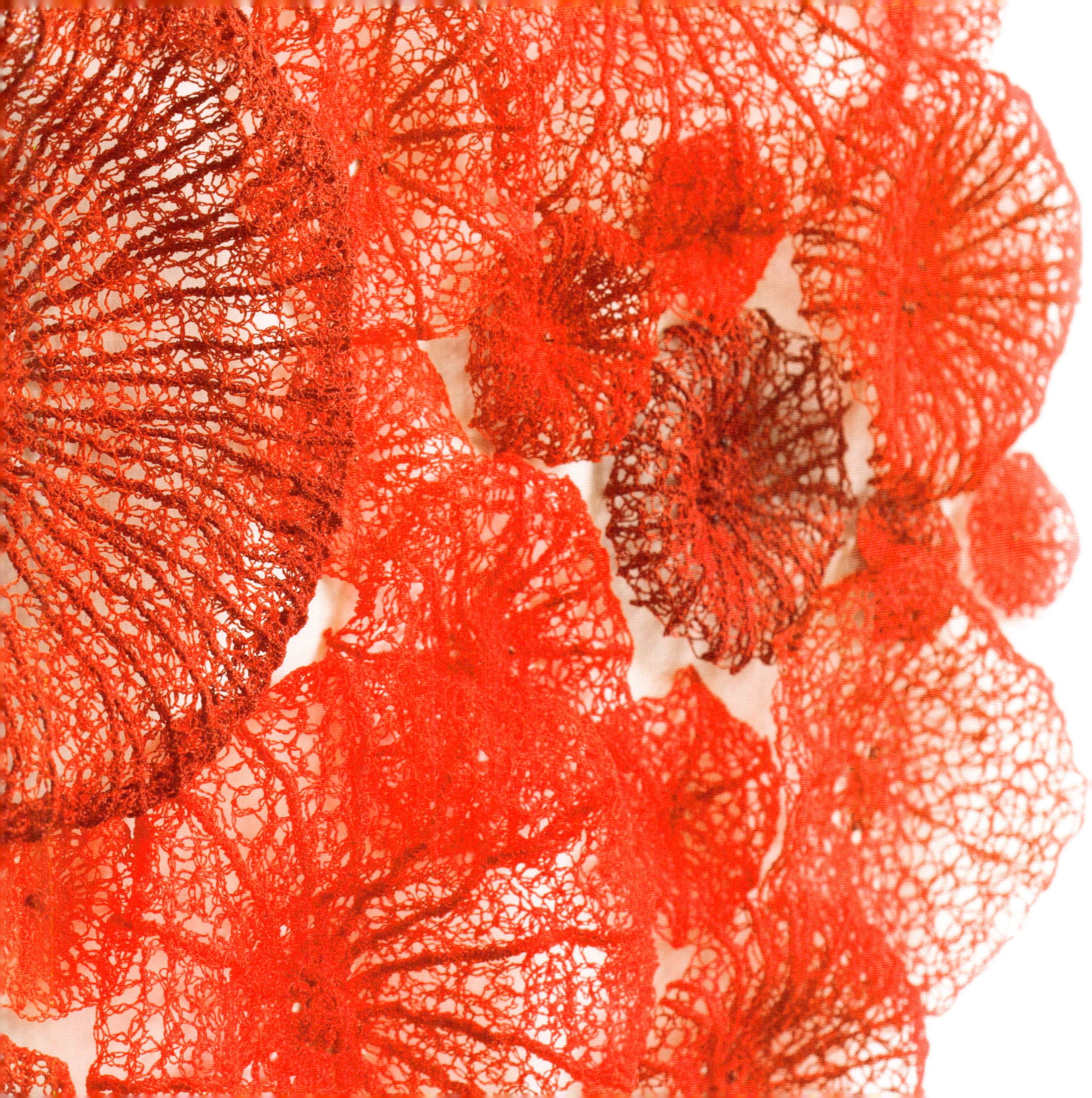

Zickzackstiche

Das Nutzen der Zickzackeinstellung an Ihrer Nähmaschine ist eine gute Möglichkeit, dünne Sticklinien gleichmäßiger Stärke aufzubauen. Gerade oder leicht geschwungene Linien funktionieren mit dieser Technik am besten. Gerundete Formen und spitze Winkel sind eine etwas größere Herausforderung, können mit einiger Übung und Geduld jedoch ebenfalls gemeistert werden.

Zur Warnung sei gesagt, dass sich eine Standard-Zickzacklinie auftrennt, sobald das Stickvlies ausgewaschen wurde. Dies kann jedoch verhindert werden, indem Sie eine dicke Zickzacklinie mit vielen sich überschneidenden Stichen aufgebauen.

Anleitung:

1. Eine einzelne Linie im Gradstich als Orientierungslinie für das Zickzackmuster sticken.
2. Die Stichbreite auf einen schmalen Zickzackstich einstellen (2–3 mm). Breitere Zickzackeinstellungen werden wahrscheinlich das Stickvlies zerreißen und das Projekt ruinieren.
3. Mit einer so langsamen wie stetigen Bewegung im Zickzackstich über die Orientierungslinie sticken, sodass die Stiche sehr nah beieinander liegen, ähnlich wie beim Flachstich.
4. Wenn Sie die Sticklinie fertig gestickt haben, gehen Sie im Zickzackstich in der Gegenrichtung erneut über die soeben gestickte Linie. So entsteht eine schmale Röhre aus engen Stichen, die sich nicht auftrennt, nachdem das Stickvlies entfernt wurde.

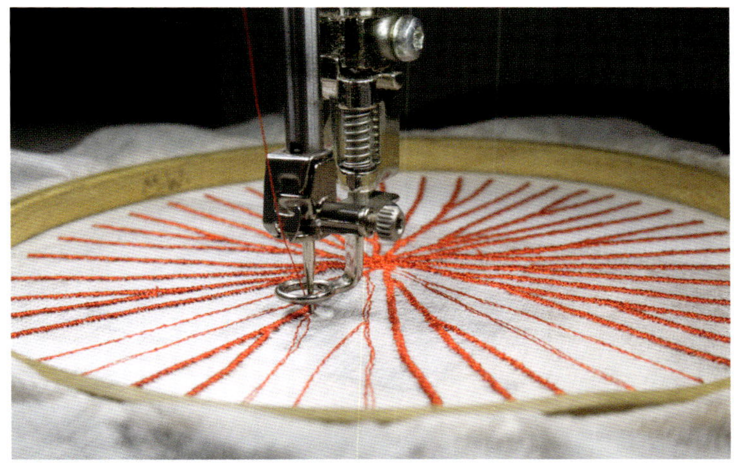

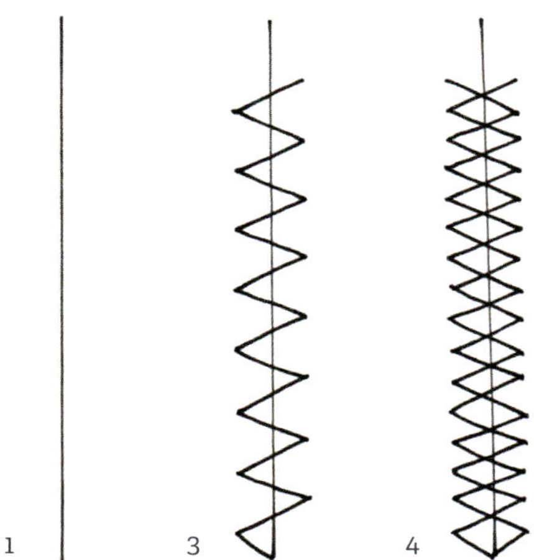

Anmerkung: *Diese Illustration ist eine vergrößerte Ansicht der Zickzack-Sticktechnik, damit Sie sehen können, wo Ihre Stiche im Idealfall beim Nähen ankommen sollten. Streben Sie eine sehr eng gestickte Zickzacklinie an, wie beim Flachstich.*

Blätter mit Zickzackrändern

Ein Zickzackstich bietet eine gute Möglichkeit, Formen mit einem ordentlichen, gleichmäßigen Rand zu versehen. Dieses dichte Sticken gibt dem Ganzen mehr Volumen und bildet einen festen Umriss, der die Form stützt, wenn das Stickvlies aufgelöst wurde. Bei diesem Verfahren arbeiten Sie mit einer Kombination aus dem Sticken einfacher Linien und einem Zickzackrand, um feine Blattformen zu kreieren.

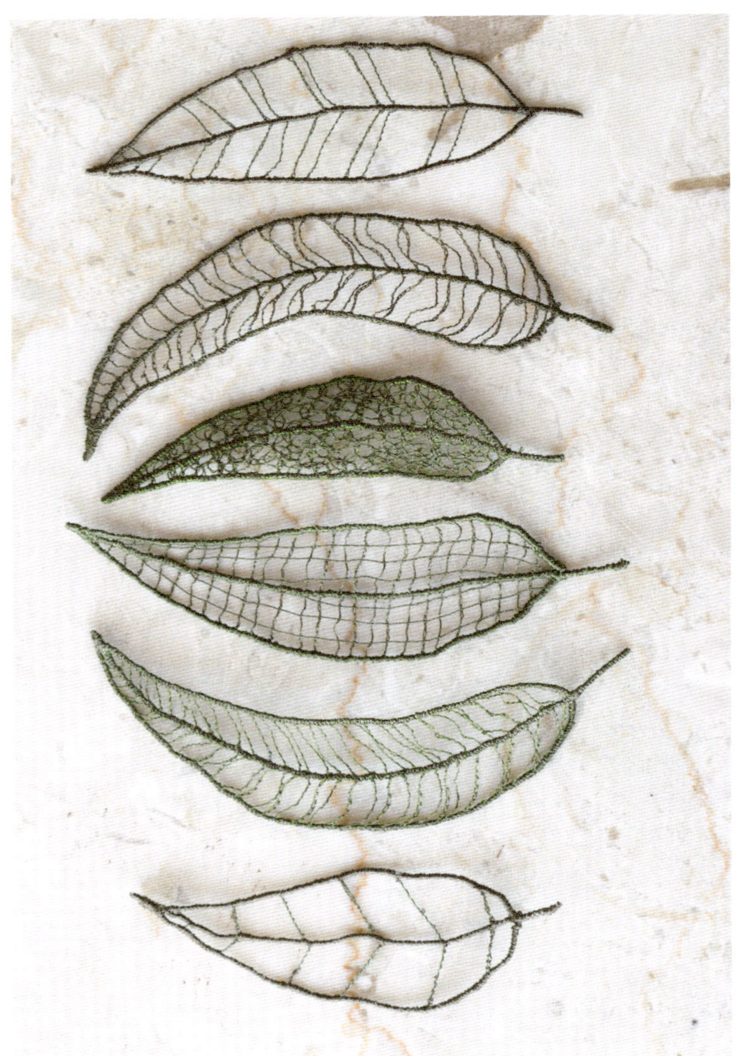

Anleitung:

1. Mit einer Sticklinie den Umriss eines Blattes zeichnen. Mit der mittleren Blattader beginnen, dann mit einer Schleife zurück den Außenrand der Blattspreite zeichnen.
2. Das Zentrum des Blattes mit einem gestickten Linienmuster ausfüllen. Bei diesem Beispiel habe ich gerade Linien gestickt, die das untergeordnete Muster der Blattadern nachahmen, das bei Blättern häufig zu sehen ist – aber fühlen Sie sich frei, jedes Muster zu sticken, das Ihnen gefällt. Sorgen Sie nur dafür, dass die Linien des inneren Blattmusters den Umriss des Blattes schneiden. Dies garantiert, dass Ihr Motiv zusammenhalten wird, wenn das Stickvlies aufgelöst wurde.
3. Die gewünschte Stichbreite für den Beginn des Zickzackstichs einstellen. In diesem Beispiel habe ich eine Breite von 2,5 mm gewählt. Im Zickzackstich über die mittlere Blattader sticken. Langsam und stetig arbeiten, damit die Stiche wirklich nebeneinander ankommen, ähnlich wie beim Flachstich.
4. Mit einer zweiten Linie enger Zickzackstiche erneut über die gestickte Linie sticken. Diese doppelte Zickzackschicht trägt dazu bei, sicherzustellen, dass alle Stiche gut miteinander verbunden sind und zusammenhalten werden, wenn das Stickvlies aufgelöst wurde.
5. Den Außenrand des Blattes mit demselben Zickzackverfahren sticken wie oben beschrieben.

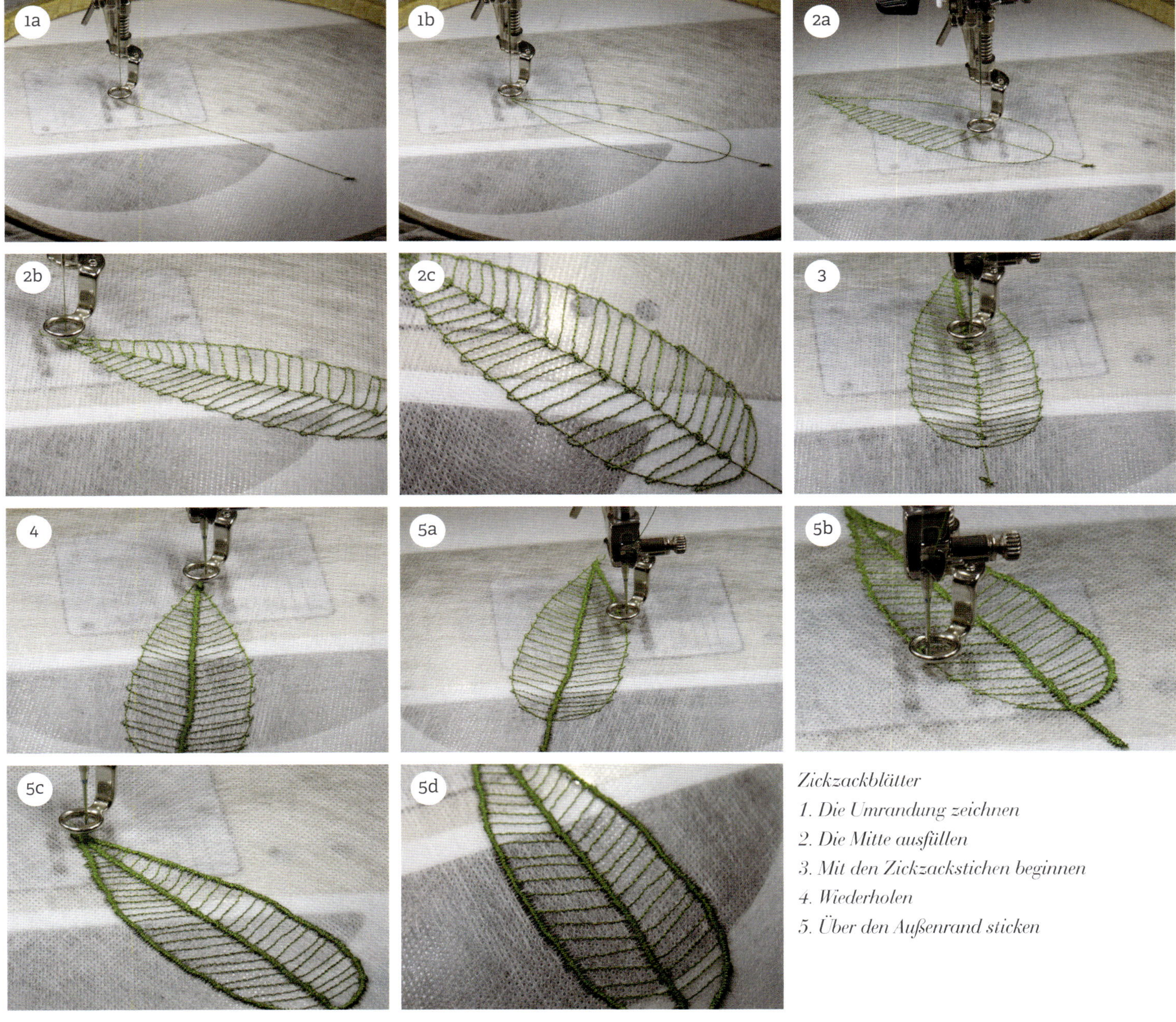

Zickzackblätter

1. Die Umrandung zeichnen

2. Die Mitte ausfüllen

3. Mit den Zickzackstichen beginnen

4. Wiederholen

5. Über den Außenrand sticken

Die neuen Nachbarn

Reich: *Animalia* (Tiere)
Stamm: *Cnidaria* (Nesseltiere)
Klasse: *Anthozoa* (Blumentiere)
Ordnung: *Corallimorpharia* (Scheibenanemonen)
Familie: *Discosomatidae*
Gattung: *Discosoma*

Pilzanemonen *(Discosoma)* sind tropische Meerestiere, ähnlich den Weichkorallen. Häufig leben sie in großen Kolonien, wobei sie sich gegenseitig überlappen, wenn sie wachsen und sich vermehren. Seit Jahren fertige ich Kunstwerke an, die von den attraktiven fleischigen Formen von *Discosoma* inspiriert wurden. Ich liebe die schönen ausstrahlenden Muster auf der Oberfläche ihrer Korallenscheiben und die organischen Formen, die sie hervorbringen, wenn sie einander gegenseitig über den Kopf wachsen.

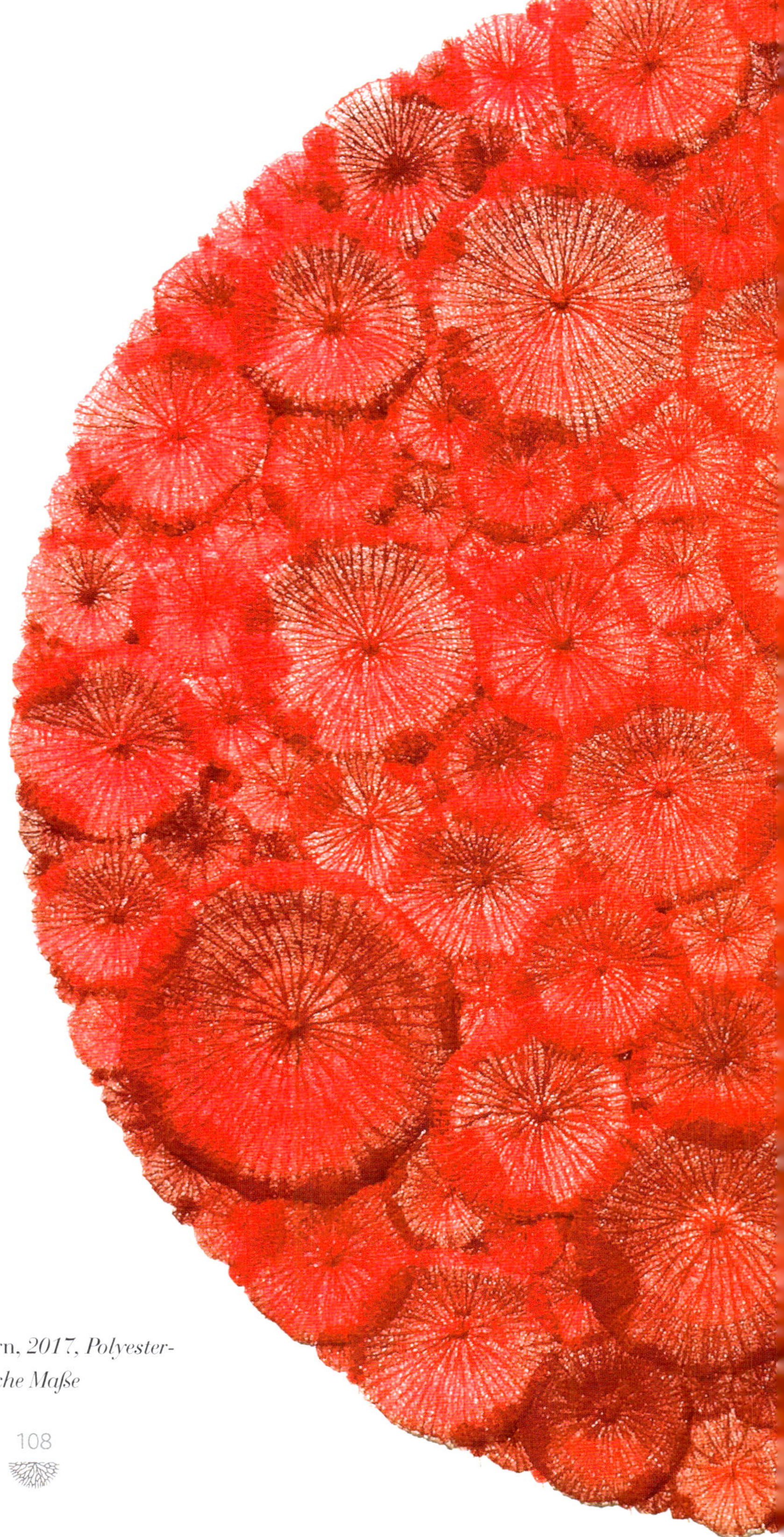

Die neuen Nachbarn, *2017, Polyestergarn, unterschiedliche Maße*

Meine Wandinstallation »Die neuen Nachbarn« besteht aus über 400 einzelnen Stickereien, die die Farbe, Form und das Strukturmuster einer verbreiteten Discosoma-Spezies nachahmen. In diesem Zusammenhang beschäftigte ich mich auch mit dem Problem der globalen Erwärmung und den drohenden Veränderungen, mit denen die Riffe der Welt in den nächsten Jahrzehnten konfrontiert sein werden. Ich begann, verschiedene Arten zu studieren, die auch in wärmeren Meeren gedeihen und dort die zu erwartenden Veränderungen möglicherweise überleben können. Von Kolonien von Scheibenanemonen ist beispielsweise bekannt, dass sie rasch leere Räume in einem Riff bedecken, indem sie sich wie ein lebendiger Teppich über den Korallenbruch legen. Spezies dieser Ordnung sind robuste, schnell wachsende Lebewesen, die widerstandsfähig gegenüber Umweltverschmutzung, Säuregehalt des Wassers und Temperaturveränderungen sind, was sie zu potenziellen Überlebenden der drohenden Riffzerstörung macht.

Ich habe die einzelnen Elemente dieser Installation absichtlich sehr offen und spitzenähnlich gelassen, sodass die Überlappungen in der fertigen Komposition für die plastische Wirkung des Werks sorgen. Bei jedem Teil begann ich, die ausstrahlenden Blattadern der Mundscheibe der *Discosoma* im Zickzackstich zu zeichnen. Anschließend wurde ein dünnes Geflecht aus Stichen über die gesamte runde Form gelegt. Nach dem Auflösen des Stickvlieses habe ich die Teile über Förmchen drapiert, um ihnen – als weiteren Verweis auf das natürliche Merkmal der Pilzanemone und ihre bemerkenswerten Strukturen – ihre einmalige Form zu geben.

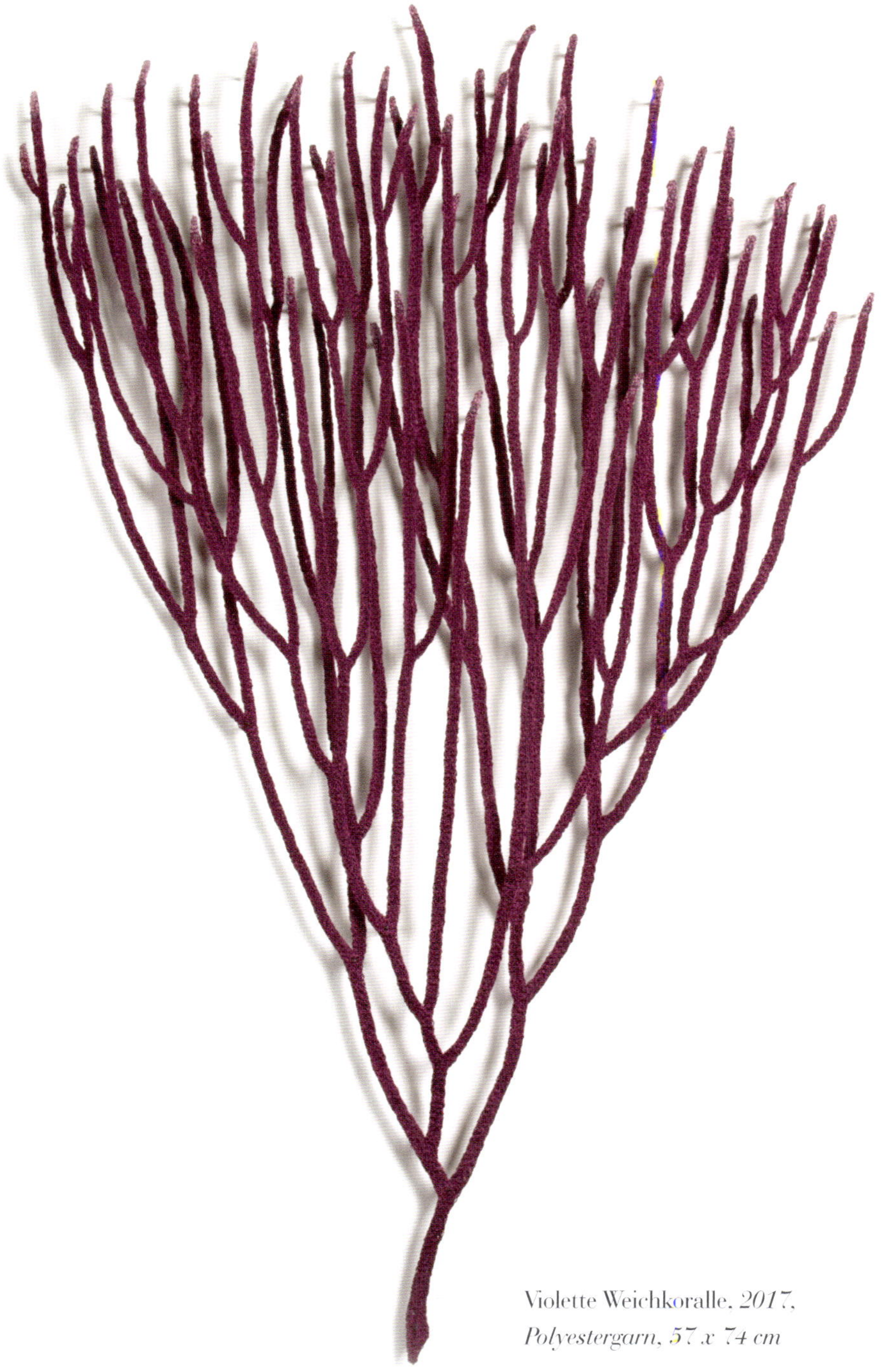

In Schichten denken

Eine gestickte Zeichnung ist bereits in gewisser Weise dreidimensional, aber eine mehrschichtige Darstellung gibt einem Kunstwerk zusätzliche Tiefe und macht es noch interessanter. Mehrschichtige Werke sehen möglicherweise sehr kompliziert aus und scheinen schwierig anzufertigen zu sein, sie verlangen jedoch lediglich etwas Planung, bevor mit dem Sticken begonnen wird.

Violette Weichkoralle, *2017, Polyestergarn, 57 x 74 cm*

Diese »Violette Weichkoralle« ist ein gutes Beispiel für ein mehrschichtiges Garnkunstwerk. Der ursprüngliche gezeichnete Entwurf enthielt mehrere einander überschneidende Abschnitte, die mit der Sticktechnik einzelner Linien nicht hätten umgesetzt werden können. Um dieses Problem zu lösen, wurde das Werk in zwei separaten, aber ähnlichen Schichten gestickt. Diese beiden Schichten habe ich anschließend an vorher geplanten Verbindungspunkten zusammengenäht; erst danach löste ich das Stickvlies auf.

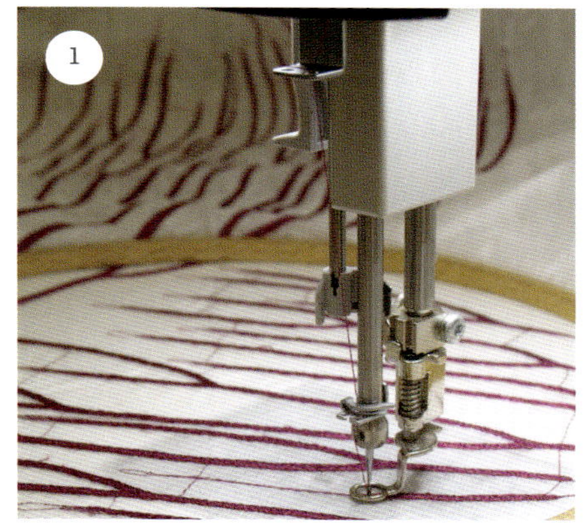

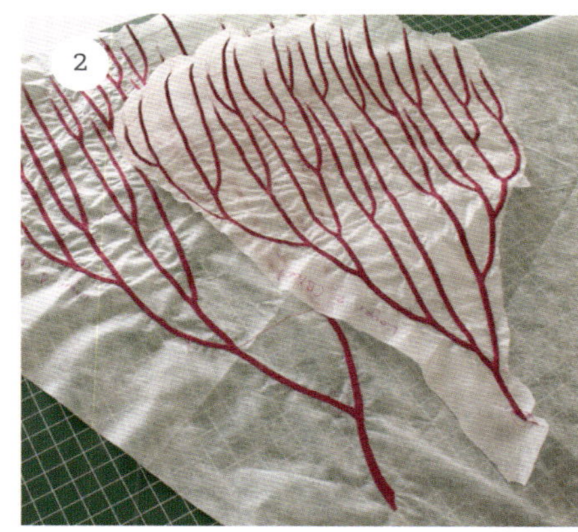

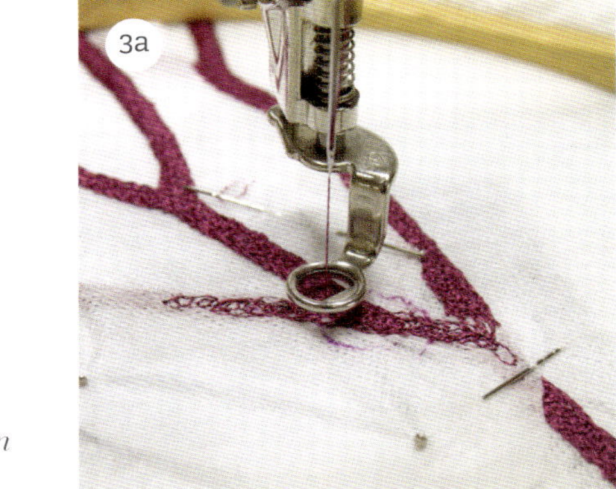

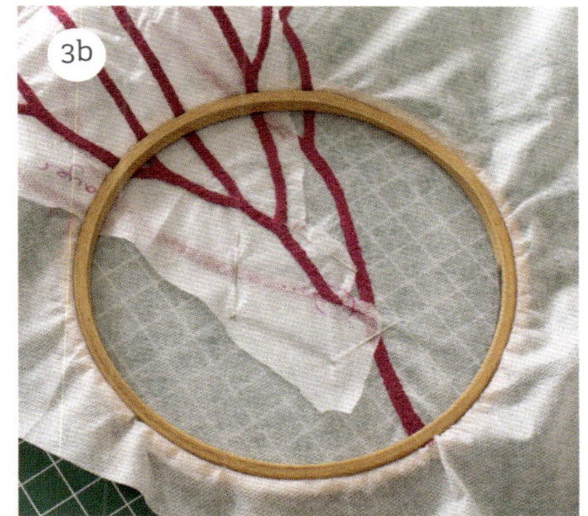

1. Violette Weichkoralle *wird gestickt.*
2. *Die beiden Schichten*
3. *Beide Schichten werden zusammengenäht*
4. *Das fertige Kunstwerk vor dem Auflösen des Stickvlieses*

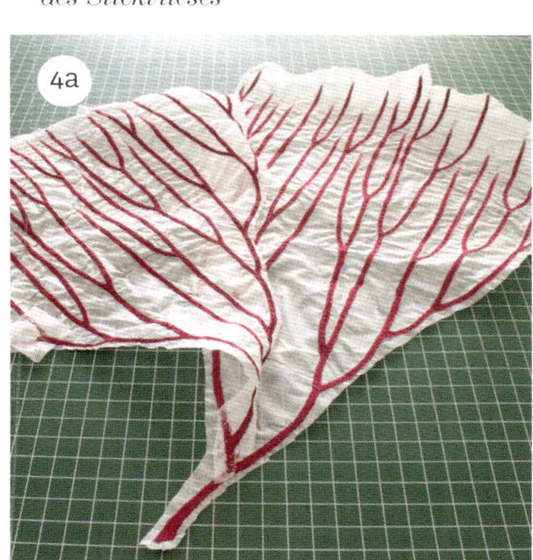

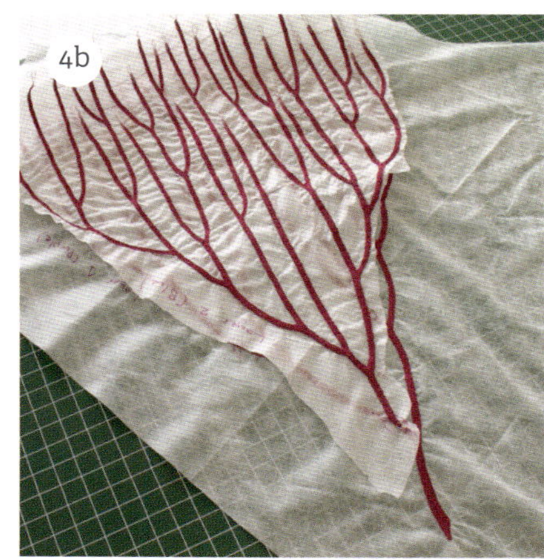

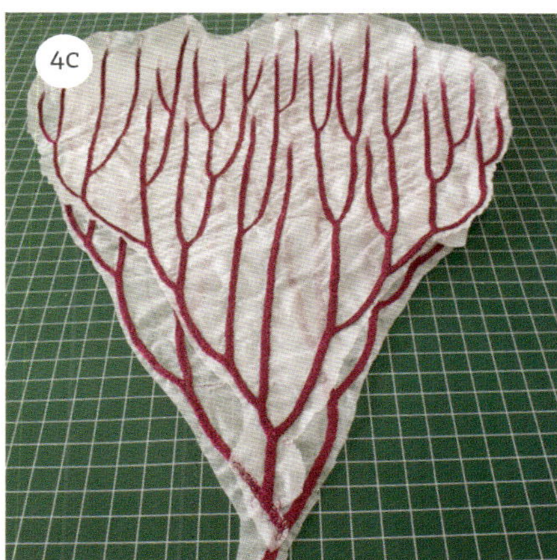

Farben mischen

Beim Arbeiten mit traditionellen Medien wie Farbe können viele Farbtöne, Nuancen und Schattierungen gemischt werden. Beim Zeichnen mit Nadel und Faden sind wir jedoch auf die im Handel erhältlichen Garnfarben beschränkt. Um diese Einschränkungen bei der Farbgestaltung zu umgehen, habe ich eine Möglichkeit entwickelt, beim Sticken Farben zu mischen und Farbübergänge zu erzeugen.

Meine Technik des Farbenmischens fokussiert sich auf die Feinabstimmung der Fadenspannung, sodass sowohl der Oberfaden als auch der Unterfaden (Spulenfaden) auf einer Seite der Stickarbeit zu sehen sind. Ich finde, die Farben mischen sich auf der Rückseite der Stickarbeit gleichmäßiger. Die Vorderseite meiner Stickarbeit wird beim fertigen Kunstwerk zur Rückseite.

Wenn man auf diese Weise stickt, wird die Farbe des Unterfadens (oder Spulenfadens) die vorherrschende in der Mischung. Die Oberfadenspannung kann feinjustiert werden, um mehr oder weniger vom Oberfaden auf die Rückseite der Zeichnung zu bringen und eine Maserung mit der Zweitfarbe einzuarbeiten. Durch diese Maserung mit der Farbe des Oberfadens in der Rückseite der Stickarbeit mischt das Auge die Farben zusammen, ganz ähnlich wie bei Gemälden im Stil des Pointillismus.

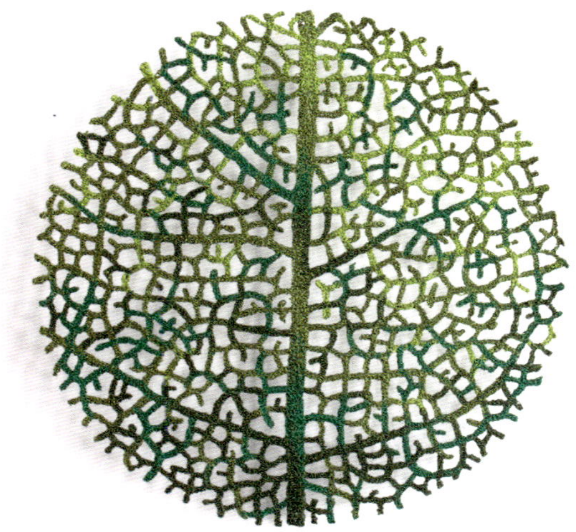

Vorderseite der Stickarbeit (Rückseite des fertigen Garnkunstwerks)

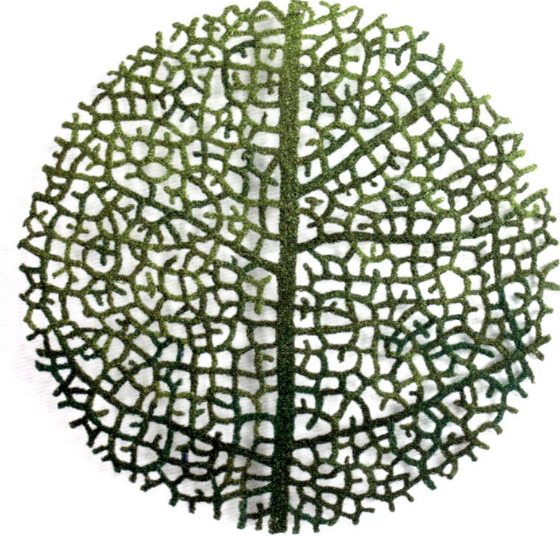

Rückseite der Stickarbeit (Vorderseite des fertigen Kunstwerks)

Hier sehen Sie die beiden Seiten meiner Blattader-Studie. *Auf der Vorderseite sind die Farbübergänge sehr deutlich sichtbar. Auf der Rückseite der Stickarbeit (der Vorderseite des Kunstwerks) verbinden sich die Farben viel subtiler und natürlicher.*

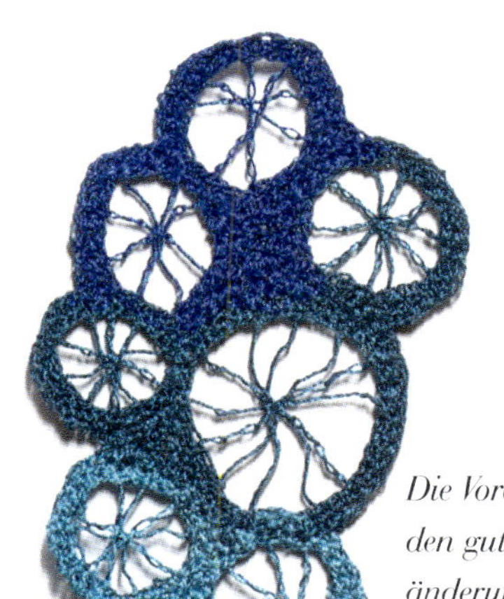

Die Vorderseite mit den gut sichtbaren Farbänderungen

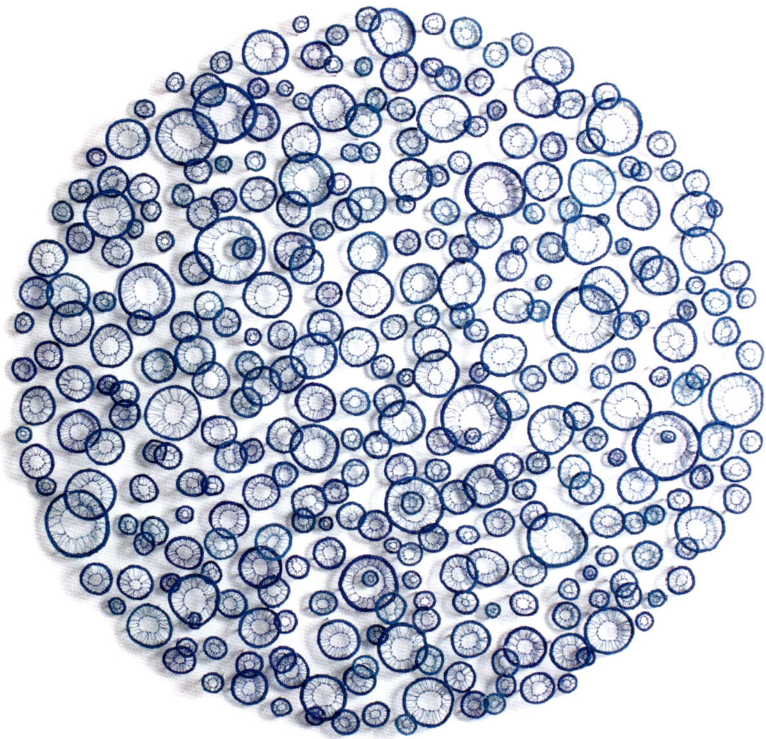

Unter dem Mikroskop, *2015, Polyestergarn mit Nadeln auf Papier, 93 x 93 cm*

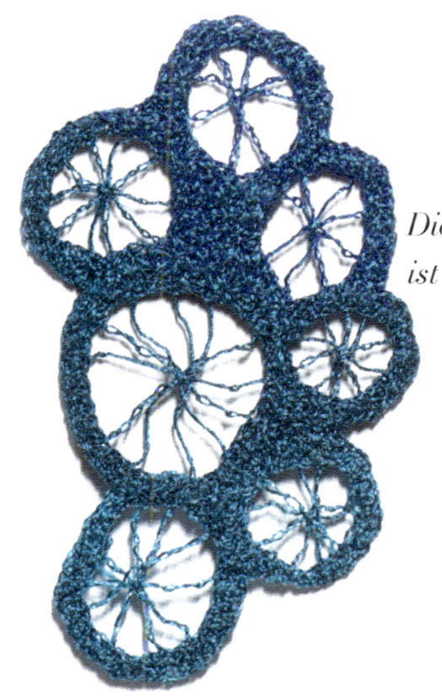

Die Rückseite (Unterfadenseite) ist sehr viel nuancierter

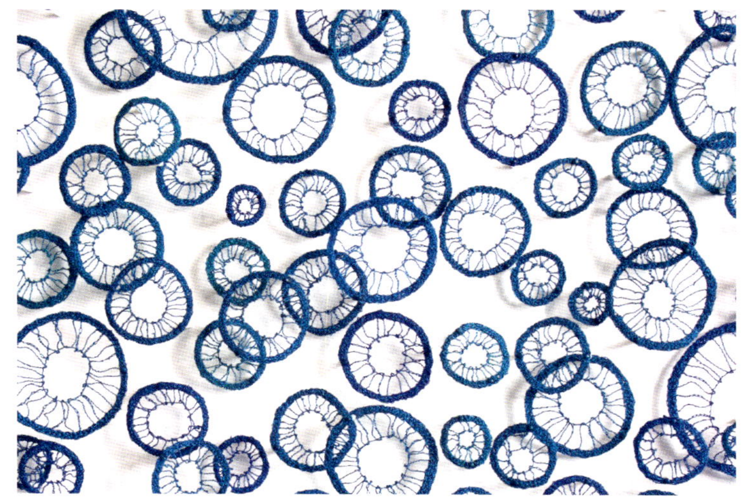

In dieser kleinen Farbmischungsstudie habe ich die subtilen Blauschattierungen erkundet, die erreicht werden können mit nur einer Farbe als Unterfaden und drei verschiedenen Blautönen als Oberfaden. Das Ergebnis ist eine subtile Farbverschiebung der Blautöne auf der Rückseite der Stickarbeit.

Streifen mit Farbmischung

Ein Streifen mit Farbmischung illustriert, welche neuen Farben erzeugt werden können, wenn Sie zwei Farben kombinieren. Auf diese Weise können Ihnen bei Ihren Stickarbeiten stufenlose Übergänge zwischen den Garnfarben gelingen. Bevor Sie mit einer Farbmischung beginnen, sorgen Sie dafür, dass die Fadenspannung für die Farbmischung richtig eingestellt ist (weitere Informationen dazu auf Seite 112).

Oberfaden	Unterfaden
Farbe 1	Farbe 1
Farbe 2	Farbe 1
Farbe 1	Farbe 2
Farbe 2	Farbe 2

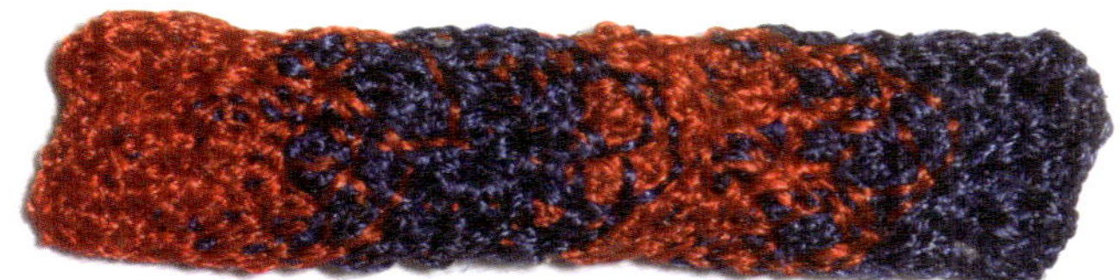

Vorderseite

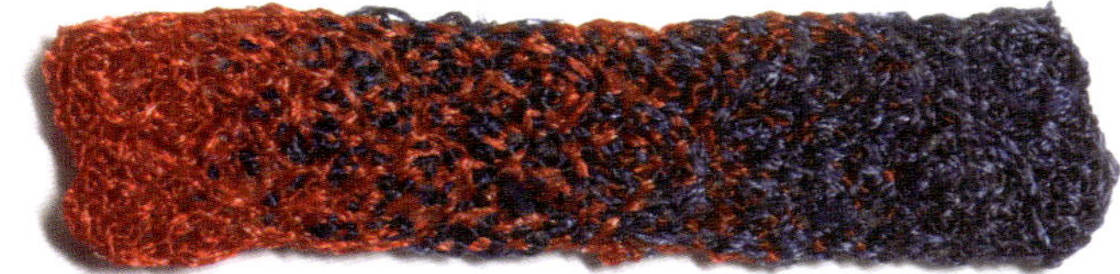

Rückseite (Unterfadenseite)

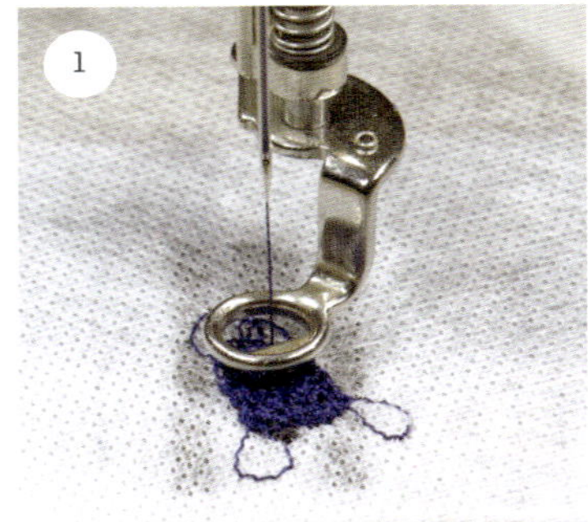

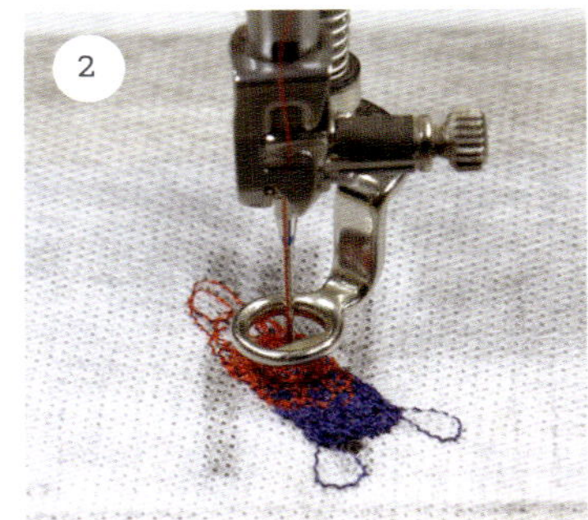

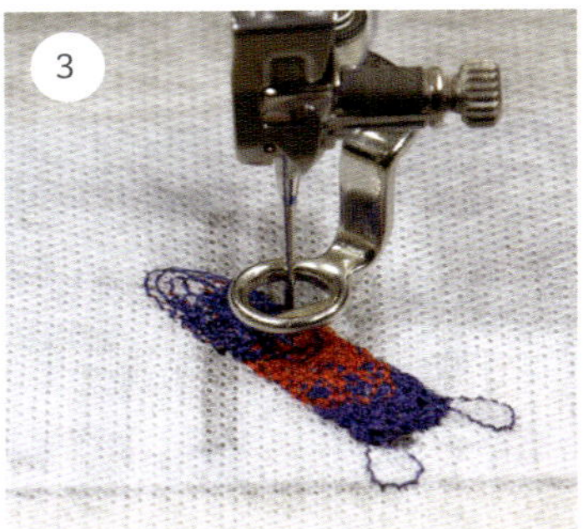

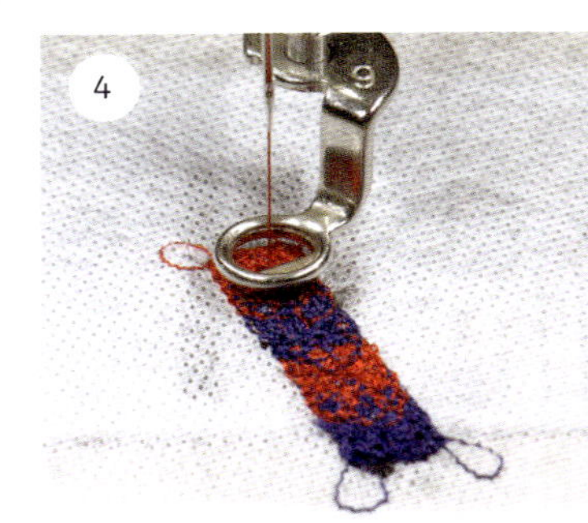

Anleitung:

1. Farbe 1 als Ober- und Unterfaden einfädeln. Einen kleinen Abschnitt dicht an dicht sticken. Ich finde für die Mischung von Farben die Methode der sich überschneidenden Schlaufen sehr gut geeignet, aber fühlen Sie sich ganz frei, die Methode zu wählen, die Sie am besten finden.
2. Als Oberfaden nun Farbe 2 wählen und neben dem ersten gestickten Abschnitt einen zweiten Abschnitt dicht an dicht sticken. Die Stiche leicht überlappend setzen, sodass sich die Abschnitte verbinden und die Farben noch stärker verschmelzen.
3. Den Oberfaden wieder durch Farbe 1 ersetzen. Für den Unterfaden nun Farbe 2 wählen. Einen dritten Abschnitt neben dem zweiten Abschnitt dicht an dicht sticken.
4. Den Oberfaden durch Farbe 2 ersetzen und neben dem dritten Abschnitt einen letzten Abschnitt dicht an dicht sticken.

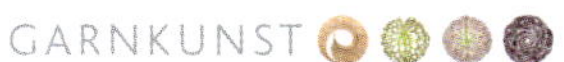

Caladium

Sollen sich die Farben auf der Vorderseite der Stickarbeit mischen?

Es ist auch möglich, die Farben auf der Vorderseite der Stickarbeit zu mischen, aber ich finde das Ergebnis nicht so gleichmäßig wie bei der Methode mit der Rückseite. Wenn Sie mit einer Farbmischung auf der Vorderseite experimentieren möchten, folgen Sie derselben Abfolge wie sie links beschrieben wurde, tauschen dabei jedoch die Angaben von Ober- und Unterfaden.

Möchten Sie weitere Farben dazunehmen?

Sticken Sie den Streifen in der gleichen Abfolge weiter, um neue Farben einzuarbeiten.

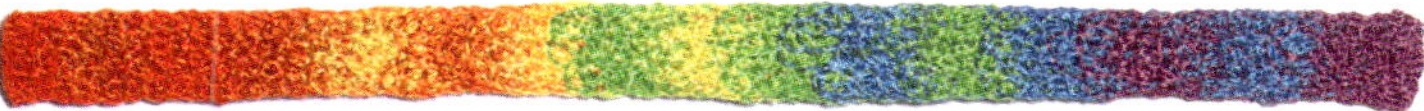

Vorderseite der Stickarbeit

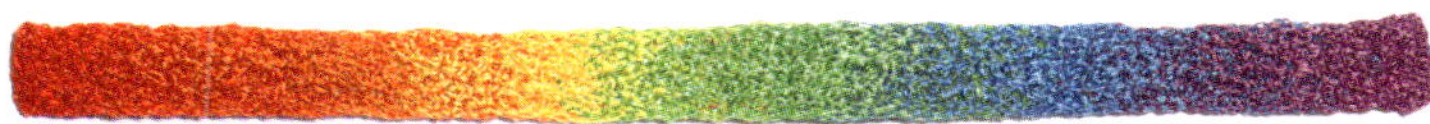

Rückseite der Stickarbeit (Unterfadenseite)

Kaladien gefielen mir schon immer. Es gibt von dieser verbreiteten Zimmerpflanze viele Arten, darunter einige ungewöhnliche Kultursorten, die wegen ihrer kräftigen Blattfärbung gezüchtet werden. Dieses Werk wurde von einer solchen Kultursorte inspiriert, einer zweifarbigen Kaladie, die gemeinhin als »Buntwurz« bekannt ist. Die Blätter dieser Pflanze haben eine besondere Musterstruktur mit roten, weißen und grünen Teilen.

Dieses Garnkunstwerk ist ein gutes Beispiel für eine Mischung einander ergänzender Farben. Durch Anwendung des soeben beschriebenen Farbmischungsverfahrens können selbst gegensätzliche Nuancen oder Farben wie hier das Rot und das Grün stufenlos kombiniert werden.

Reich: *Plantae*
(Pflanzen)
Ordnung: *Alismatales*
(Froschlöffelartige)
Familie: *Araceae*
(Aronstabgewächse)
Unterfamilie: *Aroideae*
Gattung: *Caladium*
(Kaladien)

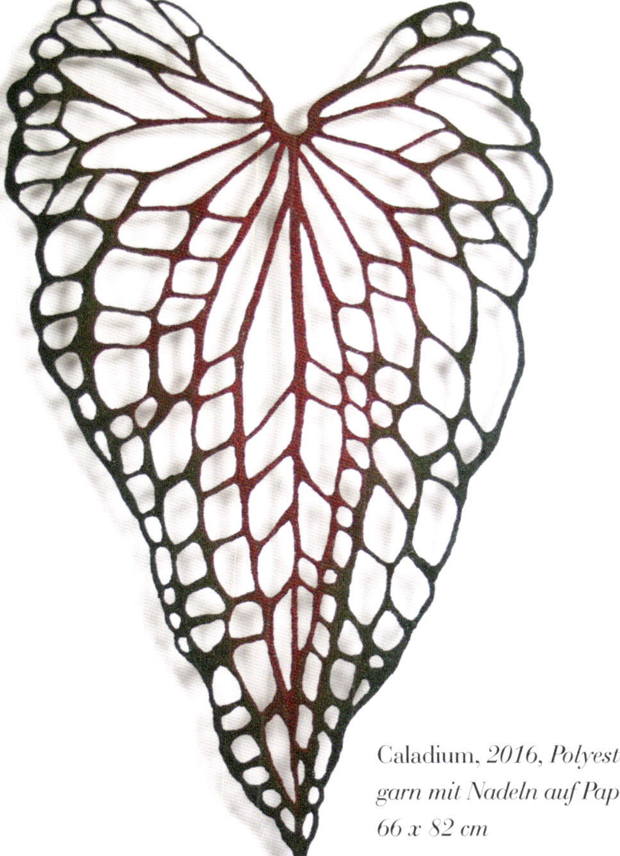

Caladium, *2016, Polyestergarn mit Nadeln auf Papier, 66 x 82 cm*

Raster für die Farbmischung

Das Muster eines Farbmischrasters ist eine feine Sache, um die Möglichkeiten der Mischung von Garnen in mehreren Farben in einem Muster auszuprobieren. Das fertige Muster sollte auf der Vorderseite in einer Richtung Reihen der Oberfadenfarbe und auf der Rückseite Reihen der Unterfadenfarbe zeigen, die in der Gegenrichtung verlaufen. Um dies zu zeigen, habe ich mit vier Farben gearbeitet, aber Sie können auch mehr oder weniger Farben verwenden – einfach das Raster nach Bedarf erweitern oder verkleinern. Versuchen Sie, in diesen Rastern sehr unterschiedliche Farben zu kombinieren. Sie werden vielleicht überrascht sein, was für schöne Farben daraus entstehen.

Anleitung:

1. Eine Reihe von Farben auswählen, die kombiniert werden sollen, und mit jeder Farbe eine Spule bestücken. Darauf achten, dass die Fadenspannung an der Nähmaschine für eine optimale Farbmischung eingestellt ist (Seite 156).
2. Auf das wasserlösliche Stickvlies ein Raster zeichnen, das beim Sticken des Musters als Orientierung verwendet wird. Bei diesem Beispiel misst jedes Kästchen 1 x 1 cm.
3. Ober- und Unterfaden in Farbe 1 wählen. Das erste Kästchen des Musters dicht an dicht sticken.
4. Beim Oberfaden auf Farbe 2 wechseln und direkt das nächste Kästchen leicht überlappend sticken, damit sich beide verbinden.
5. Schritt 4 wiederholen, dabei als Oberfaden bei jedem Kästchen eine neue Farbe wählen, bis alle gewählten Farben verwendet wurden und eine Reihe oder Spalte Kästchen gestickt ist.
6. Als Oberfaden wieder Farbe 1 wählen, als Unterfaden Farbe 2. Eine zweite Reihe Kästchen direkt über der ersten sticken, dabei die gleiche Farbreihenfolge einhalten wie in der ersten Reihe. Die Kästchen sollen sich leicht überlappen, um miteinander verbunden zu sein.
7. Damit fortfahren, für alle restlichen Unterfadenfarben Reihen zu sticken.

Sticksequenz für das Farbraster

Oberfaden

4	4	4	4
3	3	3	3
2	2	2	2
1	1	1	1

Unterfaden

1	2	3	4
1	2	3	4
1	2	3	4
1	2	3	4

1

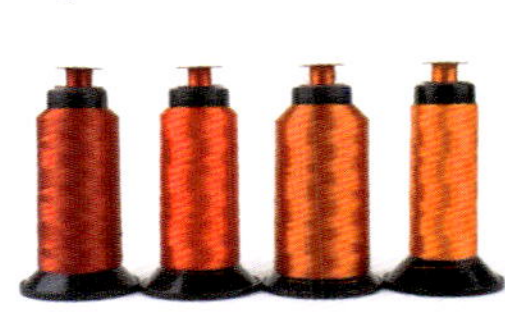

2

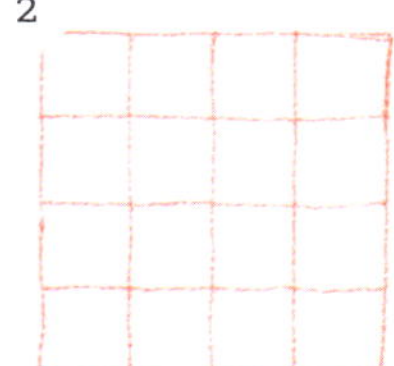

3

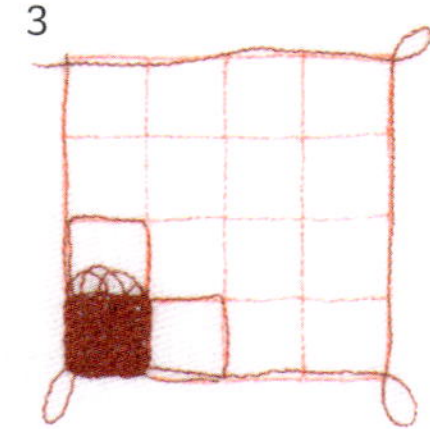

4

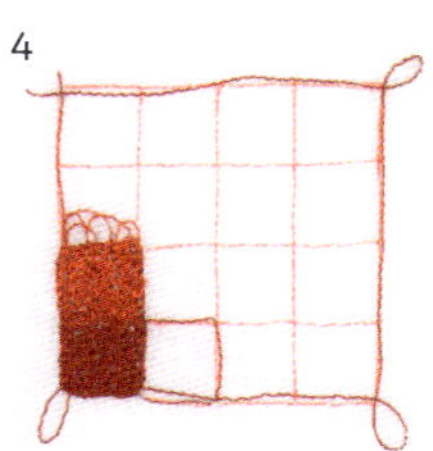

5a

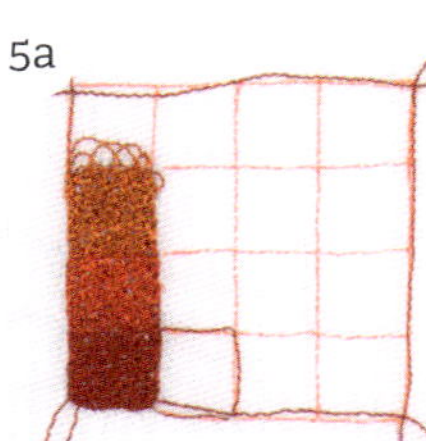

5b

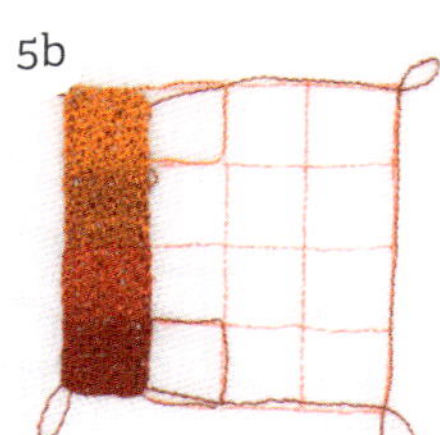

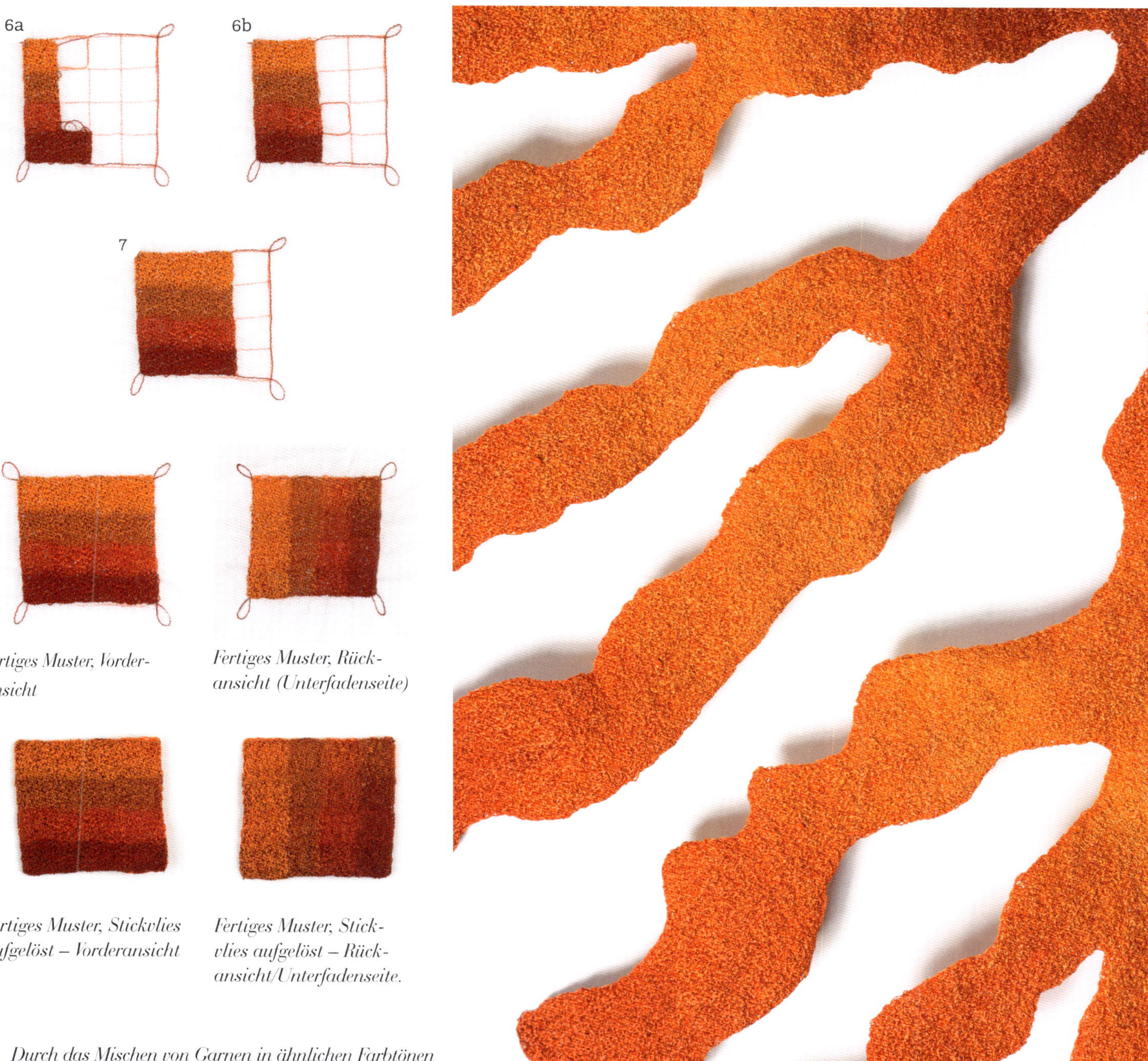

Fertiges Muster, Vorderansicht

Fertiges Muster, Rückansicht (Unterfadenseite)

Fertiges Muster, Stickvlies aufgelöst – Vorderansicht

Fertiges Muster, Stickvlies aufgelöst – Rückansicht/Unterfadenseite.

Durch das Mischen von Garnen in ähnlichen Farbtönen können Sie eine nahezu stufenlose Farbabstufung erreichen.

Blattreihen

Diese Serie entwickelte ich während eines Artist-in-Residency-Stipendiums in Port Macquarie, NSW, Australien. Als Stipendiatin wohnte und arbeitete ich in dieser Gegend und bezog meine Inspiration aus der örtlichen Umgebung. Bei meiner anfänglichen Motivsuche vor Ort kam ich auch in einen Nationalpark. Dort zogen mich subtile Regenbogenfarben zu meinen Füßen an: ein leicht zu übersehendes Schauspiel aus herabgefallenen Eukalyptusblättern in verschiedenen Stadien des Welkens und des Zerfalls. Ich sammelte eine Reihe davon und nahm sie als Anregung für meine Arbeit mit ins Atelier. Davon angeregt, widmete ich während meines Stipendiums einmal mehr dem Thema Farbe meine besondere Aufmerksamkeit.

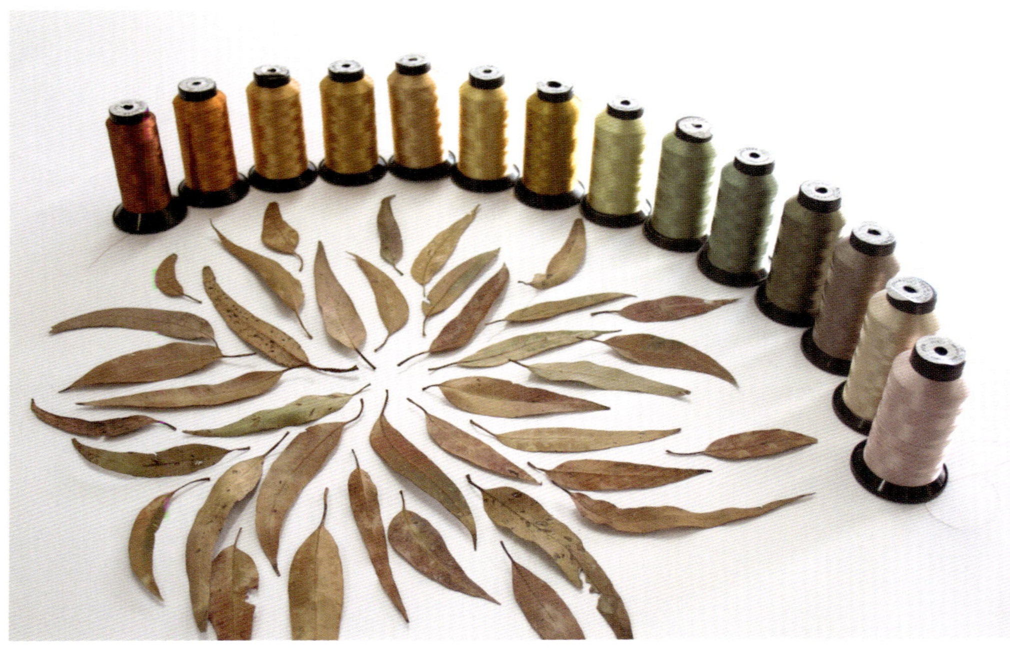

Ich verfügte über eine Palette von Garnfarben, die den Farben meiner gesammelten Blätter recht nahe kamen. Aber keine Farbe passte ganz genau. Um die farblichen Möglichkeiten meiner gewählten Garne zu erkunden, fertigte ich als Muster ein Farbraster an. Dieses Raster zeigte 14 Garnfarben sowie die verschiedenen Farbkombinationen, die durch das Zusammensticken der Garne erzielt werden konnten. Dieses Raster diente mir während des Stipendiums als Bezugsquelle für meine Wahl der Garnfarben.

So stickte ich während meines Aufenthalts in Port Macquarie ein Dutzend kleiner Blätterstudien. Die einzelnen Blätter wurden schließlich zu zwei »verwandten« Kunstwerken verarbeitet, die ich »Blattreihen« nenne. Jede Reihe zeigt eine Art Farbverlauf und stellt die schönen subtilen Farben in den Mittelpunnkt, die diese Blätter hervorbringen.

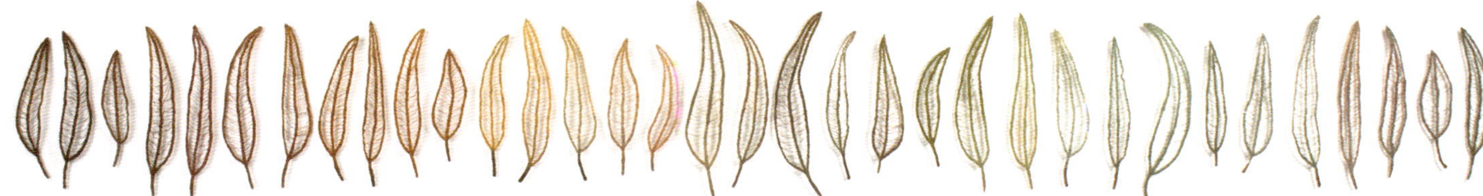

Blattreihe #1, *2017, Polyestergarn mit Nadeln auf Papier, 44 x 157 cm*

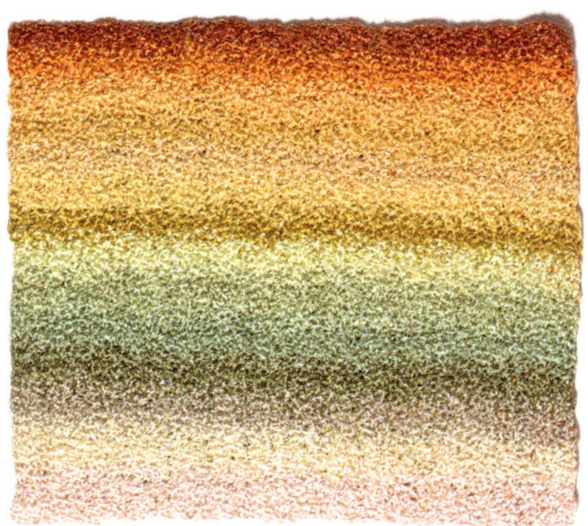

Vorderansicht des gestickten Musterrasters für die Eukalyptusblätter

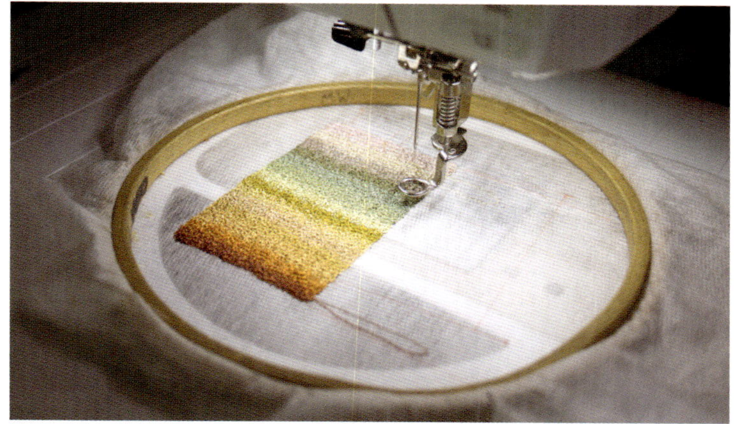

Vorderansicht des gestickten Musterrasters

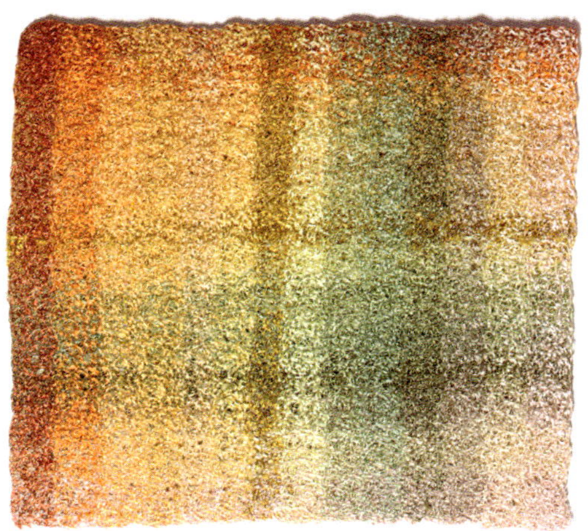

Rückansicht (Unterfadenseite) des gestickten Musterrasters

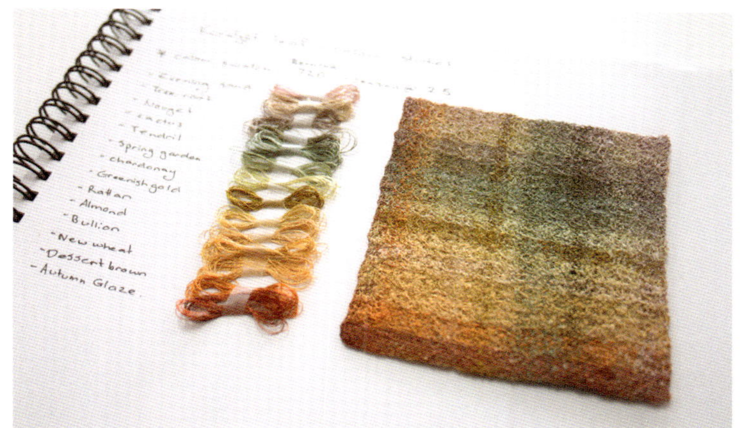

Fertiges gesticktes Musterraster in meinem Skizzenbuch, zusammen mit den gestickten Exemplaren

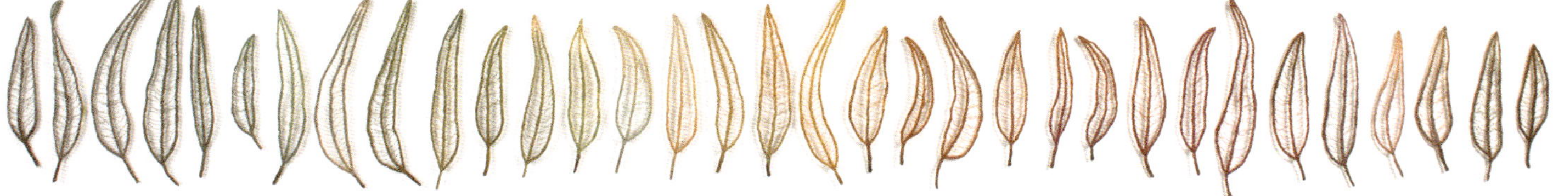

Blattreihe *#2, 2017, Polyestergarn mit Nadeln auf Papier, 44 x 157 cm*

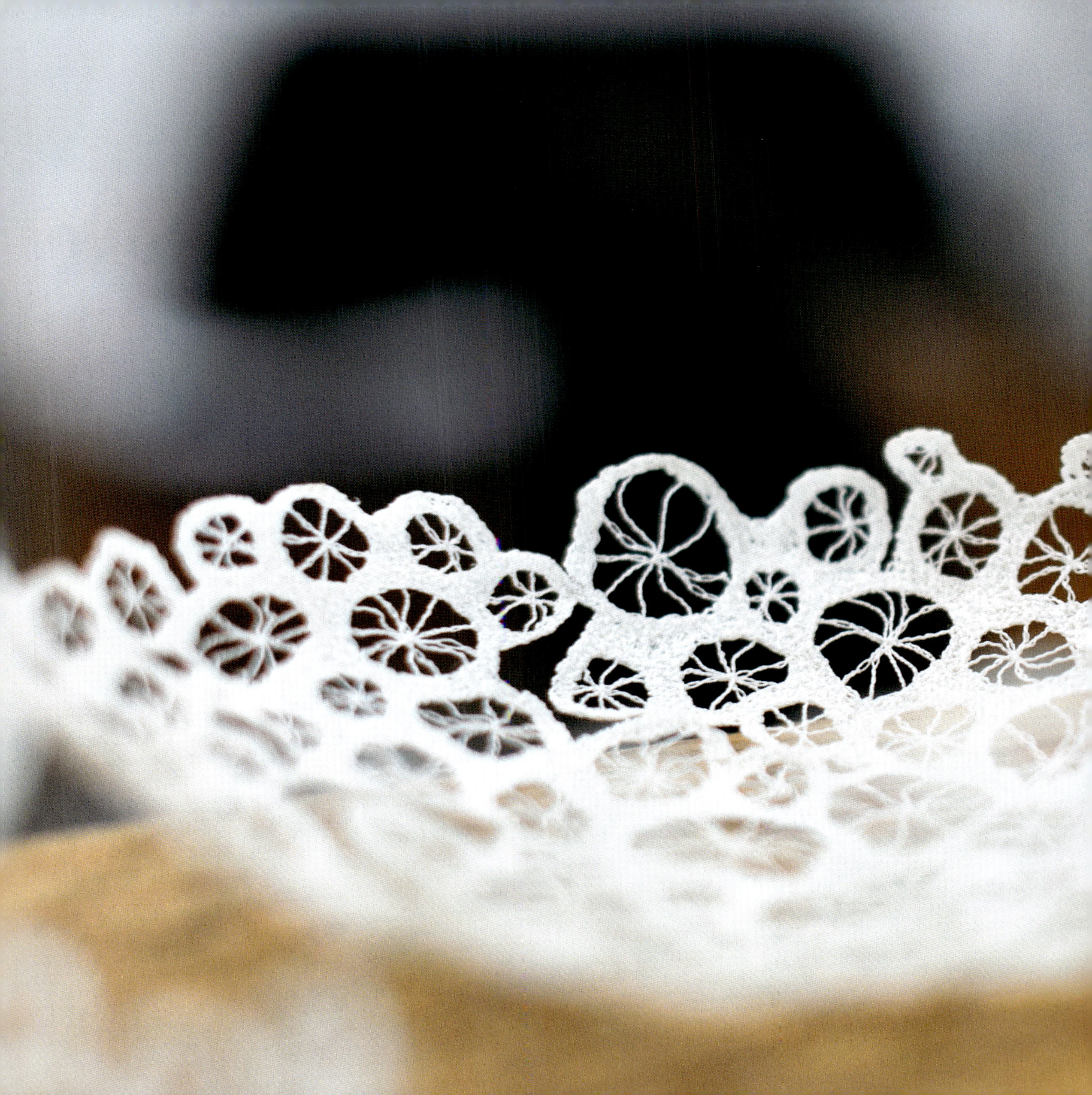

Auflösen & Modellieren

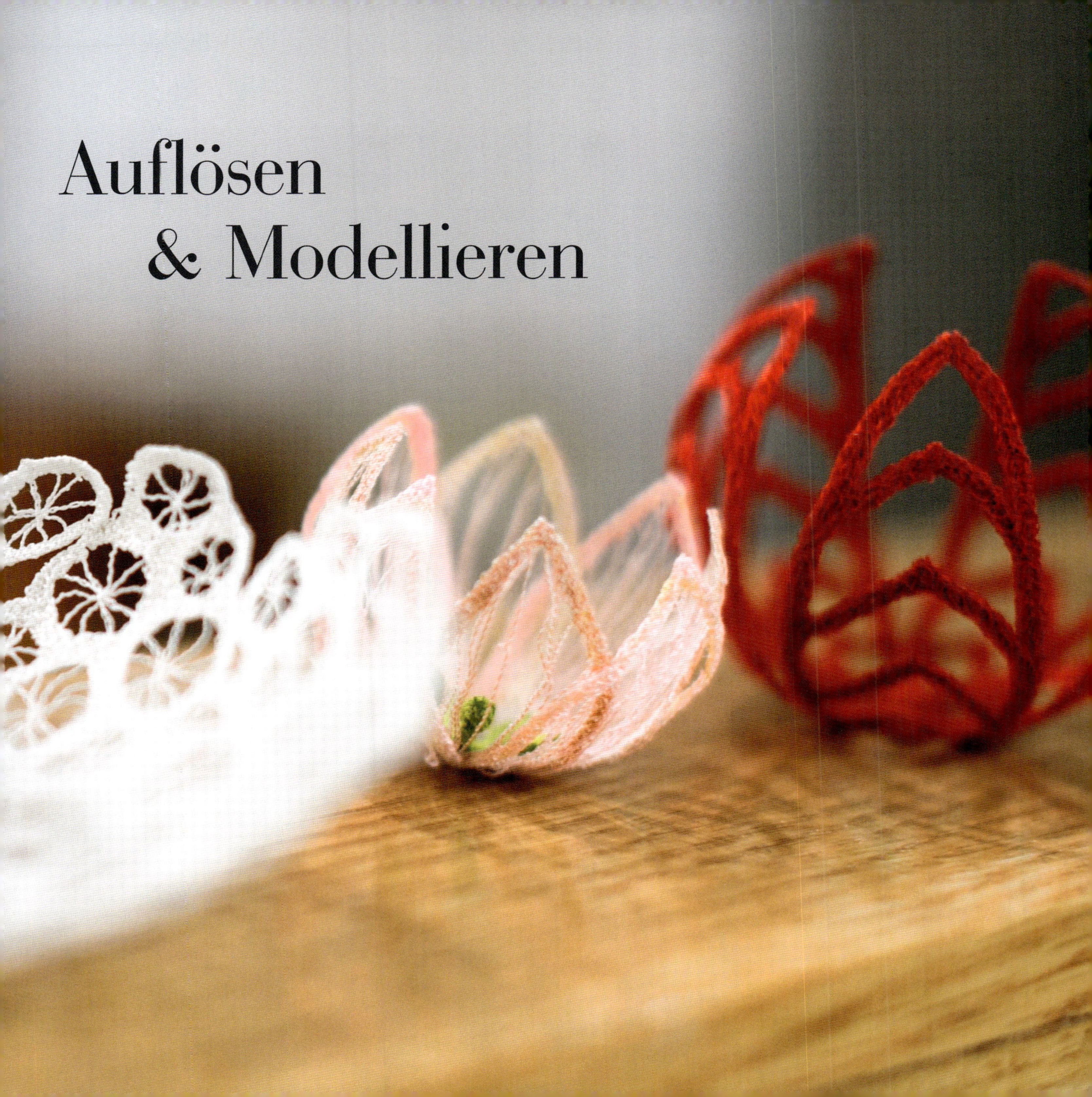

Der Auflösungsprozess

Meine liebste Phase in diesem künstlerischen Prozess ist der Augenblick, wenn das Stickvlies im lauwarmen Wasser aufgelöst wird und meine gestickte Zeichnung zum Leben erwacht. Es erscheint wie Zauberei: Meine Stickarbeit verwandelt sich – sie wird plastisch und beginnt eine Art Eigenleben.

Das Entfernen des wasserlöslichen Stickvlieses von der gestickten Zeichnung ist denkbar einfach. Das Vlies schmilzt in heißem Wasser schnell dahin und verwandelt sich innerhalb von ein bis zwei Sekunden in eine klebstoffähnliche Substanz, die beim Trocknen fest wird und der Stickerei so Struktur und Stabilität verleiht. Wenn ich diesen Grundstoff aus meiner Stickarbeit herauslöse, versuche ich immer, etwas von dieser Substanz in den Garnfasern einzufangen. Während des Trocknungsvorgangs kann die Stickerei noch modelliert, geformt und manipuliert werden – die getrocknete Skulptur behält schließlich ihre neue Form bei.

In diesem Kapitel besprechen wir die Methoden des Auflösens, die ich verwende, und ich gebe Ihnen einige Anregungen, die Sie für Ihre eigenen Kreationen verwenden können. Außerdem erkunden wir einige Möglichkeiten, Stickereien zu modellieren und zu formen, um fantastische freistehende Skulpturen zu kreieren.

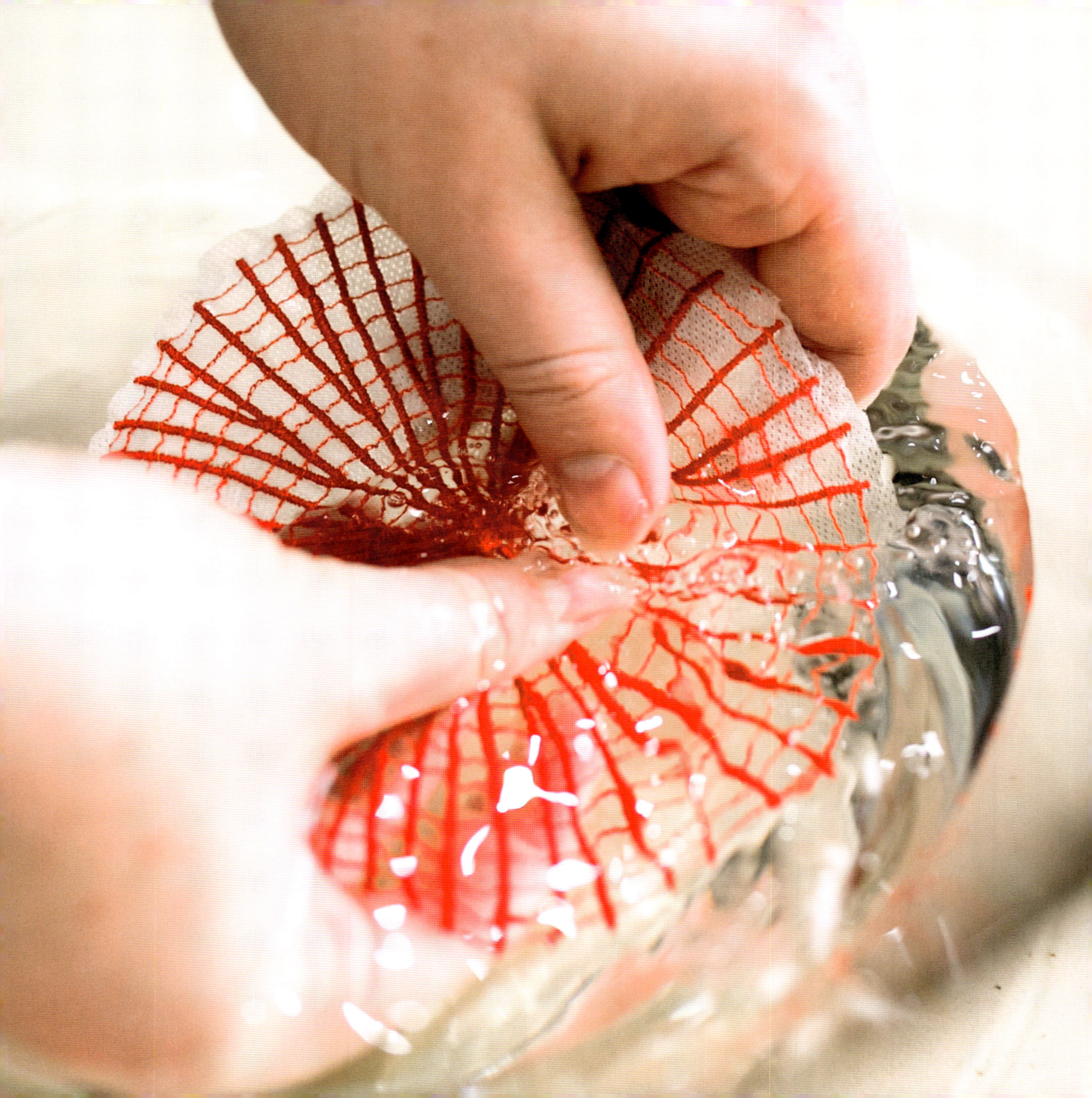

Das Grundverfahren des Auflösens

Das Auflösen kann unter fließendem Wasser oder in einem Wassereimer erfolgen – wie es Ihnen lieber ist. Ich persönlich arbeite mit einem Wassereimer, so kann ich genau kontrollieren, wie viel von dem wasserlöslichen Stickvlies ausgewaschen wird.

Die Temperatur spielt eine wichtige Rolle dabei, wie schnell sich der Stoff auflöst. Wasserlösliches Stickvlies löst sich in kaltem Wasser langsam auf, mit zunehmender Wassertemperatur nimmt auch das Tempo der Auflösung zu. Ich arbeite immer mit heißem Wasser, weil es dann schnell geht und ich durch das Arbeiten mit einer gleichbleibenden Wassertemperatur ein gutes Gefühl dafür entwickelt habe, wann ich das Stück aus dem Wasser nehmen muss, um das angestrebte Ergebnis zu erzielen. Beim Arbeiten mit heißem Wasser soll sich das Wasser zwar sehr warm anfühlen, aber niemals so heiß, dass Sie sich damit verbrühen. Experimentieren Sie mit verschiedenen Wassertemperaturen, bis Sie die Auflösungsgeschwindigkeit gefunden haben, die für Sie und Ihre Projekte passend ist. Manche Menschen arbeiten gerne schnell, andere lieber etwas langsamer – das ist eine Frage des individuellen Stils, nicht von richtig oder falsch.

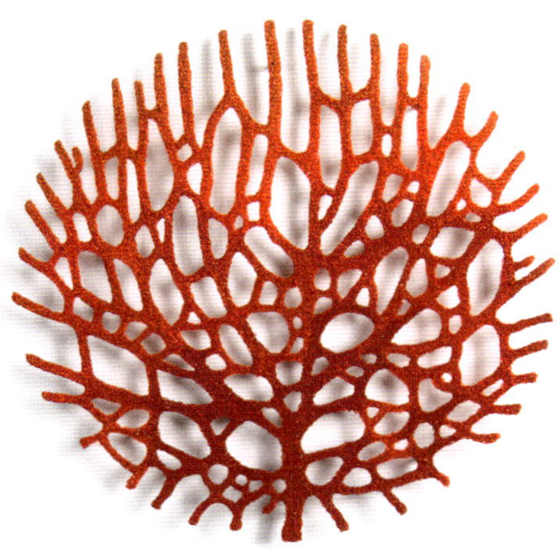

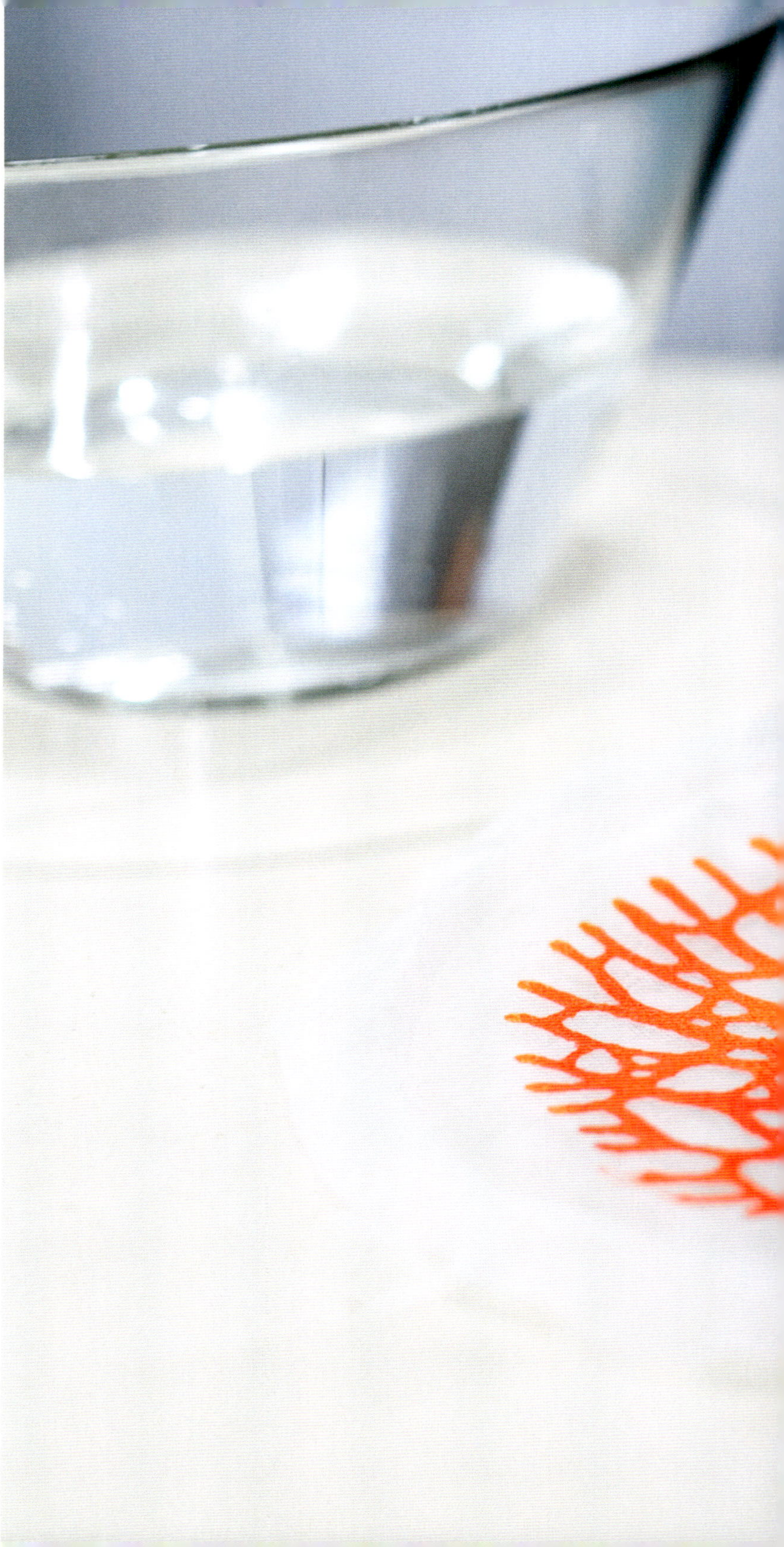

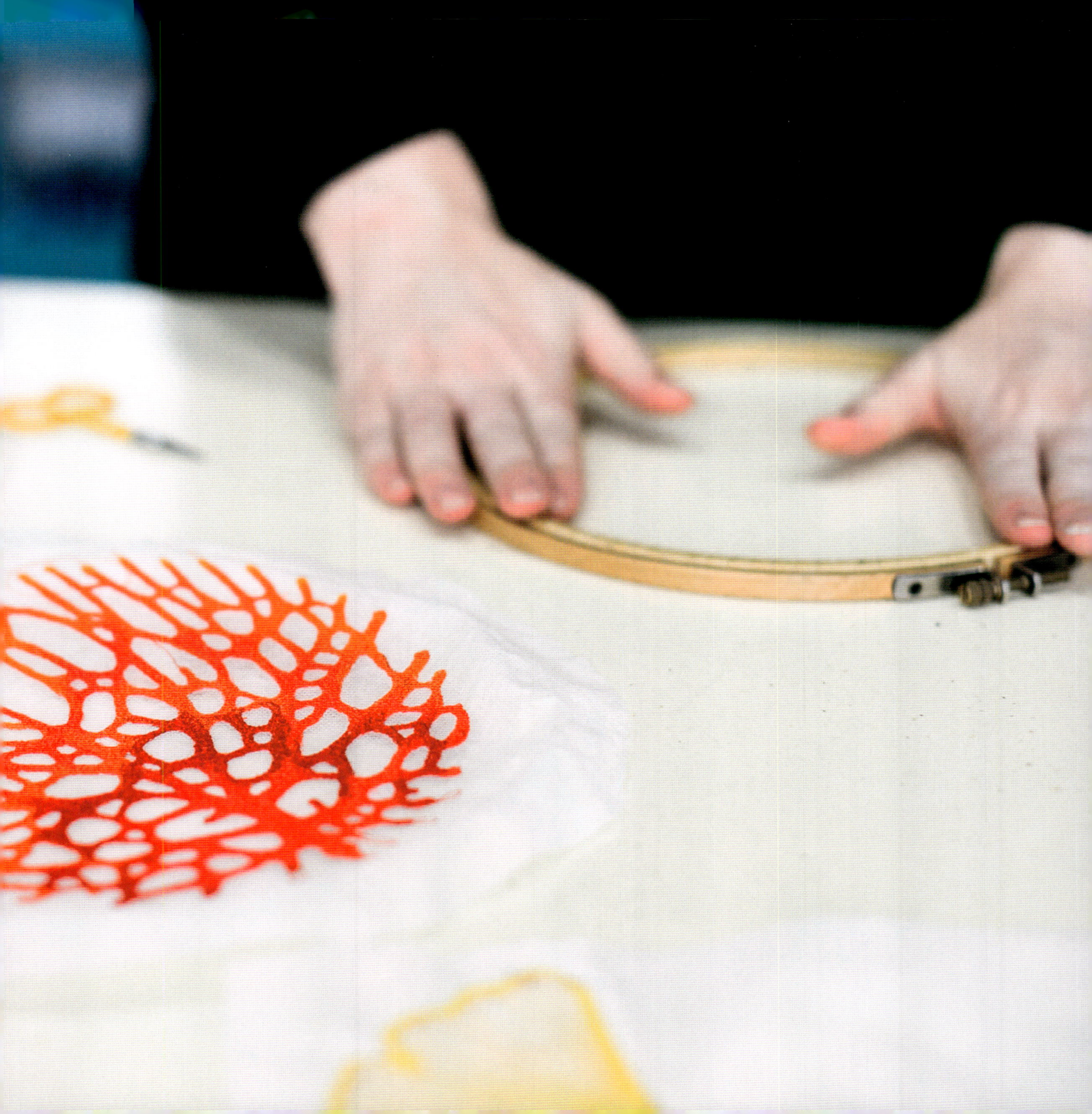

Anleitung:

1. Bevor Sie aus einer gestickten Zeichnung das Stickvlies herauslösen, schneiden Sie außen herum überstehendes wasserlösliches Stickvlies ab. Damit sorgen Sie dafür, das Wasser für die Auflösung sauber zu halten, und es besteht weniger Gefahr, dass sich auf der fertigen Stickarbeit ein Klebstoffrückstand absetzt. Diese Vliesreste können für kleinere Projekte noch genutzt werden: Heben Sie daher alle Stücke auf, die groß genug sind, um in einen Stickrahmen zu passen.
2. Um das wasserlösliche Stickvlies aufzulösen, die Stickarbeit in Wasser tauchen und mit den Fingern vorsichtig über das Gestickte streichen, bis sich der Großteil des Vlieses auflöst. Wenn das fertige Produkt etwas versteift werden soll, die Stickerei nur höchstens ein paar Sekunden ins Wasser tauchen. Die Auflösung erfolgt sehr schnell: Gerade ist das Vlies noch da – im nächsten Moment scheint es bereits zu verschwinden. Alternativ können Sie das Vlies vollständig aus der Stickarbeit auswaschen, indem Sie diese mehrere Minuten lang kräftig in heißem Wasser schwenken oder sogar über Nacht einweichen. So erhalten Sie ein weicheres, flexibleres Endprodukt, das vielleicht besser zu einem bestimmten Projekt passt.
3. Sobald Sie das wasserlösliche Vlies herausgelöst haben, legen Sie die Stickerei auf eine Unterlage aus Papiertüchern und saugen mit weiteren Papiertüchern möglichst viel überschüssige Feuchtigkeit auf. Dieser Schritt ist sehr wichtig,

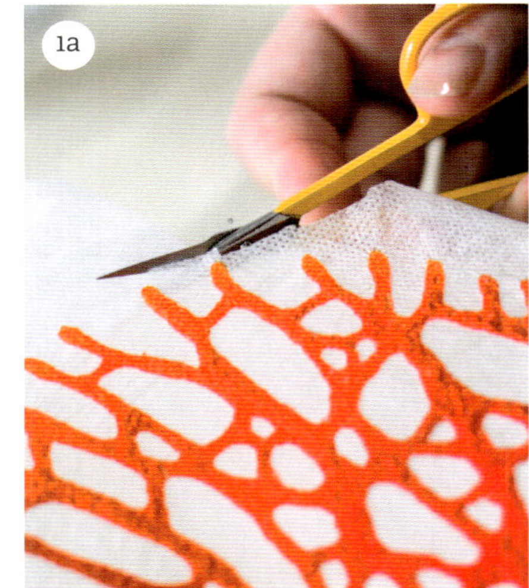
1a

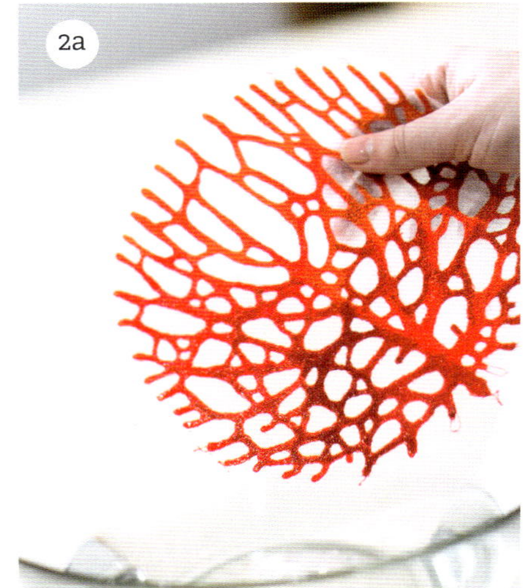
2a

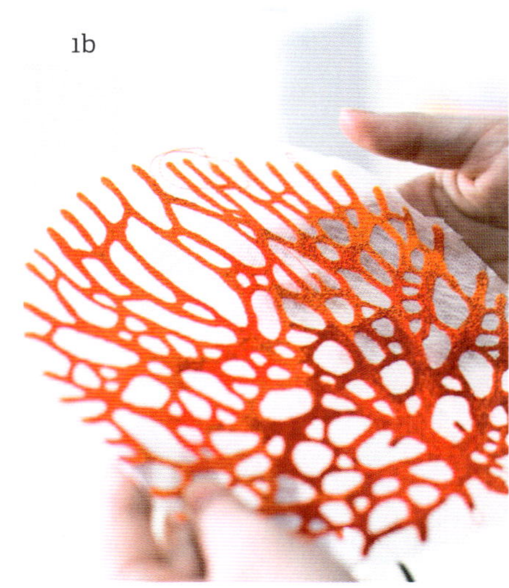
1b

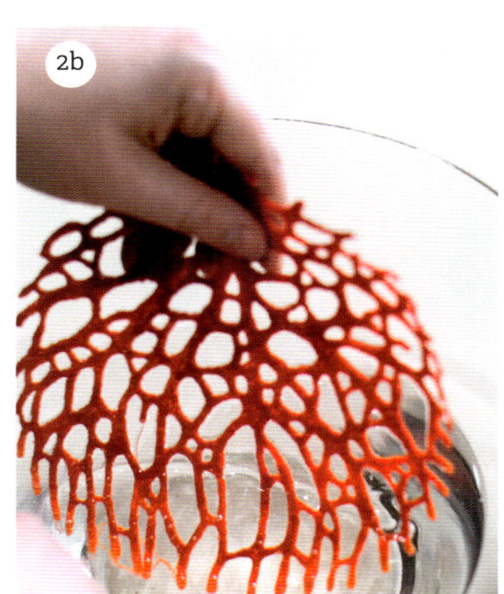
2b

da er dazu beiträgt, Rückstände des wasserlöslichen Vlieses von der Oberfläche der Stickarbeit zu entfernen. Bleiben solche Rückstände auf der Oberfläche, trocknen sie als unerwünschte, klebstoffähnliche Substanz auf der Stickerei an.

4. Lassen Sie die Teile nicht zum Trocknen auf Papiertüchern liegen – sie würden festkleben. Legen Sie die Teile stattdessen auf eine saubere und glatte Fläche wie ein Blatt Backpapier. Sobald das Vlies aus der Stickerei herausgewaschen ist, beginnt diese häufig ein »Eigenleben«, indem sie etwas schrumpft und sich zu organischen Gebilden zusammenrollt. Dieses Zusammenrollen kann zu einigen sehr interessanten Effekten führen, die zunächst nicht vorhersehbar waren. Ich lasse es oft zu, dass meine Stickarbeiten knittern und sich zu Formen aufrollen, die sie ganz natürlich einnehmen, was zur organischen Anmutung der Skulpturen beiträgt. Wenn Sie allerdings Ihre Stickarbeit beim Trocknen glätten wollen, pressen Sie diese einfach über Nacht unter etwas Flachem und Schwerem. Große Kunstbände aus dem Bücherregal erledigen diese Aufgabe sehr gut. Legen Sie die Stickerei zwischen zwei Blatt Backpapier, damit sie sauber bleibt. Wenn Sie die Gewichte am nächsten Tag entfernen, dürfte die Stickerei schön flach und glatt aussehen. Um Verzerrungen zu verhindern, sollte das Teil vollständig getrocknet sein, bevor es bewegt wird.

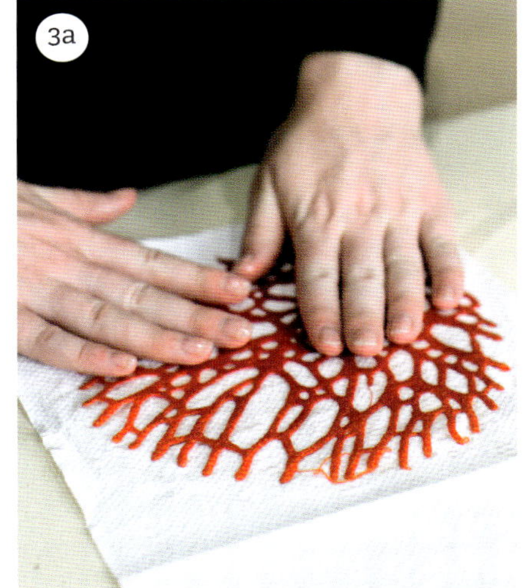
3a

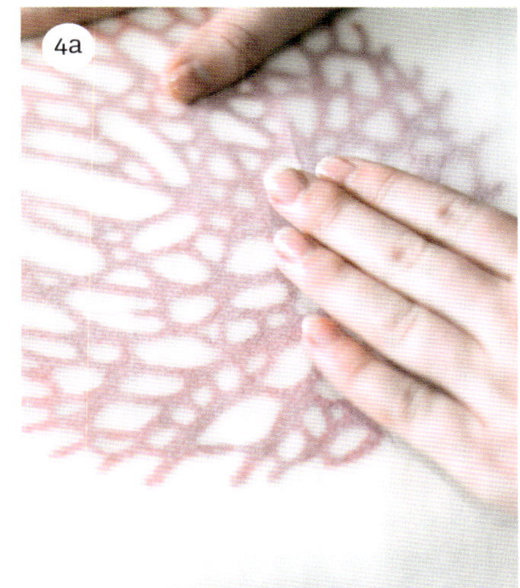
4a

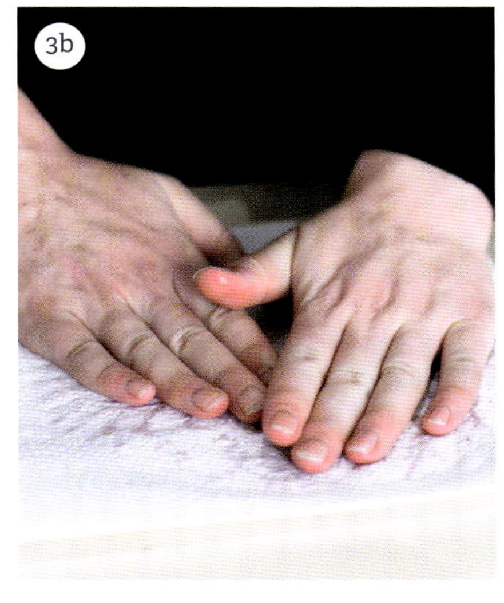
3b

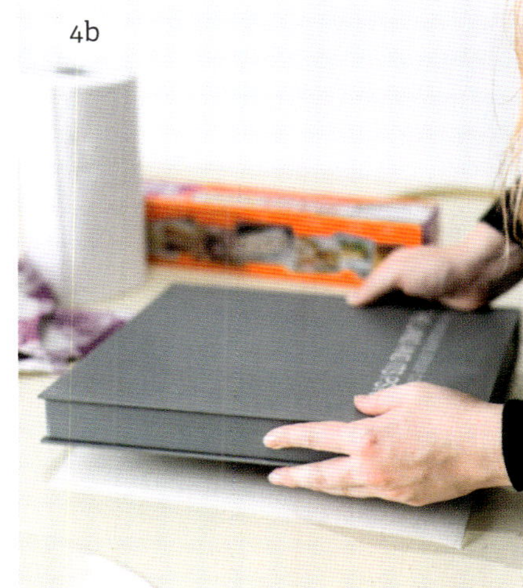
4b

Von flach bis fantastisch

Nur weil Ihre Stickarbeit flach gepresst wurde, bedeutet dies noch nicht, dass sie auch flach bleiben muss. Es gibt viele Möglichkeiten, eine flache Stickarbeit in ein dynamisches Kunstwerk zu verwandeln: Dafür brauchen Sie nur Ihre Fantasie und etwas Planung.

Interessante Effekte entstehen zum Beispiel, wenn einzelne Streifen der Stickerei verdreht oder zurückgefaltet werden. Bei dem hier zu sehenden Blumenmotiv wurde jeder zweite gestickte Streifen zu einem anderen Streifen zurückgefaltet. Ein spiralförmiges Motiv verdreht sich, wenn es von seinem Mittelpunkt herunterhängt, was eine interessante dreidimensionale Form ergibt.

Wenn Sie ein Kunstwerk planen, das sich verdrehen, falten oder aufrollen soll, empfiehlt es sich, zuerst einen Prototyp dieses Entwurfs aus Papier anzufertigen. Auf diese Weise können Sie den Entwurf noch verbessern, ehe Sie mit dem Sticken beginnen.

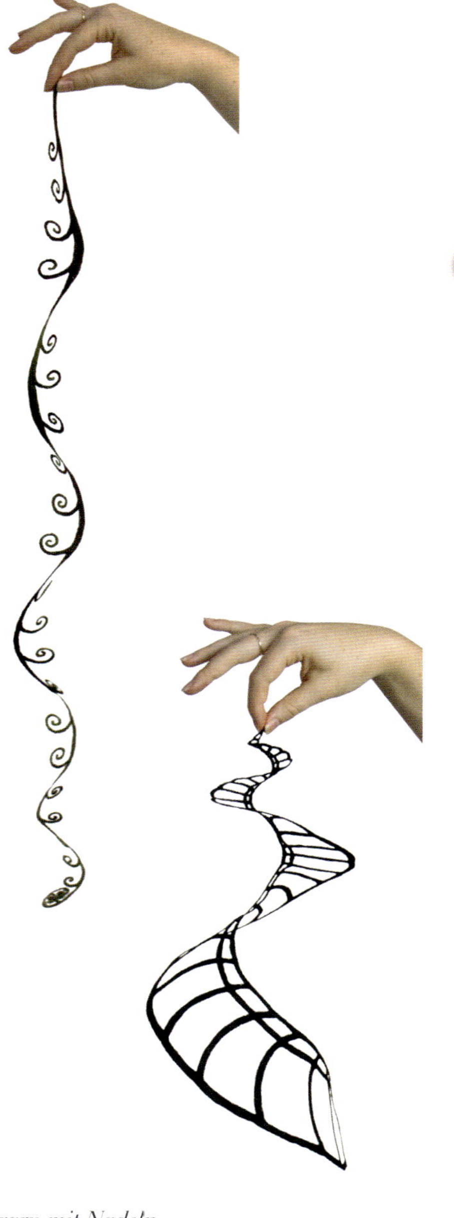

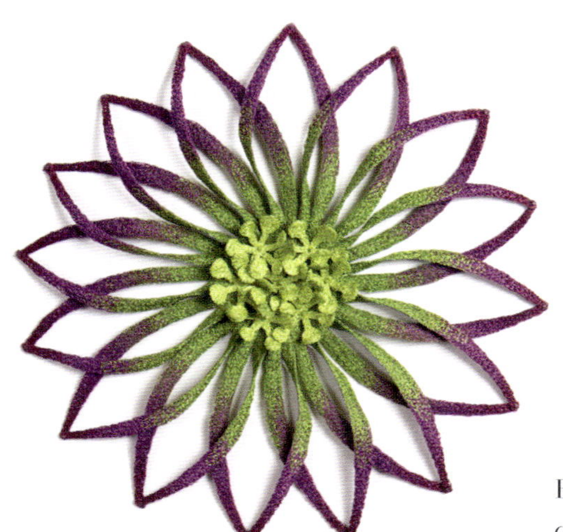

Blumenmotiv, *2014, Polyestergarn mit Nadeln auf Papier, 49 x 40 cm*

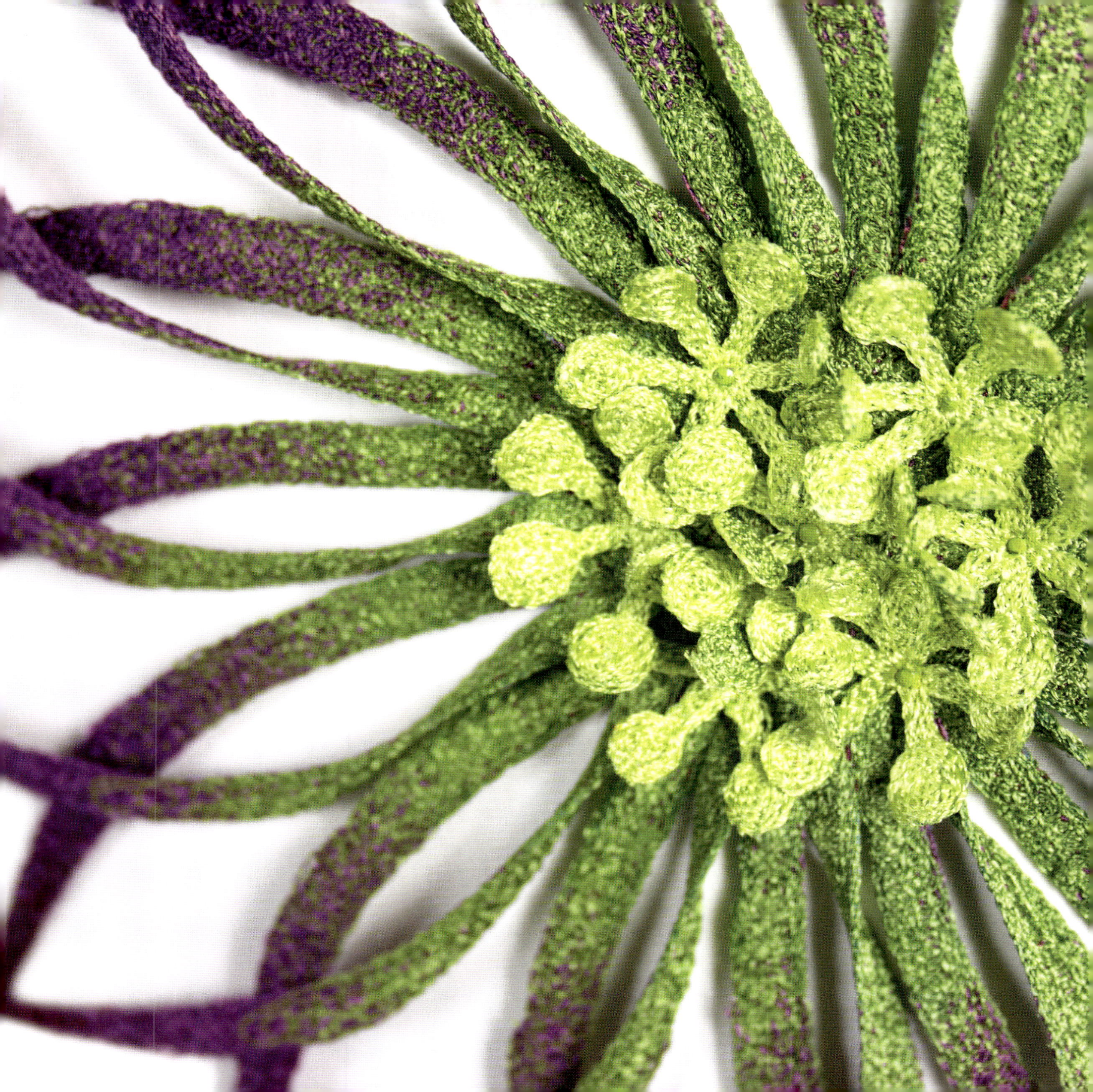

Eine wundersame Spirale

Die logarithmische Spirale, die wegen ihrer besonderen Form auch als »wundersame« Spirale (lateinisch: *Spira mirabilis*) bezeichnet wird, findet sich überall in der Natur. Wir sehen diese Spirale in den Kammern der Schale einer Meeresschnecke *(Nautilus)*, in einem sich entfaltenden Farnwedel, in der Mitte einer Sonnenblume oder im Auge einer Sturmwolke. Das Besondere an dieser Spirale ist, dass sie mit jeder Umdrehung den Abstand von ihrem Mittelpunkt um den gleichen Faktor vergrößert. Man spricht auch von einer »gleichwinkligen Spirale«, denn jede durch den Mittelpunkt gezogene Gerade durchschneidet diese Spirale unter dem gleichen Winkel. In der Beschäftigung mit dieser faszinierenden Spiralformen entstand das hier zu sehende Kunstwerk.

Zunächst habe ich ein hängendes Kunstwerk geschaffen und ausgestellt. Doch nach der Ausstellung experimentierte ich im Atelier noch einmal mit dem Werk und begann, die einzelnen Wedel der Stickerei zu verdrehen. Durch dieses Verdrehen wurden die Wedel in sich nach hinten gebogen, was die Gesamtform der Spirale veränderte und der Arbeit eine neue Dimension gab. Was dann am Ende in der Zusammenfügung der alten und neuen Elemente herauskam, war diese wundersame Spirale *(Spira mirabilis)*.

Wundersame Spirale *(Spira mirabilis)*,
2016, Polyestergarn mit Nadeln auf Papier,
92 x 105 cm

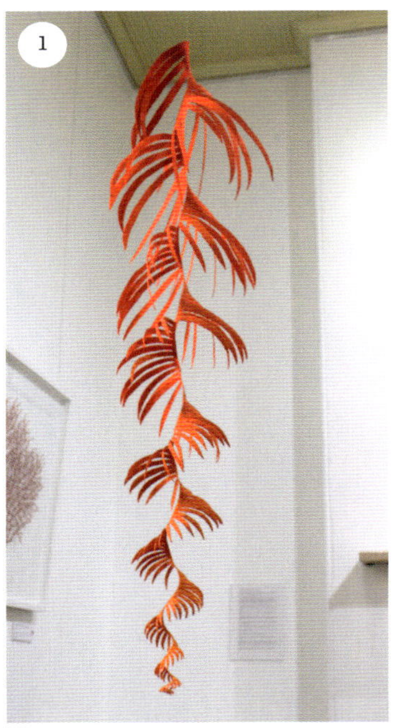
1

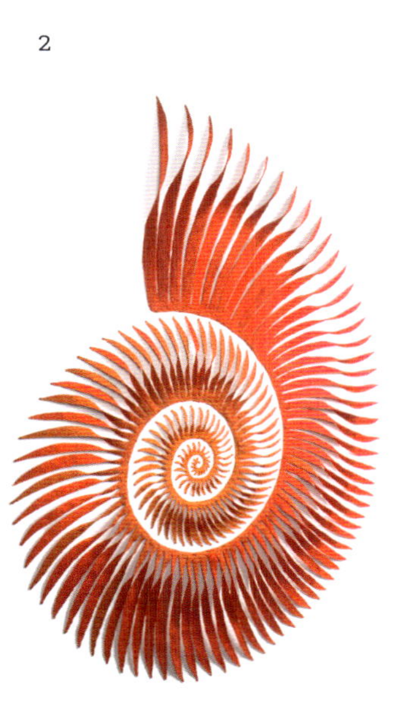
2

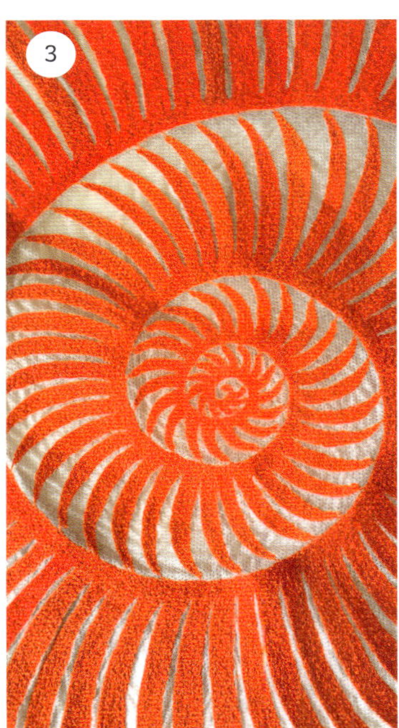
3

1. *Die ursprüngliche Form meines Entwurfs – noch als hängendes Kunstwerk präsentiert*
2. *Bild des fertigen Kunstwerks (Schrägansicht)*
3. Wundersame Spirale, *noch mit intaktem Stickvlies, wodurch die ursprüngliche Ausrichtung und Präsentation der Wedel deutlich wird*
4. *Ein Detail des fertig montierten Garnkunstwerks. Beachten Sie, wie sich die Wedel nun in die andere Richtung verdrehen.*

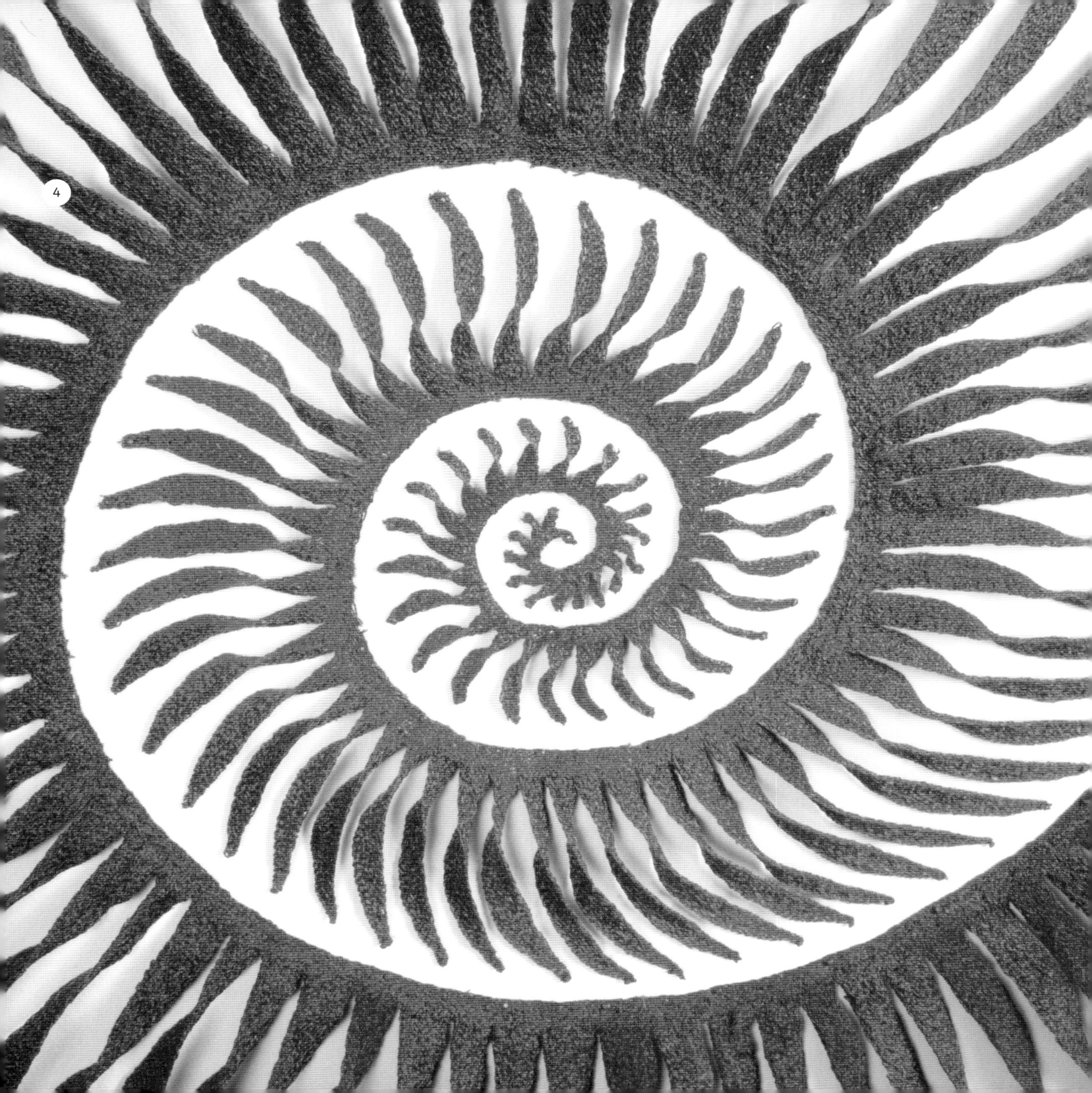
4

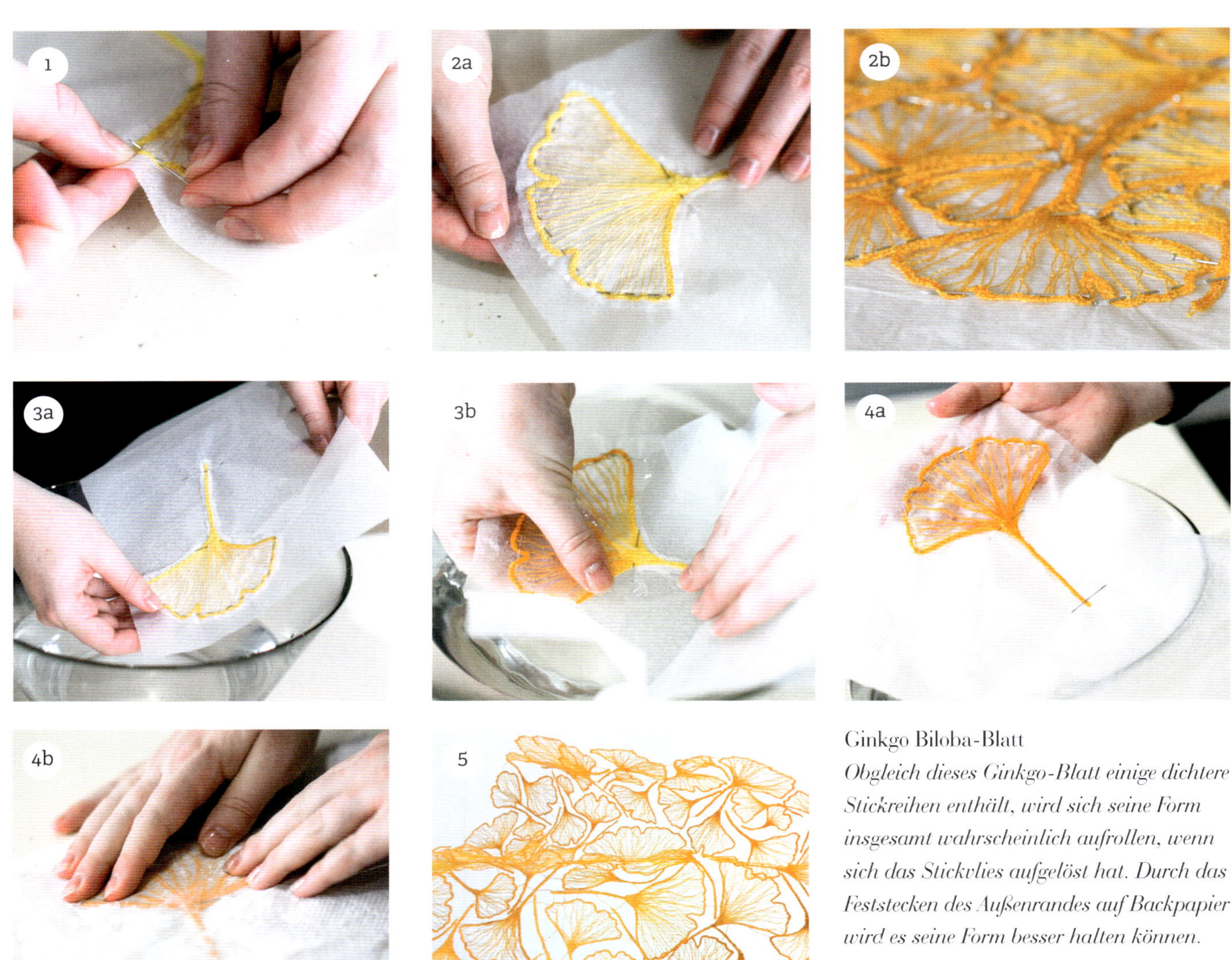

Ginkgo Biloba-Blatt

Obgleich dieses Ginkgo-Blatt einige dichtere Stickreihen enthält, wird sich seine Form insgesamt wahrscheinlich aufrollen, wenn sich das Stickvlies aufgelöst hat. Durch das Feststecken des Außenrandes auf Backpapier wird es seine Form besser halten können.

Auflösen auf einer Unterlage

Eine empfindliche gestickte Zeichnung braucht möglicherweise etwas Unterstützung, um ihre Form beibehalten zu können, wenn das Stickvlies aufgelöst wird und die Stickerei trocknet. Diese zusätzliche Unterstützung ist besonders für Strichzeichnungen oder Motive wichtig, die sich vermutlich aufrollen oder verdrehen, wenn der Grundstoff entfernt wird.

Anleitung:

1. Das zu stützende Motiv vor dem Auflösen mit Nadeln auf einer Unterlage feststecken. Ich verwende beim Auflösen Edelstahlnadeln, weil sie nicht rosten, wenn sie nass werden. Als Stützunterlage nehme ich Backpapier, weil es kostengünstig, leicht erhältlich und flexibel ist. Die Flexibilität ist besonders wichtig, wenn es um das Auflösen großer Arbeiten geht, die möglicherweise zusammengefaltet werden müssen, um in den Wassereimer zu passen. Alternativ zum Backpapier können Styroporplatten verwendet werden, die aber sperrig und schwierig zu beschaffen sind; außerdem brechen sie leicht.
2. Es geht nun darum, die Stickerei flach liegend zu sichern. Beginnen Sie, Ihre Arbeit flach auf ein neues Blatt Backpapier zu legen. Führen Sie dann eine Nadel mehrfach durch das Gestickte und das Backpapier, als würden Sie damit eine Reihe Vorstiche nähen. Auf diese Weise wird die Stickarbeit auf dem Backpapier gut fixiert. Es kann schwierig sein, mit der Nadel durch sehr dicht gestickte Partien zu stechen. Versuchen Sie stattdessen, vor der dichten Stelle die Nadel von unten durchzustecken, über den dicht gestickten Bereich zu führen, danach wieder einzustechen und die Stickerei außerdem beidseits dieser Stelle mit jeweils einer Nadel mit dem Backpapier zusammenzustecken. Mit dem Feststecken fortfahren, bis Sie überzeugt davon sind, dass alle Bereiche, die sich beim Auflösen aufrollen oder verdrehen könnten, ausreichend gesichert sind. Sorgen Sie dafür, dass alle Nadeln flach auf dem Backpapier liegen, um sich die schmerzhafte Erfahrung eines Nadelstichs zu ersparen.
3. Die Stickerei und das Backpapier ins Wasser tauchen, damit sich das Stickvlies auflöst. Im Wasser ein paar Sekunden lang über die Stickerei streichen, genau wie bei einer Stickerei ohne Unterlage. Die Nadeln werden dafür sorgen, dass die Zeichnung an ihrem Platz und die Originalform des gestickten Motivs erhalten bleibt.
4. Sobald sich das Stickvlies aufgelöst hat, die Stickerei und das Backpapier flach auf die Arbeitsfläche legen. Wenn sich beim Auflösevorgang eine Nadel verschoben hat oder herausgefallen ist, kann sie nun wieder sorgfältig befestigt werden. Das wasserlösliche Stickvlies kann auch zwischen der Stickerei und dem Backpapier gefangen sein, was zu einem klebstoffähnlichen Rückstand auf dem fertigen Kunstwerk führt. Dies kann vermieden (oder zumindest minimiert) werden, indem mit Papiertüchern möglichst viel von dem wasserlöslichen Vlies aufgesaugt wird.
5. Die Stickerei auf der Unterlage befestigt lassen, bis sie vollständig getrocknet ist.

Ginkgo-Blätter

Reich: *Plantae* (Pflanzen)
Unterabteilung: *Spermatophytina* (Samenpflanzen)
Klasse: *Ginkgoopsida* (Ginkgopflanzen)
Ordnung: *Ginkgoales* (Ginkgoartige)
Familie: *Ginkgoaceae* (Ginkgogewächse)
Gattung: Ginkgo
Art: *G. biloba*

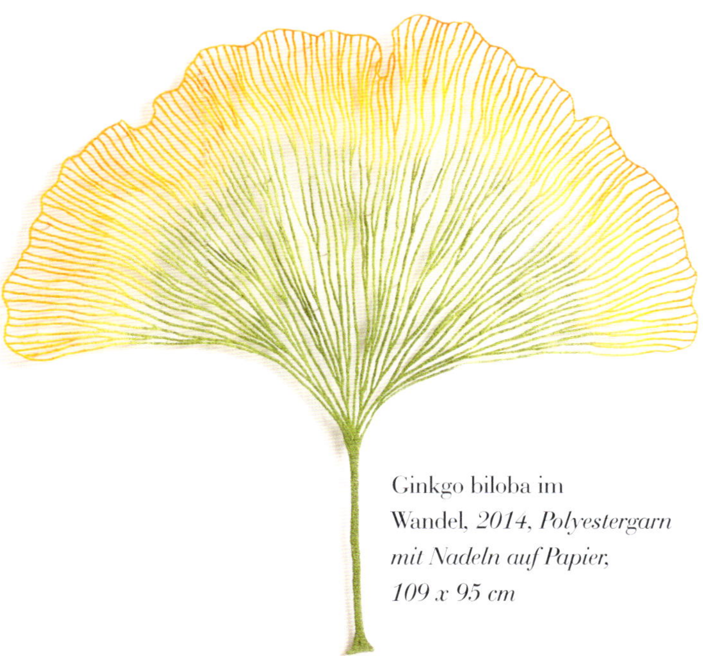

Ginkgo biloba im Wandel, *2014, Polyestergarn mit Nadeln auf Papier, 109 x 95 cm*

Meinen ersten Ginkgobaum sah ich in den Royal Botanic Gardens in Sydney. Ich hatte das Glück, die Gärten in einer Zeit zu besuchen, als der Baum gerade dabei war, seine Blätter abzuwerfen. Das ist eine glanzvolle Vorstellung: Während weniger Wochen im Herbst nehmen die schönen, fächerförmigen Blätter des Ginkgos eine kräftige, buttergelbe Farbe an und bedecken den Boden mit einem farbigen Teppich. So etwas hatte ich noch nie gesehen. Der Anblick dieses goldenen Teppichs ist seither fest in meinem Gedächtnis verankert.

Der Ginkgo hat eine faszinierende Geschichte: Er ist nämlich der einzige Baum seiner Art ohne noch lebende enge Verwandte – quasi ein lebendes Fossil, das sich in 200 Millionen Jahren kaum veränderte. Hinzu kommt auch eine reiche Geschichte der Kultivierung, die den einst sehr seltenen chinesischen Baum weltweit zu einem verbreiteten Anblick werden ließ.

Seine zarten, goldgelben, fächerförmigen Blätter waren inspirierten mich schon zu vielen Garnkunstwerken. Ich habe zahlreiche lebensgroße Varianten der Blätter in unterschiedlichen Arrangements angefertigt, genauso wie Studien in großem Maßstab, die das einmalige Muster der Blattadern herausarbeiten. Beinahe immer bilde ich die Blätter in ihrer typischen gelben Farbe ab, auch wenn sie diesen Farbton nur über einen kurzen Zeitraum des Jahres tragen.

Ginkgo Studie #1, *2014, Polyestergarn mit Nadeln auf Papier, 51 x 62 cm*

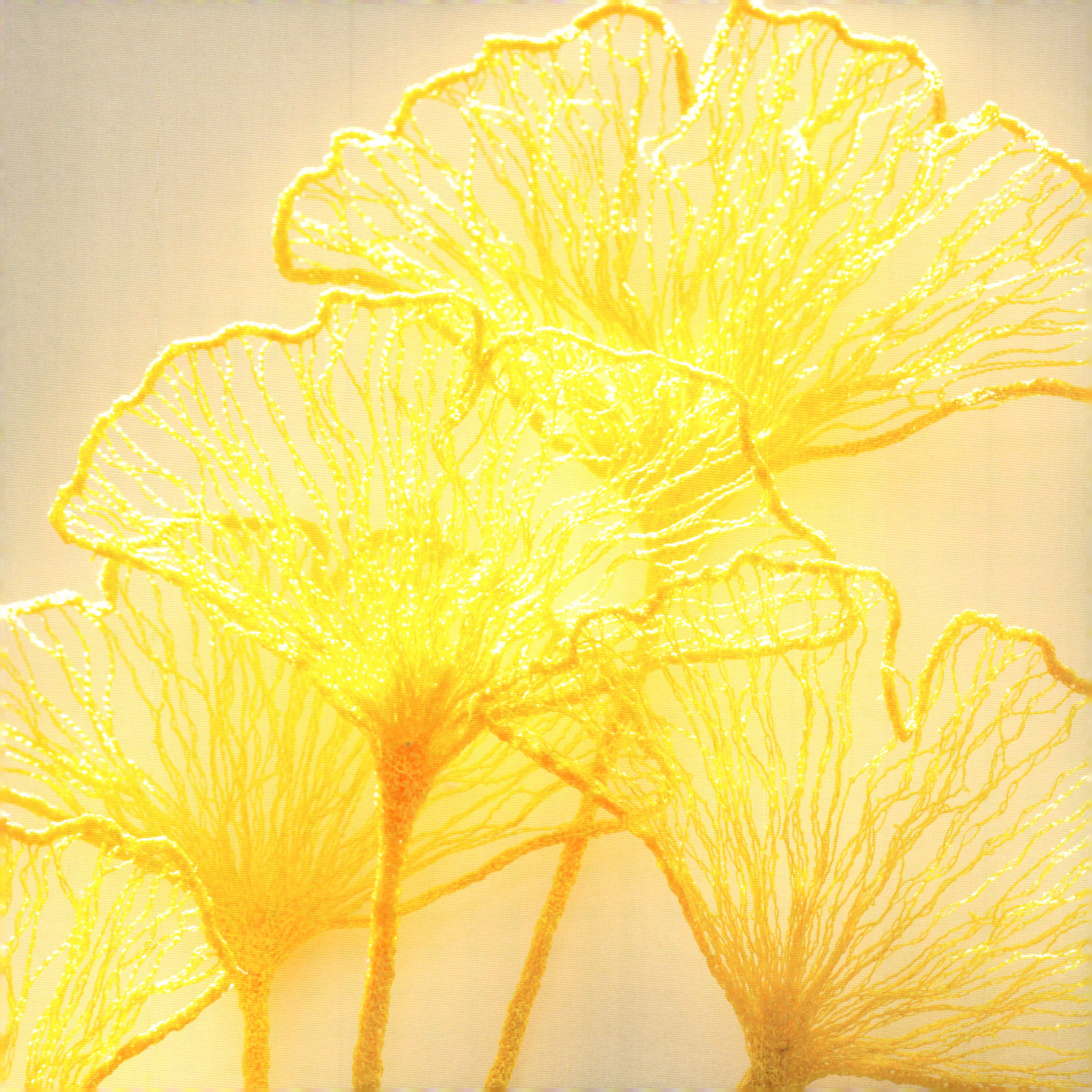

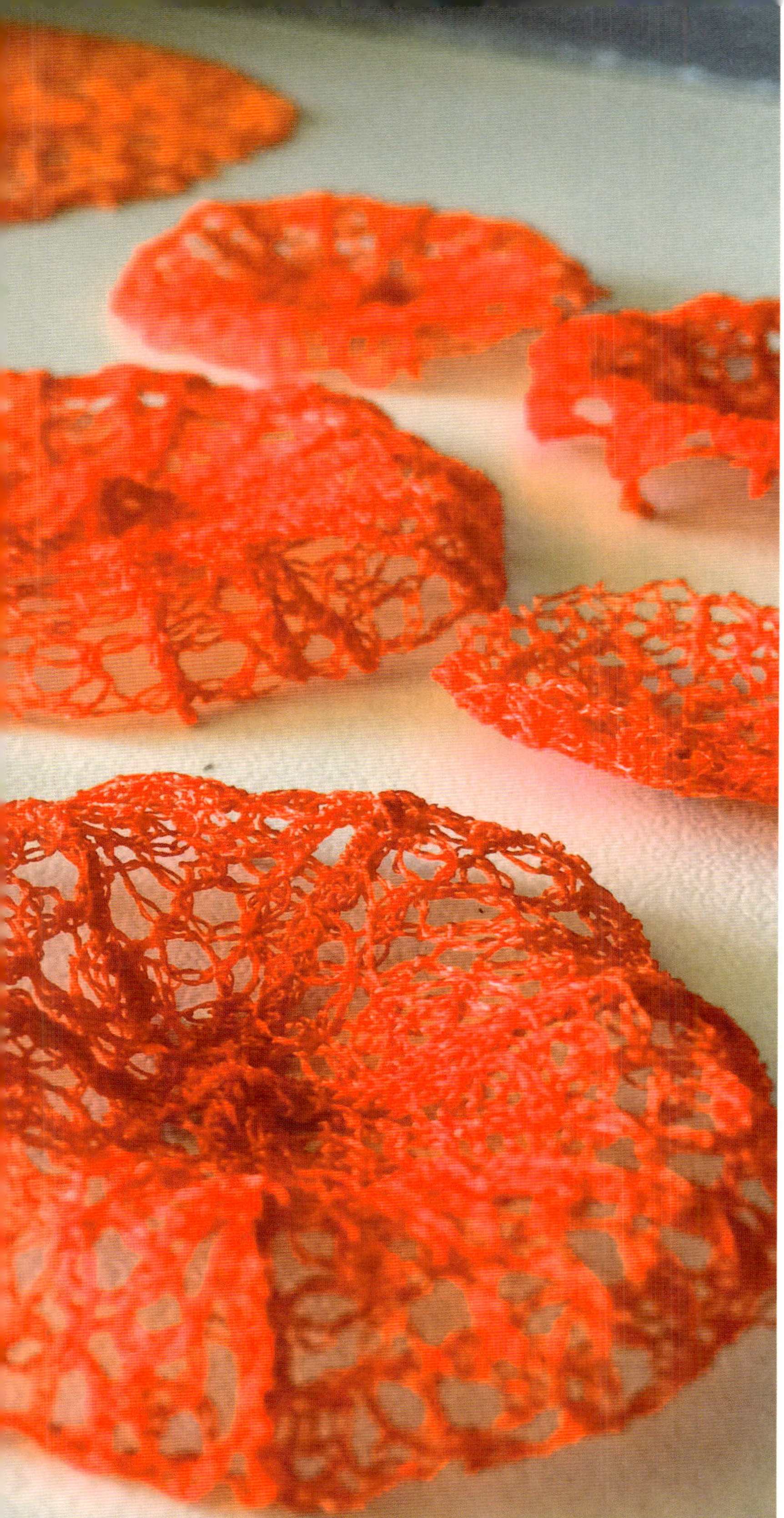

Modellieren und Formen

Durch die klebstoffähnliche Art des wasserlöslichen Stickvlieses können gestickte Zeichnungen in einmalige Formen modelliert werden. Dies eröffnet den gestickten Zeichnungen eine Vielzahl von bildnerischen Möglichkeiten, wenn sie sich beim Trocknen verdrehen, wölben und falten dürfen.

Hilfsmittel zum Modellieren

Zum Modellieren kann praktisch alles verwendet werden – Sie brauchen einfach eine Form, die die Stickerei trägt und die Garnkunst beim Trocknen eine beständige Form annehmen lässt.

Feste Objekte sind gute Modellierhilfen, sofern Sie die Stickerei über diesen Gegenstand drapieren oder um ihn wickeln können. Die Küche ist immer ein guter Ort, um sich nach entsprechenden Hilfsmitteln umzusehen: Gegenstände aus Keramik und Glas eignen sich gut. Wenn Sie die Stickerei auf der festen Modellierform fixieren wollen, können Sie eine Schnur oder Gummibänder herumwickeln, damit sie beim Trocknen an Ort und Stelle bleibt.

Styropor eignet sich sehr gut zum Modellieren, da die Stickerei darauf festgesteckt werden kann. So bekommen Sie eine zusätzliche Kontrolle darüber, wie die Stickerei beim Trocknen platziert ist. Außerdem können Sie sich Ihre eigenen Modellierhilfen aus Styropor zuschneiden, was allerdings etwas knifflig und mit viel Abfall verbunden sein kann. Eine weitere Option ist es, fertige Styroporformen zu kaufen. Kleine, fertige Styroporkugeln mag ich am liebsten, weil selbst eine sehr chaotische Stickerei großartig wirkt, wenn sie zu einer perfekten Kugel geformt ist. Vor dem Gebrauch wickle ich die Styroporformen in Alufolie. So wird die empfindliche Oberfläche vor den wiederholten Nadeleinstichen etwas geschützt, und ich kann die Form immer wieder verwenden.

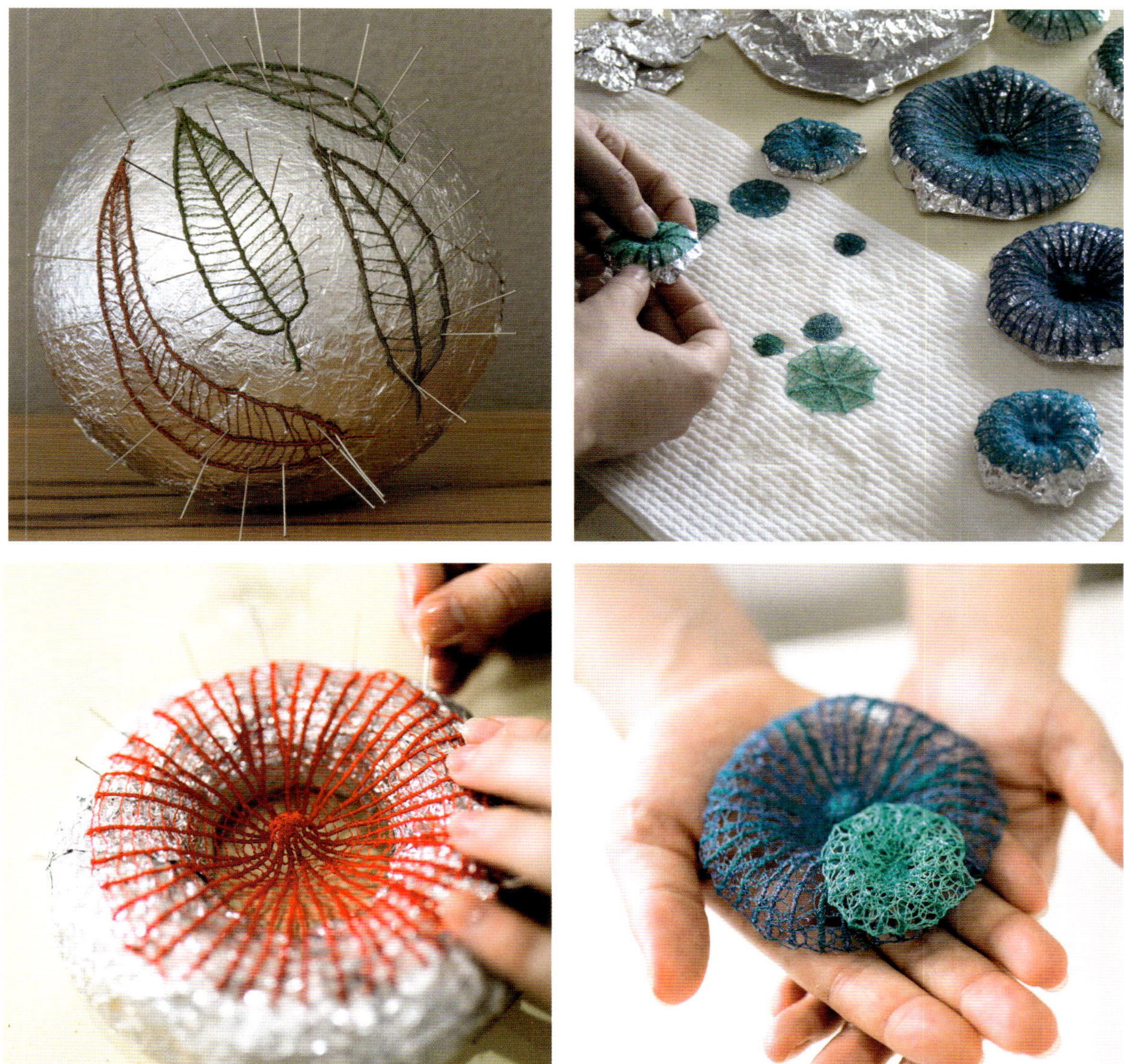

Einfache Modellierhilfsmittel aus zusammengeknüllter Alufolie

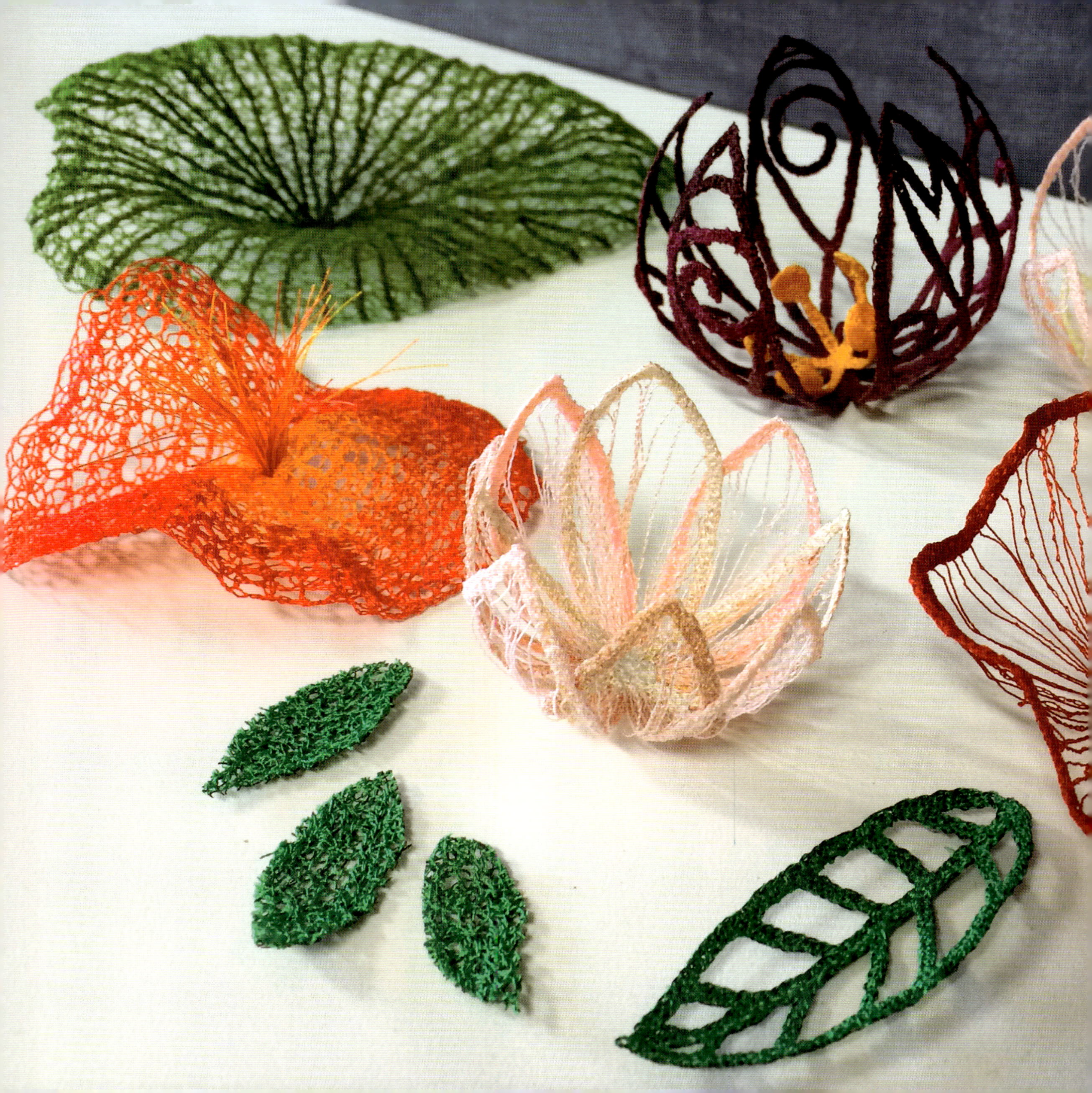

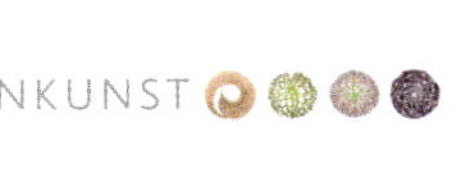

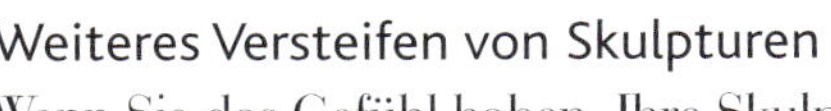

Weiteres Versteifen von Skulpturen

Wenn Sie das Gefühl haben, Ihre Skulpturen bräuchten nach dem Trocknen noch mehr Stabilität, können Sie die Stickereien mit einem Stofffestiger oder Stoffkleber zusätzlich festigen. Ich finde, eine Mischung aus Wasser und PVAL im Verhältnis 1:1, die in dünnen Schichten auf die Rückseite einer Stickerei aufgetragen wird, macht das Gefüge deutlich fester. Diese zusätzliche Schicht Kleber kann jedoch die Garnfarben dunkler wirken lassen oder auf der Oberfläche eine glänzende Schicht hinterlassen, wenn sie zu großzügig aufgetragen wird. Testen Sie daher die Mischung vorab immer auf einem kleinen Probestück.

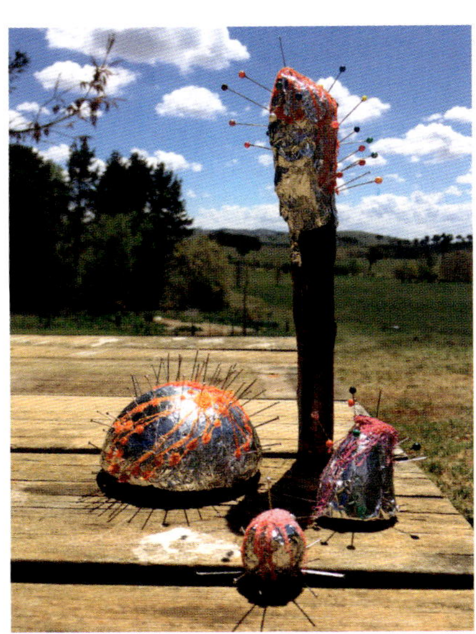

Ich benutze bei kreativen Tätigkeiten gern alles Verfügbare aus der Umgebung zur Problemlösung – vor allem, wenn es darum geht, Hilfsmittel zum Modellieren und Formen der gestickten Skulpturen zu finden. Dieses Foto zeigt einige Arbeiten von Kursteilnehmern eines Workshops in der Entstehungsphase. Neben den üblichen Styroporformen erstellten diese Kursteilnehmer Modellierhilfen aus Hölzern in der Umgebung – sogar eine Banane kam zum Einsatz. Bei Modellierhilfen geht einfach alles!

Dreidimensionale Entwürfe

Bei Entwürfen für dreidimensionale Projekte müssen Sie überlegen, wie sich die flachen Stickereien verhalten werden, wenn sie mit einer Modellierhilfe geformt werden. Stickereien können sich beim Formen dehnen, verziehen oder ausbeulen, je nach dem anfänglichen Entwurf und der Form, auf der sie modelliert werden. Mit etwas Vorausplanung und der Entwicklung eines Prototyps können unerwünschte Verwerfungen oder Verdrehungen der gestickten Formen verhindert werden.

Berücksichtigen Sie bei Ihren Entwürfen immer die Grenzen des Mediums. Seien Sie bei der Planung Ihrer Skulpturen realistisch – erwarten Sie nicht, dass das wasserlösliche Vlies hart wie Stahl wird und große gestickte Flächen eigenständig in Form hält. Sie arbeiten mit sehr weichen flexiblen Materialien und müssen dies bei Ihren Entwürfen berücksichtigen. Wenn Sie erreichen wollen, dass eine gestickte Plastik selbstständig steht, versuchen Sie, ein robustes Gefüge zu entwerfen, das viele Verbindungspunkte (oder -bereiche) hat, die sich beim Modellieren der Stickerei überlappen.

Gesticktes kann bis zu einem gewissen Grad gedehnt werden, wenn es geformt wird – wie weit dies möglich ist, hängt jedoch davon ab, wie dicht gestickt wurde. Sehr lockere, spitzenähnliche Gefüge wie das Kritzelblatt auf Seite 94 sind recht flexibel, weil sie eine netzartige Struktur aufweisen. Sie können über flache Rundungen gedehnt werden, um nahtlose dreidimensionale Formen entstehen zu lassen. Dichter gestickte Arbeiten geben weniger nach und beulen möglicherweise aus, wenn sie über Rundungen geformt werden. Wenn dies vermieden werden soll, muss die Netzform des Motivs Lücken enthalten, die es der Stickerei erlauben, sich ohne auszubeulen um eine runde Modellierhilfe zu legen.

Prototypen aus Papier sind eine gute Möglichkeit, dreidimensionale Stickarbeiten zu planen. Wenn Sie das Motiv in Papier richtig hinbekommen, bevor Sie sich an die Nähmaschine setzen, lassen sich mögliche Probleme oder falsche Ausrichtungen bei der Stickerei vorhersagen bzw. vermeiden. Das spart Zeit und Kummer. Für einen Prototyp einfach das Motiv auf Papier zeichnen, anschließend das Motiv ausschneiden und nach Ihrer Vorstellung vom fertigen Stickprojekt formen. Sie können den Prototyp aus Papier genau so um die Modellierhilfe legen, wie Sie die Stickerei formen wollen. Sollte der Prototyp nicht gut sitzen, können Sie Anpassungen vornehmen, indem Sie Bereiche wegschneiden oder mehr Papier dazunehmen, bis Sie überzeugt sind, dass der Entwurf wie gewünscht gelingen wird. Der Prototyp aus Papier kann dann zur Vorlage für Ihr gesticktes Motiv werden.

Wenn Sie hinsichtlich einer entworfenen Struktur unsicher sind, probieren Sie diese dennoch aus. Selbst wenn das Projekt misslingt, haben Sie aus Ihren Fehlern etwas gelernt und werden diese im Idealfall nicht wiederholen. Experimentieren Sie weiter, um die Grenzen der Formbarkeit dieses Mediums zu entdecken und vielleicht etwas zu erweitern. Sie wissen nie, was für wunderbare Dinge Ihnen möglicherweise gelingen werden.

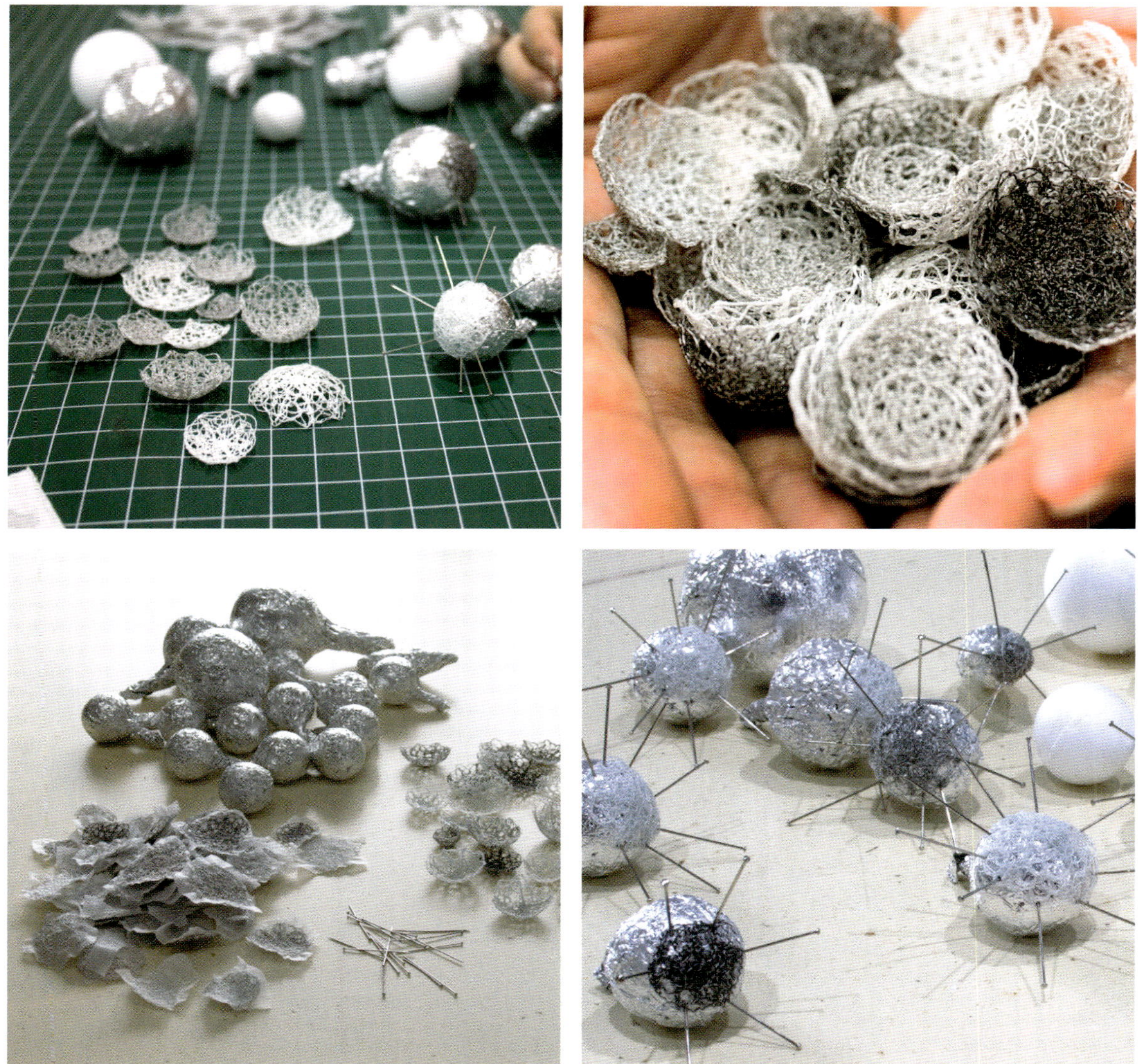

Kleine runde Kritzelblätter wurden über Styroporkugeln zu flachen, gerundeten Schalen geformt

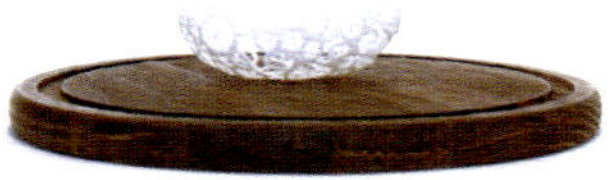

Eine Schale aus Zweigen entsteht

1

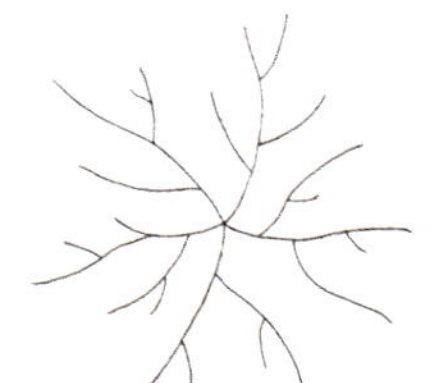

Diese Schale aus Zweigen ist ein amüsantes kleines dreidimensionales Stickprojekt. Das Motiv passt sich bei der Arbeit den spezifischen Bedürfnissen der Modellierhilfe an. Diese organische Herangehensweise an die plastische Stickerei bedeutet, dass Sie keinen Prototyp und keinen strengen mathematischen Plan brauchen, um eine solide Struktur aufzubauen. Lassen Sie Ihr Werk beim Sticken einfach wachsen.

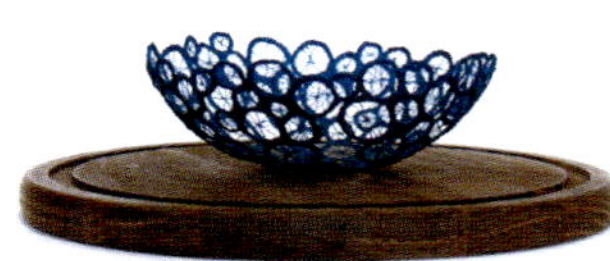

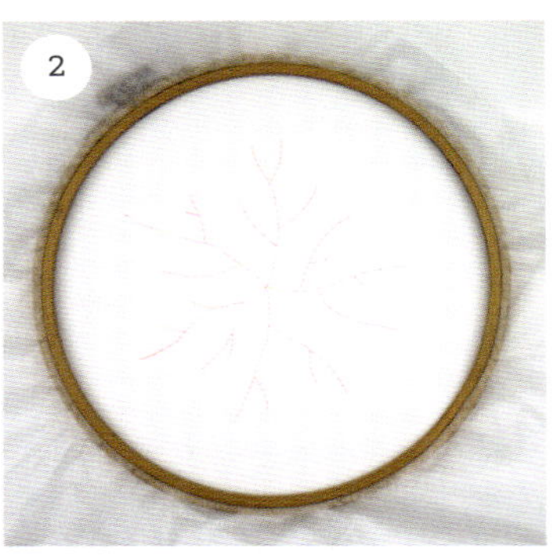

Hier geht es darum, ein flaches Motiv zu kreieren, das um eine Modellierform gewickelt wird, um eine glatte Skulptur zu ergeben, die an mehreren Stellen in sich verbunden ist. Diese Verbindungsstellen geben dem Gefüge mehr Festigkeit, was der Skulptur hilft, ihre modellierte Form beizubehalten. Bei diesem Beispiel habe ich ein einfaches Linienmotiv verwendet und damit nachgeahmt, wie neue Zweige wachsen und sich gabeln. Aber Sie können mit allen beliebigen Strukturen und Mustern experimentieren.

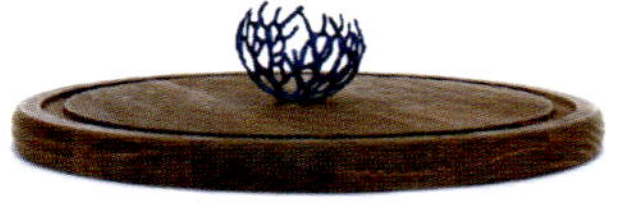

Anleitung:

1. Auf Papier ein einfaches Muster aus Zweigen zeichnen, die von einem zentralen Punkt ausstrahlen. In diesem Fall habe ich fünf Zweige gezeichnet, die sich in kleinere Zweige verästeln und annähernd eine Kreisform bilden. Dafür sorgen, dass sich die Zweige untereinander nicht berühren, denn dadurch bilden sich in flachem Zustand Schlaufen, was zu Falten oder Beulen führen würde, wenn die Stickerei über die Modellierform gelegt wird.
2. Das Motiv auf ein wasserlösliches Stickvlies übertragen und dieses zum Sticken in einen Stickrahmen spannen.
3. Nun das Motiv in der gewählten Stichtechnik sticken. Ich habe die Technik der einander überschneidenden Schlaufen gewählt, um die Zweige in dichten Reihen aufbauen zu können.

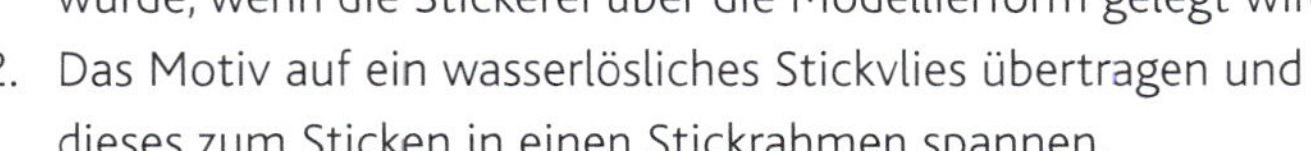

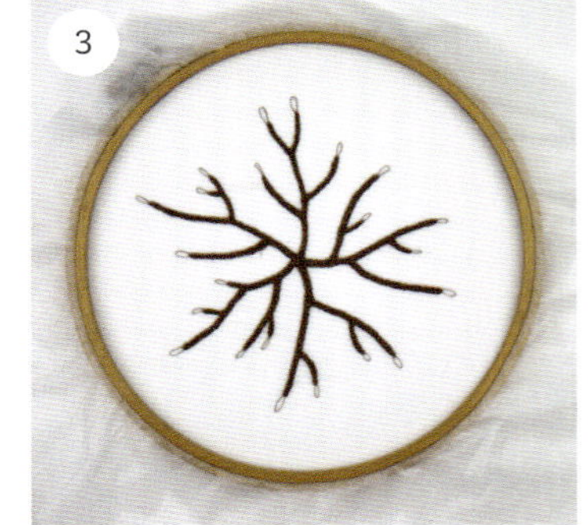

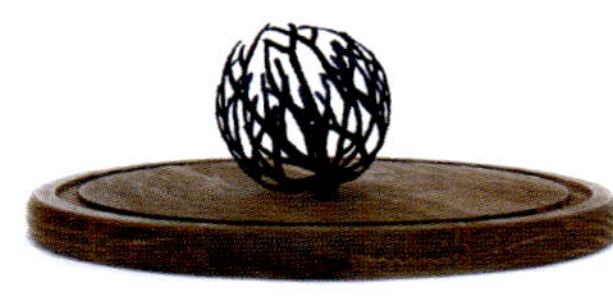

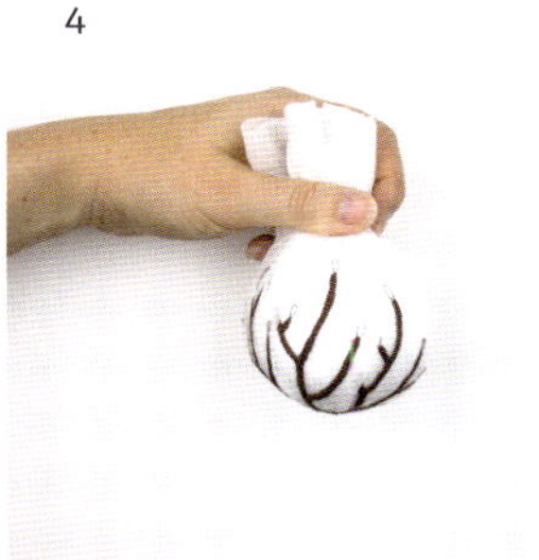
4

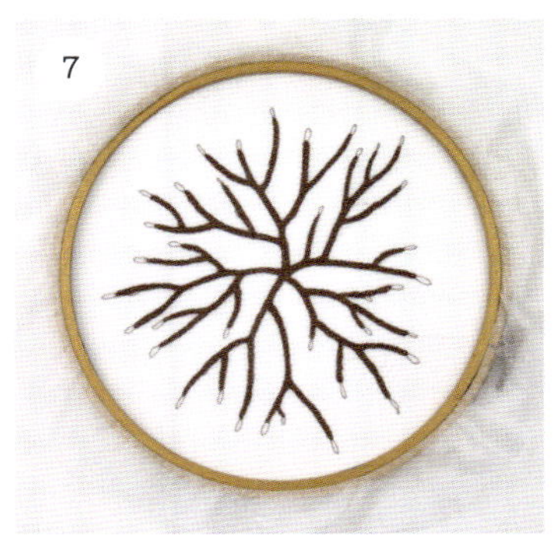
7

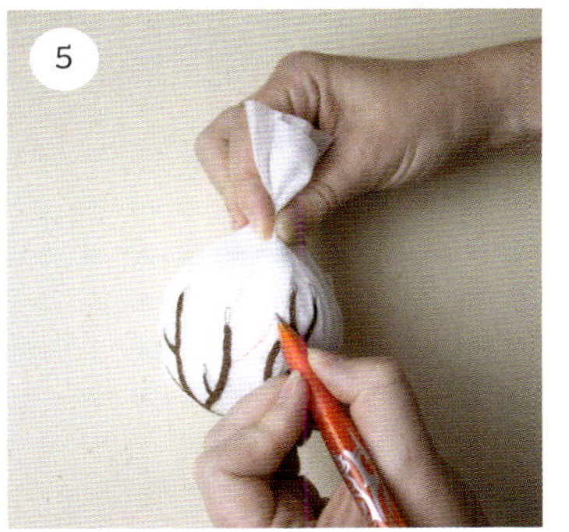
5

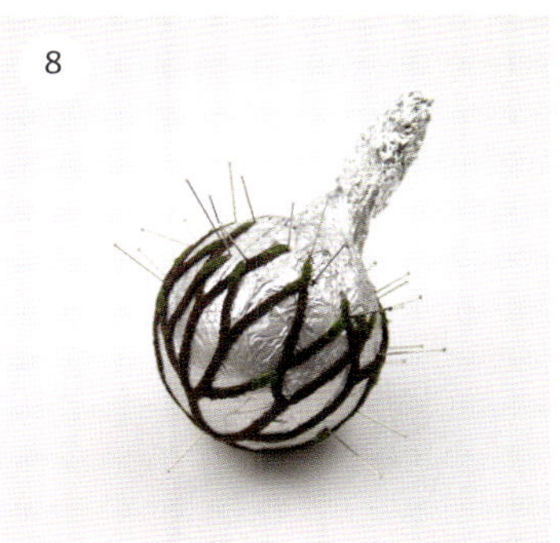
8

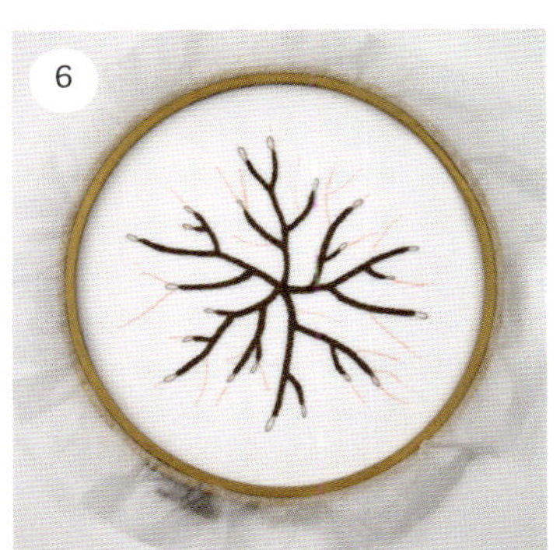
6

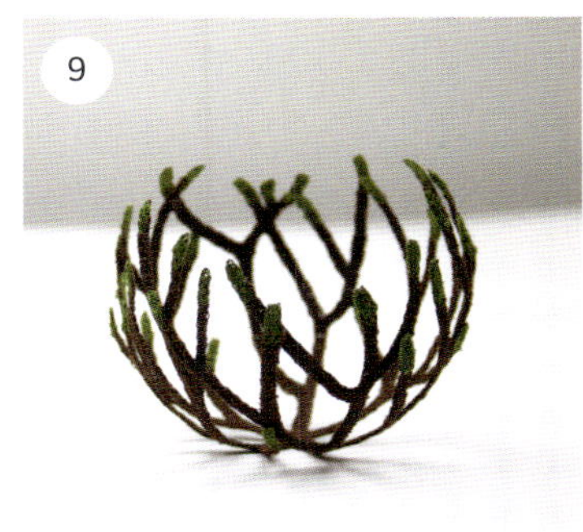
9

4. Die Stickerei aus dem Rahmen nehmen und um die Modellierhilfe legen. Für dieses Beispiel hier habe ich eine Styroporkugel verwendet – Sie können aber jede beliebige Form wählen.
5. Die gestickten Zweige so anordnen, dass sie gleichmäßig um die Kugel ausgebreitet sind und flach aufliegen. Einfacher wird dies, wenn Sie die Zweige dabei nach und nach mit Nadeln feststecken. In diesem Stadium sollen sich die Spitzen der Zweige miteinander verbinden können – überprüfen Sie deshalb, ob es entsprechende Kontaktpunkte gibt, an denen sich die Spitzen der Zweiglein miteinander verbinden oder den benachbarten Zweig überlappen. In Bereichen, die sich nicht verbinden, erweitern Sie das Motiv, indem Sie fehlende Verbindungen direkt auf das wasserlösliche Stickvlies zeichnen.
6. Das Vlies von der Modellierform nehmen und erneut zum Sticken in den Stickrahmen spannen. Anschließend die neu gezeichneten Bereiche sticken.
7. Die Schritte 4–6 so oft wie nötig wiederholen, bis Sie mit dem Motiv zufrieden und davon überzeugt sind, dass sich alle Äste irgendwo überlappen. Nach Belieben dekorative Elemente einfügen – ich habe einige kleine grüne Spitzen am Ende jedes Astes eingefügt. Das Stickvlies in Wasser auflösen, anschließend überschüssiges wasserlösliches Vlies und Feuchtigkeit mit Papiertüchern aufsaugen.
8. Die feuchte Stickerei über die Modellierform spannen, dabei die Äste des Motivs in der gewünschten Position anordnen. Die Äste mit Nadeln feststecken und die Skulptur trocknen lassen.
9. Wenn die Skulptur vollständig getrocknet ist, vorsichtig von der Modellierhilfe abnehmen. Sollten sich beim Abnehmen von der Modellierform Zweige voneinander lösen, können Sie diese mit wenigen Stichen per Hand wieder verbinden. Nehmen Sie dazu dieselbe Garnfarbe, in der gestickt wurde.

Rote Korallenschale

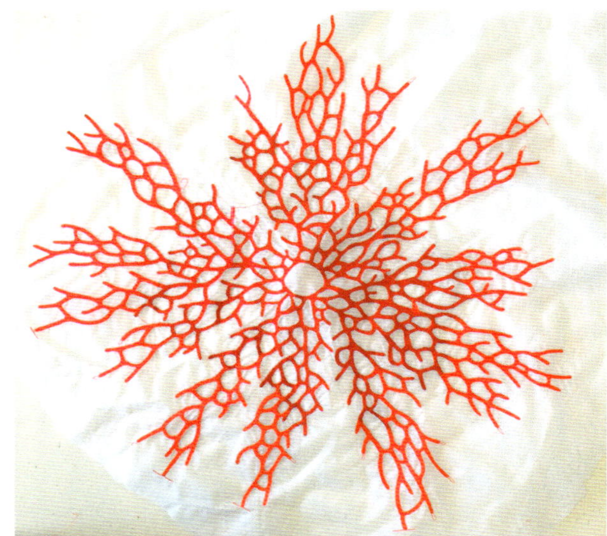
Fertige Netzform des Werks vor dem Modellieren

Das ist die größte modellierte Stickarbeit, die ich bisher angefertigt habe. Ich stelte sie nach demselben Verfahren her wie die zuvor beschriebene Schale aus Zweigen, nur in einem viel größeren Format. Das Motiv wuchs beim Sticken. Jedes Mal, wenn ich die Arbeit wieder auf die Modellierform spannte, zeichnete ich weitere neue Linien ein, um die Strukturen einer Riesen-Fächergorgonie nachzuahmen. Flach liegend hatte das Motiv viele dünne gestickte Zweige, die sich über der runden Modellierform miteinander verbanden. Der Kreis in der Mitte des Motivs wirkt wie ein Boden, auf dem die Form aufrecht stehen kann. Dieses Teil wurde mit einer verdünnten PVA-Lösung gestärkt, damit die fertige Schale ihre Kugelform behält.

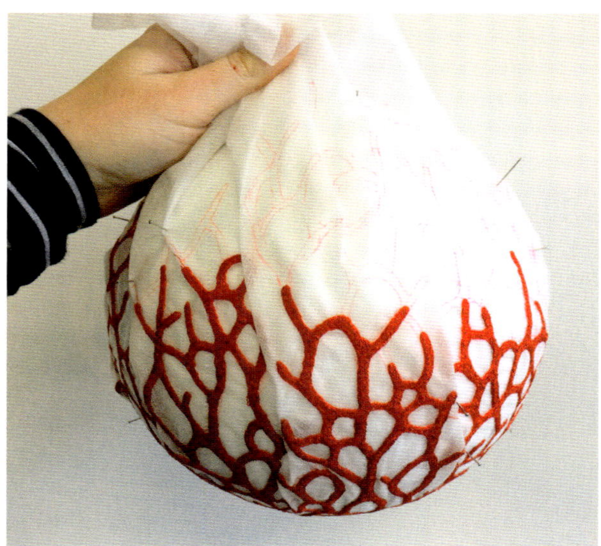
Die Rote Korallenschale im Entstehungsprozess

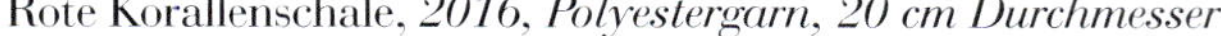
Rote Korallenschale, *2016, Polyestergarn, 20 cm Durchmesser*

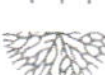

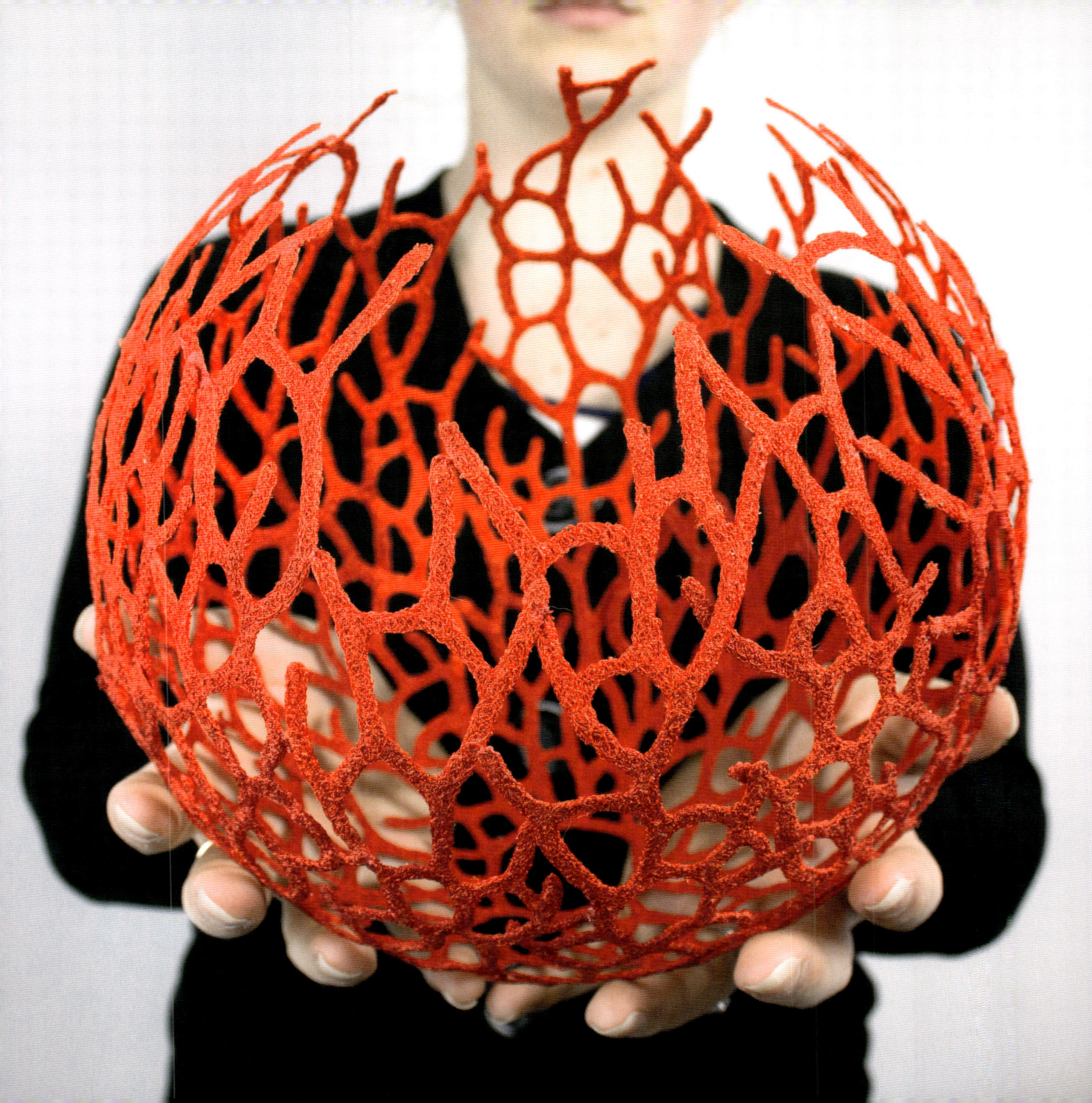

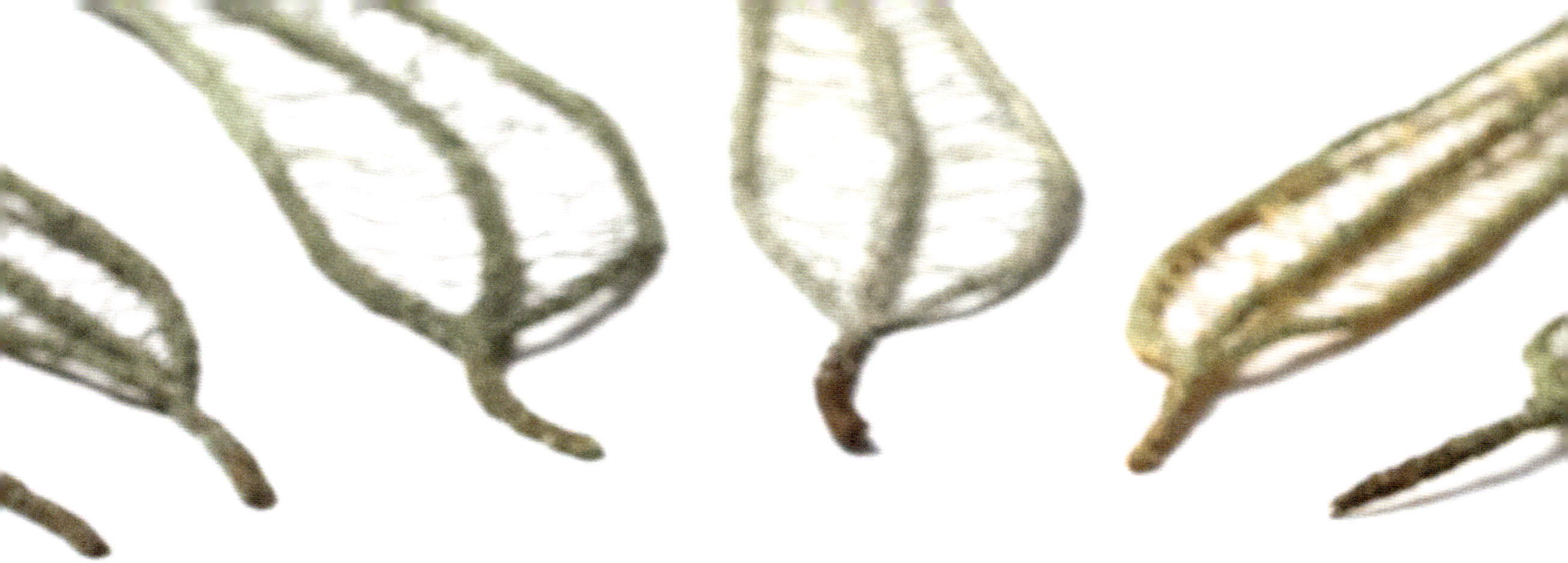

Tipps & Fehlerbehebung

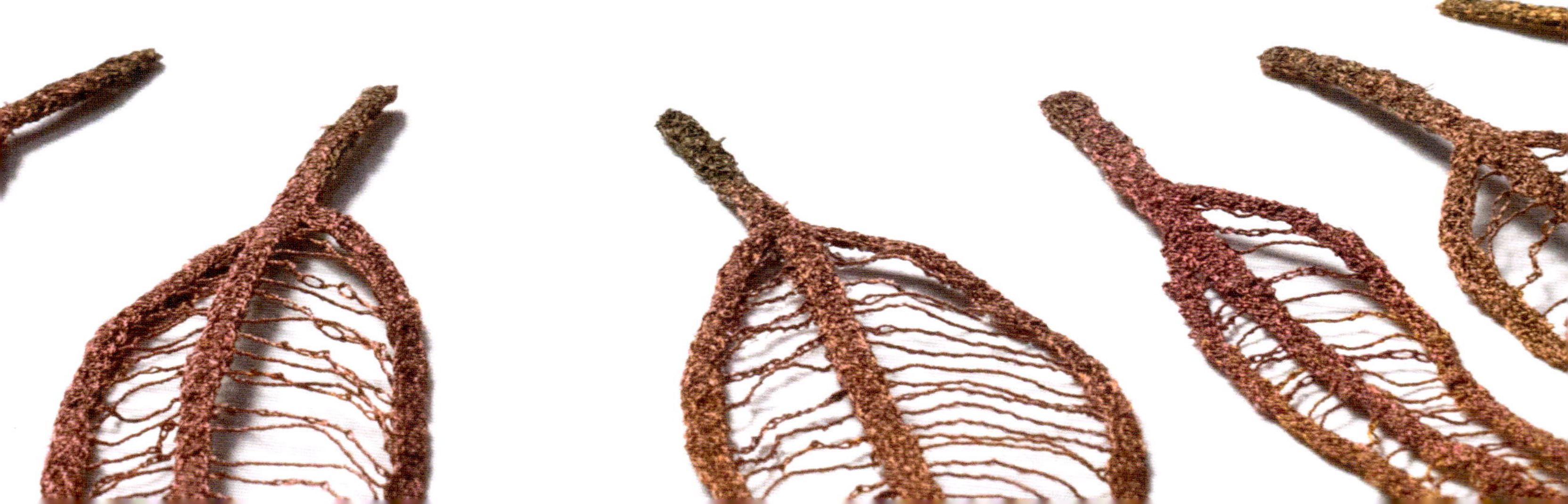

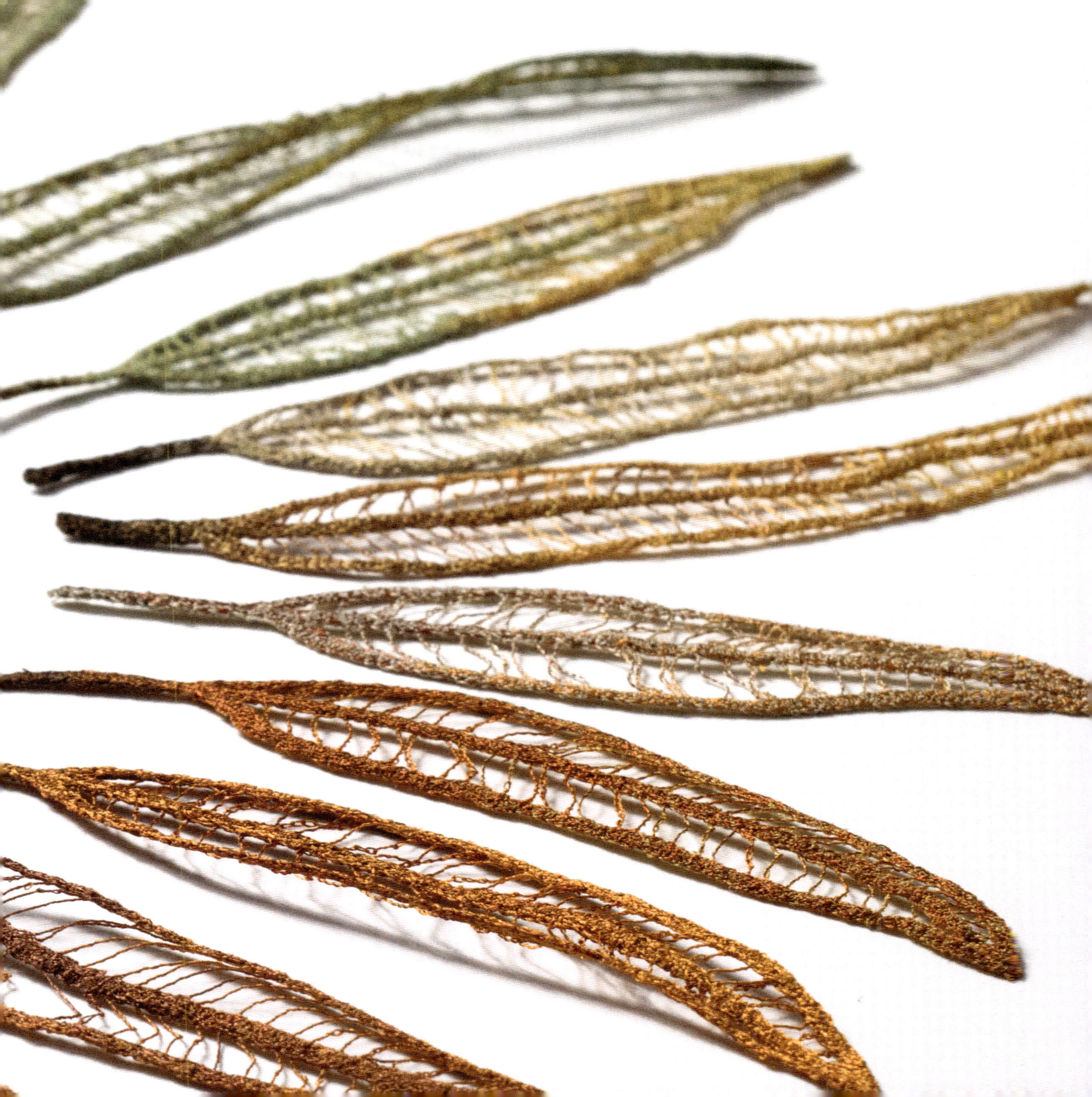

Tipps, Tricks und Plaudereien aus dem Nähkästchen

Vieles von dem, was Sie auf den folgenden Seiten erfahren, hätte ich gern selbst schon gewusst, als ich mit dieser Technik begann. Sie können nun auf dieses Kapitel zurückgreifen, wenn Sie Probleme haben oder sonstwie eine Hilfestellung brauchen. Es behandelt die technischere Seite des Arbeitens mit einer Nähmaschine und beschreibt im Detail die spezifischen Einstellungen sowie die Pflege der Maschine. Außerdem befassen wir uns konkret damit, wie einige häufige Probleme vermieden oder behoben werden können, die beim Sticken oder Auflösen des Stickvlieses möglicherweise vorkommen. All das kann und wird Ihnen hoffentlich dabei helfen, viel Erfolg mit diesem Stickverfahren zu haben.

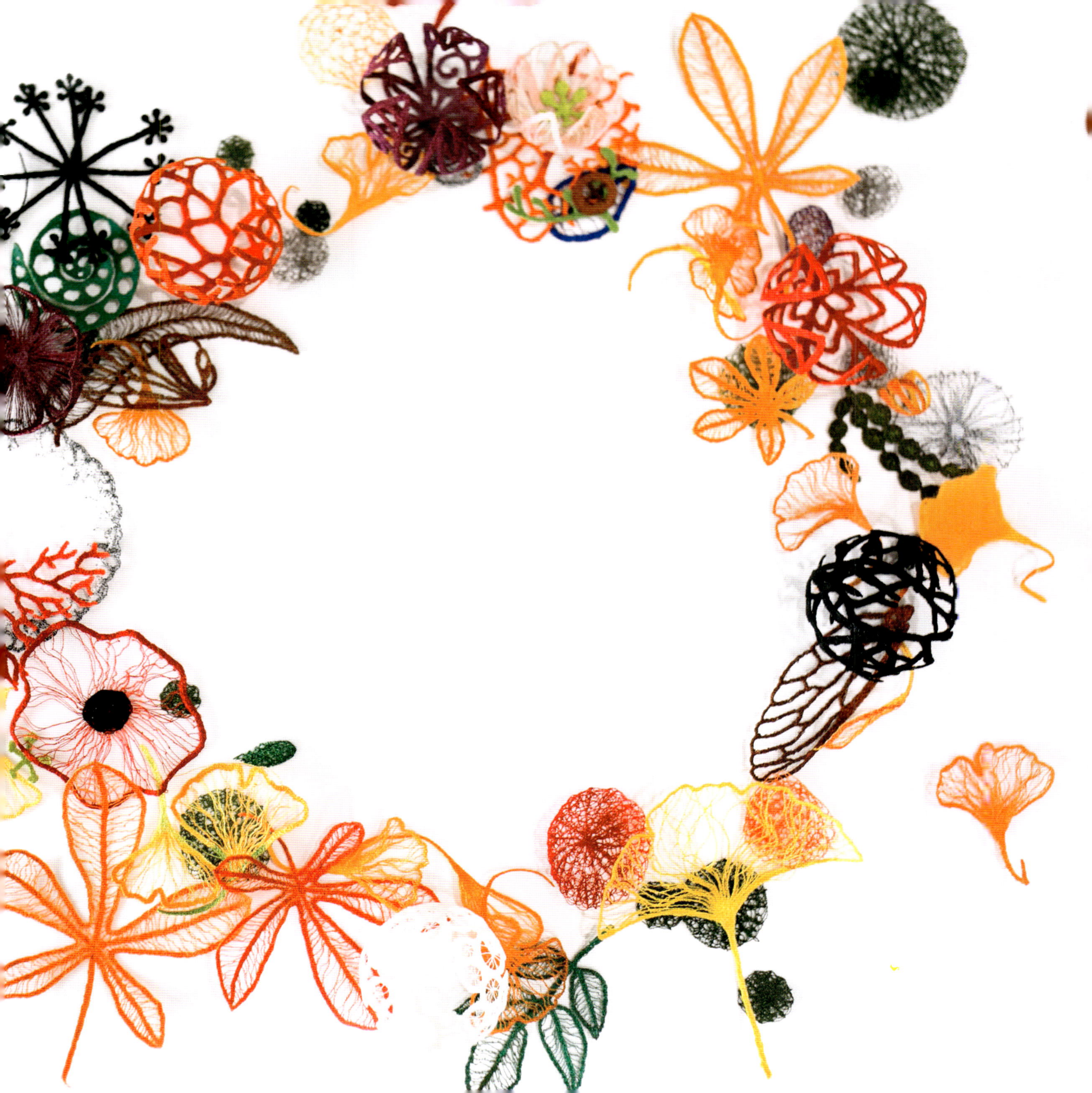

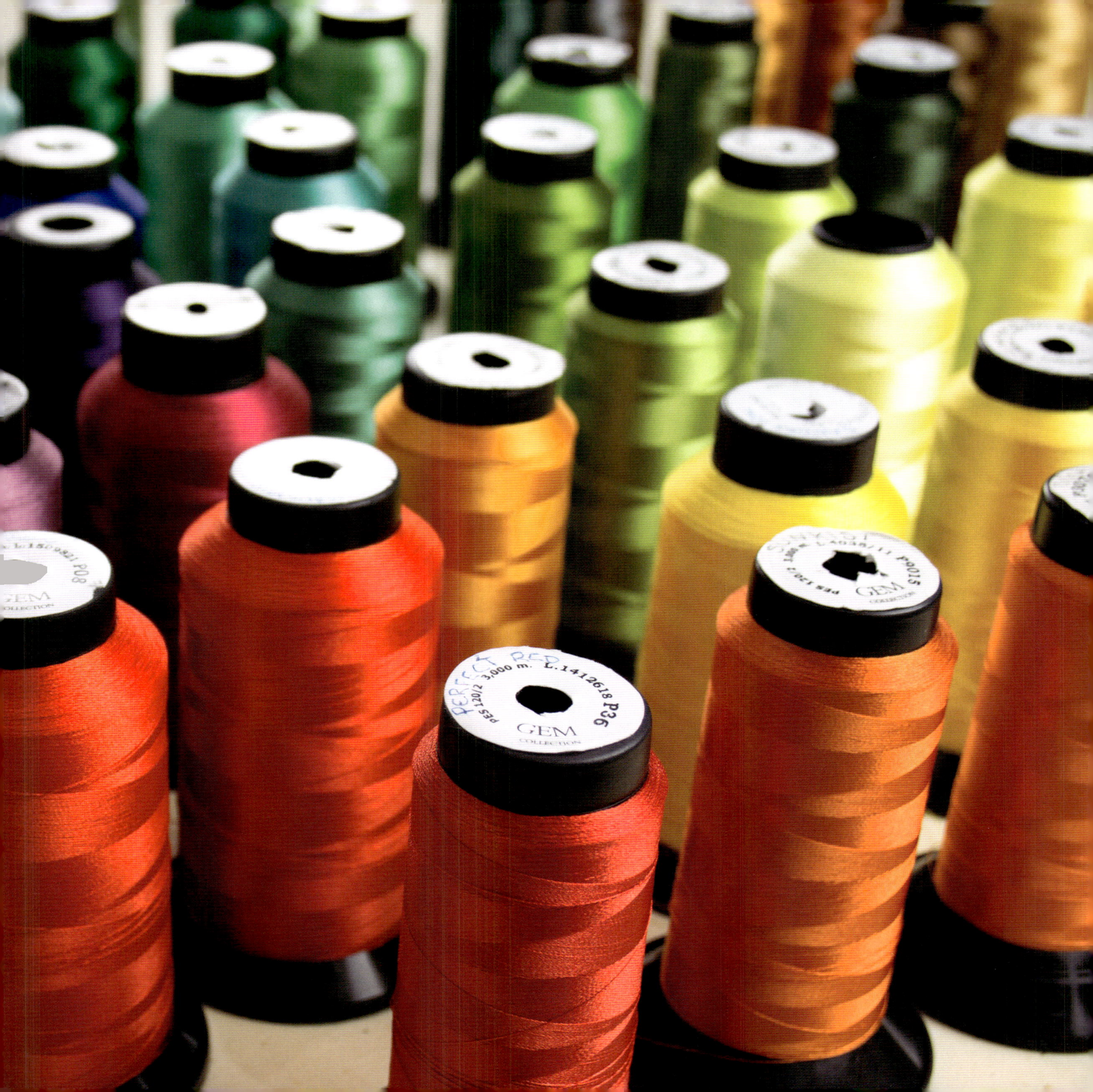
PERFECT RED
PES 120/2 3,000 m. L.1412618 P36
GEM
COLLECTION
P9015
GEM
COLLECTION
P08
GEM

 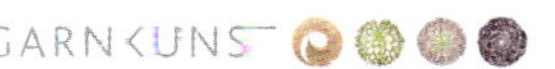

Tipps zu den Einstellungen der Nähmaschine

Bevor Sie ein Stickprojekt beginnen, ist es wichtig, dass Sie die Funktionsfähigkeit und die Einstellungen Ihrer Nähmaschine überprüfen. Eine Nähmaschine ist ein komplexes Gerät. Je besser Sie über die Funktionsweise Ihrer Maschine und deren korrekte Nutzung Bescheid wissen, desto mehr Erfolg und Freude werden Sie beim Nähen haben.

Die meisten Nähprobleme, die ich in Workshops erlebe, sind das Ergebnis einer fehlerhaften Nutzung. Die Kursteilnehmer verwenden entweder das falsche Zubehör oder benutzen die Maschine falsch. Glücklicherweise können die meisten Probleme mit etwas Schulung und dem richtigen Zubehör leicht behoben werden.

Spulen

Überprüfen Sie vor Nähbeginn, dass die Spule nicht verbogen oder verzogen ist. Entsorgen Sie beschädigte Spulen, um sie nicht versehentlich wieder zu verwenden.

Verwenden Sie immer die korrekte Spule für die Marke und das Modell Ihrer Maschine. Nur weil eine Spule in die Spulenkapsel passt, heißt das noch nicht, dass die Spule für diese Maschine geeignet ist. Es gibt im Handel billige Spulen, die (bis zu einem gewissen Grad) in jede Maschine passen und funktionieren, aber damit können Sie Probleme bei der Fadenspannung bekommen, und sie schaden im Lauf der Zeit Ihrer Maschine. Ein gut sortierter Laden für Nähzubehör sollte Ihnen bei der Wahl der richtigen Spulen für die Marke und das Modell Ihrer Nähmaschine behilflich sein können.

Stellen Sie sicher, dass Sie Ihre Spule richtig aufgespult haben. Bei einer korrekt aufgespulten Spule sollte der Faden glatt und fest um die Spule gewickelt sein. Wenn Ihre Spule locker und mit Schlingen aufgespult wurde, lesen Sie in der Betriebsanleitung nach, ob Sie die Spule tatsächlich richtig einfädeln und aufspulen.

Nadeln

Überprüfen Sie vor dem Nähbeginn, ob die Nadel richtig eingesetzt und weder stumpf noch schartig oder verbogen ist. Ich arbeite mit Microtex- oder »Jeans«-Nadeln (Größe 90); sie funktionieren gut mit dem Polyestergarn, das ich für das Sticken mit der Maschine verwende. Ein einfacher Nadelaustausch ist eine der schnellsten und einfachsten Verbesserungen, die Sie an Ihrer Maschine vornehmen können. Haben Sie daher immer Ersatznadeln zur Hand.

Garn

Minderwertige Garne werden reißen oder aufrauen, wenn Sie sich an der Technik des freien Arbeitens versuchen. Kaufen Sie immer Garn guter Qualität, auch wenn es etwas teurer ist.

Überprüfen Sie, ob Ihre Maschine richtig eingefädelt ist. Das klingt offensichtlich – falsches Einfädeln ist aber eines der häufigsten Probleme, die ich in Workshops erlebe. Stellen Sie sicher, dass Sie die Maschine mit angehobenem Nähfuß einfädeln und dass der Faden frei und ungehindert durch die Maschine läuft, bevor Sie mit dem Nähen beginnen.

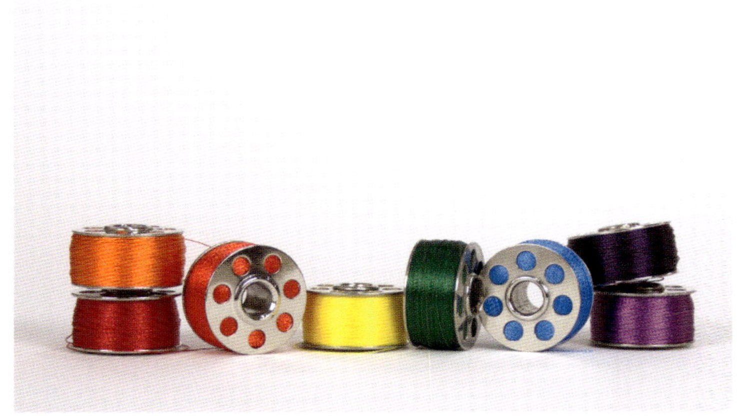

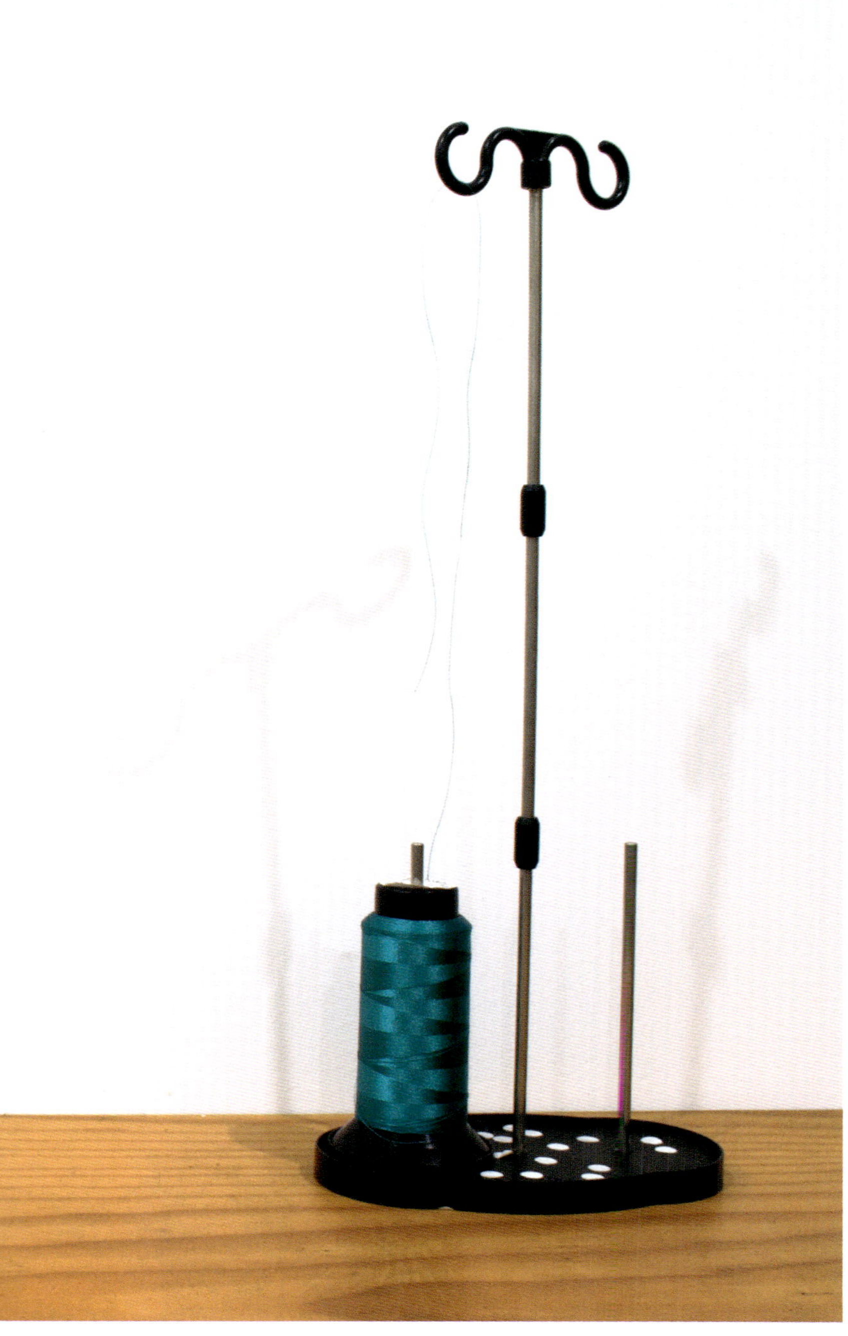

Horizontal eingesetzte Garnrolle im Vergleich zur vertikal eingesetzten Garnrolle

Wie Sie Ihre Garnrolle in die Maschine einsetzen, kann sich darauf auswirken, wie glatt sich das Garn abwickelt. Dies wiederum beeinflusst die Fadenspannung. Die meisten Nähmaschinen haben zwei Garnrollenstifte, einen mit der Option, die Garnrolle vertikal einzusetzen (die Garnrolle steht aufrecht) und eine andere Option, die Garnrolle horizontal einzusetzen (die Garnrolle liegt). Welche Option Sie wählen, hängt vom Garntyp ab, den Sie verwenden, und wie das Garn auf die Garnrolle oder den Konen aufgewickelt ist.

Bei einer Standard-Garnrolle für Nähmaschinen ist das Garn durchgehend in einer Linie aufgewickelt und soll sich genau so auch abwickeln. Maschinengarnspulen sind am besten für den vertikalen Garnrollenstift geeignet, sodass sich die Spule dreht, während sich der Faden abwickelt. Wenn Sie diesen Garnrollentyp auf den horizontalen Garnrollenstift stecken, erfährt der Faden jedes Mal, wenn eine Schlaufe die Garnrolle verlässt, eine Extradrehung. Dadurch wird der Faden dicker, wenn er durch die Nadel läuft; er raut auf und reißt.

Bei einem Garnkonen wird das Garn kreuzweise aufgewickelt; dieser Garntyp wickelt sich von oben beginnend ab. Kleine Konen mit kreuzweiser Wicklung funktionieren gut auf dem horizontalen Garnrollenstift. Größere Konen werden auf den horizontalen Stift nicht passen und erfordern einen externen Garnrollenhalter. Ein Garnrollenhalter steht hinter oder seitlich neben der Maschine und ermöglicht es dem Konen, aufrecht zu stehen und den Faden vertikal und glatt vom Konen abzuwickeln. Ich verwende große (3000 Meter) Garnkonen, daher arbeite ich immer mit einem externen Garnrollenhalter.

Vertikaler externer Garnrollenhalter mit kreuzweise gewickeltem Garnkonen.

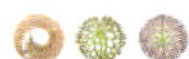

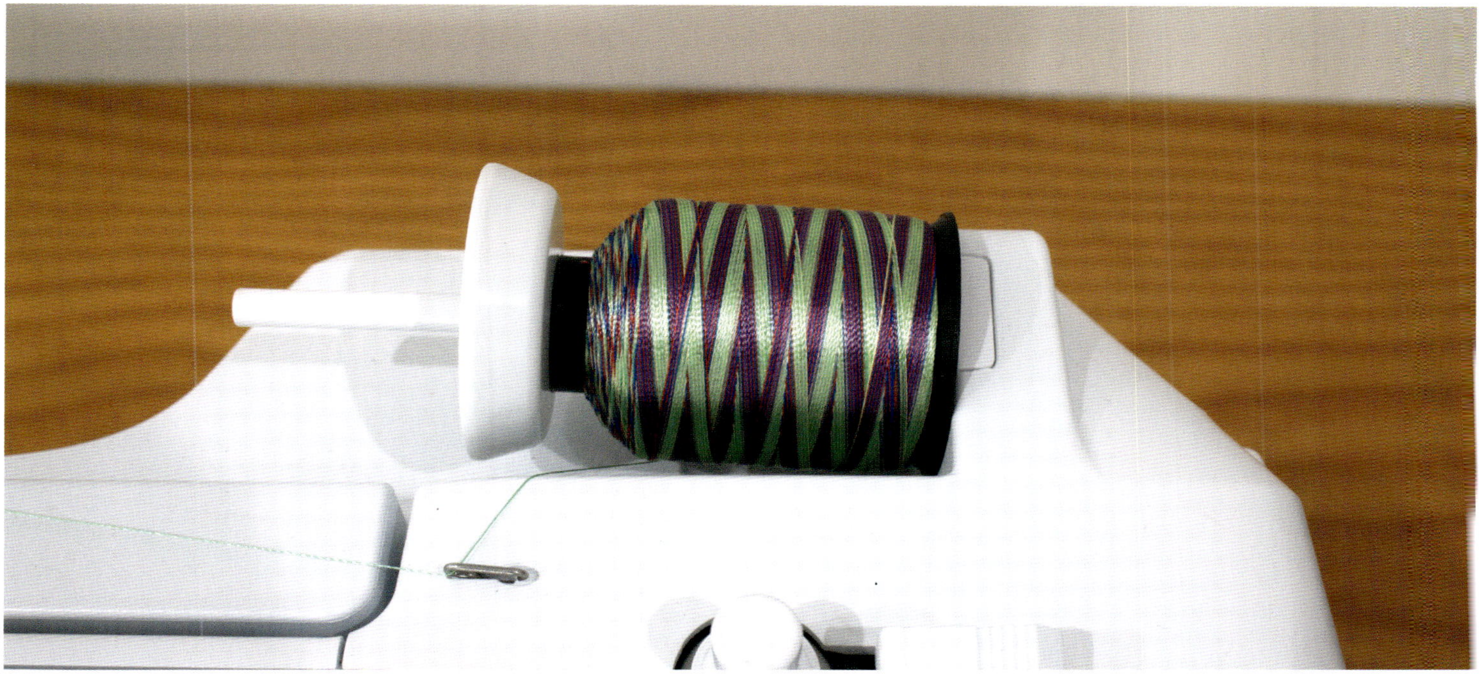

Oben: Horizontaler Garnrollenstift mit kreuzweise gewickeltem Konen

Unten: Vertikaler Garnrollenstift mit einer Standardgarnrolle

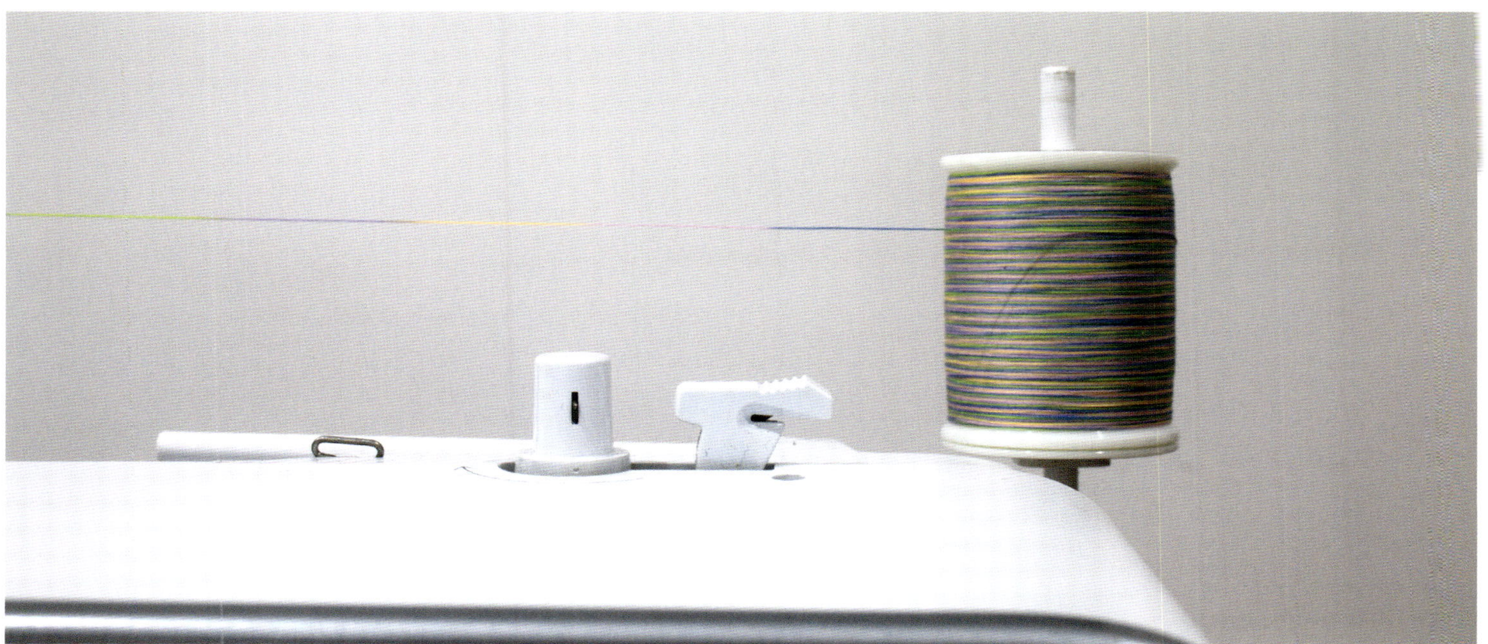

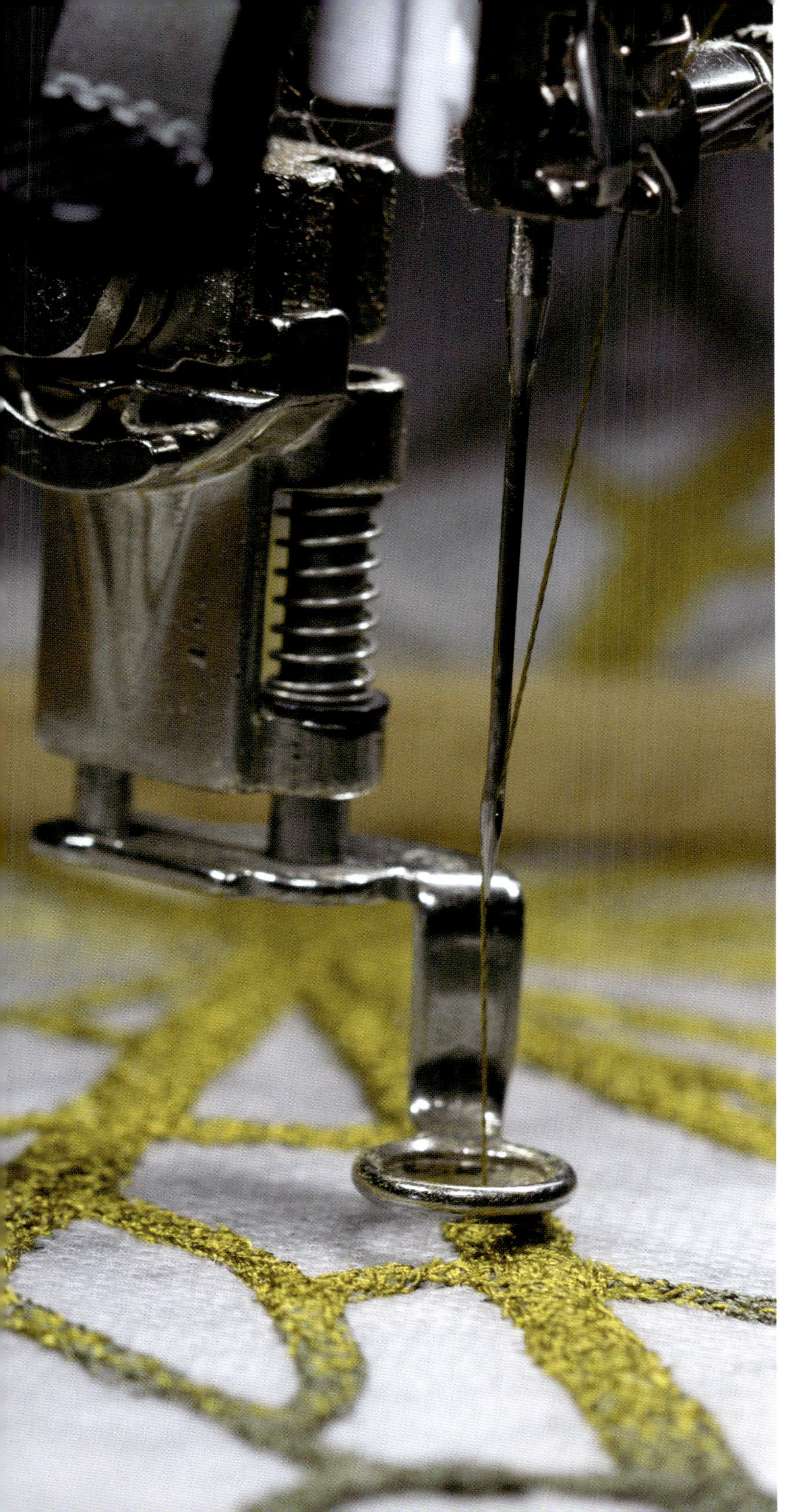

Fadenspannung

Das Erkennen und Korrigieren von Problemen mit der Fadenspannung ist eine einfache, aber sehr wichtige Fertigkeit, um die Funktionsweise einer Nähmaschine zu verstehen und mit ihr zu arbeiten. Beide Einstellungen, die Spannung des Oberfadens und die des Unterfadens (Spulenfaden), wirken zusammen, um gleichbleibende Stiche zu erzeugen. Bei der richtigen Fadenspannung sollten die Stiche auf beiden Seiten des Projekts gleich aussehen.

Um die Fadenspannung zu testen, zeichnen Sie mit der Maschine nach der Freihandtechnik einige kleine Kreise oder Schlaufen und überprüfen, ob der Faden auf einer der beiden Stoffseiten durchgezogen wird. Falls der Faden auf der Oberseite der Stickerei durchgezogen wird, ist die Oberfadenspannung zu stark und muss reduziert werden (niedrigere Zahl bei der Oberfadenspannung). Wird der Faden auf der Unterseite durchgezogen, ist die Oberfadenspannung zu gering und muss vergrößert werden (höhere Zahl bei der Oberfadenspannung).

Bei der Einstellung der Fadenspannung immer zuerst die Oberfadenspannung korrigieren. Die Unterfadenspannung überhaupt nur dann korrigieren, wenn bei der Oberfadenspannung der wählbare Bereich ausgeschöpft ist und die Spannung noch immer nicht stimmt. Lesen Sie in der Bedienungsanleitung für die Nähmaschine nach, wie sich die Unterfadenspannung justieren lässt.

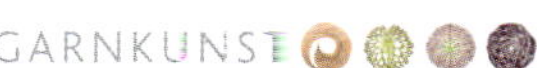

Ansicht der Oberseite | *Ansicht der Unterseite (Spulenfaden)*

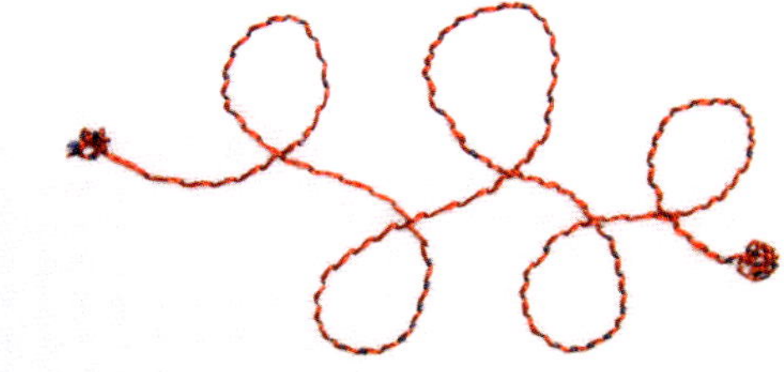

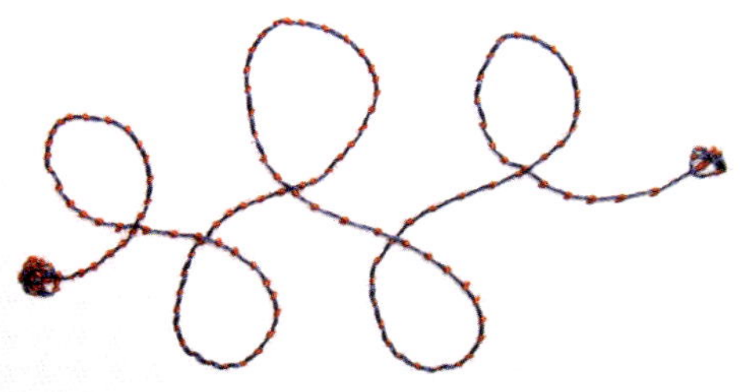

Richtige Fadenspannung
Die Stiche sind auf beiden Seiten des Stoffes gleich. Es sind keine Schlaufen oder durchgezogenen Fäden zu sehen.

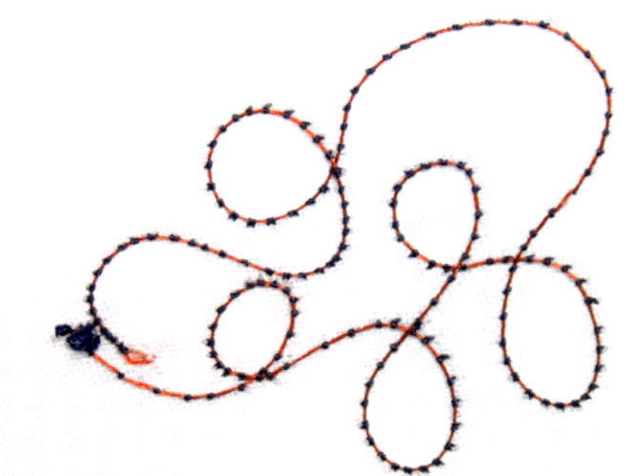

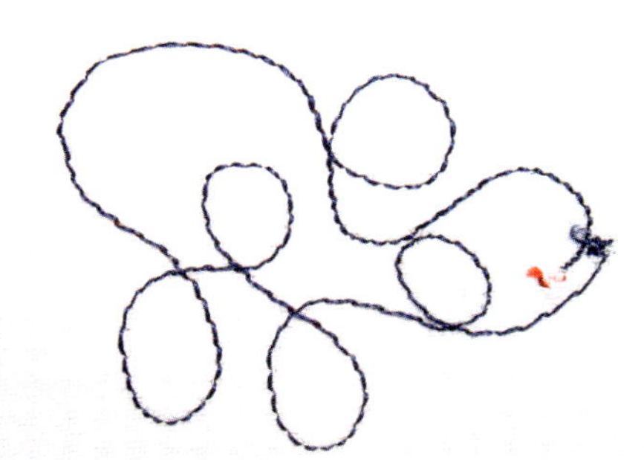

Oberfadenspannung zu fest
Der Unterfaden wird auf die Stoffoberseite durchgezogen und bildet leichte Schlaufen. Die Oberfadenspannung ist zu fest und muss etwas lockerer eingestellt werden.

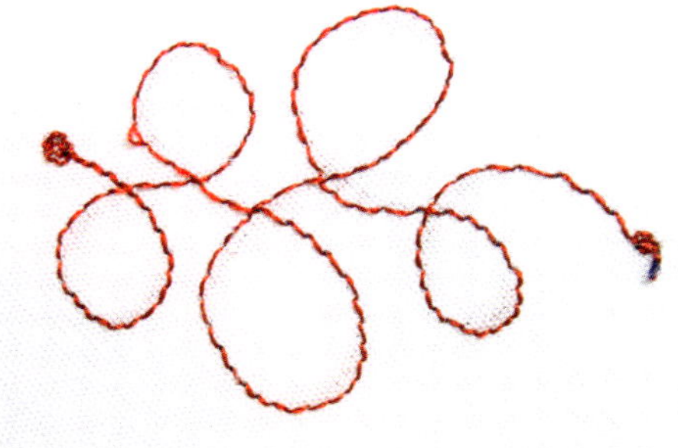

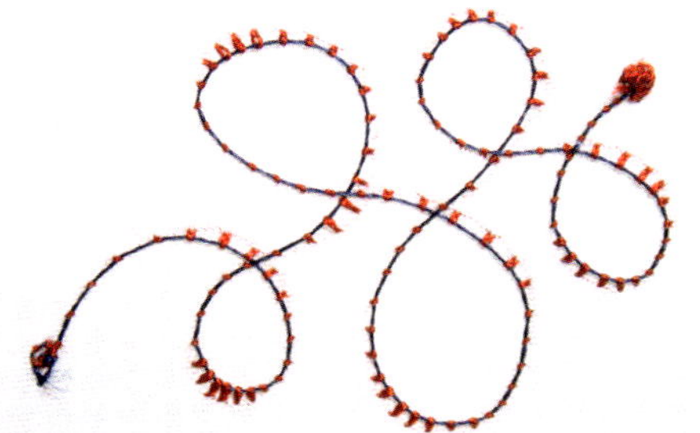

Oberfadenspannung zu locker
Die Stiche sind locker, es bilden sich Schlaufen. Der Oberfaden wird auf die Stoffunterseite durchgezogen. Die Oberfadenspannung ist zu locker und muss fester eingestellt werden.

Feineinstellung der Fadenspannung für das Mischen von Farben

Wenn Sie sich mit den Einstellungen der Fadenspannung Ihrer Nähmaschine befassen, werden Sie wahrscheinlich feststellen, dass es einen Einstellungsbereich für die Oberfadenspannung gibt, der gute Nähergebnisse liefert. Dabei stellen Sie auch fest, dass die Stiche auf beiden Stoffseiten gleich aussehen, wenn die Oberfadenspannung irgendwo zwischen 2 und 4 eingestellt ist. In diesem Bereich können Sie die Oberfadenspannung noch etwas feiner einstellen, um die optimale Einstellung für das Mischen von Farben herauszufinden. Suchen Sie nach einer Einstellung, bei der auf einer Stoffseite Ober- und Unterfaden zu sehen sind, die Fadenspannung aber dennoch so bleibt, dass gleichmäßige Stiche entstehen.

Wählen Sie zwei kontrastierende Farben und fädeln Sie die eine Farbe als Oberfaden und die andere als Unterfaden ein. Im hier zu sehenden Beispiel ist Rot die Oberfaden- und Blau die Unterfadenfarbe. Sticken Sie einen Bereich dicht an dicht, um die Farbmischung zu testen. Ich finde es am besten, hierzu viele einander überschneidende Schlaufen zu sticken – aber fühlen Sie sich frei, mit der Art des Stickens zu experimentieren, mit der Sie gerne sticken. Nachdem Sie ein Musterstück dicht gestickt haben, betrachten Sie die Unterseite der Stickerei, um zu sehen, ob beide Garnfarben zu erkennen sind. Stellen Sie die Fadenspannung nach, bis Sie mit der Mischung zufrieden sind.

Wenn Sie die beste Einstellung der Fadenspannung für die Mischung von Farben bestimmt haben, notieren Sie sich diese und stellen Sie die Maschine immer so ein, wenn Sie das Freihandsticken mit der Nähmaschine praktizieren. Ich weiß beispielsweise, dass auf meiner Maschine die Einstellung 2,75 die beste Oberfadenspannung für das Mischen von Farben ist. Zum Freihandsticken mit der Maschine wähle ich daher immer diese Einstellung. Bedenken Sie, dass verschiedene Garntypen und Garnmarken unterschiedlich dick sein können, sodass die Einstellung der Fadenspannung möglicherweise jedes Mal verändert werden muss, wenn Sie ein anderes Garn verwenden.

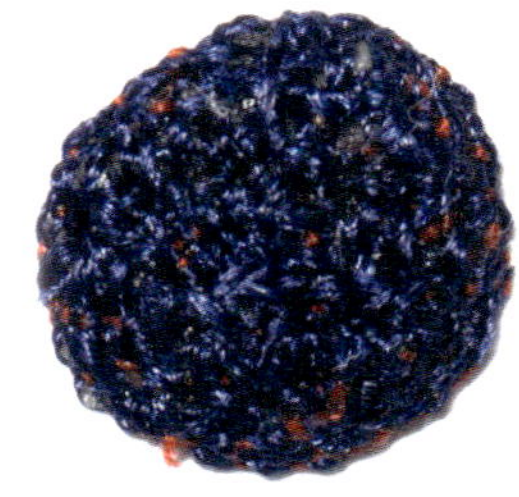

Die Oberfadenspannung ist zu fest, man sieht nur die Farbe des Unterfadens. Verringern Sie die Oberfadenspannung und probieren Sie es erneut.

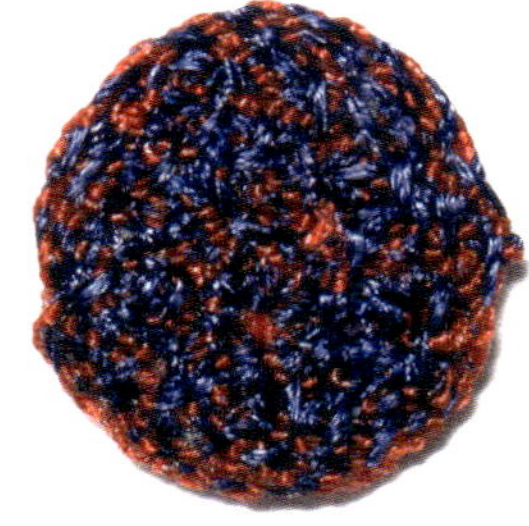

Bei der richtigen Fadenspannung sind auf der Unterseite Punkte der Oberfadenfarbe zu sehen.

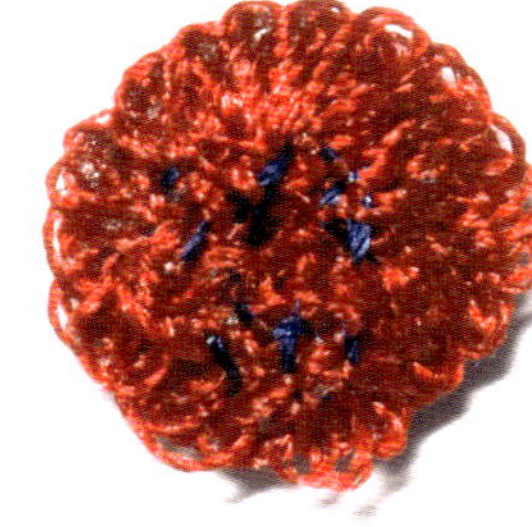

Die Oberfadenspannung ist zu locker und beeinträchtigt die Stichqualität. Der Oberfaden wird auf die Unterseite durchgezogen, was die Stickerei sehr dick und schlaufig werden lässt.

Anmerkung: Diese Bilder zeigen alle die Unterseite der Stickerei.

Blütenblatt einer Hortensie,
2015, Polyestergarn mit Nadeln auf Papier, 93 x 82 cm

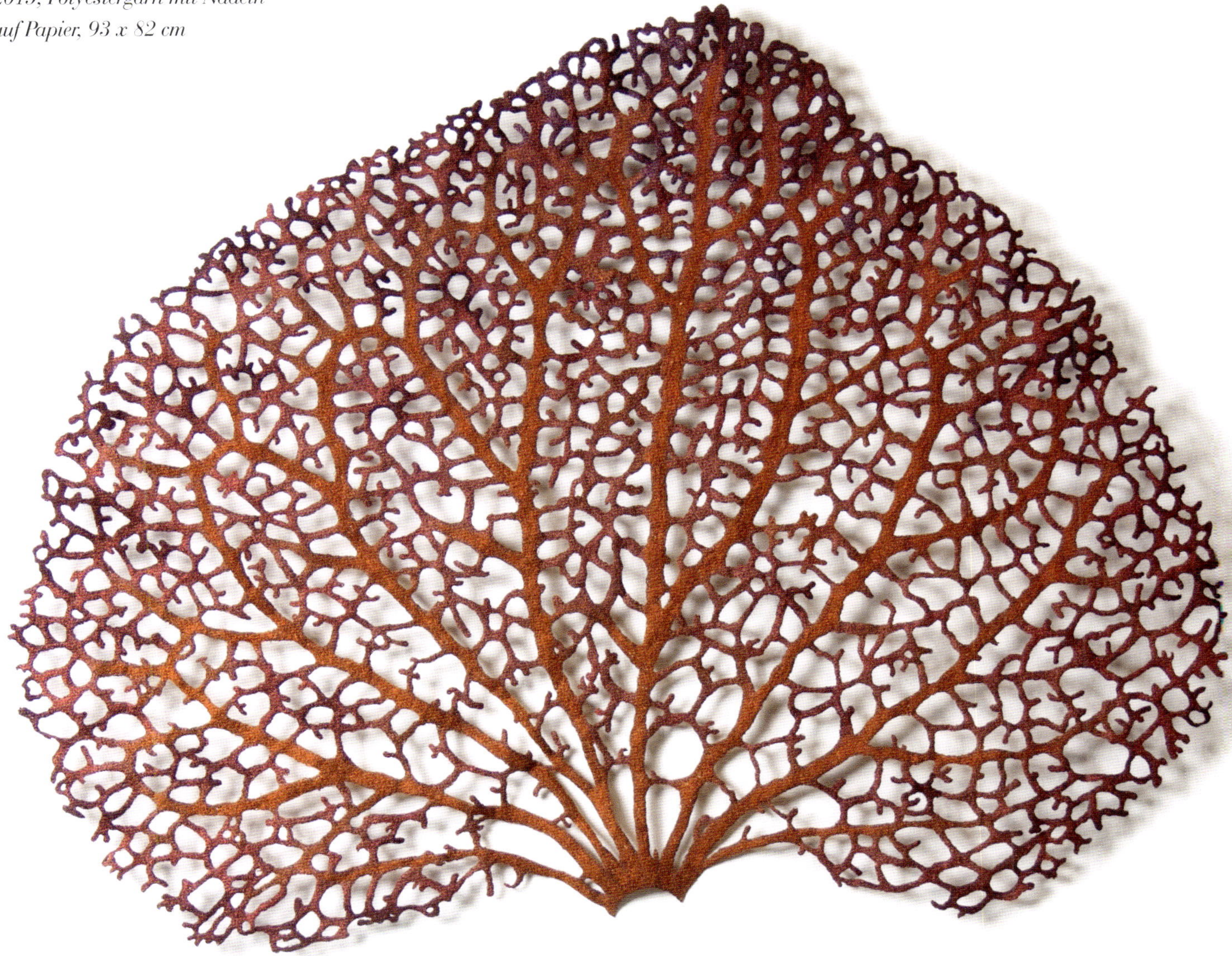

Die Pflege der Nähmaschine

Bei der Beschäftigung mit dieser Art des Stickens werden Sie wahrscheinlich viel Zeit an Ihrer Nähmaschine verbringen. Damit die Maschine optimal funktioniert, ist eine Grundpflege – wie regelmäßiges Säubern und Ölen – erforderlich. Sie sollten sich vornehmen, Ihre Maschine nach jeweils acht bis zehn Betriebsstunden zu reinigen und zu ölen.

Das Reinigen der Nähmaschine

Eine Nähmaschine muss regelmäßig gereinigt und geölt werden, um optimal zu funktionieren und um dafür zu sorgen, dass Teile der Maschine nicht vorzeitig abgenutzt werden. Diese Pflege ist schnell und einfach durchzuführen, und sie hilft Ihrer Maschine, leise zu laufen und schöne Nähte zu produzieren.

Zum Reinigen der Maschine diese zuerst ausschalten und den Stecker ziehen. Spulenkapsel und Stichplatte herausnehmen. Mithilfe einer Fusselbürste mit harten Borsten alle Fäden oder Fussel entfernen, die sich bei den Transporteuren und im Spulenfach angesammelt haben. Wenn Sie eine Nähmaschine haben, bei der die Spule von vorne eingesetzt wird, den Greifer herausnehmen, um Fussel und Fäden in diesem Bereich herauszubürsten. Vermeiden Sie es, mit Druckluft oder Ihrem eigenen Atem Staub aus der Maschine zu pusten. In beiden Fällen werden die Fusseln nur noch weiter in den Mechanismus hineingetragen – so kommt Feuchtigkeit in die Maschine, die zu Korrosion führen kann.

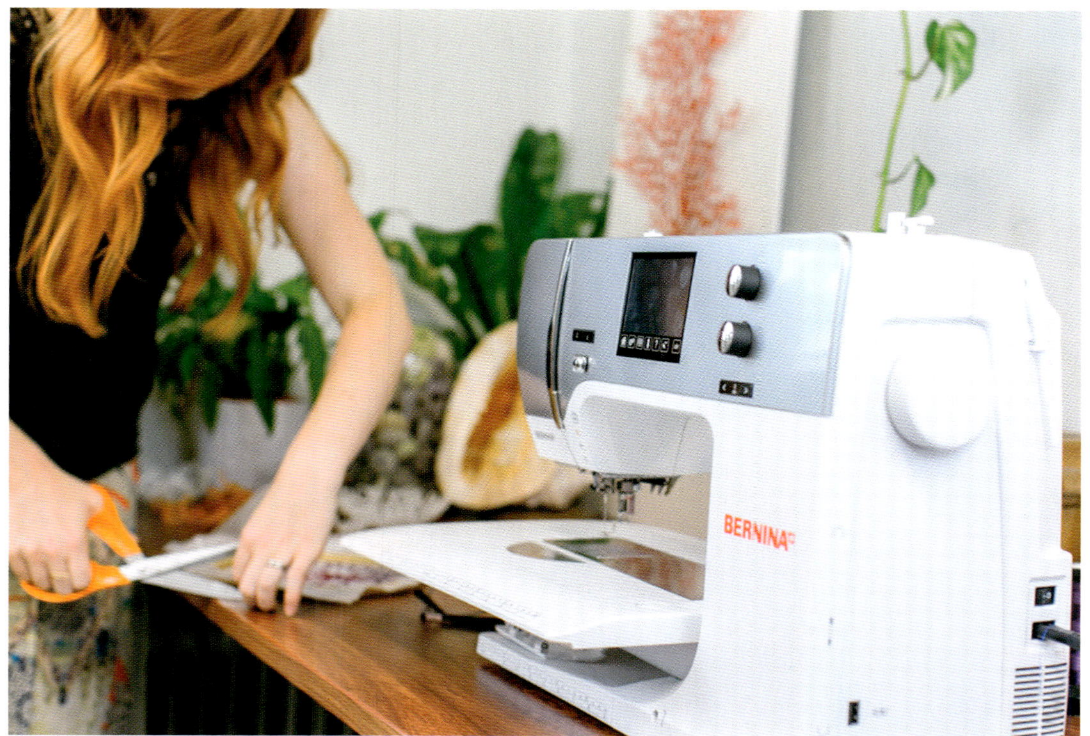

Das Ölen der Nähmaschine

Das Ölen ist bei jeder Nähmaschinenmarke und bei jedem Maschinenmodell etwas anders auszuführen. Daher ist es wichtig, dass Sie die Bedienungsanleitung für Ihre Maschine lesen, um sicherzustellen, diese richtig zu ölen. Befolgen Sie die Angaben in der Anleitung ganz genau und kommen Sie nicht in Versuchung, einfach jedes bewegliche Teil zu ölen. Verwenden Sie kein Motoren- oder irgendein anderes Öl, das kein spezielles Nähmaschinenöl ist. Bei den meisten Nähmaschinen erhalten Sie beim Kauf ein kleines Fläschchen Öl, das genau für dieses Modell geeignet ist.

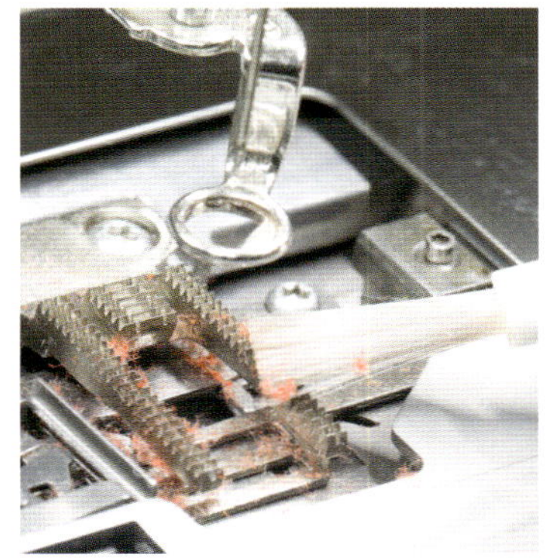

Herausbürsten von Fusseln und Fäden unter der Stichplatte

Verwenden Sie nur eine kleine Menge Öl. Ein Tropfen reicht in der Regel. Zuviel Öl führt dazu, dass das Spulenfach ölig wird und sich dieses Öl beim Nähen auf Ihre Näharbeit überträgt. Nach dem Ölen empfiehlt es sich, mit einem einfachen Stich mehrfach auf einem Stoffrest zu nähen, der überschüssiges Öl aufnehmen kann, das sich möglicherweise in der Maschine verteilt hat.

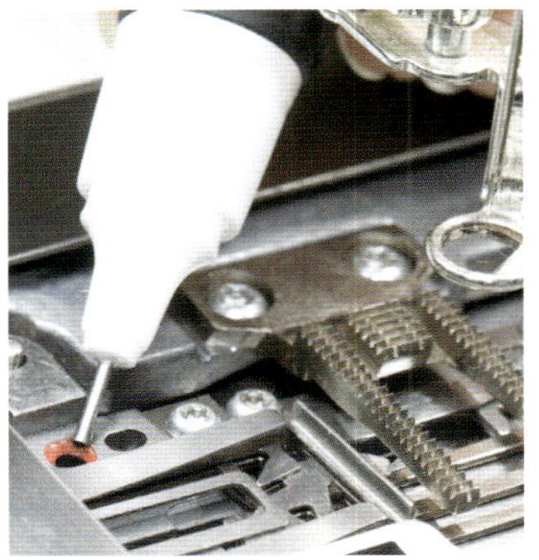

Bei einigen Nähmaschinen sind die Öffnungen, an denen Sie die Maschine selbst ölen können, deutlich markiert – meist in Rot

Wenn in der Bedienungsanleitung für Ihre Maschine angegeben wird, dass Sie die Maschine nicht ölen sollen, haben Sie wahrscheinlich eine selbstschmierende Maschine, die vom Nutzer nicht mehr geölt werden muss. Kommen Sie nicht in Versuchung, die Maschine zu ölen, wenn Sie es laut Bedienungsanleitung nicht tun sollen. Eine selbstschmierende Nähmaschine braucht Öl und Pflege durch einen Fachmann, daher ist es bei diesen Maschinen sehr wichtig, sie regelmäßig in die Wartung zu geben.

Kundendienst für die Nähmaschine

Selbst wenn Sie Ihre Maschine regelmäßig reinigen und ölen, pflegen Sie damit nur einen kleinen Teil eines sehr komplizierten Systems. Der Rest der Maschine braucht weiteres Ölen und Pflegen – das sollte einem Fachmann überlassen werden. Empfehlenswert ist es, die Maschine jährlich oder nach 100 Betriebsstunden zur Inspektion zu geben. Warten Sie damit nicht, bis etwas nicht mehr funktioniert. Regelmäßiger Kundendienst und Pflege sorgen dafür, dass Sie viele Jahre Freude an Ihrer Nähmaschine haben werden.

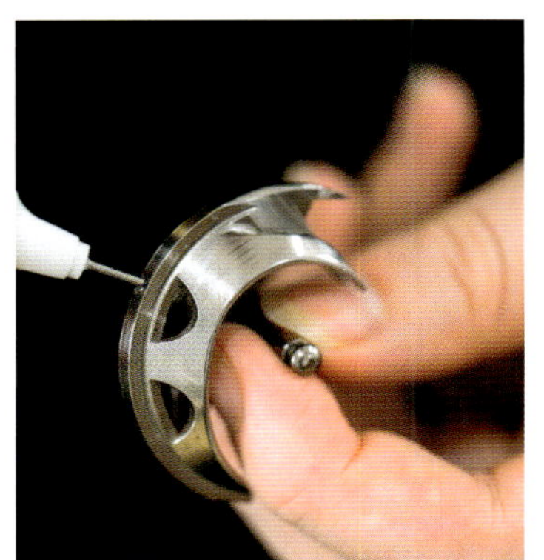

Ölen des Greifers: Wenn bei Ihrer Maschine die Spule von vorne eingesetzt wird, müssen Sie zum Ölen den Greifer herausnehmen. Der äußere Rand des Greifers braucht nur einen kleinen Tropfen Öl.

Zeichnen auf wasserlöslichem Stickvlies

Beim Zeichnen eines sehr komplizierten oder großen künstlerischen Motivs wollen Sie möglicherweise gerne etwas vorzeichnen, woran Sie sich orientieren können. Auf wasserlösliches Stickvlies kann ein Motiv sehr gut vorgezeichnet werden, weil es leicht transparent ist. Im Idealfall wünschen Sie sich einen Stift oder Marker, dessen Linien Sie beim Sticken folgen können, ohne dass er beim fertigen Kunstwerk zu sehen ist, nachdem das Stickvlies aufgelöst wurde. Ich habe mit vielen Markern, Filzstiften, Stiften, Kugelschreibern und Kreiden experimentiert und noch immer nicht die perfekte Lösung für alle meine Projekte gefunden. Allerdings kann ich einige Empfehlungen dazu geben, was in besonderen Situationen verwendet bzw. nicht verwendet werden sollte.

Beim Zeichnen auf dem wasserlöslichen Vlies soll immer möglichst wenig von der Markierung auf dem Stoff landen. Je weniger Farbe auf den Stoff kommt, desto geringer ist die Gefahr, dass etwas davon abfärbt und das fertige Kunstwerk verunreinigt.

Nicht verwenden sollten Sie

- **einen Bleistift** – er lässt die Arbeit schmutzig aussehen.
- **Filzstifte auf Wasserbasis** – diese reagieren mit Wasser und können auf Ihre Stickarbeit abfärben, wenn das Stickvlies aufgelöst wird. Zudem können sie das Stickvlies angreifen oder Löcher verurscachen, wenn zu fest damit aufgedrückt wird.

Probieren Sie es mit

- **dünnen Permanent-Markern:** Da diese auf Alkoholbasis beruhen, beeinträchtigen sie die Stabilität des wasserlöslichen Vlieses nicht, sie reagieren nicht mit Wasser und färben auch nicht ab, wenn sie nass werden. Die Farbe dieser Marker bleibt jedoch in der Zeichnung, wenn das Vlies aufgelöst wird. Verwenden Sie daher immer einen Marker, der eine ähnliche Farbe wie das Stickgarn hat.
- **durch Wärme ausradierbaren Frixion-Tintenrollern:** Diese bestehen aus einer Kombination aus Gel und einer Tinte, die bei Wärme unsichtbar wird. Wenn Sie Ihre Stickarbeit vor dem Auflösen des Stickvlieses mit einem Haarfön heiß fönen, verschwindet die Farbe. Bedenken Sie, dass diese Art von Stiften nicht für den Gebrauch auf Stoff konzipiert wurde und die Farbe wieder sichtbar werden kann, wenn das Kunstwerk sehr kalt wird.

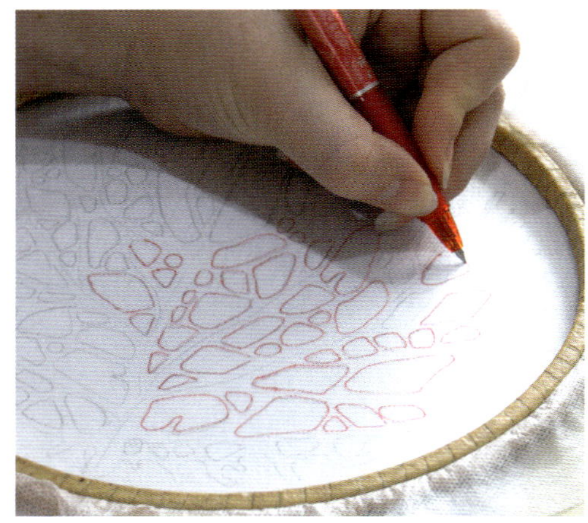

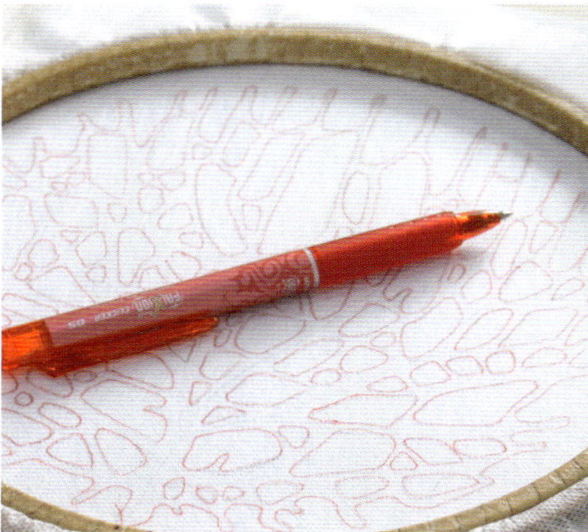

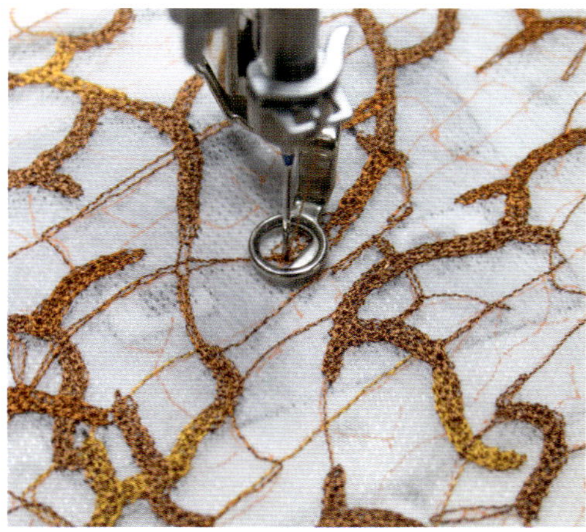

Das Arbeiten mit hellen oder weißen Garnen

Beim Arbeiten mit weißen Garnen sticke ich häufig das gesamte Motiv in der Freihandtechnik, um jedes Risiko auszuschalten, dass eine vorgezeichnete Linie abfärben könnte. Diese Art des Stickens ist sehr organisch, weil das Motiv beim Sticken wachsen und sich entwickeln kann. Das Freihandarbeiten ohne vorgezeichnete Linien kann schwierig sein, wenn Sie große oder sehr detaillierte Motive ausarbeiten wollen. Wenn Sie mit weißen oder hellen Garnen arbeiten wollen, aber das Gefühl haben, das Motiv vorzeichnen zu müssen, habe ich ein paar Empfehlungen für Sie:

- Bringen Sie immer so wenig Stiftfarbe wie möglich auf das wasserlösliche Vlies auf. Führen Sie die Vorzeichnung eher mit hellen Punkten als durchgehenden Linien aus.
- Vermeiden Sie es, Markierungen direkt dort anzubringen, wo Sie sticken werden. Zeichnen Sie Orientierungen stattdessen leicht versetzt neben die vorgesehene Sticklinie. Ich habe festgestellt, dass ich wenige Millimeter neben der Vorzeichnung sticke, wenn ich die vorgezeichnete Linie auf den Rand des Nähfußes (statt auf die Nadel) ausrichte. Das verschafft mir einen kleinen Puffer zwischen der gezeichneten Linie und meiner Stickerei und sorgt dafür, dass meine Stickerei nicht mit der Farbe in Berührung kommt.
- Schneiden Sie die vorgezeichneten Orientierungen weg, bevor Sie das Stickvlies auflösen, damit sich keine Farbe auf dem Vlies befindet. Das kann zwar sehr lästig sein, lohnt sich aber, um sicherzustellen, dass die fertige Stickarbeit sauber und frei von Markierungen ist.

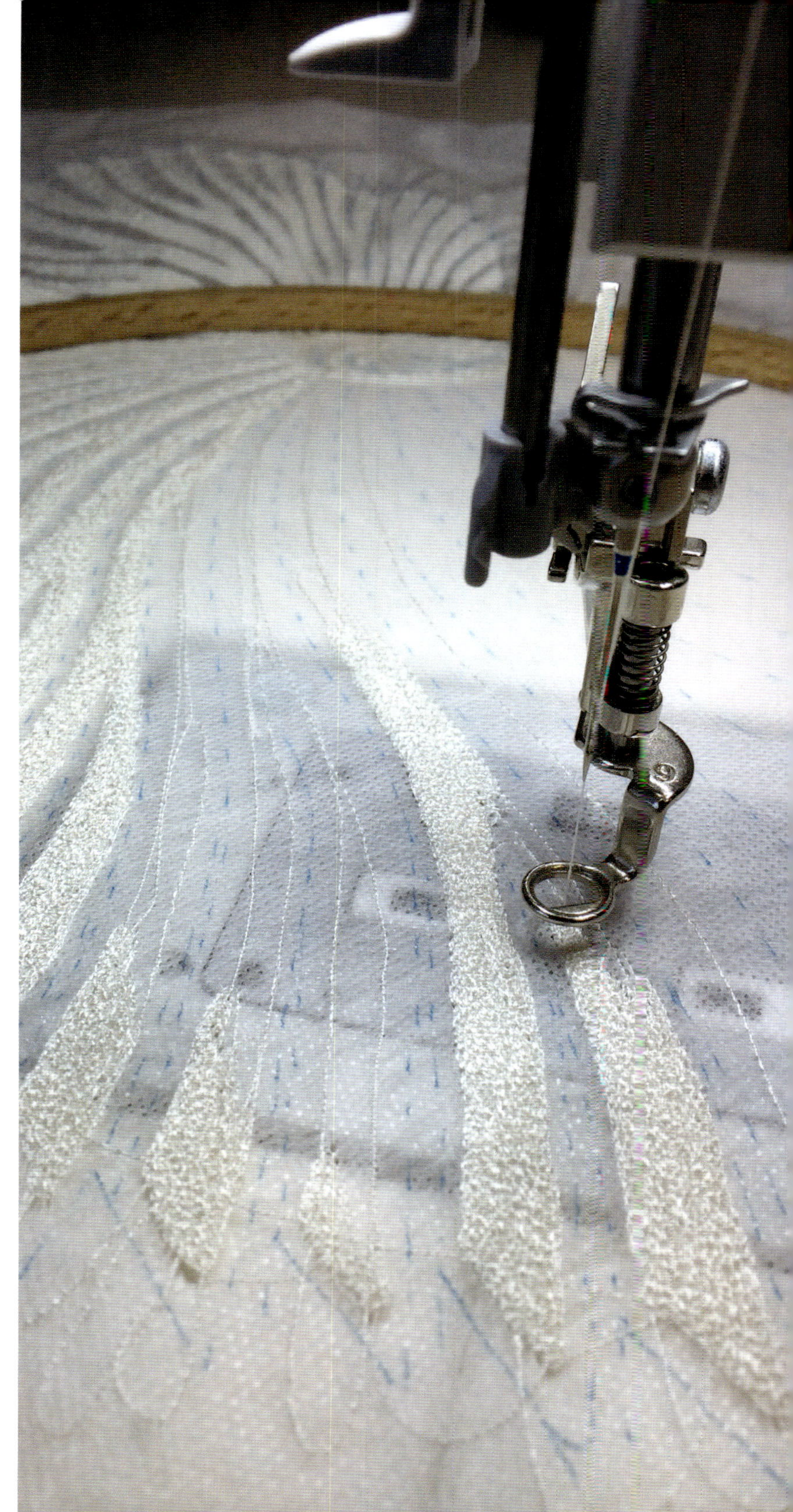

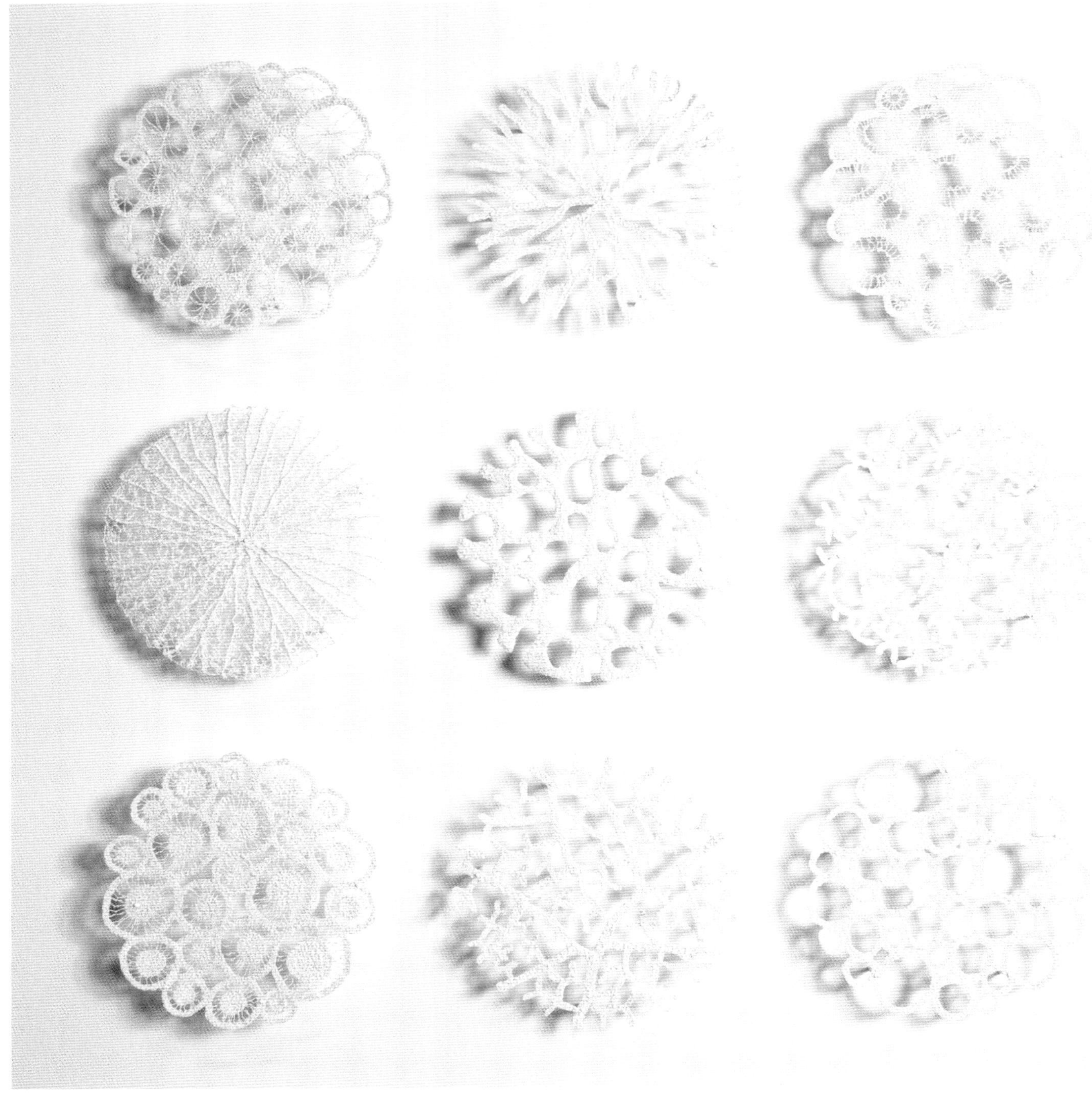

Gestickte Musterexemplare in Weiß

Jedes Teil dieser Sammlung gestickter Musterexemplare wurde ohne jegliche Vorzeichnung oder Markierung auf dem Stickvlies gestickt. Jedes wurde vollständig in der Freihandtechnik gearbeitet und das Motiv entwickelte sich beim Sticken. Jedes dieser gestickten Musterexemplare wurde von einer natürlichen Struktur inspiriert, die wächst und sich teilt: einige basieren auf sich verzweigenden Blattadern oder Korallit-Gruppen, andere ahmen Zellstrukturen nach.

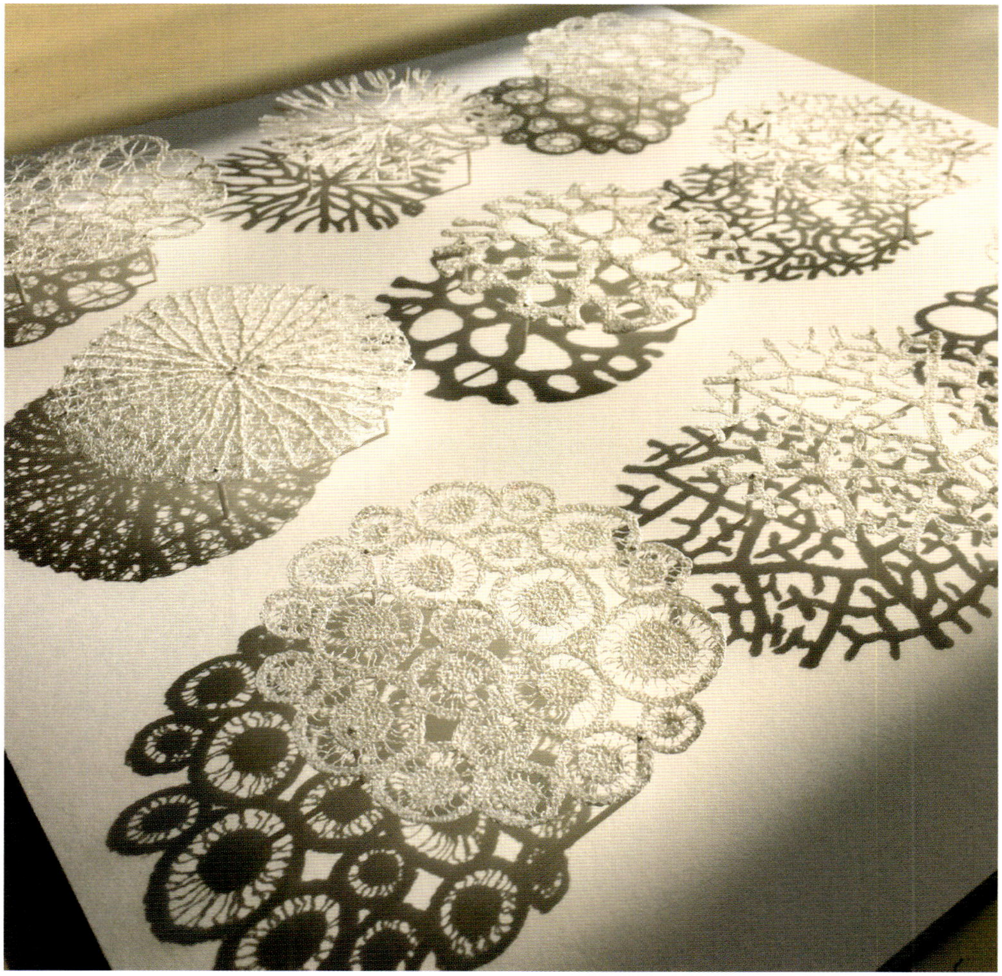

Gestickte Musterexemplare, *2015, Polyestergarn mit Nadeln auf Papier, 70 x 70 cm*

Tipps zum Sticken

Das Einlaufen bedenken: Ihre Stickerei wird etwas einlaufen, wenn Sie das Stickvlies auflösen, weil damit das Trägermaterial verloren geht. Wie sehr die Stickerei einläuft hängt nur davon ab, wie dicht Sie Ihr Motiv sticken. Sehr dicht gestickte Arbeiten, in denen die Stiche dicht an dicht liegen, laufen weniger stark ein, während lockere Motive mit größeren Abständen zwischen den Stichen stärker einlaufen werden. Ich habe festgestellt, dass es bei meiner dichten Sticktechnik zu einem Einlaufen um fünf bis zehn Prozent kommt. Es hat sich bewährt, dieses unvermeidliche Einlaufen in die Planung eines Kunstwerks einzubeziehen, insbesondere, wenn die fertige Stickarbeit eine spezifische Größe erreichen soll.

In gleichbleibendem Tempo sticken: Wenn Sie in gleichbleibendem Tempo sticken, kommen Sie in einen guten Rhythmus – die fertigen gestickten Zeichnungen werden gleichmäßiger aussehen. Ein gleichbleibendes Tempo belastet auch die Nähmaschine und das Garn weniger, was seltener zum Reißen des Garns und zu weniger Problemen mit der Maschine führt. Nach meiner Erfahrung geht beim Sticken meist dann etwas daneben, wenn man zu sticken beginnt, aufhört oder das Tempo wechselt: »Ruhig und gleichmäßig« ist ein gutes Mantra, das Sie sich beim Sticken vorsagen können. Wenn ich arbeite, lasse ich die Maschine die ganze Zeit über so schnell laufen wie es geht, sodass meine Stickgeschwindigkeit immer gleich ist (ca. 1000 Stiche pro Minute).

Schnelle Füße, aber langsame Hände: Bemühen Sie sich, die Maschine in einem gleichmäßig schnellen Tempo laufen zu lassen, während Sie den Stickrahmen langsam und kontrolliert bewegen. Haben Sie nicht das Gefühl, mit der Maschine »mithalten« zu müssen, wie es der Fall wäre, wenn der Transporteur nicht versenkt oder abgedeckt wäre. Streben Sie Stiche an, die nah nebeneinander liegen, damit die Stickarbeit viele Verbindungspunkte bekommt. Dies trägt zu festeren und ordentlicher gestickten Zeichnungen bei.

Kontrollieren Sie die Stickerei auf Verbindungspunkte: Bei dieser Art des Stickens sind vor allem die Verbindungspunkte sehr wichtig. Wenn Ihre Zeichnung nicht gut verbunden ist, wird alles auseinanderfallen, wenn das Stickvlies ausgewaschen wird – was einem das Herz brechen kann. Es ist sehr wichtig, dafür zu sorgen, dass alle gestickten Linien sich genau dort miteinander verbinden, wo Sie das sollen. Um Probleme zu vermeiden, überprüfen Sie Ihre Arbeit gründlich, ehe Sie das Stickvlies auflösen.

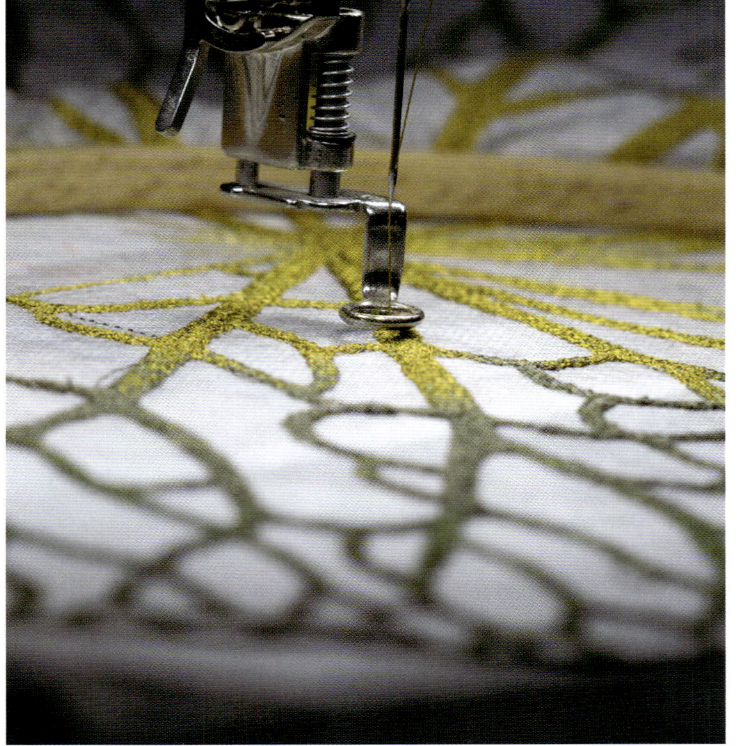

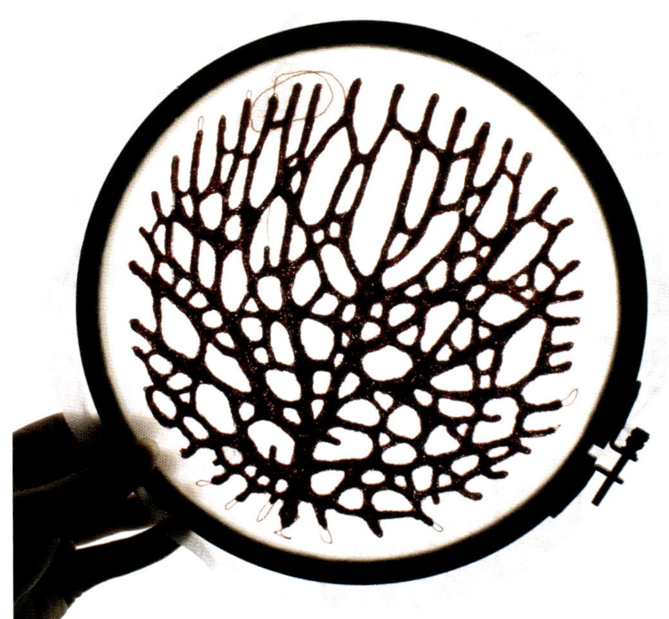

Im Gegenlicht betrachten: Gewöhnen Sie es sich an, in regelmäßigen Abständen die gestickte Zeichnung vor eine Lichtquelle zu halten, sodass Sie die Arbeit im Gegenlicht prüfen können. Dabei können Sie Bereiche erkennen, in denen die gestickten Linien nicht ausreichend gut verbunden sind, sodass Sie fehlende Verbindungen noch einarbeiten können. Das Betrachten im Gegenlicht ist auch eine gute Möglichkeit, die Dichte der Stiche zu kontrollieren. Ich achte sehr bewusst darauf, meine Stickdichte in einem Projekt durchgängig gleich zu lassen, damit die Arbeit gegebenenfalls gleichmäßig einläuft. Ihre Zeichnung muss nicht so dicht gestickt sein, dass kein Licht mehr durchdringt. Sofern das Motiv vollständig in sich verbunden ist und Sie damit zufrieden sind, wie es aussieht und sich anfühlt, ist der Moment gekommen, das Stickvlies aufzulösen.

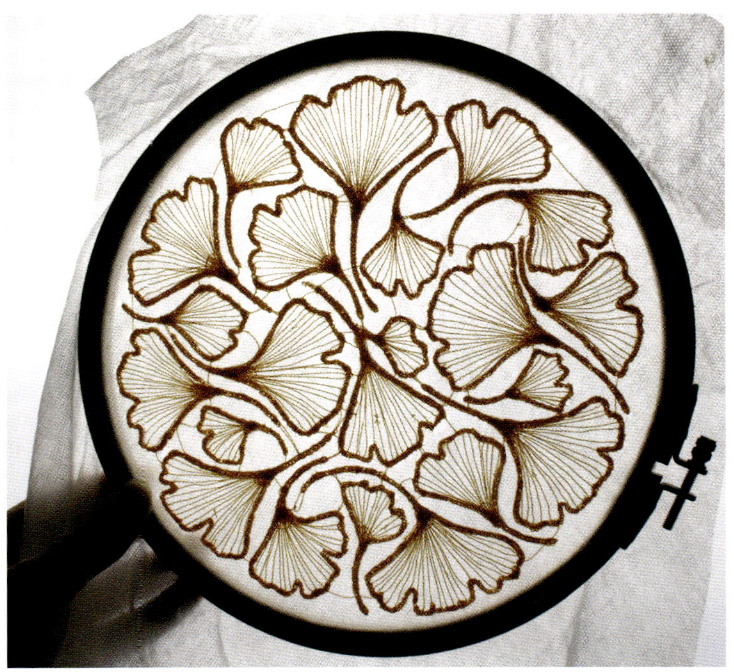

Löcher und Risse vermeiden

Wasserlösliches Stickvlies reißt leicht, wenn es nicht mit großer Sorgfalt behandelt wird. Durch Löcher in der Stickerei kann sich das Motiv verdrehen; zudem sind Löcher auch sehr frustrierend, sodass man sie am besten vermeidet. Dafür gibt es mehrere Vorsichtsmaßnahmen:

- Dehnen Sie das wasserlösliche Vlies nicht zu sehr. Stark gespanntes Vlies reißt unter der Belastung beim Sticken schneller. Das Vlies sollte nur soweit gespannt sein, dass es flach und straff liegt (wie das Fell einer Trommel), aber nicht so straff, dass es belastet ist.
- Sie werden vielleicht bemerken, dass wasserlösliches Vlies an sehr heißen und feuchten Tagen weicher und empfindlicher ist. Deshalb trage ich an solchen Tagen Baumwollhandschuhe, damit die Wärme und Feuchtigkeit meiner Hände das Vlies beim Sticken nicht noch weiter beansprucht.

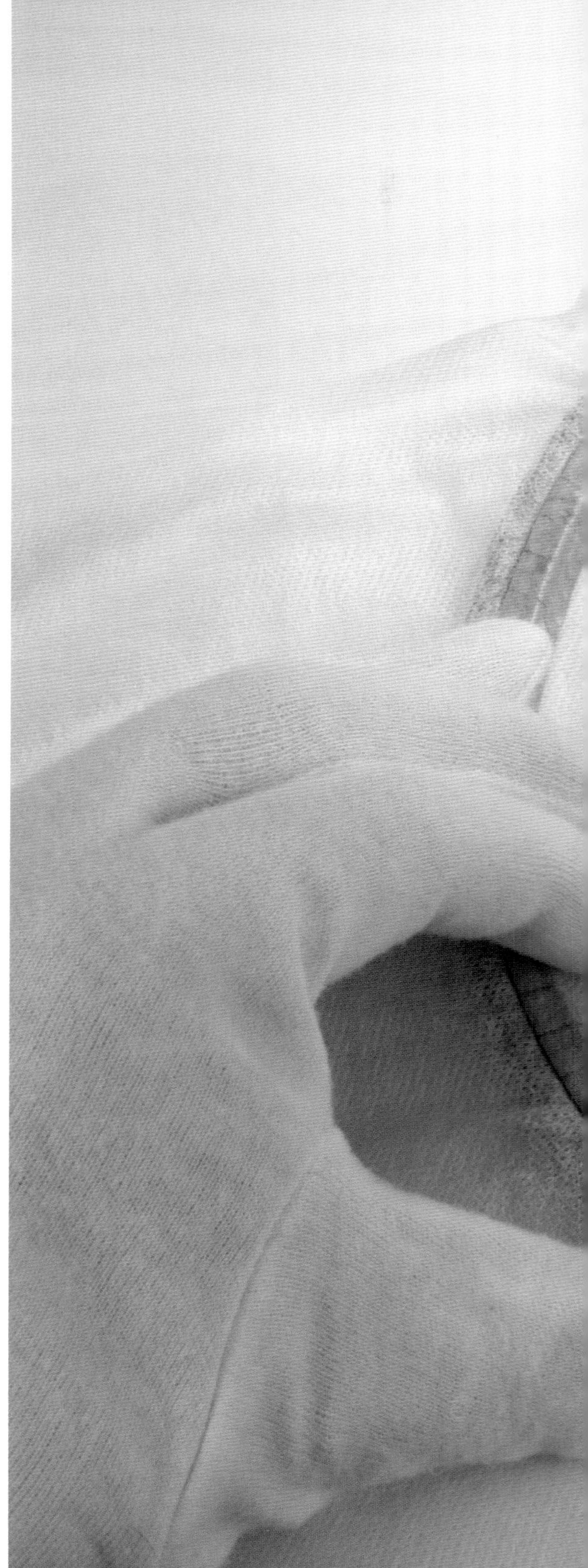

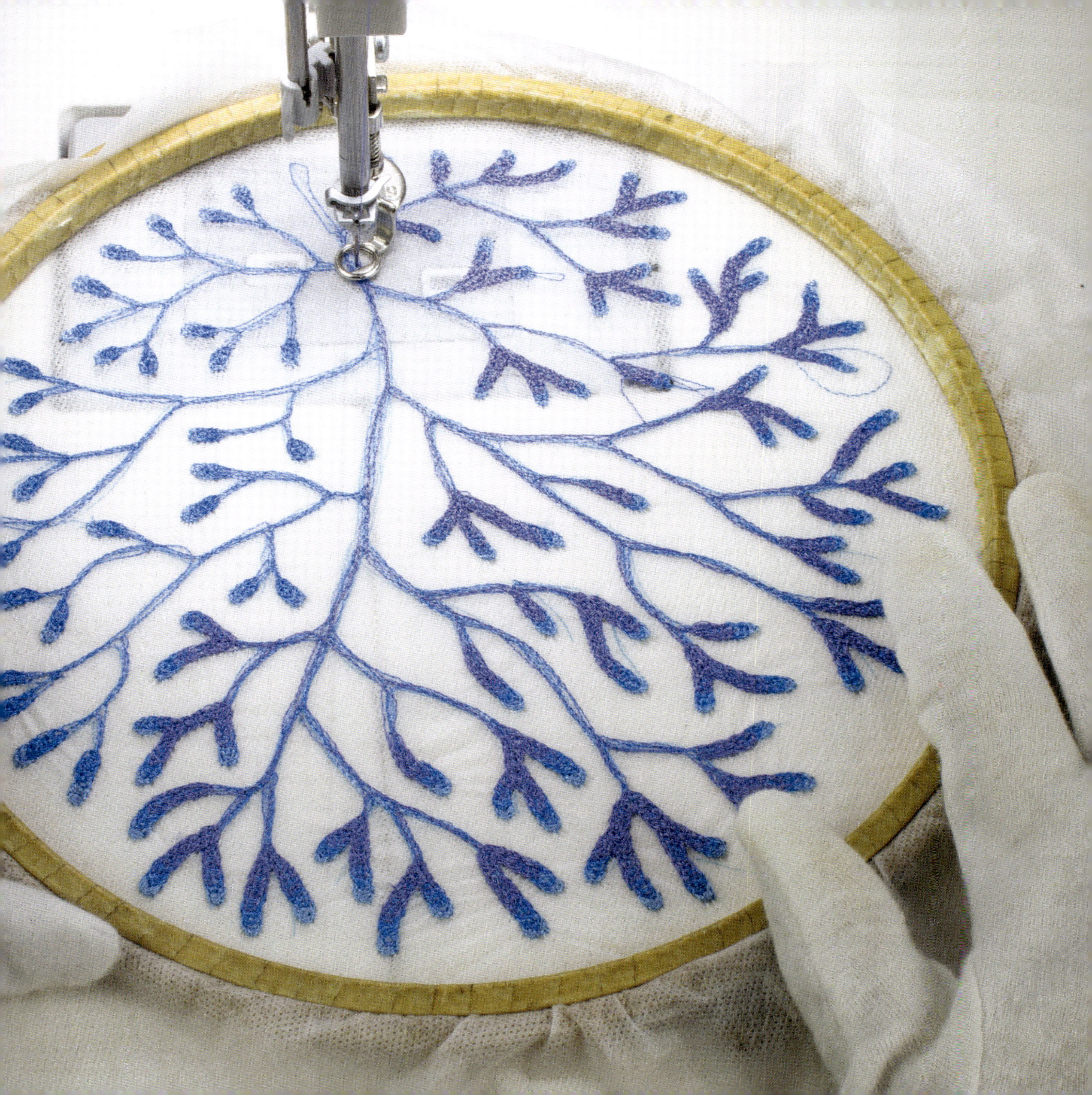

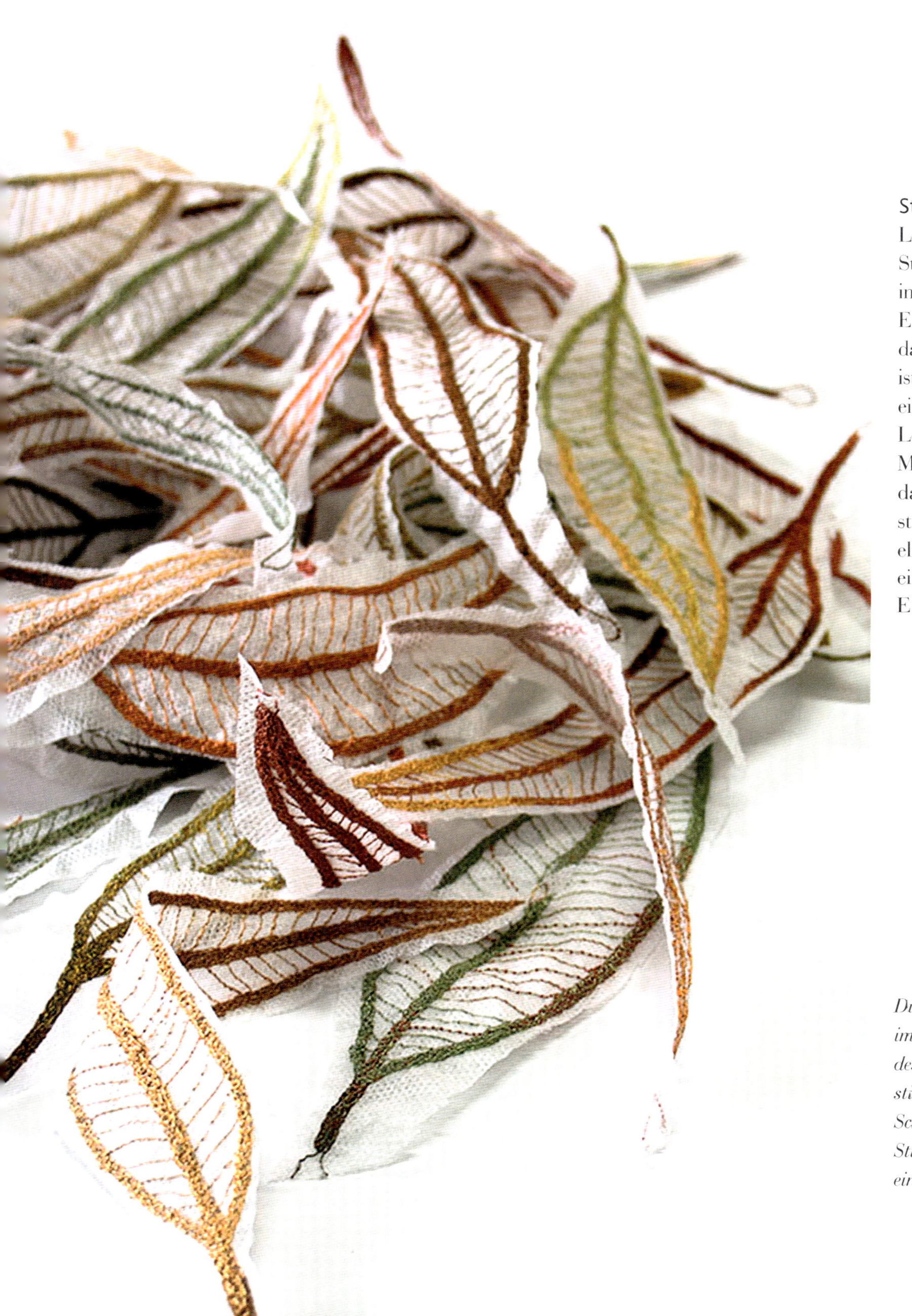

Stützstiche

Löcher entstehen meist dann, wenn die Stickrichtung geändert wird (üblicherweise in Ecken oder scharfen Kurven) bzw. am Ende dicht gestickter Reihen. Wenn ich weiß, dass ein Teil meines Motivs anfällig dafür ist, zu reißen, sticke ich eine Schlaufe oder eine Hilfsreihe vorbeugender Stützstiche. Letztere gehören nicht zum künstlerischen Motiv, sondern sollen nur dafür sorgen, dass das Vlies beim Sticken intakt bleibt. Stützstiche können aus dem fertigen Kunstwerk eliminiert werden, indem Sie die Fäden mit einer spitzen Stickschere herausschneiden: Es ist, als wären sie nie da gewesen …

Die Spitzen dieser Blätter sind anfällig für Risse im Vlies, weil viele Stiche an einem kleinen Teil des Vlieses ziehen. Um Löchern vorzubeugen, sticke ich an der Spitze jedes Blattes kleine Schlaufen. Nachdem das Vlies aufgelöst und die Stickerei trocken ist, werden die Schlaufen mit einer spitzen Stickschere herausgeschnitten.

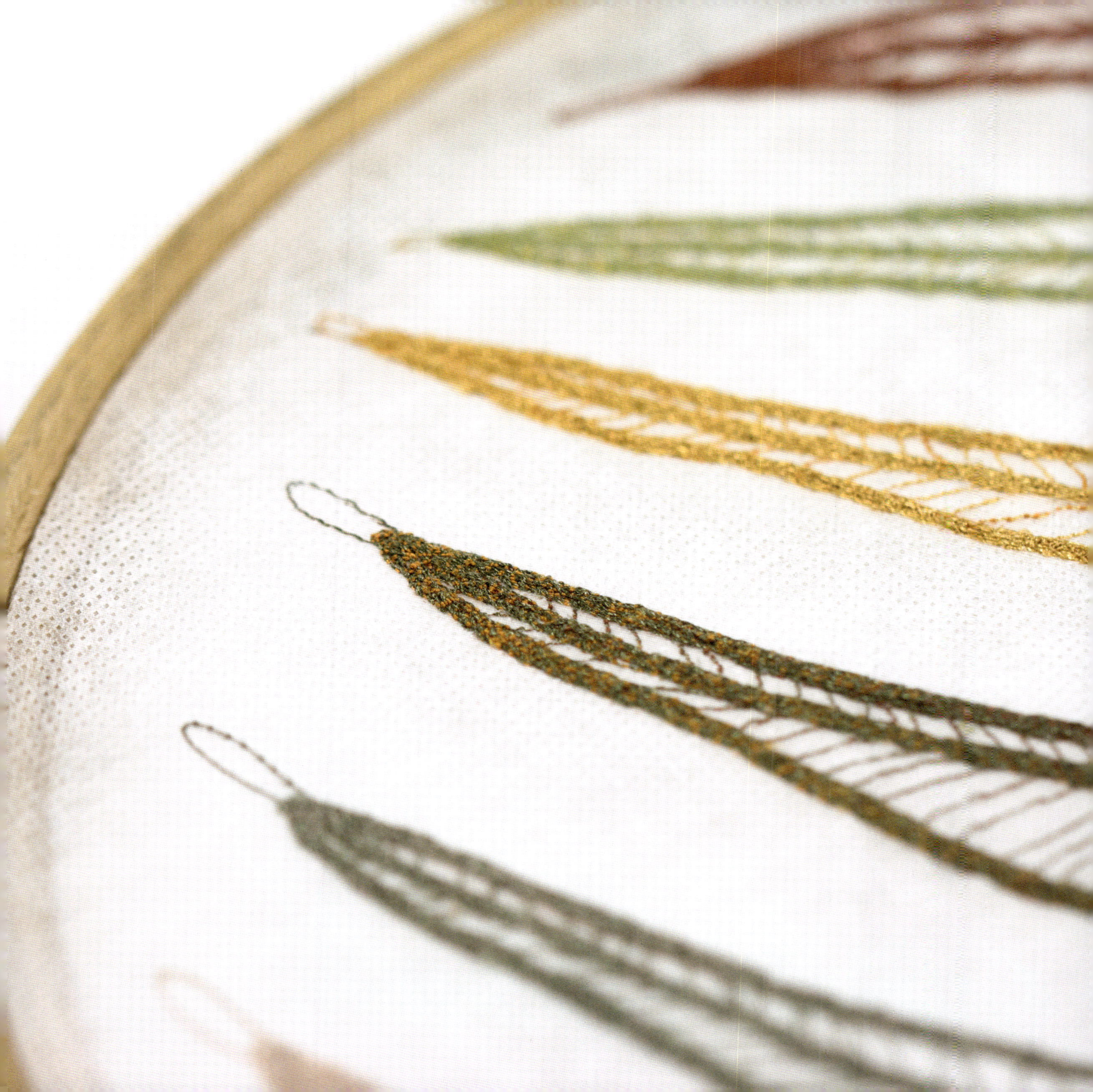

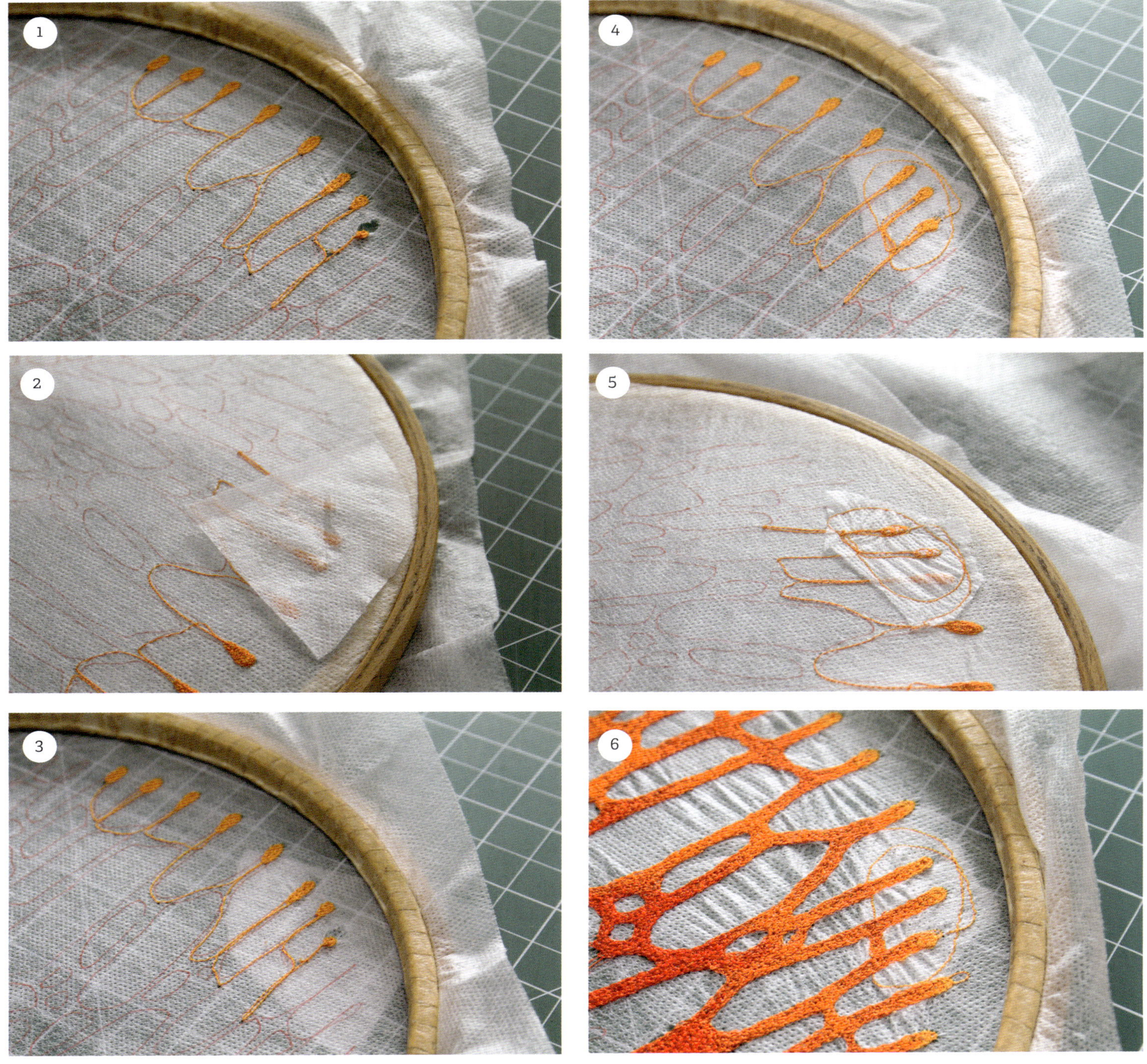
1
4
2
5
3
6

Löcher flicken

Manchmal entstehen trotz aller Sorgfalt Löcher. Kleinere davon bedeuten nicht das Aus für Ihre Stickerei, da sie mit kleinen Stücken wasserlöslichen Vlieses geflickt werden können. Dazu werden die Flicken mit wenigen Stichen hinter dem Loch befestigt. Versuchen Sie immer, Löcher zu flicken, solange sie noch klein sind, vorzugsweise kleiner als 1 cm im Durchmesser. Sehr große Löcher oder Risse im Vlies können die Spannung des Stickvlieses im Stickrahmen stark beeinträchtigen und dazu führen, dass sich das Motiv beim Sticken verzerrt.

Anleitung:

1. Ein kleines Loch in der Stickarbeit kann mit einem Reststück vom wasserlöslichen Vlies leicht repariert werden.
2. Der Flicken sollte groß genug sein, um das Loch abzudecken und mindestens 1–2 cm über dessen Rand hinauszugehen.
3. Den Flicken auf die Unterseite der Stickarbeit legen, damit er sich nicht im Nähfuß verfängt.
4. Den Flicken mit einzelnen Stichreihen befestigen, bevor Sie versuchen, über das Loch zu sticken.
5. Die Stichreihen, mit denen der Flicken fixiert wird, können aufgetrennt werden, nachdem das Vlies aufgelöst wurde.
6. Über den Flicken kann oft gestickt werden, um das Motiv fertigzustellen.
7. Reparatur abgeschlossen.

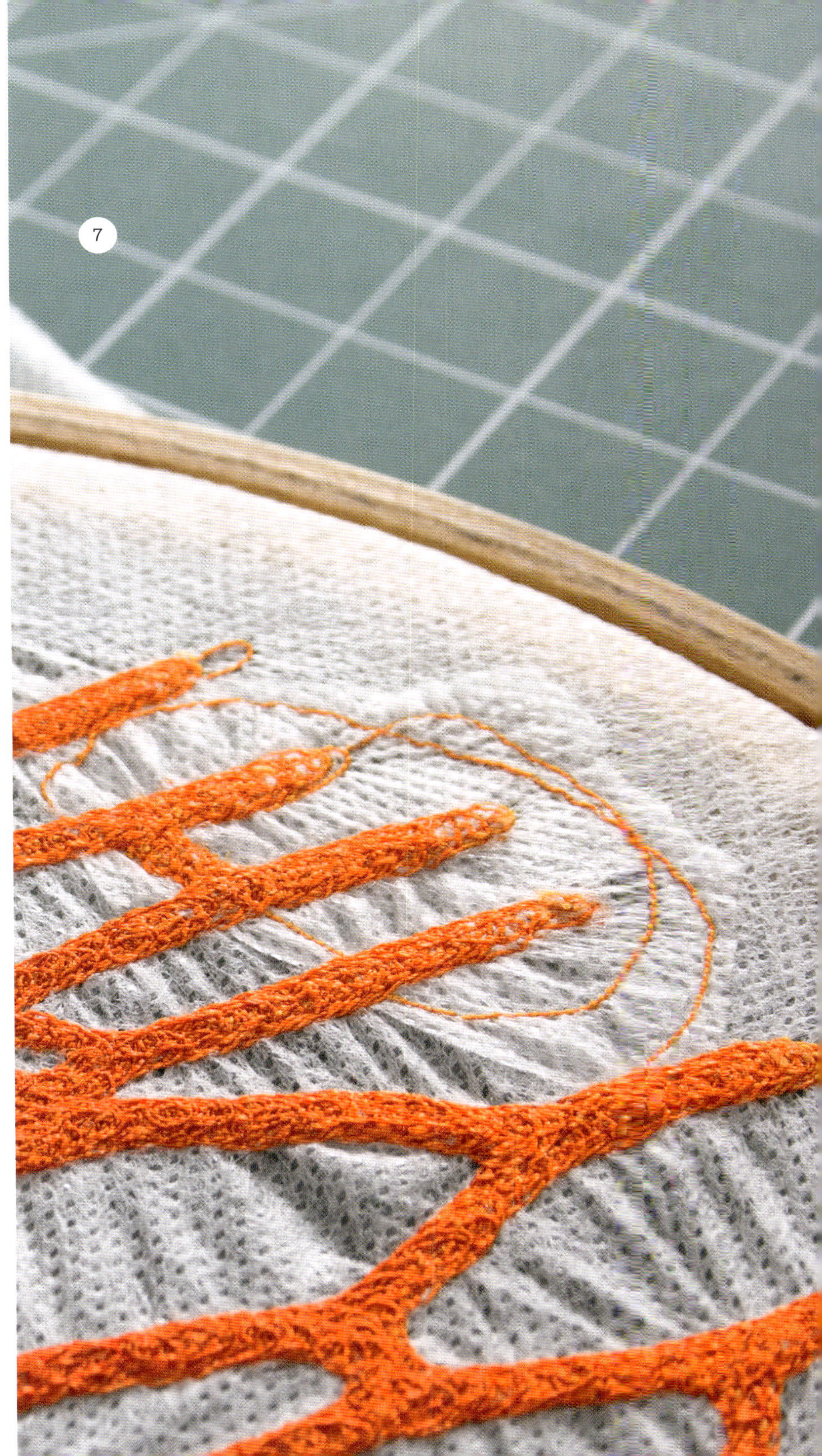

Tipps zum Auflösen des Stickvlieses

Weitere Stützstiche

Eine der besten Möglichkeiten, Probleme beim Auflösen des Stickvlieses zu vermeiden, ist, diese Probleme beim Sticken vorherzusehen und sich darauf einzustellen. Wenn Sie vorhersehen können, dass sich ein Motiv aufrollt oder verdreht, sobald das Stickvlies aufgelöst wird, können Sie einige vorübergehende Stützstiche sticken, die das Motiv während des Auflösens an Ort und Stelle halten. Das ist auch in jenen Fällen hilfreich, in denen ein Entwurf aus vielen Einzelteilen besteht, die miteinander verbunden bleiben sollen, wenn das Stickvlies aufgelöst wird. Diese Reihen von Stützstichen tragen dazu bei, das Motiv zusammenzuhalten, und sie können später entfernt werden.

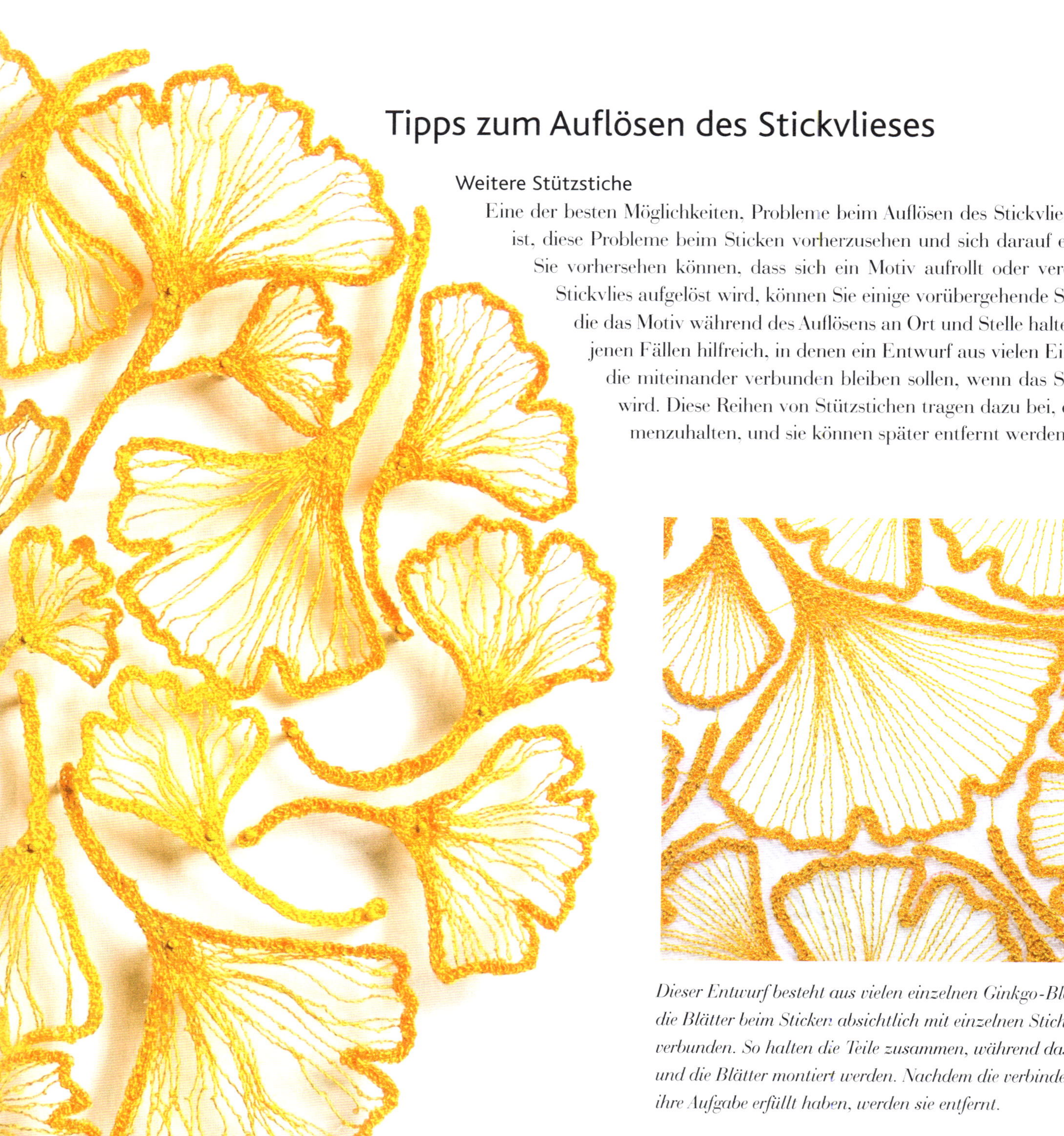

Dieser Entwurf besteht aus vielen einzelnen Ginkgo-Blättern. Ich habe die Blätter beim Sticken absichtlich mit einzelnen Stichreihen miteinander verbunden. So halten die Teile zusammen, während das Vlies aufgelöst und die Blätter montiert werden. Nachdem die verbindenden Stichreihen ihre Aufgabe erfüllt haben, werden sie entfernt.

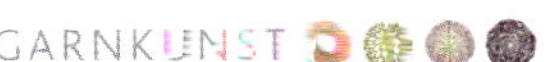

Die beiden Teile meiner Krone einer Schraubensabelle *bestehen aus vielen ausstrahlenden Linien. Da diese nur in der Mitte des Motivs miteinander verbunden sind, bestand die Gefahr, dass sie sich mit dem Auflösen des Stickvlieses aufrollen und verdrehen würden. Um dem vorzubeugen, sticke ich am Außenrand einen Kreis von Stützstichen, die nach dem Trocknen des Ganzen sorgfältig herausgeschnitten wurden.*

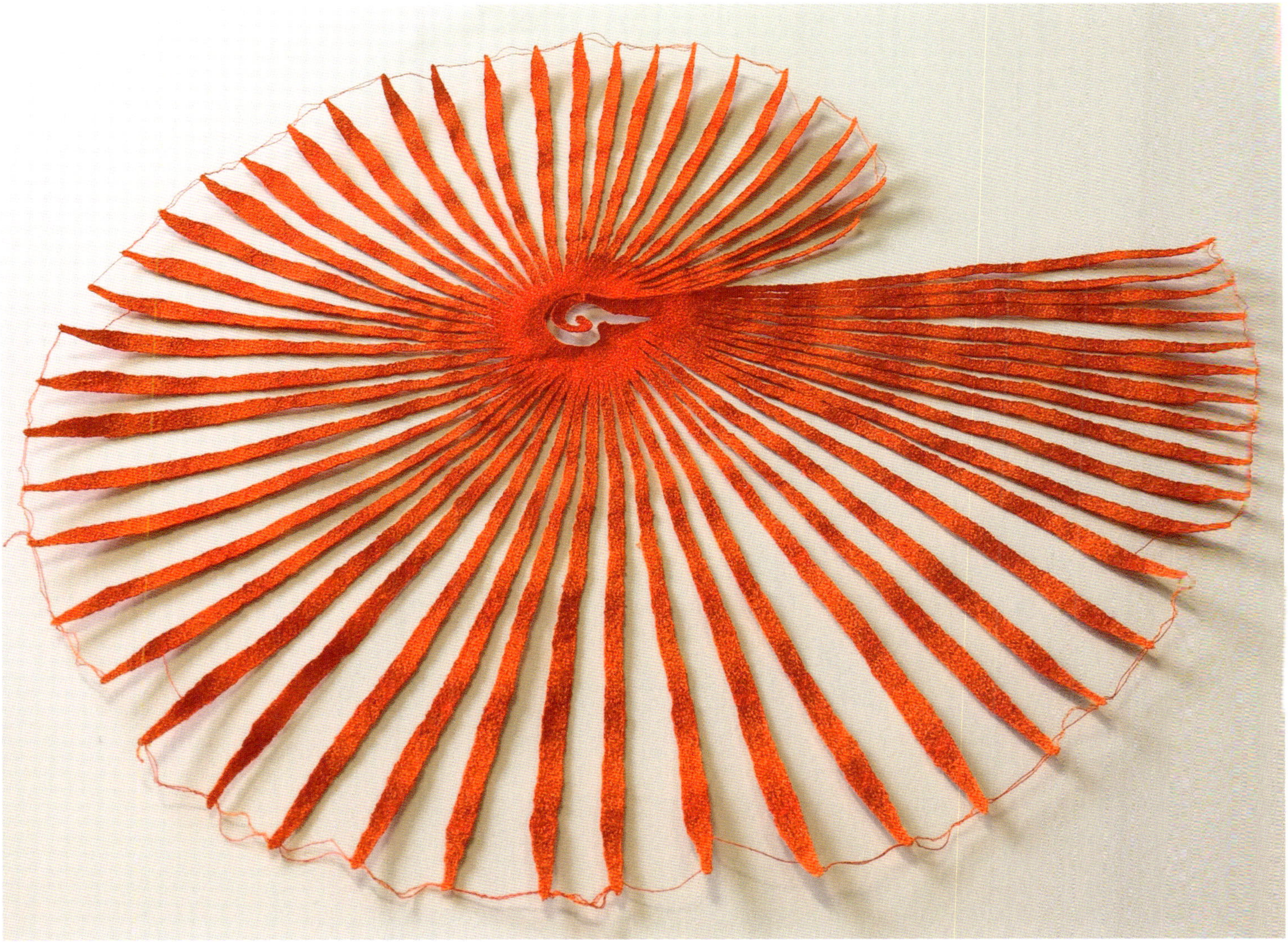

Klebestoffrückstände aus dem Vlies

Überschüssiges wasserlösliches Vlies zeigt sich als weißlicher Rückstand auf der Stickerei, wenn sie getrocknet ist. Diese klebrige Kruste kann sehr frustrierend sein, wenn Sie viel Zeit für die Stickarbeit aufgewendet haben und sie am Ende aussieht, als sei eine Schnecke darüber gekrochen und habe eine Schleimspur hinterlassen. Beim Nasswerden wird das wasserlösliche Vlies durchsichtig, und es kann schwer sein, zu erkennen, wo solche klebrigen Rückstände lauern. Betrachten Sie die Stickerei nach dem Auflösen daher sehr genau, um zu sehen, ob es irgendwelche dicken, durchsichtigen, klebstoffähnlichen Bereiche auf der Stickerei gibt – das ist überschüssiges wasserlösliches Stickvlies. Tupfen Sie diesen überschüssigen Klebstoff mit einem Papiertuch ab, solange das Teil noch nass ist, dann besteht weniger Gefahr, dass Sie auf dem fertigen, trockenen Werk Rückstände entdecken.

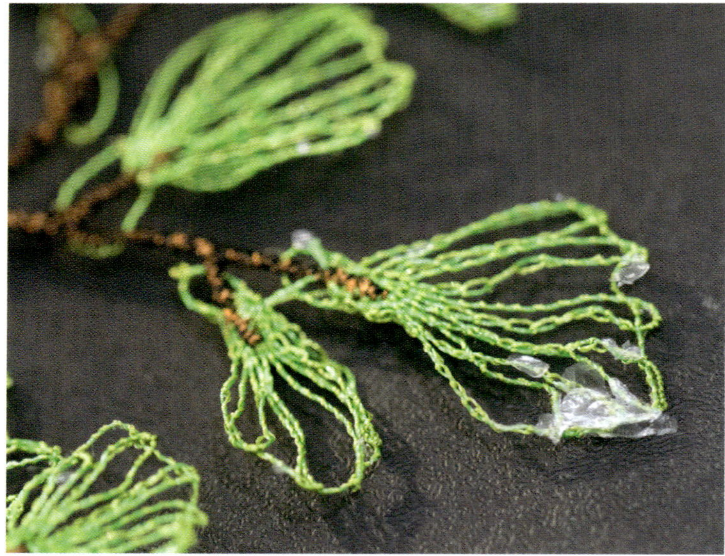

Wenn am Ende Rückstände auf der Stickerei zu finden sind, können diese häufig vorsichtig mit dem Fingernagel abgekratzt oder mit einer Stickschere weggeschnitten werden. Bei einer Stickarbeit, die viele Rückstände aufweist, ist es möglich, sie erneut nass zu machen, auch wenn sie bereits getrocknet war.

Bereits getrocknete Teile wieder nass machen

Wenn Sie mit der Form nicht zufrieden sind, die Ihr Werk nach dem Trocknen angenommen hat; oder wenn zu viele Rückstände zu sehen sind, die sich nicht abkratzen oder wegschneiden lassen, können Sie die Stickerei erneut nass machen. Verfahren Sie einfach wieder so, wie zuvor erklärt. Bedenken Sie dabei allerdings, dass durch das erneute Nassmachen mehr von dem wasserlöslichen Stickvlies ausgewaschen wird, wodurch Ihr Kunstwerk weicher und flexibler wird.

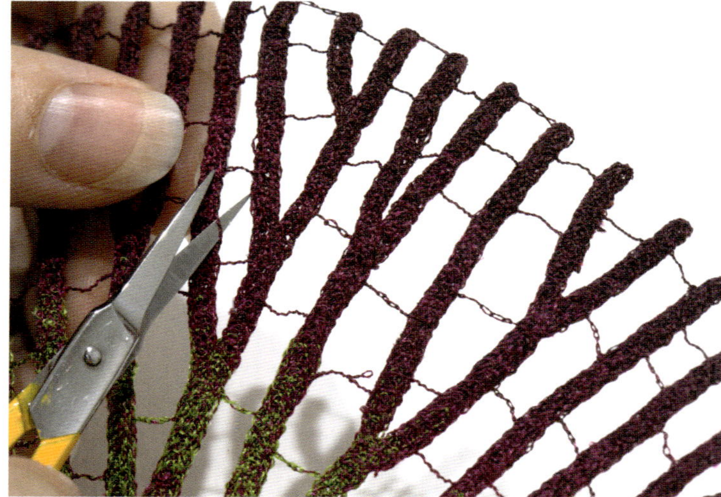

Störende Fäden aus einer fertigen Stickarbeit herausschneiden

Nachdem das Vlies aus der Stickarbeit herausgelöst wurde, entdecken Sie möglicherweise gestickte Linien, die sich an Stellen befinden, wo sie nicht sein sollen. Oder Sie haben möglicherweise Stützstiche eingefügt, die Sie nun heraustrennen wollen. Solche Fäden können mit einer Stickschere ganz einfach entfernt werden. Da das wasserlösliche Vlies die Fasern des Garns verklebt hat, sollten sie einen ordentlichen Rand haben und nicht ausfransen. Achten Sie darauf, solche Fäden erst aus der Stickerei herauszuschneiden, wenn diese vollständig getrocknet ist.